KB209105

마틴 스코세이지 영화 수업

케이티와 찰리 스코세이지,

마리안과 마이크 켈리에게

사랑과 감사를 담아 바칩니다.

뜨거운 사막은 못이 되고
메마른 땅은 샘터가 될 것이니

그곳에 큰길이 생겨
거룩한 길이라 불릴 것이니

우매한 이는 그곳을 걷지 못할 것이며
거기에는 사자도 없을 것이니

여정에 나선 이들만이 도착할 것이다.

— 이사야서 35장 7~9절

목차

추천의 글

레오나르도 디카프리오 | Leonardo DiCaprio

마틴 스코세이지와 나는 90년대 초 뉴욕의 이스트 빌리지에서 처음 만났다. 그때 나는 고작 18살이었고, 〈길버트 그레이프〉가 막 개봉한 때였다. 내가 어느 행사장 입구에 들어섰을 때 마티는 그곳을 떠나려던 참이었다. 나는 그를 단박에 알아봤지만 그가 나를 알 것이라고는 생각지도 않았다. 그런데 마티가 가던 발걸음을 멈추고 나를 쳐다보았다. 그러더니 나를 향해 먼저 말을 걸어주었다. "영화에서 대단한 활약을 했던데, 언제 같이 한번 작업하자" 나는 기절할 것 같았다.

마틴 스코세이지와 나의 인연은 그날 오후 만났던 호텔 로비보다 더 거슬러 올라간다. 내가 처음 배우가 되고 싶다고 말했을 때 우리 아버지는 이렇게 말씀하셨다. "영화배우가 되려면 네가 본받아야 할 사람이 둘 있어. 마틴 스코세이지와 로버트 드니로*Robert De Niro*. 그들이야말로 최고지"

14살에 나는 독학으로 영화사 속성 과정을 밟았다. 마티의 필모그래피로 시작했는데, 그때 완전히 매료되었다. 가장 강렬했던 작품은 〈택시 드라이버〉였다. 사춘기 시절이라 그런지 트래비스의 고독과 갈망, 곤란을 지켜보며 동질감을 느꼈다. 그리고 그가 대통령 후보를 살해하려 했을 때, 그가 관객을 배신하고 나를 배신한 것 같았다. 그렇게 〈택시 드라이버〉는 나에게 두 번 다시 없을 경험을 하게 했다. 캐릭터와 영화가 영원히 내 마음에 각인되었다.

세월이 흐르면서 나는 여러 작품에 참여했고 〈타이타닉〉과 같은 큰 성공을 거두기도 했다. 그때 나는 특이한 위치에 있었다. 이전보다 훨씬 더 자유롭게 작품을 선택할 수 있는 상황이 되었다. 모두가 나에게 어떤 작품을 하고 싶고, 누구와 함께 작업하고 싶은지 물었다. 대답은 하나였다. "마틴 스코세이지" 그러자 기회가 찾아왔다. 〈갱스 오브 뉴욕〉이었다. 그 영화를 만드는 일은 나에게 마티의 예술적 재능이 얼마나 위대한지 이해하게 했으며, 영화에 대한 내 흥미와 열정을 끌어올리고 나아가 상상 이상으로 연기력을 향상시켰다. 인생을 바꾼 경험이었다.

20여 년의 지난 세월 동안 나는 마티와 5편의 영화를 더 만들 수 있는 행운을 누렸고, 각 작품은 저마다 독특하고 창의적인 경험이었으며 영화사를 배우는 기회가 되었다. 시네마는 마티의 DNA 안에 살아 있다. 당연하게도 그는 시네마가 예술로서 생존하고 발전할 수 있도록 끊임없이 멈추지 않고 싸워왔다. 필경 마티만큼 영화를 아는 사람은 없을 것이다.

영화 프로젝트를 준비할 때면 마티는 옛 고전 영화를 모든 배우에게 보여준다. 캐릭터의 행동과 말의 리듬, 몸짓에 대한 생각을 전하기 위해서다. 실제 촬영 현장은 전혀 다른 배움을 경험하게 한다. 마티는 언제나 배우들의 생각과 본능에 열려 있다. 함께 작업하는 배우들과의 관계가 그 무엇보다 중요해서 플롯은 부차적인 문제처럼 보이기도 한다. 마티는 사람들이 가지고 있는 진실과 인간성에 초점을 맞추며 스크린 안에 담는다. 그는 살아 있으면서도 영속되는 무언가를 만들어 낼 때까지 멈추지 않을 것이다. 누구나 그렇듯이 나 또한 마티가 시네마의 역사에 얼마나 기여했는지 다 설명하기 어렵다.

우리는 함께 많은 영화를 보았으며, 그는 나에게 처음으로 이탈리아 네오리얼리즘 고전들을 보여준 사람이기도 했다. 데 시카*De Sica*의 〈자전거 도둑〉, 〈구두닦이〉, 〈움베르토 D〉, 로셀리니*Rossellini*의 〈전화의 저편〉과 같은 작품들이었다. 그 영화들을 보면서 나는 마티가 불쾌한 현실을 드러내는 미국 영화를 만드는 데 고무되었다는 사실을 깨달았다. 분명 그의 세대에는 과거에 존재하지 않았던 영화 말이다. 〈비열한 거리〉와 같은 초기 작품에 그런 점이 농후하다. 그 작품은 젊은 관음증자의 시선으로 만들어진 매우 강렬하고 사적인 영화로서, 마티가 시네마를 통해 발견한 삶의 진실을 표현한다.

바로 이것이 한 명의 아웃사이더이자 젊은 예술가가 취한 의식적인 노력이다. 다름 아닌 새로운 영화적 언어를 창조하는 것 말이다. 말런 브랜도*Marlon Brando*가 연기에 헌신했던 것처럼, 여러 면에서 마티는 미국 영화가 어떻게 만들어져야 하는지를 보여주었다.

위대한 예술가가 으레 그렇듯이, 마티는 하나의 장르나 매체로 규정될 수 없다. 그는 계속해서 자기 자신에게 도전장을 내밀었으며, 새로운 발상이나 발전을 위한 경험을 두려워하지 않았다. 과감한 결단과 대담한 전개로 항상 자신의 세계관에 도전하면서 더 높은 수준의 예술성을 성취했다. 그렇게 그는 영화의 새로운 기준을 제시해 왔다.

그는 우리가 함께 만든 영화 이상으로 값진 것을 내게 주었다. 마티 덕분에 영화 예술을 깊이 이해하게 되었고, 내가 그 역사의 일부분이 된다는 것이 얼마나 축복받은 일인지 마음 가득 느낄 수 있었다. 나는 그 깨달음을 평생 간직할 것이다. 영화의 전설과 몇 번이고 같이 일할 수 있었기에 나는 행운아였다. 하지만 더 큰 행운은 끊임없이 변화하는 이 업계에서 영화적 아버지, 스승, 친구를 찾았다는 것이다. 마티는 겸손한 사람이기에 그가 영화사에 얼마나 많은 기여를 했는지 모두 헤아리기는 어려울 것이다. 하지만 온 진심을 다해 말하건대, 그가 없는 영화계는 어떨지 상상조차 하기 어렵다.

사랑을 담아,

레오나르도 디카프리오

추천의 글

스티븐 스필버그 | Steven Spielberg

내 영화는 속삭임이다. 마티의 영화는 소리침이다. 겉으로 드러난 것은 많지 않아도 우리에게는 몇 가지 공통점이 있다. 나는 20년이라는 시간 동안 그를 알아 왔고, 그 시간 대부분 (그는 모르지만) 그를 경외했다. 우리는 무엇보다 오랜 시간 우정을 쌓았다.

우리는 정서가 닮았다. 그게 또 다른 공통점이다. 우리 둘 다 강한 반응을 불러일으키는 영화를 만든다. 관객이 반응하도록 하는 영화들이다. 차이가 있다면 마티는 자기 방식에 따라서 그런 반응을 만든다는 것이다. 그는 관객에게 무엇이 '먹히고', 무엇이 '먹히지 않는지' 조바심 내지 않는다. 그는 자신이 만든 캐릭터의 진실이 무엇인지, 어떤 것이 그들의 감정과 맞는지만 고민한다. 그게 잘 해결되면 — 언제나 해결된다 — 그는 곧장 앞으로 나가 관객이 그를 따라잡도록 한다. 관객이 뒤처지더라도 마티는 그들을 기다리며 지체하지 않는다. 나는 그 점도 존경스럽다. 어쩌면 질투하는 것일지도 모르겠다.

프랜시스 포드 코폴라*Francis Ford Coppola*도 그런 모험을 한다. 자신만의 길을 가는 것이다. 그게 최고의 길이다. 그래서 나는 프랜시스와 마티가 현존하는 미국 감독 중 최고라고 생각한다. 당연히 그들은 예술가이지만, 위대한 탐험가이기도 하다. 언제나 위험을 감수하고 정서적 한계를 가로지르며, 새로운 영토로 결연하게 나아간다.

마티와 함께 있는 것은 그의 영화 한 편을 보는 일과 같다. 참으로 역동적인 경험이다. 정감 어리면서도 신속하게 인사를 주고받은 뒤에는 여러 아이디어와 기억, 재기 넘치는 말, 사적 관심사와 같은 이야기로 정신없이 넘어간다. 마티와 함께 시간을 보낼 행운이 없었더라도 그가 연기하는 모습을 보며 그가 어떤 사람일지 알 수 있을 것이다. 그가 연기한 (심지어 잘하기까지 한) 캐릭터들을 생각해 보라. 〈비열한 거리〉의 총잡이, 〈택시 드라이버〉의 살인 충동으로 가득한 손님, 베르트랑 타베르니에*Bertrand Tavernier* 감독의 〈라운드 미드나잇〉에 나오는 변덕쟁이 클럽 사장과 같은 인물을 떠올려 보라. 당신은 그들을 정확히 모른다. 그들이 무슨 생각을 하는지 알 수 없으며, 그들이 할 일을 예측할 수도 없다. 한 가지 큰 차이점만 빼면 마티도 그런 사람이다. 이러한 인물들에게는 조금씩 위협적인 면이 있다. 하지만 마티와 함께할 때는 그저 에너지가 갑작스럽고 급격하게 고갈되는 것만 조심하면 된다. 마티와 속도를 맞추는 일이란 참 고되기 때문이다.

마티는 매우 엄격하게 높은 기준으로 영화의 속도를 설정한다. 그는 우리가 생각하고 있다고 인정하는 것조차 두려워하는 무언가에 대한 영화를 만든다. 〈비열한 거리〉, 〈분노의 주먹〉, 〈그리스도 최후의 유혹〉과 같은 영화들은 우리를 곤란한 생각과 격렬한 감정에 맞서게 한다. 그런 뒤에야 비로소 영화가 이해된다. 평범한 감독들은 사람들에게 손쉽고 일시적인 감정을 느끼게 하지만 마티의 영화는 사람을 변화시킨다.

추천의 글

마이클 파월 | Michael Powell

*마이클 파월은 1990년 2월에 세상을 떠났다.
마틴 스코세이지 영화에 대한 이 예찬론은 그가 세상을 떠나기 얼마 전 작성된 것이다.

칸의 크루아제트와 뉴욕의 소호 구역을 밝혔던 천재의 불빛은 무엇이었나? 바로 스코세이지의 〈인생 수업〉이었다. 그것은 알렉상드르 아스트뤽*Alexandre Astruc*의 〈진홍색 커튼*Le Rideau Cramoisi*〉 이후로 가장 완벽한 단편 영화였다. 폴 뉴먼의 재발견을 이끌어 낸 사람이 누구였는가? '택시'를 육두문자로 만든 사람이 누구였는가? '성난 황소'를 길들인 투우사는 누구였는가? 자신을 길러낸 '비열한 거리'를 천국으로 가는 계단으로 바꿔 놓은 사람이 누구였는가? 신의 진정한 의미가 사랑이라는 것을 성서 근본주의자에게 알려준 사람은 누구였는가? 바로 마틴 스코세이지다. 그는 이제 막 시작했을 뿐이다!

이건 모두 배움의 과정에 있는 작품이다. 우리는 더 많은 것을 보게 될 것이다. 사람들의 심장이 어떻게 까발려지는지, 관습이라 불리는 장벽의 다른 편에서 무엇이 우리를 기다리는지 보게 될 것이다. 우리는 엄청난 것을 배우게 될 것이다.

마틴 스코세이지는 관능주의자다. 그는 좋은 포도주, 좋은 음식, 좋은 옷을 즐긴다. 그는 사적으로도 매력적인 사람이다. 그가 맺는 우정의 가치는 친구들이 증명해 준다. 동료들에게 그는 난제이기도 하다. 그는 논리를 따르지 않는다. 그는 살아 있는 것에 대해서는 잘 알지 못하지만 사람이 죽으면 썩은 냄새가 나기 시작한다는 것을 안다. 마틴 스코세이지에게 영화 만들기는 행복이자 고문이다. 관객인 우리에게 그의 영화는 삶을 감칠맛 나게 하는 약속이다.

마틴 스코세이지와의 2022년 인터뷰

"줌Zoom이 마티와 잘 맞네" 2022년 5월, 마티와 그의 최근 작품에 대해 이야기하고, 그가 집중하던 주제들을 음미하면서 나는 이렇게 생각했다. 마티는 정말 생생하게 화면 속에 있었다. 처음에는 심사숙고하며 생각을 말하더니, 하나의 생각이 또 다른 생각을 촉발하고 나면 그만의 독특한 웃음과 함께 말이 빨라졌다. 그리고 그 몸짓이란! 그는 가까이 있는 것처럼 활기 넘쳤다.

어떤 점에서 그는 그런 에너지와 열정을 1966년에 시작된 편지 속에 불어넣었다. 그 당시 나는 인디애나주에 자리한 세인트메리오브더우즈칼리지Saint Mary-of-the-Woods College의 섭리 수녀회 소속 수련 수녀였다. 영화학교에 새로운 돌풍을 몰고 온 인재들, 그리고 〈너뿐만이 아니야, 머레이!〉라는 단편 영화로 영화제작자협회상을 수상한 NYU 학생에 대한 글을 접한 뒤였다. 나는 NYU에 문의하여 내 졸업 논문을 위해 제임스 조이스의 단편 《은총Grace》과 그 영화를 비교할 수 있도록 필름 프린트를 대여할 수 있는지 알아보았다.

2주 뒤 갈색으로 된 소포가 도착했다. 소포 안에는 16㎜ 필름 릴 하나와 감독인 마틴 스코세이지의 메모가 담겨 있었다. 메모에는 자신도 종교적 소명을 고민한 적이 있으며 1년간 신학교에 다니기도 했기에 기꺼이 내 프로젝트를 돕겠다고 적혀 있었다. 그 이후 멋진 편지들이 잇따라 도착하기 시작했다. 편지에는 영화 이론과 함께 영화 제작에 대한 모든 과정이 담겨 있었다. 1967년

11월, 나는 시카고 영화제에서 프리미어로 상영되는 〈누가 내 문을 두드리는가?〉를 보기 위해 수녀복을 갖춰 입은 채로 플레이보이 극장으로 향했다. 하지만 감독은 오지 않았다. 나는 수녀원을 떠나고 2년이 지난 1970년에야 그와 만날 수 있었다. 그의 제안으로 전설적인 선생 헤이그 마누기언*Haig Manoogian*의 사이트 앤 사운드 여름 영화학교에 등록했고, 거기서 마티의 부모를 비롯해 그의 종교적 스승인 프린시페*Principe* 신부를 만났다.

줌에서 이야기를 나누다가 나는 마티의 아버지 찰리가 이야기를 시작하던 방식이 떠올랐다. "지금부터 긴 세월을 한번 거슬러 가보죠" 스코세이지는 2006년 아카데미 감독상을 비롯해 수많은 상을 받았고 국제적으로도 인정받는 예술가지만 여전히 부모님과 프린시페 신부, 헤이그 마누기언이 있어 지금 자신이 있을 수 있었다고 말한다. 그런 그들과 스코세이지의 동료들이 이 책에서 다시 입을 연다. 이제는 모던 클래식이 되어 관객들을 사로잡고 오늘날 젊은 영화 감독들에게 영감을 주는 초기 영화들에 대해 이야기한다.

지금 마티는 내가 조이스의 도시인 더블린에서 줌에 접속해 있다는 사실을 재밌어한다. 더군다나 내가 머무는 인터컨티넨탈 호텔은 2017년에 아일랜드 대통령이 아일랜드 영화 TV 아카데미의 존 포드 상을 스코세이지에게 수여했던 장소이기도 하다. 공교롭게도 마티는 자신의 웨스턴 영화를 찍고 완성하고 있는 중이다.

〈플라워 킬링 문*Killers of the Flower Moon*〉은 데이비드 그랜*David Grann*이 2017년에 출간한 논픽션을 기반으로 한 작품이다. 원작의 이야기는 1920년 오세이지족의 땅에서 어마어마한 원유가 발견되어 그들 부족이 세계에서 가장 부유한 사람들이 되었을 당시 일어났던 표적 살해 사건을 다룬다.

*

마틴 스코세이지 : 너무 충격적인 일이 벌어진 거예요. 미쳤어요. 진짜 악마

의 소행이죠. 이야기를 제대로 전하기 위해 오세이지 사람들과 함께 작업했어요. 재밌게도 제 어린 시절이었던 1950년에서 54년에 아메리카 원주민을 지지하는 할리우드 영화가 있었어요. 안타깝게도 주인공은 죄다 백인 배우가 연기했어요. 하지만 로버트 알드리치*Robert Aldrich*의 〈아파치〉, 앤서니 만*Anthony Mann*의 〈지옥문을 열어라〉, 제임스 스튜어트*James Stewart*가 나오는 델머 데이브즈*Delmer Daves*의 〈부러진 화살〉 같은 작품들은 균형을 유지하려는 시도를 했어요. 저는 그 작품들을 떠올렸어요. 물론 우리 영화에서는 실제 원주민 출신들이 원주민 캐릭터를 연기해요. 오세이지 공동체가 영화에서 큰 비중을 차지하죠. 캐스팅 디렉터 앨런 루이스*Ellen Lewis*가 원주민 배우 에이전시의 르네 헤이스*Rene Hayes*와 협업하여 섭외했어요. 앨런과는 1989년에 〈뉴욕 스토리〉를 찍으면서 쭉 함께 일해 왔죠. 정말 대단한 사람이에요.

*

1973년 〈비열한 거리〉 이래로 마틴 스코세이지와 로버트 드니로는 동시대 고전 시네마가 된 영화들을 함께 만들어 왔다. 드니로는 〈플라워 킬링 문〉에 출연했고 이는 두 사람이 함께한 열 번째 작품이다.

*

마틴 스코세이지 : 밥은 저를 잘 알아요. 제가 특정 관점으로 볼 수 있도록 밀어붙이기도 하죠. 그가 마음에 드는 것을 저에게 보여주면, 저 역시도 그것과 어떤 연결점을 발견하곤 해요. 우리는 캐릭터를 비롯해서 인물의 심리와 감정에 대한 관심을 공유해요. 디카프리오는 또 달라요. 레오와 저는 나이 차가 30살 가까이 나지만 호기심이 비슷해요.

그게 영화를 살아 숨 쉬게 하죠. 디카프리오가 새로운 영화에서 맡은 캐릭터가 매우 재밌어요. 그는 적당한 시점에 저에게 충격을 가했죠. 제 삶이 변화하고, 모든 작품이 〈택시 드라이버〉나 〈분노의 주먹〉처럼 잔인함을 보여줄 필요는 없다는 것을 깨달았을 때 말이에요. 〈좋은 친구들〉에도 다른 작품에 없는 유머가 있었어요.

나이가 들수록 우리는 삶을 다르게 경험해요. 좋든, 나쁘든, 그저 그렇든, 여전히 예술가로 살아갈 수 있다면 당신은 당신이 발견하는 주변의 일을 해석해야 해요. 그 해석은 당신이 어떻게 변하는지에 따라 달라지죠. 당신은 어떤 사람이 되는 중인가요? 다른 사람들을 차단하고 있나요? 아니면 다른 사람들에게 항상 열려 있나요? 그 해석은 어떤 예술을 만들어 내나요? 예술인가요? 아니면 오락인가요? 아니면 둘 다인가요?

레오는 에너지와 호기심이 넘치는 사람이에요. 정말 축복이죠. 레오는 저에게 많은 영향을 안겨주었어요. 주변 일에 대한 제 해석 방식이 변하던 와중에 말이에요. 오래전에 드니로가 레오와 함께 〈디스 보이스 라이프〉를 찍었어요. 당시 그는 내게 전화해 이렇게 말했죠. "이 어린 녀석 제법이야. 언젠가 이 녀석과 함께 작업해 봐야 해" 하지만 저는 1999년이 되어서야 레오와 만날 수 있었어요. 〈비상근무〉 촬영장에 그가 왔었죠. 그와 함께 작업한 지도 벌써 20년이나 되었네요.

*

스코세이지와 디카프리오는 지금까지 6편의 장편영화를 함께 만들었다. 〈갱스 오브 뉴욕〉(2002), 〈에비에이터〉(2004), 〈디파티드〉(2006), 〈셔터 아일랜드〉(2010), 〈더 울프 오브 월스트리트〉(2013)가 있었고, 로버트 드니로와 함께한 〈플라워 킬링 문〉(2023)이 개봉했다.

*

마틴 스코세이지 : 〈플라워 킬링 문〉은 규모가 커요. 장대한 이야기죠. 하지만 아주 내적인 영화이기도 해요. 우리는 오세이지 공동체의 춤으로 촬영을 마무리 지었어요. 오클라호마에서 촬영을 시작할 즈음에 저는 일론 슈카the I'Lon Shka라는 의식용 춤을 보게 되었는데, 그런 건 처음 봤죠. 예복을 갖춰 입은 무용수들이 원을 그리면서 북 주변을 돌며 춤을 춰요. 발목에 달린 종소리가 북소리와 어우러지며 울려 퍼지죠. 그런 소리도 처음 들었어요. 의식은 며칠 동안 이어져요. 거기서 얻은 영감으로 전통춤을 영화에 넣었어요. 하지만 진짜 의식을 위해 추는 춤을 찍을 수는 없었어요. 그건 성스러운 행위니까요. 오세이지 사람들이 자진해서 집단 축하의 의미로 북 주변을 돌며 춤을 췄고, 그게 영화의 마지막을 장식했어요.

*

2022년 5월 2일 〈오세이지 뉴스〉는 영화 촬영 도중에 진행된 춤은 대중에게 공개되지 않았다고 보도했다. 오세이지족 배우들과 스태프들, 그리고 그 가족과 친구들만 참석했다고 한다. 신문은 스코세이지의 말을 인용했다. "여러분들의 사랑을 영화에 담아 주셔서 감사드립니다. 저희 제작진 일동은 오세이지족에게 깊은 감사를 드리며, 영화에 참여해 주신 모든 분들게 고마운 마음을 전합니다" 이어서 소셜 미디어에 올라온 사진들도 보도되었다. 오세이지 사람들과 스코세이지, 오세이지 공동체와 가까워진 영화 제작진이 함께 찍은 사진이었다.

*

마틴 스코세이지: 오세이지족의 의례와 신앙심은 참 대단해요. 영화 속 캐릭터 중 상당수가 가톨릭 신자이기도 했어요. 몰리 버크하트*Mollie Burkhart*(이야기의 중심에 있는 오세이지 여성)도 가톨릭 신자에요. 하지만 그들은 전통 신앙을 최대한 고수하려고 노력하죠. 지금 젊은 세대가 예전 방식과 다시 연결되려고 해요. 춤에서 그걸 확인할 수 있어요. 이전 세대의 몸부림이 이 영화에 담겨 있어요.

*

종교에 대한 마틴 스코세이지의 관심은 〈그리스도 최후의 유혹〉(1988), 〈쿤둔〉(1997), 〈사일런스〉(2016)와 같은 작품에도 반영된다. 가톨릭 신앙은 계속해서 그의 삶에 영향을 주었고 프란치스코 교황과의 유대로 이끌었다. 스코세이지는 그 유대를 즐기며 뿌듯함을 느꼈다.

*

마틴 스코세이지: 교황과 만나리란 걸 누가 예상이나 했겠어요? 책과 다큐멘터리에서 교황 성하와 함께 나오는 것도 대단한 일인데…. 저는 〈그리스도 최후의 유혹〉이라는 논쟁적 영화를 만든 감독이잖아요. 2015년에 〈사일런스〉도 찍었어요. 엔도 슈사쿠의 소설이 영화의 기반이 되었죠. 그 책을 읽은 건 1989년 일본에서 찍은 구로사와 아키라 감독의 〈꿈〉에 제가 빈센트 반 고흐 역으로 출연하던 때였어요. 그 소설은 제 마음을 강렬하게 움직였죠. 17세기 일본에 온 예수회 전도사에 대한 이야기를 담고 있어요. 그 이야기는 지금의 예수회에

도 잘 알려진 역사예요.

〈사일런스〉를 찍을 때 우리는 예수회의 전문 자문 위원을 두었어요. 배우들은 이냐시오 로욜라의 영신 수련 과정을 거쳤죠. 앤드루 가필드Andrew Garfield는 그의 영적 인도자인 제임스 마틴 신부와 함께 6개월간의 영신 수련을 수료했어요. 대만 촬영이 끝날 때쯤 바티칸에서 영화를 상영하자는 이야기가 나왔어요. 그래서 영화의 첫 공식 상영이 산 카를로 궁전에 있는 바티칸 영화 도서관에서 이루어졌죠. 아마 50명 정도가 참석했을 거예요. 저는 프란치스코 교황이 상영 사실을 알고 있으며, 나중에 영화를 보았다고 들었어요.

바티칸 상영 이후 제 아내 헬렌과 영화 프로듀서와 함께 교황과 만나는 자리에 초대받았어요. 정말 특별한 자리였죠. 아시시의 성 프란치스코를 정말 사모해서 그 이름을 딴 교황을 만나는 거잖아요. 어릴 때 저는 성 프란치스코에게 매료되어 있었어요. 〈비열한 거리〉의 찰리를 떠올려 보세요. 그는 성 프란치스코를 존경해요. "성 프란치스코는 불법 도박을 하지 않았어" 하고 그의 여자친구가 일깨워 주기는 하지만요. 저는 로베르토 로셀리니Roberto Rossellini가 만든 종교 영화인 〈프란체스코, 신의 어릿광대〉를 좋아했어요. 심지어 브래드퍼드 딜만Bradford Dillman이 성 프란치스코로 출연했던 가벼운 작품도 좋아했죠. 그랬던 제가 예수회 출신이자 〈사일런스〉를 본 프란치스코 교황을 만나게 된 거예요!

당연하게도 저는 그에게 완전히 반했어요. 그에게 일본에 가봤냐고 물었더니 아직 못 가봤다고 하더군요. 그가 자리를 파하려 일어섰을 때 저는 그에게 앤드루 가필드가 영신 수련을 모두 마쳤으며, 전문 자문 위원으로 참여했던 제임스 마틴 신부는 그가 사제 수련 자격이 될 만큼 했다고 인정한다는 것을 알려주었어요. 그러면서 프란치스코 교황에게 이렇게 말했죠. "하지만 앤드루 대신 제가 왔어요" 그가 웃더라고요.

그렇게 우리는 처음 만났어요. 그 이후 예수회 사람이기도 한 스파다로 신부가 제게 연락해 교황께서 원로들의 지혜를 담은 책을 만들어서 우리의 삶과 경험을 공유할 수 있기를 바란다고 말해주었어요. 흥미롭다고 생각했죠. 저에게 교황은 아시시의 프란치스코처럼 기독교의 정수를 구현하는 듯했어요. 성 프란치스코는 제자들에게 "나가서 복음을 전하라. 그리하여 때때로 말씀대로 살 수 있을지어다" 하고 말했죠.

우리는 모두 실패해요. 하지만 포기하지 않고 다시 시도하죠. 〈사일런스〉에서 앤드루가 연기한 로드리게스가 바로 그래요. 그는 끝까지 그의 믿음을 지켜요. 그리고 교황도 사람은 실수하지만 그것을 바로잡으려 한다고 말했죠. 교황은 실패한 자를 배제하기보다 모든 이를 아울러야 한다고 말해요. 너무 오랫동안 배제가 강조되었어요. 모든 인간이 특별하고 중요하며 영혼이 있다고 믿는다면, 누구도 배제할 수 없어요.

〈그리스도 최후의 유혹〉을 만들 때 사도들을 연기하는 배우들과 자주 이런 이야기를 나눴어요. "만약 예수가 지금 여기 계신다면, 그는 8번 대로와 15번가의 창녀들과 마약 중독자들 곁에 계실 거야!" 특히 거리에 오랫동안 있었던 사람들 곁에 말이에요. 정말로 도움이 필요한 사람들을 놓아두고 왜 힘 있는 자들을 선택하겠어요? 바로 이게 프란치스코 교황이 전하는 메시지인 것 같아요.

책 《시간의 지혜 나누기*Sharing the Wisdom of Time*》는 정말 흥미로운 사람들의 아름다운 이야기를 담고 있어요. 교황이 전하는 대단한 통찰도 있죠. 다큐멘터리로 만들자는 아이디어도 있었어요. 스파다로 신부의 권유로 저도 일부분 참여해서 제 딸 프란체스카에 대한 사랑을 인터뷰를 통해 말했어요.

*

〈어느 한 세대의 이야기 : 프란치스코 교황과 함께〉는 2021년 11월에 넷플릭스에서 공개되었다.

*

마틴 스코세이지 : 프린시페 신부는 저에게 세상에 대해 많은 것을 알려주었어요. 제 아버지와 어머니만큼 소중하고, 좋든 나쁘든 그저 그런 사람이든 제 주변 다른 사람들과 마찬가지로 중요한 사람이에요. 저는 꽤 거친 지역에서 자랐는데 항상 천식에 시달리는 바람에 그 세계에 속할 수 없었어요. 저는 뛸 수 없었고 운동도 하지 못했죠. 항상 아웃사이더였어요. 만약 당신이 아웃사이더라면 어떻게 하겠어요? 당신이 누군지, 당신의 삶이 무엇인지, 무엇이 중요한지 이해하려고 노력하게 됐을 거예요. 저는 스토리텔링으로 경험을 공유하는 것에서 삶의 가치를 발견했어요. 시네마를 통해, 영화를 통해 본 것이었죠. 저는 책을 읽는 환경에서 자라지 않았어요. 제가 살던 곳에서는 사람들이 공연 티켓값을 감당할 수 없었죠. 그래서 TV를 봤어요.

그 거리와 가족들의 대화, 그게 바로 저의 세계였어요. 가족은 안톤 체호프 소설 같았어요! 어떤 사람은 숀 오케이시의 작품에서 바로 튀어나온 것 같았죠. 그리고 갱스터들도 득실댔어요. 저는 그런 것들에 둘러싸여 자랐고, 삶에서 무엇이 중요한지 제대로 이해시키기 위해 그럴듯한 가족을 유지하려 애쓰는 사람들을 보았죠. 저는 제가 보았던 세계를 다른 사람과 나누고 싶었어요.

처음에는 종교적 소명을 통해 그럴 수 있을 거라 생각했어요. 하지만 저는 사제 생활과는 맞지 않았죠. 제가 겪은 흥미로운 사적 경험을 나누고 싶었고 그것들을 표현하고 싶었어요. 그래서 그 경험을 화면에 보여줄 수 있을까 스스로에게 물었죠.

그러다가 영화계가 흔들리는 순간을 목격하게 됐어요. 할리우드가 붕괴되고 있었죠. 존 카사베츠*John Cassavetes*의 〈그림자들〉과 셜리 클라크*Shirley Clarke*의 영화들은 사적인 삶이나 할리우드에서 잘 만들지 않을 법한 소재로 서사 영화를 만들 수 있다는 것을 보여주었어요. 새로웠죠.

아버지가 그 영화에 대해 이야기해 주며 했던 말이 기억나요. "할리우드는 절대 그런 영화를 만들지 않지" 그리고 생각한 거예요. 만약 내가 그런 영화를 만들었다면? 그렇게 저는 헤이그 마누기언을 만났어요. NYU의 제 스승이시죠. 선생님은 "갱스터가 굴리는 이 세계에서 제대로 된 종교적 삶을 살아가려는 시도를 영화로 만들어" 하고 말하진 않았어요. 제가 만든 〈비열한 거리〉나 다른 영화를 보면 그렇게 생각할 수도 있겠지만, 결코 그런 말은 하지 않았어요. 선생님은 50년대 후반과 60년대 초반에 만들어지던 새로운 영화 문법을 사용하여 영화 안에 저를 표현할 수 있게 도와주셨어요. 프랑스 누벨바그, 이탈리아의 새로운 경향, 영국 뉴웨이브, 미국 인디 영화는 시네마를 해체해 새로운 것을 만들고 있었어요. 그러니 시네마를 통해 제 소명을 발견했다고 할 수 있죠.

몇 달 뒤면 80살인 제가 그동안 어떤 영화를 만들었는지 생각하면 놀라워요. 이 책에는 제가 80년대 초반에 겪었던 험난한 일들이 적혀 있어요. 그 시간 동안 부모님은 전적으로 저를 지지해 주셨죠. 어머니는 언제나 대단하고 솔직하셨어요. 말을 마구 뱉는 것 같은데, 그 안에 유머가 담겨 있는 분이죠. 엄격하셨던 아버지와 달리 어머니는 사람들을 배꼽 빠지게 웃기곤 하셨어요. 제 딸 프란체스카가 제 어머니를 많이 닮았어요. 그 아이만의 유머 감각이 있거든요. 돌이켜 생각해 보면, 저에게 가장 큰 영향을 끼친 사람은 단연코 부모님이에요. 헤이그 마누기언 선생님과 프린시페 신부님도 저에게 큰 영향을 주었고요. 그들이 지금의 저를 만들었어요.

*

2021년 12월, 뉴욕 대학교는 마틴 스코세이지 국제영화예술연구소*Martin Scorsese Institute of Global Cinematic Arts* 설립을 발표했다. 설립금은 아리엘 인베스트먼츠의 대표이사 멜로디 홉슨*Mellody Hobson*과 조지 루카스가 만든 홉슨/루카스 가족 재단의 기증금으로 대부분 마련되었다. 연구소는 “미래를 창조하면서도 과거를 기릴” 것이다. 스코세이지는 그 발표에 화답했다. “저에게는 참 특별하고 놀라운 영예입니다. 제 오랜 친구 조지 루카스와 그의 아내 멜로디 홉슨, 그리고 그들의 눈부신 재단에 감사의 말을 전하며 이 영광을 돌립니다. 그들의 정신과 행동이 보여준 넓은 도량에 감동했습니다. 최첨단 연구소가 저의 모교 티쉬 예술대학에 자리 잡는다고 생각하니 감동이 배가됩니다. 제 부모님께서 이 모습을 보셨다면 좋아하셨을 거예요. 정말 자랑스러워하셨을 겁니다”

*

마틴 스코세이지 : 믿을 수 없었어요! 이걸 어떻게 믿겠어요! 학교가 저를 구원했으니 정말 믿기 힘든 일이었죠. 저는 가톨릭 교육을 받았어요. 초등학교부터 고등학교까지요. 물론 길거리에서 또 다른 배움을 얻기는 했지만요. 프린시페 신부님은 제 정신을 넓혀주었고 드와이트 맥도날드, 그레이엄 그린, 제임스 조이스의 책도 주셨어요. 가톨릭 교육에서는 주로 규율이 강조되는데 제 성적은 그렇게 좋지 못했어요. 포덤 대학교에 입학하기 힘들었죠. 누군가는 제 생각이 가로막혔다고 말할지도 모르겠어요. 하지만 저는 NYU에 들어갔고, 입학하고나

서 가장 놀랐던 것은 수업에 세 번 빠져도 된다는 거였어요. 아무런 이유 없이 세 번 결석할 수 있어요. 그래서 제가 물었죠. "대체 왜요?"

그랬더니 학교 측에서 이런 대답을 해주었어요. "음, 네 돈이잖니. 네 교육이고. 오기 싫으면 오지 마" 그 말이 저를 미치게 했어요. 그래서 제가 말했어요. "웃기지 마세요, 전 결석 안 해요" 저를 움직이게 하는 건 대부분 분노와 관련 있어요. 건설적인 방식의 분노죠. 때때로 그것 때문에 대가를 치르지만 말이에요. 좀 자기 파괴적일 수도 있지만 제 분노는 거리에서 일어났어요. 거리의 집단에 속할 수 없다는 것에 대한 분노였죠. 제가 경험한 일에 점점 더 분노하게 되고 저를 둘러싼 세계를 향해 분노했죠. 하지만 분노는 염려라는 말로도 표현될 수 있어요. 때론 분노도 건설적일 수 있는 거예요.

저는 엘리자베스 스트리트에서 자랐고, 그곳은 바워리 가[街]와 한 블록 떨어진 곳이었어요. 그때 당시만 해도 바워리 가는 삶의 막장지대였죠. 사람들이 거리에서 죽어갔어요. 저는 그들이 비인간화되는 것을 지켜봤고, 다른 사람들이 그들을 비인간화하는 것도 지켜봤어요. 그래서 그런 비인간화를 내면에서도 느끼게 되었죠. 그때 그곳에는 가톨릭 노동자의 집[Catholic Worker House]도 있었어요.

프린시페 신부님이 도로시 데이를 초청해 멀베리 스트리트에 있는 청년 센터에서 연설하도록 했어요. 도로시 데이는 정말 배짱 있는 사람이에요. 바워리 가에 살았으니까요. 그저 가난한 사람들을 돌보기만 하는 것이 아니라 그들과 함께 살았죠. 지금은 많은 사람이 도로시 데이를 알게 되었지만, 아직 우리가 모르는 이름도 많아요. 병든 자들, 정말 절망적으로 병든 자들을 돌보는 가톨릭 구호단체에 대해 우리는 아는 게 많이 없잖아요. 항상 술에 취해 있는 사람들, 마약에 중독된 사람들, 그것 때문에 고통스러워하는 이들이 지금도 많아요. 그리고 그들을 돕고 껴안을 수 있는 사람들이 있죠. 그들이야말로 성자라고 생각해요.

그런 사람들과 노동자들을 조명하기 위해 〈비상근무〉를 만들었어요. 그 영화는 조 코널리*Joe Connelly*의 소설을 기반으로 만들어졌는데, 소설 집필 이후 코널리는 이 근처에 있는 뉴욕 병원의 응급실로 돌아갔어요.

제가 말하고자 했던 이야기가 바로 그런 거예요. 저도 '할리우드 스타일' 영화를 만들려고 했어요. 하지만 영화가 사람들의 기대와는 다르게 나왔던 것 같아요. 제 경험을 반영하려고 해서 그런가 봐요. 노인 요양원에서 시작되는 〈아이리시맨〉의 오프닝 숏에도 그런 경험이 반영되어 있어요. 지난 10년에서 15년 동안 저는 제 친구들과 가족들을 그런 곳에서 만나며 많은 시간을 보냈어요. 그 안에 진짜 고통이 있어요. 거기에 앉아서 기다리고 또 기다리죠. 시간이 정말 느리게 흘러가요. 거기서 시간은 또 다른 의미를 띠거나 아무런 의미를 띠지 않아요. 그리고 그저 다른 사람을 위해 해야 하는 일에 자기 자신을 맡겨요. 처음엔 뒷걸음질 칠지도 몰라요. 저항하는 거예요. 하지만 결국 상황을 받아들이고 감내하게 되죠. 그리고 최선을 다해 그들을 도우려고 해요. 수용이란 말이 딱 어울리겠네요.

그렇게 여기 지금 제가 있어요. 이런 이야기들을 하면서요. 그동안 제가 받았던 모든 영향들을 되짚어 보니 이 책 안에는 정말 많은 이야기가 담겨 있네요. 딱 맞는 시점에 이야기를 했어요. 〈워터프론트〉와 〈에덴의 동쪽〉과 같은 영화들에 대해서도 말했고요. 제 어린 시절과 제가 맺었던 경이로운 관계들도 언급했어요. 저는 PBS가 제작하고 세인트 패트릭 대성당에서 진행된 〈오라토리오〉라는 다큐멘터리에 출연해 진행을 맡은 적이 있어요. 대성당은 제 삶의 교회이자 이탈리아 오페라가 1826년에 처음으로 뉴욕에 소개된 곳이기도 해요. 모차르트 오페라의 각본가였던 로렌초 다 폰테*Lorenzo Da Ponte*가 소개했죠. 그런 신성한 공간에 음악이 채워지는 것을 보면 거룩하기까지 했어요. 그곳에서 제 부모님과 프린시페 신부님, 구세계에서 신세계로 새로운 문화를 가져왔던 모든 이민자를 생각하는 일은 정말 장엄한 경험이었어요. 바로 그 교회의 촛불 앞에서 섰던 〈비열한 거리〉의 찰리를 떠올리는 것도 영광스러웠어요. 여전히 저는 찰리가 그때 했던 질문에 대답하기 위해 노력하고 있어요.

등장 인물

등장 순서대로

- **마틴 스코세이지**
- **찰스 스코세이지 :** 마틴 스코세이지의 아버지. 아들의 영화에 여러 번 카메오로 출연했으며, 〈이탈리아나메리칸〉, 〈분노의 주먹〉, 〈좋은 친구들〉에 출연했다.
- **캐서린 스코세이지 :** 마틴 스코세이지의 어머니. 아들의 영화에 여러 번 카메오로 출연했으며, 〈너뿐만이 아니야, 머레이!〉, 〈비열한 거리〉, 〈이탈리아나메리칸〉, 〈코미디의 왕〉, 〈좋은 친구들〉에 출연했다.
- **프랭크 스코세이지 :** 마틴 스코세이지의 형.
- **프랭크 프린시페 신부 :** 마틴 스코세이지가 젊었을 때 세인트 패트릭 대성당의 신부로 재직했다.
- **마르딕 마틴 :** 〈비열한 거리〉의 각본을 쓴 시나리오 작가. 〈분노의 주먹〉과 〈뉴욕, 뉴욕〉에서도 마틴 스코세이지와 함께 일했다.
- **아이라 루빈(알렉스 로브슨) :** 〈너뿐만이 아니야, 머레이!〉의 머레이.
- **하비 카이텔 :** 〈누가 내 문을 두드리는가?〉의 J.R., 〈비열한 거리〉의 찰리, 〈택시 드라이버〉의 포주 스포트, 〈앨리스는 이제 여기 살지 않는다〉의 앨리스의 정신병적 연인 벤, 〈그리스도 최후의 유혹〉의 유다.
- **셀마 슈메이커 :** 영화 편집자. 〈누가 내 문을 두드리는가?〉, 〈분노의 주먹〉, 〈코미디의 왕〉, 〈특근〉, 〈컬러 오브 머니〉, 〈그리스도 최후의 유혹〉, 〈뉴욕 스토리 : 인생

수업〉, 〈좋은 친구들〉, 〈케이프 피어〉를 편집했다. 〈분노의 주먹〉으로 아카데미 편집상을 받았다.

- **헤이그 마누기언 :** 뉴욕대학교 영화과 설립자. 스코세이지를 가르쳤으며, 스코세이지의 첫 장편영화인 〈누가 내 문을 두드리는가?〉의 제작비를 지원했다.
- **제이 콕스 :** 시나리오 작가이자 잡지 〈타임〉의 평론가. 〈그리스도 최후의 유혹〉를 비롯한 여러 각본에 참여했으며, 스코세이지와 오랫동안 함께 작업한 친구다.
- **올리버 스톤 :** 아카데미 수상 감독. 1960년 후반에 뉴욕대학교에서 스코세이지에게 가르침을 받았다.
- **찰스 밀른 :** 뉴욕대학교 티쉬 예술대학 영화텔레비전학과 학과장. 1960년 후반에 뉴욕대를 다녔다.
- **바바라 허시 :** 〈바바라 허시의 공황시대〉의 벌사, 〈그리스도 최후의 유혹〉의 막달라 마리아.
- **로버트 드니로 :** 〈비열한 거리〉의 조니 보이, 〈택시 드라이버〉의 트래비스 비클, 〈뉴욕, 뉴욕〉의 지미 도일, 〈분노의 주먹〉의 제이크 라모타, 〈코미디의 왕〉의 루퍼트 펍킨, 〈좋은 친구들〉의 지미 콘웨이, 〈케이프 피어〉의 맥스 케이디. 〈분노의 주먹〉으로 아카데미 남우주연상을 받았다.
- **리처드 로마너스 :** 〈비열한 거리〉의 마이클.
- **마이클 파월 :** 스코세이지에게 영감을 준 영화를 만든 전설적인 영국 감독.
- **앨런 버스틴 :** 〈앨리스는 이제 여기 살지 않는다〉의 앨리스. 이 영화로 아카데미 여우주연상을 받았다.
- **폴 슈레이더 :** 〈택시 드라이버〉와 〈그리스도 최후의 유혹〉의 시나리오를 썼으며, 〈분노의 주먹〉의 시나리오 작업에 참여했다.
- **피터 보일 :** 〈택시 드라이버〉의 위자드.
- **마이클 채프먼 :** 〈택시 드라이버〉, 〈분노의 주먹〉, 마이클 잭슨의 〈배드〉 뮤직비디오의 촬영감독. 〈라스트 왈츠〉에도 참여했다.
- **어윈 윙클러 :** 〈뉴욕, 뉴욕〉, 〈분노의 주먹〉의 프로듀서. 〈좋은 친구들〉의 공동 프

로듀서.

- **라이자 미넬리 :** 〈뉴욕, 뉴욕〉의 프랜신 에반스.
- **로비 로버트슨 :** 〈라스트 왈츠〉의 기반인 더 밴드의 리드 보컬.
- **데이비드 필드 :** 〈분노의 주먹〉을 만든 유나이티드 아티스츠의 총괄 프로듀서.
- **시스 코먼 :** 〈분노의 주먹〉, 〈코미디의 왕〉, 〈그리스도 최후의 유혹〉의 캐스팅 디렉터.
- **조 페시 :** 〈분노의 주먹〉의 조이, 〈좋은 친구들〉의 토미 드비토. 〈좋은 친구들〉로 아카데미 최우수 남우 조연상을 받았다.
- **캐시 모리아티 :** 〈분노의 주먹〉의 비키.
- **폴 짐머맨 :** 〈코미디의 왕〉의 시나리오 작가.
- **샌드라 버나드 :** 〈코미디의 왕〉의 마샤.
- **프레드 슐러 :** 〈코미디의 왕〉의 촬영감독. 〈라스트 왈츠〉에도 참여했다.
- **파트로클로스 스타브로우 :** 키프로스 공화국 대통령의 차관. 그리스 작가 니코스 카잔차키스의 재산에 대한 유저 관리자.
- **엘레니 카잔차키스 :** 〈그리스도 최후의 유혹〉의 원작 작가인 니코스 카잔차키스의 아내.
- **데이비드 커크패트릭 :** 파라마운트의 부사장. 1983년에 〈그리스도 최후의 유혹〉 프로젝트를 총괄 지휘했다. 지금은 파라마운트의 영화 부문 이사장이다.
- **케이스 아디스 :** 할리우드 영화 제작자이자 가수 스팅의 기획자. 〈택시 드라이버〉의 제작부원이었다.
- **스팅 :** 1983년에 〈그리스도 최후의 유혹〉의 본디오 빌라도 역할을 제안받은 바 있다.
- **해리 우프랜드 :** 20년 넘게 스코세이지의 대리인으로 일하다가 영화 프로듀서가 되었다. 〈그리스도 최후의 유혹〉의 총괄 프로듀서였다.
- **에이미 로빈슨 :** 〈비열한 거리〉의 테레사. 〈특근〉의 공동 프로듀서.
- **마이클 볼하우스 :** 〈특근〉, 〈컬러 오브 머니〉, 〈그리스도 최후의 유혹〉, 〈좋은 친구들〉의 촬영감독.
- **그리핀 던 :** 〈특근〉의 폴 해켓. 〈특근〉의 공동 프로듀서이기도 하다.

- **로재나 아켓 :** 〈특근〉의 마시, 〈뉴욕 스토리 : 인생 수업〉의 폴레트.
- **마이클 오비츠 :** 크레이티브 아티스트 에이전시(CAA)의 회장이자 설립 멤버.
- **폴 뉴먼 :** 〈컬러 오브 머니〉의 에디 펠슨. 〈컬러 오브 머니〉로 아카데미 남우주연상을 받았다.
- **리처드 프라이스 :** 〈컬러 오브 머니〉, 〈뉴욕 스토리 : 인생 수업〉, 마이클 잭슨의 〈배드〉 뮤직비디오의 시나리오를 썼다.
- **조 리디 :** 〈컬러 오브 머니〉, 〈그리스도 최후의 유혹〉, 〈좋은 친구들〉, 〈케이프 피어〉 조감독.
- **마이클 아이스너 :** 월트디즈니의 회장이자 대표이사. 〈컬러 오브 머니〉와 〈뉴욕 스토리 : 인생 수업〉을 제작했다. 파라마운트의 제작 이사로 있으면서 〈그리스도 최후의 유혹〉이 만들어지도록 스코세이지를 지원했다.
- **톰 폴락 :** 유니버설의 CEO이며 〈그리스도 최후의 유혹〉을 제작했다.
- **에이든 퀸 :** 1983년에 〈그리스도 최후의 유혹〉의 예수 역할로 섭외된 바 있다.
- **윌럼 더포 :** 〈그리스도 최후의 유혹〉의 예수.
- **버나 블룸 :** 〈특근〉의 준, 〈그리스도 최후의 유혹〉의 성모 마리아.
- **페기 고믈리 :** 〈그리스도 최후의 유혹〉의 나사로의 누이 마르다.
- **폴 허먼 :** 〈컬러 오브 머니〉의 당구 도박사, 〈그리스도 최후의 유혹〉의 사도 필립보, 〈뉴욕 스토리 : 인생 수업〉의 경찰, 〈좋은 친구들〉의 갱단.
- **빅터 아고 :** 〈바바라 허시의 공황시대〉의 맥데이트, 〈비열한 거리〉의 마피아 단원, 〈택시 드라이버〉의 식품점 주인, 〈그리스도 최후의 유혹〉의 사도 베드로.
- **마이클 빈 :** 〈그리스도 최후의 유혹〉의 사도 요한.
- **앨런 로젠버그 :** 〈그리스도 최후의 유혹〉의 사도 도마.
- **레오 버미스터 :** 〈그리스도 최후의 유혹〉의 사도 나다니엘.
- **토마스 아라나 :** 〈그리스도 최후의 유혹〉의 나사로.
- **게리 바사라바 :** 〈그리스도 최후의 유혹〉의 사도 안드레아.
- **피터 가브리엘 :** 〈그리스도 최후의 유혹〉의 음악 작곡. 〈뉴욕 스토리 : 인생 수업〉

에 카메오 출연.

- **바바라 드 피나 :** 〈컬러 오브 머니〉, 〈그리스도 최후의 유혹〉, 〈뉴욕 스토리 : 인생 수업〉, 〈좋은 친구들〉, 〈케이프 피어〉 프로듀서.
- **닉 놀테 :** 〈뉴욕 스토리 : 인생 수업〉의 라이오넬 도비.
- **네스토르 알멘드로스 :** 〈뉴욕 스토리 : 인생 수업〉의 촬영감독.
- **제프리 캐천버그 :** 월트디즈니 회장. 파라마운트에 있을 때 스코세이지와 가까이 일했으며 〈그리스도 최후의 유혹〉을 착수하려 했다.
- **니컬러스 필레기 :** 《와이즈 가이 : 마피아 가족의 삶》의 작가. 스코세이지와 함께 〈좋은 친구들〉의 각본을 같이 썼다.
- **폴 소르비노 :** 〈좋은 친구들〉의 폴 시서로.
- **크리스 세로네 :** 〈좋은 친구들〉의 젊은 헨리 힐.
- **프랭크 디레오 :** 〈좋은 친구들〉의 투디.
- **레이 리오타 :** 〈좋은 친구들〉의 헨리 힐.
- **일레인 케이건 :** 〈좋은 친구들〉의 헨리 힐 엄마.
- **웨슬리 스트릭 :** 〈케이프 피어〉 시나리오 작가.

서문

"아니요, 사실 저는 25년 전에 마틴 스코세이지와 만났어요. 수녀가 되기 위해 수련하던 수녀원의 청소 도구실에서 말이에요"

내 말에 안토니오*Antonio*의 에스프레소 잔이 달그닥거렸다. 리도에 있는 엑셀시오르 호텔*Excelsior Hotel* 테라스에서 시작되었던 우리의 대화는 순간 멈춰 정적이 흘렀다. 그 호텔은 1988년 베니스영화제 운영본부가 있는 곳이었으며, 마틴 스코세이지의 〈그리스도 최후의 유혹〉이 유럽 프리미어로 상영될 곳이었다.

안토니오에게 스코세이지는 '가장 중요한 미국 감독'이며, '유럽인의 감수성을 지닌 매우 할리우드적인' 감독이었다. 안토니오는 이탈리아 유명 언론계에서 글을 쓰는 영화 평론가였고, 유럽의 대부분 평론가들이 그렇듯이 지적인 관점에서 예술과 문화에 대한 글을 쓰기도 했다. 그는 호텔 로비에 그득한 파파라치 무리, 타블로이드 기자들, TV 스태프들과는 달랐다. 그들이 이렇게 전 세계에서 몰려든 이유는 미국 근본주의 집단이 〈그리스도 최후의 유혹〉을 신성 모독이라 공격하면서 불거진 논란 때문이었다. 미디어는 여기 베니스에서 일어날 대규모 시위를 기대했다. 적어도 피켓 시위 정도는 있을 것으로 보았다. 이탈리아 잡지 〈에바 익스프레스〉 표지에는 '나체 예수*Gesù Nudo*. 스코세이지를 파문하라. 사진 포함됨'이라고 대문짝만하게 적혀 있었다. 사실 그 잡지에 실린 사람들은 대체로 자기도 모르는 사이 잡지사의 망원 렌즈에 찍힌 '나체' 상태이기는 했다. 당시 잡지에는 루치아노 파바로티*Luciano Pavarotti*의 아내가 아무도 없는 줄 알고 나체로 일광욕을 즐기다가 찍힌 사진도 함께 실려 있었다. 그런 사람들이 뻔뻔하게 스코세이지를 비난했던 것이다.

"종교 때문에 그런 거예요" 안토니오가 말했다. "왜 스코세이지처럼 지적인 예술가가 종교적 주제 — 바로 그 종교적 존재 — 를 택하겠어요?" 그가 으쓱대며 한 말에서 진정한 유럽인이라면 그런 집착 따위는 우익 정치인이나 민속에 관심 있는 인류학자에게 맡겨 둘 것이라는 생각이 슬그머니 드러났다.

그렇다면 우리는 왜 영화제에 있었던 걸까? 마침 안토니오도 그 점을 물어보길래 나는 스코세이지에 대한 책을 집필 중이라고 말했다. 정확히는 스코세이지에 대한 구술사였지만 말이다. 그의 동료 배우들, 작가들, 촬영감독을 비롯하여 부모와 스승들을 인터뷰한 글이 실릴 예정이었다. 내 남편은 이 프로젝트의 사진 촬영을 맡았다.

그래서 내가 스코세이지를 만나 봤냐고?

그렇다.

여기 베니스에서?

아니.

할리우드에서? 뉴욕에서?

아니. 아니.

그러다가 청소 도구실 이야기가 나왔던 것이다.

1966년, 내가 대학 학부생이면서 종교에 몸담기를 희망하던 시절. 내가 좋아하는 두 가지 주제는 제임스 조이스와 영화였다. 두 주제가 충돌한 적은 한 번도 없었다. 펠리니, 안토니오니, 베리만은 의식의 흐름이라는 조이스의 방법과 맞먹는 영화적 장치인 비선형 서사, 다층적 비유를 사용했다. 그리고 조이스의 작품은 플래시백, 플래시 포워드, 몽타주, 교차 편집과 같은 영화적 장치와 닮아 있었다. 조이스의 에피파니 이론은 영화가 할 수 있는 최상의 것을 말해주기도 했다. 패턴을 만들고, 거기서 "부분들의 관계…가 특별한 지점에서 들어맞으면, 우리는 그게 바로 그것*it is that thing which it is*이라고 인식하는 거야. 사물의 영혼, 그 실체가 가림막을 벗고 갑자기 우리에게 겉모습을 드러내는 거지. 너무도 잘 조율된 사물의 구조가 우리에게 빛을 발하는 것처럼 보여. 바로 그 순간 사물은 에피파니를 성취해" (조이스의 자전적 작품 《스티븐 히어로*Stephen Hero*》 중에서)

(나는 안토니오에게 이 말 그대로 하지는 않았다. 나중에 찾아보고 적은 것이다.)

그 시절 나는 이와 같은 개념을 더욱 탐구하기 위해 졸업 논문의 주제를 고민했다. 그러다 우연처럼 당시의 새로운 현상인 학생 영화감독에 대한 글을 하나 읽게 되었다. 마틴 스코세이지가 만들고 상을 받은 〈너뿐만이 아니야, 머레이!〉에 대한 글이었는데 패러디를 사용해 획기적으로 구성한 코미디 영화라고 설명하고 있었다. 구미가 당겼다. 나는 당시 뉴욕대학교에 다니던 스코세이지에게 편지를 보내 그의 영화를 보고 싶다고 요청했고, 그가 필름 프린트를 보내주었다. 그렇게 본 〈머레이〉는 조이스의 단편 《은총*Grace*》을 정말 많이 생각나게 했다. 두 작품은 이제 막 자신의 경력을 쌓아가는 젊은 예술가들의 작업이었으며, 작품의 주제는 곧 그들 예술의 핵심에 자리했다. 조이스와 스코세이지 모두 일상 사물에서 의미를 발견했고, 둘 다 패러디와 양식적 비유를 사용했다. 그리고 둘 다 이웃의 평범한 남자를 구원하는 것에 몰두했으며, 주인공이 보지 않기로 선택한 에피파니를 독자와 관객에게 제공했다.

"아주 재밌네요" 안토니오가 말했다. "그런데 그걸 스코세이지와 만난 거라고 할 수 있나요?"

"잠깐만요. 편지에 대해 이야기해야겠군요"

"편지요?

"네, 스코세이지는 리걸 사이즈 종이 열댓 장 정도를 여백 없이 빼곡하게 채워 영화에 대한 자신의 열정을 이야기했어요. 말들이 이리저리 뒤섞여 있고 중요한 단어를 꾹 눌러 쓰는 바람에 종이에 구멍이 났죠"

"그가 말하는 방식처럼요"

"그러니까요!"

스코세이지는 나에게 독서 목록을 보내주었다. 그는 유명 각본집을 '관습적으로 잘 쓰인 각본'의 원천으로 추천하면서 잉마르 베리만*Ingmar Bergman*의 각본과 〈히로시마 내 사랑〉, 〈지난해 마리앙바드에서〉, 〈야생마*The Misfits*〉의 각본을 추천했고, 모두 고담 북마트*Gotham Book Mart*에서 우편으로 주문할 수 있었다. 또한 그는 존 포드와 앨프레드 히치콕, 존 휴스턴, 하워드 혹스와 같은 감독들의 작품을 연구해야 한다고 말했다. 마지막 제안은 놀라웠다. 1960년대에 미국 영화학도들은 영화적 스승을 유럽에서 찾곤 했기 때문이다.

물론 그는 펠리니, 트뤼포, 고다르, 로셀리니, 레네, 안토니오니와 같은 감독들의 작품을 권하기도 했다. 인디애나의 시골 수녀원에 있는 내가 대체 어디서 〈히로시마 내 사랑〉과 같은 작품을 볼 수 있는지 그가 생각이나 했을지 모르겠지만 말이다. 하지만 어릴 적부터 내가 사랑했던 할리우드 영화를 다시 찾아보면서 영화를 배울 수 있다고 생각하니 무척 좋았다. 편지에는 영화를 보는 가장 좋은 방법도 적혀 있었다. 평론가들에게 휘둘리지 말 것. 그는 "스스로 결정하세요"라고 적었다. "무엇보다, 영화를 관람할 때 분석하면서 보지 마세요. 그냥 거기 앉아서 스스로 즐기고 있는지 아닌지만 살피세요" 그런 뒤 어떤 이유로 즐겼고 또는 그러지 못했는지 생각하라고 했다. 정말로 작품을 즐기지 못했더라도 '그 영화의 위대함이나 중요성을 인식'할 가능성이 있다. 때로는 하나의 작품을 여러 번 보고 난 뒤에야 갑작스럽게 그 진면모를 발견하고 좋아지기도 한다.

스코세이지는 영화의 요소들을 펼쳐 보였다. 처음에는 시각적인 것 — 빛과 운동으로 성질이 부여된 이미지들 — 을 이야기했다. 숏, 시퀀스, 달리, 줌에 대한 설명도 있었다. 그는 〈시민 케인〉, 〈제3의 사나이〉, 〈심판〉을 예로 각 용어를 정의했다. 그런 뒤 사운드와 음악에 대해 이야기했다. 그리고 '가장 중요한 요소인' 편집에 대해 말했다. 그는 장황하게 써나갔다. "타자 실력과 오타, 가

위표 친 것들은 눈감아 주세요"라고 적기도 했다. "잊어버리기 전에 제가 생각하고 있는 것들을 적어야만 해요"

안토니오가 고개를 끄덕였다. 그는 이제 막 눈부신 경력을 쌓아 나가기 직전의 25살 영화학도가 인내심과 엄청난 열정을 가지고 영화의 기본 요소와 영화에 대한 자기 생각을 곧 수녀가 될 사람에게 설명하는 모습을 상상하느라 정신이 없었다. 그런데 청소 도구실은 대체 뭐란 말인가? 그곳은 다름 아닌 나만의 연구를 진행하고 고담 북마트의 책을 보관할 수 있는 유일한 장소였던 것이다.

그날 〈그리스도 최후의 유혹〉을 본 소규모 기자들은 스코세이지와 만났다. 기자들은 혼란스러워했다. 영화가 불미스럽거나 신성 모독처럼 보이지 않았던 것이다. 사실 안토니오는 영화가 너무 숭배적이라고 보았다. "일종의 징표*signa*[1] 같아요. 제 첫 번째 성찬식에서 신부님이 저에게 주셨던 신성한 그림처럼 말이에요"

기자들의 물음에 스코세이지가 자신의 믿음과 예수에 대한 사랑, 〈그리스도 최후의 유혹〉을 만들기 위해 오랫동안 분투했던 과정을 간단하게 이야기하기 시작했다. "저는 기도하는 마음으로 이 영화를 만들었어요. 성직자가 되고 싶었고, 예배하는 마음이나 다름없었어요. 제 모든 삶이 영화와 종교였어요. 바로 그거예요. 그게 다예요"

기자들은 놀란 얼굴로 서로를 쳐다보았다. 진심으로 하는 말인가? 그들은 스코세이지가 예수를 탈신화화하기를 바랐거나, 시위대가 하는 말처럼 관객에게 충격(물론 예술적 충격)을 주기 위해 그리스도의 이야기를 이용했다고 하더라도 이해할 수 있었을 것이다. 하지만 스코세이지는 그가 예수와 예수의 가르침을 믿기 때문에 이 영화를 만들었다고 말하고 있었다.

1 signa는 라틴어 signum의 복수형으로서, 표지, 징표, 기호, 신호, 흔적, 낙인, 징후, 조짐, 증상, 예후, 부호 등의 뜻을 지니고 있다.

인터뷰 내내 이어진 스코세이지의 자신감이 기자들의 예상을 깨뜨린 것 같았다. 한 핀란드 기자는 본인의 종교적 배경지식이 그리 깊지는 않지만, 이 영화를 통해 지금껏 진부한 신화라고 생각했던 이야기를 다시금 새로운 방식으로 보게 되었다고 말했다. 네덜란드에서 온 기자는 천주교인으로 양육된 스코세이지와 네덜란드 개혁교회 전통 속에서 자란 각본가 폴 슈레이더가 공통된 기반을 가졌을 가능성을 보기도 했다. 안토니오마저 거기에 첨언하면서 기자회견은 마치 사적인 신앙 간증회처럼 보였다.

그와 같은 기운이 영화제 전반에 스며들었다. 그날 오후에는 대규모 기자회견이 열렸고, 스코세이지와 윌럼 더포(예수 역), 하비 카이텔(유다 역), 바바라 허시(막달라 마리아 역)가 참여했다. 거기서는 해방신학에 대한 논의가 주안점이었다. 그날 저녁 영화의 전당의 고상한 관객들은 유명한 사건*cause célèbre*이 벌어지길 기대했지만 도발적이면서도 진지한 영화에 사로잡히고 말았다. 그리고 엑셀시오르 호텔의 바에서는 해리 딘 스탠턴*Harry Dean Stanton*(사도 바오로 역)이 그곳에서 빠져나오지 못한 채, 사도 바오로가 무엇을 믿었고 무엇을 하

〈그리스도 최후의 유혹〉의 프리미어가 상영된 1988년 베니스 국제 영화제에서
소규모 해외 기자단과 이야기를 나누고 있는 마틴 스코세이지.

고 하지 않았는지에 대한 문제와 〈와이즈 블러드〉에서 해리 자신이 연기했던 길모퉁이 남부 침례교 목사와 어떤 공통점을 지니고 있는지 토론했다. 프랑스인 라디오 전문가가 〈파리 텍사스〉를 기리며 해리에게 '운하를 향해 한 잔'하자고 요청했을 때 해리 딘은 정말로 예수가 사도 바오로가 설립한 교회와 같은 조직을 의도했다고 생각하는지 그에게 묻기도 했다.

그러나 영화제에서 가장 많은 생각을 불러 일으키는 순간은 화려하고 눈부신 조명이 꺼졌을 때야 비로소 찾아왔다. 취재진 출입증도 없고 귀한 상영 티켓도 구하지 못한 영화제 팬들은 〈그리스도 최후의 유혹〉을 너무나도 보고 싶어 했다. 그들이 베니스에 온 이유는 사람들을 만나거나 다른 사람에게 보여주기 위해서도, 거래를 성사시키거나 영화를 홍보하기 위해서도 아니었다. 그들은 감독이 하는 이야기를 듣고 그들의 영화를 직접 관람하기 위해 그곳에 왔다. 그리고 마침내 영화제 게시판에 휘갈겨 쓴 메모가 하나 붙었다. '특별 상영, 새벽 1시 40분.' 소문은 어찌어찌 퍼졌고, 텅 비었던 영화의 전당 앞에 제법 많은 사람이 모여들었다.

나와 남편도 대기줄에 섰다. 내 옆자리에는 볼로냐의 영화학도 단체 대표가 있었다. 그는 스코세이지의 영화가 그와 다른 멤버들에게 의미 있는 이유를 설명해 주었다. 그 줄의 다른 사람들도 대화에 참여했다. 다들 간단한 영어와 이탈리아어, 프랑스어를 구사했고 손짓과 발짓으로 소통했다. 〈그리스도 최후의 유혹〉이 어떨 것 같아요? 왜 이 영화를 만들었을까요?

영화가 끝나고 우리는 다시 바깥으로 모였다. 회색으로 뒤섞였던 바다와 하늘이 분홍빛을 띠며 밝아졌다. 리도에 여명이 밝았다. 새들이 지저귀고, 아침에 출근하는 사람들이 하나둘 보이기 시작했다. 하지만 아무도 집에 가지 않았다. 우리는 다시 모여 그때 베니스의 모든 이 — 영화배우, 기자, 감독, 파파라치, 영화 매매 관련자, 엑셀시오르의 바텐더 — 가 영화제 기간 동안 한 번은 반드시 하게 되는 일을 했다. 빙 둘러서서 예수에 대한 이야기를 나누었

1988년 베니스영화제를 찾은 유니버설 스튜디오 회장 톰 폴락,
〈그리스도 최후의 유혹〉 편집자 셀마 슈메이커, 영국 감독 마이클 파월.

던 것이다.

2년 뒤 스코세이지는 〈좋은 친구들〉을 들고 베니스영화제를 다시 찾았고, 감독상을 수상했다. 이후 그 영화가 많은 사람에게 다양하고 엄청난 대화를 촉발시켰을 것이라 확신한다. 그리고 이 책을 읽고 있는 당신에게도 스코세이지의 영화가 활기찬 토론을 북돋울 것이라고 확신한다. 그 영화들이 나로 하여금 여러 다른 사람과 토론하도록 이끌었듯이 말이다. 바로 그것이 이 책의 전제다. 물론 스코세이지의 영화들은 분명하게 자신의 말을 전하고 있다. 지금은 비디오 테이프와 CD처럼 영화를 반복해서 볼 수 있는 수단을 제공하는 매체가 많아졌다. 스코세이지는 〈분노의 주먹〉과 〈택시 드라이버〉의 코멘터리를 녹음하기도 했으며, 그것은 보이저사社의 비디오 디스크에 따로 수록되어 있다. 시간이 지나면 스코세이지의 영화에 대한 학술적이고 비평적인 연구가 나오기 시작할 것이다. 스코세이지는 인상적인 아카이브를 쌓았고, 그 아카이브들은 스코세이지의 이력을 추적하는 것만이 아니라, 지난 30년간의 영화 역사에 대한 원천으로도 가치가 있다. 언젠가는 스코세이지가 자신이 존경하는 친구 마이클 파월을 따라 자서전을 쓰기를 바란다. 영국에서 한 연설 모음집 《스코세이지가 말하는 스코세이지*Scorsese on Scorsese*》가 그 시작일 것이다.

이 책에서 나는 스코세이지의 영화와 그 작품에 참여한 사람들 곁에 머물기를 바랐다. 베니스의 바로 그 새벽 토론이 이 책의 바탕이 되었다. 이 책의 중심에는 스코세이지와의 인터뷰가 있다. 그의 사무실, 촬영장, 뉴욕대학교 강의실에서 나눈 대화들이다. 하지만 나는 이 책이 여러 사람의 목소리로 들려주는 이야기처럼 느껴지기를 바란다. 또, 나와 대화를 나눈 사람들이 얼마나 본인들이 참여한 영화와 개인적으로 깊이 연결되어 있다고 느끼는지 공감할 수 있기를 바란다. 스코세이지는 〈비열한 거리〉, 〈앨리스는 이제 여기 살지 않는다〉, 〈분노의 주먹〉, 〈그리스도 최후의 유혹〉처럼 다양한 영화를 만들었고, 그 영화들은 작품에 참여한 사람들의 열렬한 헌신을 끌어냈다. 스코세이지는 상상력의 사제였으며, 영화적 요소들을 함께 결합하는 제의를 관장했다.

바로 이 점이 나를 제임스 조이스와 스코세이지에게 돌아가도록 한다. 두 사람은 자신들에게 소명이 있다고 생각하며 어린 시절을 보냈다. 제임스는 예수회에 참여한 적이 없었지만, 실제로 스코세이지는 뉴욕 대교구 신학교에 입학했다. 1년밖에 다니지 않았지만 고등학교 졸업 후 교단에 들어가려고 했다는 것은 분명하다.

어린 시절 스코세이지는 멀베리 스트리트에 위치한 세인트 패트릭 대성당

*St. Patrick's Old Cathedral*의 복사로 있으면서 사제 계급으로 들어가게 되었다. 그는 복잡하고 엄밀한 몸동작을 수행하면서 신부를 도와 미사를 준비했다. 그런 뒤 신자들로부터 조금 떨어진 곳에 서서, 복사들에게만 들릴 정도로 작게 속삭이는 신부의 성스러운 말을 들었다. "혹 에스트 에님 코르푸스 메우스*Hoc est enim Corpus meus*(이것은 내 몸이니)" 그리고 "힉 에스트 에님 칼리 상구이니스 메이스*Hic est enim Cali Sanguinis meis*…(이는 내 피의 성배이니… 죄 사함에 이를 때까지 너를 비롯한 많은 이를 위해 흘리는 것이로다)" 이 말을 읊은 뒤 신부는 무릎을 꿇고 성체를 들어 올리고 성배를 거양했다. 복사 하나가 작은 종을 흔들었다. 스코세이지는 이 절차에 반복적으로 참여했고, 변형, 계시, 종소리라는 똑같은 극적 전개를 매번 되새겼다.

제2차 바티칸 공의회 이후(1965년 이후), 가톨릭 예배는 번거로운 의식에서 벗어나 사람들이 자신의 모국어로 함께 찬양하는 공동체적 행위가 되었다. 스코세이지의 어린 시절에도 미사가 엄숙하긴 했어도 삭막하진 않았다. 음악, 촛불, 제복의 색깔, 조각상, 그리고 교회의 스테인드글라스 창문은 다채로운 모자이크를 만들었다. 모든 것이 특별한 의미를 지녔다. 황금색은 크리스마스 같은 성대한 연회, 자주색은 재림절, 빨강은 순교자, 하양은 성모와 성자, 초록은 평범한 일요일과 특별한 성자를 기리지 않는 시기를 의미했다. 그날의 성자에 대한 간략한 일대기는 영웅적인 순교자들과 선교사들, 위대한 학자들에 대한 이야기로 채워졌다. 교구의 그 누구보다 더 극적인 삶을 살았던 비범한 사람들의 이야기였다.

모든 의류품, 모든 제단포, 성스러운 그릇 하나하나, 심지어 양초마저 가톨릭교회가 구체적으로 정해놓은 방식에 맞아야 했다. 깨끗한 밀랍과 순금, 100% 면 제품을 사용해야 했다. 특별하게 만든 숯을 태우고 향의 연기를 피우면, 복사였던 스코세이지는 연기를 가족들과 이웃들 머리 위로 날려 보냈다. 모든 행동이 정확하게 수행되고, 성스러운 말씀이 전해지며, 모든 것이 완벽해야만 했다. 그것들은 그리스도의 몸과 피가 되었고, 그리스도는 그곳에 함께 계셨다. 최후의 만찬이 이루어지고 십자가를 지시며, 탄생하셨을 때와 똑같이 말이다.

이것은 7살 아이가 품기에는 심오한 개념이지만 일단 이해하고 나면 그동안의 상상력을 완전히 바꾸어 놓는다. 제임스 조이스와 마틴 스코세이지 같은 예술가를 만들어 내는 것이다. 모든 가톨릭 학교 아이들은 표징*sign*과 상징*symbol*의 차이에 대해 배운다. 성체는 표징이며, 표징은 그것이 의미화하는 것에 영향을 미친다. 그것은 다른 것처럼 있는 것이 아니라, 다른 것으로 존재한다. 성체와 믿음의 신비를 규정하는 언어는 성 토마스 아퀴나스로부터 왔다. 그는 자신의 예술 이론을 비롯하여 신학의 바탕을 아리스토텔레스 철학에 두었다. 제임스 조이스가 말한 것처럼 '감각론자' 아퀴나스는 플라톤주의 신학자들을 능가했다. 성체성사의 순간에 그리스도가 현존하는 것은 상징적인 일이 아니었다. 그 현존은 실재했다. 교회는 온갖 공격에 맞서 이 교리를 고수했다.

빵과 포도주는 신도에게 예수를 떠올리게 하려는 목적으로 만든 최후의 만찬을 재연하는 소품이 아니었다. 예수는 존재한다고 생각되는 것이 아니라 그곳에 있었다. 그의 현존은 신부의 덕망으로 좌우되지도 않았다. 만약 사제가 임명되고 말씀과 행동과 빵과 포도주가 거기에 합당하게 있었다면, 그리스도는 현존하여 그 자신을 음식으로 나타냈을 것이다. 스코세이지는 자신의 첫 번째 성찬식에서 빵을 받았으며, 예수는 그의 일부가 되었다. 신앙을 진지하게 여겼던 아이에게 기적과 신비의 감각이 새겨진 것이다. 어린 시절 스코세이지는 세계에 대한 성체적 관점을 받아들였다. 그는 성체의 빵과 포도주, 세례식의 물, 사제 임명식의 기름처럼 물질적인 수단들을 통해 초월적인 순간들에 닿을 수 있다고 믿었다.

그렇게 또 하나의 현실이 감각의 세계를 둘러싸고 스며들었다. 자연의 사물을 통해 초자연적 현실에 닿을 수 있었던 것이다. 예수는 자연적인 것과 초자연적인 것의 결합을 완벽함에 이르게 하는 존재로서, 그 자신이 '신과의 조우에 대한 성체'였다. 어릴 적 스코세이지는 성체를 더 깊고 심오하며 진실한 영적 세계로 가는 길로 보았다. 그는 그것과 비슷한 과업의 부름을 받는 존재가 예술가라고 생각하기 시작했고, 그것은 경험의 요소들을 배열하는 과업을 짊어지는 것이다. 경험의 요소들이 표징이 되도록, 그리하여 그것들이 의미화하는 것에 영향을 끼치도록, 그 요소들을 배치하는 것이다.

성체성사 중에 발생하는 변형은 실체 변화*transubstantiation*라고 불렸다. 스코세이지는 이 말을 3학년쯤에 배웠을 것이다. 이 말은 올바른 형상 — 사제가 읊는 축성의 말과 같은 것 — 이 적절한 질료(빵과 포도주)와 결합될 때, 그 실체가 변화한다는 것을 뜻했다. 사물은 그대로 남아 있을지라도 — 빵과 포도주가 일반적인 빵과 포도주와 똑같이 생겼더라도 — 그 본질은 변한 것이다. 그리하여 그것은 광휘를 드러내게 된다.

상상력의 사제들 — 글을 쓰는 조이스, 영화를 만드는 스코세이지와 같은 이들 — 은 변형의 행위자*agents*가 되기도 한다. 그들은 사물의 잠재적 유의미함, 그 광휘를 드러내는 부분들의 시각적 배열을 발견함으로써 에피파니의 순간들을 창조한다. 바로 그러한 창조 또한, 실체 변화와 같은 것이다. 〈택시 드라이버〉의 오프닝에서 소용돌이치는 연기를 뚫고 출현하는 노란 택시의 이미지가 즉각적으로 머릿속에 떠오른다. 하지만 스코세이지의 작품에서 조이스의 작품과 비슷한 성질이 나타나는 것은 그러한 개별 이미지만이 아니다. 스코세이지는 이야기와 캐릭터를 한정적이고 제한된 세계 안에서 만든다. 리틀 이탈리아, 42번가, 권투 링, 나이트클럽 무대는 모두 그의 성장 환경과 가까운 곳이다. 더블린이 조이스에게 평생의 소재를 제공했던 것처럼 말이다. 조이스가 그랬듯 스코세이지는 이성을 넘어서는 층위에서 이러한 소재를 탐구한다. 그는 설명하기보다 의미화하려 하고 관습적인 플롯과 구조를 쌓기보다 무드와 순간들을 창조하려고 한다. 이러한 접근법은 관객들이 정신뿐만 아니라 영혼으로부터 반응하길 원하며, 정서적인 성질을 받아들이길 요구한다. 조이스의 언어가 주는 영향은 분석을 통해 속박될 수 없다. 스코세이지의 이미지 또한 그 이미지에 대한 언어적 등가물로 축약될 수 없다. 어떤 의미에서 두 사람은 영적인 층위에서 사람들에게 자기 작품이 경험되길 바란다.

1950년대의 가톨릭 학교 학생에게 영혼은 신의 힘과 악마의 힘이 겨루는 우주적 싸움터였다. 그 영혼이 당신의 것인지, 아니면 실패한 이웃, 길거리 불량배, 미쳐버린 음악가, 권투 선수, 주부, 창녀, 혹은 택시 운전수의 것인지는 상관없었다. 구원의 이야기 속에서 그들 각자는 교황만큼이나 중요한 존재였다. 스코세이지는 〈분노의 주먹〉에서 제이크 라모타의 이야기가 구원에 관한 것이라고 말하면서 그것이 그의 두 번째 본성인 것처럼 이야기했다. 만약 스코세이지의 캐릭터들이 신의 실존, 죄, 속죄, 인간의 궁극적 목적에 대해 관심을 가졌다면 그것은 마틴 스코세이지가 친구들과 중국 음식을 먹으면서 이와 같은 대화를 즐기며 자랐기 때문이다.

스코세이지의 캐릭터들은 구원을 각각 다른 방식으로 정의하고 구한다. 그리고 모두 물질만능주의 사회가 그들에게 부여한 한정된 역할을 넘어서기를 바란다. 머레이는 '착하게 삶'으로써 초월하려 하고, 〈누가 내 문을 두드리는가?〉의 J.R.에게 구원은 '순수한 사랑'에 있었다. 〈비열한 거리〉의 후반부에서 찰리는 그저 살아 있는 것만으로도 만족할 조니 보이를 구하면서 구원받기를 바란다. 〈택시 드라이버〉의 트래비스 비클은 인간쓰레기들을 쓸어 버리면 자신의 죄가 씻길 것이라고 생각한다. 음악과 거리는 〈라스트 왈츠〉의 밴드 멤버, 〈앨리스는 이제 여기 살지 않는다〉의 앨리스, 〈뉴욕, 뉴욕〉의 지미 도일에게 구원의 길과 같아 보인다. 프랜신 에반스(〈뉴욕, 뉴욕〉)와 테레사(〈비열한 거리》)는 그들 자신을 망가뜨리지 않으면서 사랑할 수 있다면 구원받을 것이다. 〈분노의 주먹〉의 제이크 라모타는 그 모든 펀치를 견딜 수 있다면 구원받을 것이라고 자신에게 말한다. 루퍼트 펍킨은 그저 '코미디의 왕'이 되기를 바란다. 에디 펠슨(《컬러 오브 머니》)은 그의 당구 실력을 되찾기를 바라고, 폴 해켓(《특근》)은 그저 부자 동네에 살기를 바란다.

유혹은 타락한 바깥세상으로부터, 그리고 자기 안의 정념으로부터 온다. 갈망과 교만과 질투는 은총보다 더 뚜렷하게 나타난다. 하지만 스코세이지의 영화에서 인물들은 성스러운 순간을 교묘하게 획득한다. 조니 보이와 찰리는 러시아 정교회의 묘지에서, 프랜신과 지미는 눈밭에서, 아이리스와 트래비스는 아침 식사 자리에서 그 순간을 누린다.

〈분노의 주먹〉은 신약 성서의 우화로 끝을 맺는다. 예수가 눈먼 남자를 치유하지만, 바리새인들은 그 눈먼 남자에게 죄인이 그를 치유했다고 말한다. 눈이 멀었던 남자가 말하길, "그가 죄인인지 아닌지 모르겠어요. 제가 아는 거라곤 저는 눈이 멀었었지만 지금은 볼 수 있다는 거예요" 이 치료 이야기는 〈그리스도 최후의 유혹〉에서 분명하게 드러난다. 이것은 요한복음에 아주 길게 서술된 이야기이기도 하다. 예수와 사람들, 예수와 눈먼 남자, 바리새인들과 눈먼 남자의 부모들, 바리새인들과 눈먼 남자가 나눈 대화가 마치 만담처럼 길게 이어진다. 쟁점은 '어찌하여 그는 눈이 멀었나?', '누가 죄를 지었나', '눈먼 남자인가 아니면 부모들인가?' 하는 것이다. 예수는 그 어떤 것도 아니라고 말하며 계속 그를 치유한다. 그 기적에 화가 난 바리새인들은 남자의 부모를 비난하기 시작한다. 그러자 부모는 "우리에게 그러지 말고 직접 얘기해요. 자식도 성인이에요"라고 말한다. 듣다 못한 남자가 마침내 입을 연다. "나는 앞을 보지 못하는 사람이었어요. 하지만 지금은 보여요" 이 이야기가 단지 신체 일부로서의 눈에만 국한되는 내용이 아님은 분명하다.

스코세이지는 〈분노의 주먹〉 마지막 장면에서 요한복음의 이 구절을 따르면서 뉴욕대학교의 스승이었던 헤이그 마누기언 선생을 기리며 '감사합니다. 헤이그 선생님'이란 말을 남긴다. 스코세이지의 말에 따르면 마누기언은 스코세이지가 "자신만의 경험에 담긴 가치를 보게"해 주었다. 이와 같은 '보기'는 스코세이지로 하여금 성체에 대해 깊이 이해하도록 했으며, 궁극적으로 그것을 체험으로 받아들이게 했다. 하나의 표징으로, 그것이 의미화하는 무언가에 영향을 끼치는 표징으로 이해하게 된 것이다. 물질은 신비로운 것이다. 꼭 맞는 상황이 주어진다면, 그 물질은 그리스도의 몸이 될 수도 있다.

이탈리아계 미국인이라는 스코세이지의 성장 환경은 조이스에게 "양심의 가책*agen bite of inwit*"으로 가득한 더블린이 그랬던 방식으로 자기 성찰을 촉구하지는 않았다. 하지만 그가 세인트 패트릭 대성당의 아일랜드계 수녀들과 이탈리아계 사제들에게서 배운 신학적 개념은 그의 정신을 확장시키고 상상력을 자극했다.

내가 가톨릭 방식의 교육, 특히 제2차 바티칸 공의회 이전 교육의 부정적인 면을 부인하려는 것은 아니다. 가톨릭 교육은 실패한 시스템이며 내부의 개인들도 실패했다. 특히 성욕, 여성의 존엄성, 사회 정의와 관련된 문제에서 실패하고 말았다. 그러한 실패는 어린아이들을 성적으로 학대한 약탈적 사제들의 존재가 드러나게 되면서 더욱 끔찍하게 악화되었다. 제도는 그들의 범죄를 은폐했다가 이제서야 피해자 보상 방안을 강구하기 시작했다. 그러나 내가 말하고자 하는 것은 어린 시절이다. 유연한 상상력을 지닌 시절, 수녀가 당신을 아끼고, 사제들이 존경스러웠던 시절, 당신의 교회가 세인트 패트릭 대성당처럼 자랑스러운 역사를 간직한 장소였던 시절 말이다.

스코세이지의 모든 영화는 초월의 순간들을 만들어 낸다. 이때 관객들은 열려 있어야만 한다. 그 순간의 일부가 되어야 하는 것이다. 만약 스코세이지가 그저 상징적인 예수를 보여주기만 했다면 — 너무 중립적이라 어떠한 해석도 적용될 수 있는 그런 예수를 보여주었다면 — 논란은 발생하지 않았을 것이다.

하지만 〈그리스도 최후의 유혹〉의 십자가 장면에 나타난 예수의 모습은 너무도 생생하게 현존한다. 우리는 그가 흘리는 피를 보고, 못 박히는 소리를 듣는다. 세계는 기울어져 있고, 예수의 고통은 너무도 현실적이라 우리는 그 고통 자체를 경험하지 않을 수 없다. 그 아픔은 우리에게 가까이 닥쳐와 상징이나 개념이 될 수 없다. 한 남자가 죽어가고 있고, 그가 바로 예수다. 베니스영화제 기자회견에서 스코세이지가 말하길 “저는 그가 죽는 순간에 당신들이 그를 염려하기를 바랐습니다”

성체를 경험하면서 자랐기에 스코세이지는 예수, 또는 그의 영화 캐릭터 그 누구도 자기 자신의 생각을 투영하는 대상으로 삼을 수 없었다. 그는 실재에 주목한다. 그는 초월성의 바로 그 순간을 희망하면서 질료들을 배열한다. 우유偶有(우연히 갖추어진 것)는 그대로 있지만, 본질은 변한다. 우리는 명멸하는 이미지를 경유하여 다른 이의 영혼에 닿는다. 그렇지 않다면 대체 무엇 때문에 예술가가 현재를 실재로 만들기 위해 몸부림치고, 닿을 수 없는 빛에 더욱 가깝게 다가가기 위해 분투하겠는가?

하지만 성체는 공동체를 만들고 확고히 하기 위한 것이다. 스코세이지는 이미지, 음악, 연기의 질료를 취하고 거기에 형상을 부과한다. 그는 요소들을 조율하며 이미지가 그 광휘를 획득한다. 스코세이지의 영화는 우리를 움켜쥐고 우리를 우리 자신 너머로 밀어내며 시야를 확장한다. 그리하여 우리를 더욱더 가깝게 그러모은다.

질문이 솟구친다. 왜 스코세이지는 그러한 에너지를 탕아들에게 쏟는 것일까? 왜 하필 제이크 라모타, 조니 보이, 에디 펠슨, 라이오넬 도비, 헨리 힐과 같은 사내들인가? 어쩌면 한 가지 대답이 우화 속에서 발견될지도 모른다(〈그리스도 최후의 유혹〉에서 중요한 위치를 차지하기도 한다). “양 백 마리를 가지고 있다가 한 마리를 잃은 목자라면, 아흔아홉 마리를 두고 그것을 찾으러 가지 않겠는가?"[2] "은전 열 개를 가졌다가 하나를 잃은 자라면, 등불을 켜고 바닥을 쓸며 찾지 않겠는가?"[3] 예수가 이처럼 묻는다. 이어서 그는 가족을 욕보이고 떠난 방탕한 아들의 이야기를 들려준다. 그 아들이 자포자기하는 심정으로 집으로 돌아와 제 아버지의 하인이 되기로 작정했을 때, 그의 아버지는 그를 안아준 뒤 성대한 연회를 연다. 이러한 상황은 그동안 전통을 잘 지키며 따르던 착한 형을 화나게 한다. 이에 아버지는 이렇게 말한다. "네 동생은 길을 잃었다가 비로소 찾은 거야" 스코세이지의 영화는 바로 그와 비슷한 연민을 드러낸다.

청소 도구실에서 이야기를 시작했으니 다시 수녀원 예배당으로 돌아가 끝을 맺어야겠다. 베니스에서 돌아와 얼마 뒤, 우리는 아버지의 사촌인 에르게니아*Erigenia* 수녀를 찾아갔다. 그녀는 100살이었다. 80년이 넘는 세월 동안 수녀로 지내며 생애 대부분 1학년 아이들을 가르치는 선생으로 일했고, 60여 명의 다른 수녀들과 함께 살았다. 그중 30명 정도가 아흔 살이 넘었다. 일요일 미사 때 신부님께서 그들에게 바로 그 탕아의 우화를 들려주었다. 나는 예배당을 둘러보았다. 거기에 돌아온 탕아는 없었다. 만약 갑자기 죄인이 나타나 가장 좋은 대접을 받게 된다면 수녀들은 불평할 권리가 있는 사람들일 것이다. 하지만 에르게니아 수녀는 그렇게 보지 않았다. "예수님은 우리가 신의 깊은 사랑을 깨닫길 바라셔. 사랑은 언제나 길 잃은 이를 갈구해. 때로는 우리 모두 탕아잖아?"

영화제가 끝난 뒤 베니스를 떠나기 전, 나는 사람들로 붐비는 입구에서 떨어져 산마르코 대성당*St. Mark's Basilica*의 외벽 근처에 있는 작은 벽감 앞에 섰다. 그곳에는 이전 교황들을 기리는 두 개의 명판이 있었다. 교황 요한 23세와 요

2 누가복음 15장 4절

3 누가복음 15장 8절

한 바오로 1세, 모두 복자로 시복된 이들이다. 나는 둘 중 누구라도 살아 계셨다면 교회가 〈그리스도 최후의 유혹〉을 다르게 받아들였을지 궁금해졌다.

스코세이지의 영화는 뜨거운 사막 속에서 성스러운 길을 찾은 이사야가 형용한 이들을 위해 만들어졌다. 〈비열한 거리〉, 〈분노의 주먹〉, 〈좋은 친구들〉, 〈그리스도 최후의 유혹〉 — 실로 모든 스코세이지의 영화들 — 은 여정을 떠나려는 사람들을 위한 것이다.

1장

엘리자베스 스트리트

〈이탈리아나메리칸*ITALIANAMERICAN*〉[4](1974)

마틴 스코세이지는 1974년에 다큐멘터리 영화 〈이탈리아나메리칸〉을 찍으면서 자기 부모를 새로운 눈으로 보게 되었다. “그때까지 저는 부모님을 한 사람이 아닌 부모로만 봤어요.” 후일 그는 이렇게 말했다. “부모님이 갑자기 한 명 한 명의 개인으로 느껴졌어요. 그리고 저는 그들의 삶을 사랑 이야기로 보았죠.”

분명 많은 예술가가 자기 가족에게서 예술적 영감을 찾아낸다. 하지만 스코세이지는 자신의 과거가 지닌 풍성한 소재를 바탕으로 영화를 만들었을 뿐만 아니라, 정말로 그의 부모를 스크린 안에 데려다 놓았다. 다큐멘터리에서 부모는 그들 자신으로 출연한다. 하지만 캐서린 스코세이지는 〈너뿐만이 아니야, 머레이!〉와 〈비열한 거리〉에서 연기자로 카메라 앞에 섰고, 그녀의 남편은 〈뉴욕, 뉴욕〉부터 그녀와 함께하며 스코세이지의 다음 작품들에 연이어 모습을

4 〈이탈리아나메리칸(Italianamerican)〉은 〈이탈리아인〉, 〈이탈리아계 미국인〉, 〈이탈리안아메리칸〉 등과 같은 제목으로 알려져 있으나, 국내에 정식으로 수입되거나 소개된 적이 없다. 스코세이지는 제목과 관련해 다음과 같이 밝힌다. “두 개의 단어를 합친 것은 두 세계의 연결을 의미하려는 의도였다” (출처 : CNN, https://edition.cnn.com/style/article/martin-scorsese-italianamerican/index.html) 스코세이지의 이러한 의도를 반영하기 위해 영화 제목은 〈이탈리아나메리칸〉으로 번역했다. Italianamerican는 ‘Italian + american’으로도, ‘Italiana + american’으로도 읽힌다. 여기서 'Italiana’는 이탈리아어로, 이탈리아인을 뜻하는 여성형 명사다.

드러냈다. 처음에는 엑스트라나 작은 단역으로만 출연했고 〈좋은 친구들〉에서 두 사람 모두 중요한 역할을 맡게 되었다. 특히 스코세이지 부인은 어느 한 장면에서 갱단 토미 드비토의 어머니 역할로 등장하는데, 주연들인 조 페시, 로버트 드니로, 레이 리오타보다 더 눈에 띄는 활약을 펼치며 신스틸러가 된다. 부모는 영화에 출연하지 않을 때도 아들이 뉴욕에서 영화 촬영을 시작하면 촬영지를 수시로 방문했다.

〈이탈리아나메리칸〉에서 스코세이지는 그의 가족이 지닌 정서적 구조와 그가 들려주는 이야기의 원천을 드러낸다. 그는 맨해튼 남동쪽 엘리자베스 스트리트에 위치한 가족들의 아파트에서 〈이탈리아나메리칸〉을 찍었다. 스코세이지 가족은 오랫동안 뉴욕 의류 산업에 종사했다. 찰스 스코세이지는 유명 디자이너의 고급 드레스를 다림질했고, 캐서린 스코세이지는 디자이너들을 위한 견본을 만들었다. 마틴 스코세이지와 그의 형 프랭크는 바로 그 아파트에서 자랐고, 그곳은 그들의 부모가 태어난 거리에 위치해 있었다.

〈이탈리아나메리칸〉의 첫 장면에서 스코세이지는 카메라 기사와 녹음 기사에게 무어라고 지시한 뒤 그의 부모를 자리에 앉힌다. 스코세이지가 무언가 통제하는 모습은 이때가 마지막이다. 그의 어머니는 카메라가 돌아가는 줄도 모른 채 신나게 떠들며 묻는다. “어디 앉을까? 마티, 여기 괜찮아? 찰리, 좀 움직여” 첫 번째 숏은 조명과 촬영 장비에 둘러싸인 스코세이지 부인을 보여준다. 부인이 묻는다. “이제 시작하니?” 영화는 이미 시작되고 있었다. 이건 평범한 다큐멘터리가 아니다. 그 무엇도 거리를 두지 않는다. 카메라를 숨기거나 분리하는 것도 허락되지 않는다. 바로 이것이 이탈리아나메리칸이다. 그곳에 있는 다른 이들처럼 카메라도 그 현장 속에서 참여해야 한다. 촬영 스태프도 스코세이지 부인이 부엌에서 뭉근하게 끓이고 있는 스파게티 소스를 먹어야 한다.

스파게티 소스와 부엌은 모두 영화에서 중요한 역할을 한다. 어머니가 거실에서 대화를 하는 중간에 양파를 썰거나 미트볼을 굴리러 가면, 스코세이지의 카메라도 그녀를 따라 움직인다. 그녀는 서둘러 돌아와 생각을 정리하거나 이야기를 끝낸 뒤 가스레인지로 가서 소스를 젓거나 다른 양념을 추가해 넣는다. 그녀는 요리를 하면서 설명한다. 때때로 그녀의 목소리는 요리 전문가 줄리아 차일드처럼 들리지만, 표현법만큼은 그녀만의 것이다.

어머니와 아들이 부엌에서 내밀한 이야기를 주고받는다. 그러다 어머니가 불편한 기색을 보인다. 스코세이지는 어머니를 구슬려 그 이유를 알게 된다. 아일랜드인들이 맨해튼 남동부에 살았던 시절에 온 동네가 술집으로 도배되었다고 아버지가 말했던 것 때문이었다. 아일랜드계 이민자에 대해 그런 식으로 말하는 것은 좋지 않다. 아버지의 말이 사실이긴 해도, 그걸 영화에서 말한다는 건…? 스코세이지는 어머니를 안심시킨다. 스코세이지 부인이 다시 소스를 젓는다. 이건 정말 중요한 순간이다. 아들은 아버지로부터 현실을 배운다. 하지만 어머니는 그 현실을 어떤 모습으로 나타내야 할지 가르친다. 스코세이지의 영화에서 유머는 종종 까칠한 상황을 누그러뜨리곤 한다. 옆길로 샌 이야기와 정서가 플롯보다 중요할 수도 있다.

*

마틴 스코세이지 : 1974년에 만들어진 영화 〈이탈리아나메리칸〉은 제 부모님에 대한 작품으로, 제가 지금껏 만든 것 중 최고라고 생각해요. 그 영화는 스타일적인 측면에서 가장 자유로웠어요. 저는 남동부에 있는 부모님의 아파트에서 그들을 16㎜ 필름에 담을 수 있었죠. 우리는 토요일과 일요일에 함께 저녁을 먹으면서 6시간 동안 촬영했어요. 제 친구들이 이민에 대한 몇 가지 질문을 만들었죠. 어떻게 온 가족이 미국으로 오게 되었냐는 거였어요. 왜냐하면 그 영화는 미국 독립 200주년을 기념하기 위해 1976년에 국립인문재단*NEH*의 의뢰로 만들어진 〈이방인들의 쇄도*Storm of Strangers*〉라는 TV 시리즈의 일부였

거든요. 관계자들이 말하길 러닝타임은 28분 정도여야 한다고 했어요. 아일랜드인, 유대인, 중국인, 폴란드인 등등을 다룬 것이 있었죠. 관계자들이 저에게 이탈리아계 이민자에 대한 이야기를 담고 싶다고 요구했어요. 처음엔 싫다고 거절했지만 결국 수락했죠.

"알았어요, 할게요. 당신들이 흔히 보는 방식으로만 만들지 않는다면요. 창고에 보관된 영상을 집어넣고 1901년으로 돌아가서 해설자가 '1901년에는…'이라고 말하는 그런 영화를 만들고 싶지 않거든요" 하지만 아카이브에서 기록 영상을 몇 개 찾아서 넣긴 했어요. 꽤 재미있는 영상이었어요. 제가 말했죠. "저희 부모님에게 이런 질문을 해봅시다" 저희 부모님은 일생을 가먼트 지구*the garment district*[5]에 모두 바쳤어요. 그들은 그 정서와 떼려야 뗄 수 없어요. 제가 듣고 싶었던 것은 그거였어요. 어떤 정서 말이에요.

어머니는 상당히 수다스러워요. 그리고 아버지는 대체로 과묵하죠. 아버지는 거실의 큰 소파 한쪽 가장자리에 앉았고, 어머니는 다른 한쪽에 앉았어요. 카메라가 어머니 쪽으로 움직였죠. "그래, 내가 무슨 말을 하면 되는데"라고 어머니가 말했어요. 저는 "뭐, 그냥, 이야기하세요"라고 말했죠. 질문 같은 건 없었어요. 그래서 어머니가 아버지를 쳐다보면서 말하죠. "당신 왜 거기 앉아?" 저는 그때 알았어요. "내가 생각했던 것보다는 쉽게 진행되겠어. 하지만 조심하지 않으면 정말 아무것도 통제하지 못하게 될 거야" 부모님과 함께 촬영하는 것은 차원이 다른 문제예요. 그들을 통제해야 하니까요. 꽤 특이한 일이죠. 그리고 저는 그 특이함이 영화에 묻어났다고 느꼈어요.

아버지가 말하죠. "무슨 뜻이야? 내가 여기 앉고 싶어서 여기 앉아

5 가먼트 지구는 뉴욕 맨해튼에 위치한 뉴욕 패션 중심지로서, 가먼트 센터, 패션 지구, 패션 센터 등으로 불린다.

마틴 스코세이지의 부모. 찰스와 캐서린 스코세이지가 1987년 엘리자베스 스트리트 아파트에서 메리 팻 켈리와 린 가라폴라와 이야기를 나눈다.

있는 건데" 어머니가 말해요. "대체 뭐 하는 거야? 봐라, 얘야. 이 남자는 42년 동안을 나와 결혼 생활을 하고도 저기 앉는다. 나한테 좀 오지 그래? 말 좀 하지?"[6]

우리는 거기에 앉아 이런 광경을 지켜봐요. 아버지가 말하죠. "42년 동안 같이 산 사람한테 대체 무슨 말을 해?" 그러면 제가 이렇게 말하는 거예요. "컷, 그만하면 됐어요" 그러고 나서 우리는 부엌과 식탁 쪽으로 가서 그들이 저녁을 먹는 동안 여러 질문을 하죠. 저는 그동안 부모님에 관해 모르고 있던 것들을 알 수 있었어요. 그들이 어디에서 왔는지 알게 되었죠. 뉴욕에서 20대와 30대를 어떻게 보냈는지 들었어요. 그들은 각기 1912년과 13년에 엘리자베스 스트리트의

6 영화에서는 실제로 부모가 이렇게 말하지 않는다. 아마도 스코세이지는 정확하게 그 당시를 묘사하기보다 자기 나름으로 기억하는 바를 이야기하는 듯하다.

시내 쪽에서 태어났어요. 그리고 저는 그런 이야기를 이 두 사람의 것으로 보았어요. 그건 사랑 이야기였죠.

저는 어머니를 보며 타이밍을 맞춰요. 어머니는 대단한 이야기꾼이거든요. 유머 넘치고, 감정을 자극하죠. 아버지도 이야기를 잘하긴 하지만 좀 엄숙한 편이에요. 어머니야말로 정서를 담은 이야기를 들려주죠. 하지만 이야기 구조가 간단하지는 않아요. 심지어 지금의 저조차도 숏의 정서에 관심을 쏟은 나머지, 관객들에게 필요한 플롯 정보를 주는 것을 까먹기도 하거든요.

〈이탈리아나메리칸〉에서는 이야기들이 계속 이어져요. 질문과 대답들이 구조를 이루면서 전반적으로 더 큰 이야기가 나타나요. 바로 그런 일이 진행 중이었던 거죠. 엄청났어요. 즐거웠고 배움도 있었죠. 우리는 부모님이 말하는 모습을 미디엄 숏으로 찍고 그 숏들 사이에 그들의 스틸 사진을 음악과 함께 삽입했어요. 저는 그게 너무너무 강력하게 느껴졌어요. 영화가 무엇이 되어야 하고, 어떻게 제시되어야 하는지에 대한 선입견을 전부 박살낸 기분이었죠. 어떤 점에서 그 방식은 저를 자유롭게 했어요. 〈택시 드라이버〉의 스타일을 더 간결하게 만들었죠. 〈분노의 주먹〉을 찍을 때는 그런 선입견을 전혀 신경 쓰지 않았어요. 화면전환 기법 같은 걸 고려하지 않았죠. 더 정확히 말하자면, 기교를 부리지 않았다고 해야겠네요.

우리는 〈이탈리아나메리칸〉에서 저희 어머니가 말하는 어떤 부분에 20프레임 가량의 검은 무지 화면을 삽입하기도 했어요. 그러고 나서 다시 어머니를 보여주었고, 거기서 어머니는 숨을 잠깐 고른 뒤 계속 말을 이어가죠. 그러다 보니 영화가 1초 동안 중단된 것처럼 보이기도 해요. 뭐 어때요? 상관없어요. 제가 말했죠. "대단하군"

*

스코세이지 부부는 이제 엘리자베스 스트리트에 살지 않지만, 여전히 시내에 나가서 맛있는 빵을 사고 옛 친구들을 만난다. 그곳에서 보낸 기억들이 아직 생생하고, 그들은 그 기억을 기꺼이 나눈다. 그들의 상호작용, 이야기를 들려주는 방식은 아들의 작품에 그대로 반영된다. 대화를 이어 나가면서 미스터 스코세이지는 이야기 줄기를 가져오고 미세스 스코세이지는 정서를 내어놓는다. 그래서인지 가끔 미세스 스코세이지가 옆길로 새기도 한다. 하지만 이야기는 재즈 리프처럼 다시 반복된다. 가끔 그들은 세부적인 것들에 다른 의견을 낸다. 미스터 스코세이지의 심근 경색이 발병했던 게 시카고를 떠나던 공항이었나, 아니면 집으로 향하던 뉴욕 케네디 공항이었나? 각각 다르게 기억하고 있지만, 그때의 감정이 어땠는지는 두 사람 다 같은 마음이었다. 혼란스럽고 걱정스러웠던 기억, 바가지를 씌우던 택시 기사에 대한 기억이 그 이야기에 일상적인 기운을 더했다.

스코세이지 부부와 만나는 일은 스코세이지 영화를 보는 일과 같다. 스코세이지가 어떤 스타일인지 제대로 맛보려면 그의 부모가 들려주는 이야기를 들어보면 된다. 그들과 같이 식사를 하는 것도 좋은 방법이다. 미세스 스코세이지는 자기 자신을 요리로 표현한다. 미식가스러운 우월함이 아니라, 칼초네와 피자, 마늘과 레몬을 끼얹은 치킨, 슈거 파우더가 뿌려진 리코타 치즈케이크와 파운드케이크로 자신을 표현하는 것이다. 만약 이야기를 하던 중 고통스러운 기억이 떠오르면 음식이 그 고통을 누그러뜨린다. 대화는 끊임없이 손님을 (혹은 관객을) 가족들의 한복판에, 그들의 경험 한복판에 데려다 놓는다. 리프가 전혀 다른 방향으로 흐를지도 모르지만, 스코세이지 부부는 언제나 함께 대화를 끝낸다.

*

미스터 찰스 스코세이지 : 저는 뉴욕의 남동쪽에 있는 엘리자베스 스트리트에서 태어났어요. 제 아버지와 어머니는 시칠리아의 팔레르모에서 왔죠. 정확하게는 폴리치 제네로사*Polizzi Generosa*라고 불리는 마을 출신이에요. 마을 이름은 '마음이 넓은'이란 뜻인데, 어떤 전쟁 이후에 붙은 이름이라고 해요. 병사들이 그 마을에 도착했을 때, 사람들이 그들을 돌봐주었고 필요한 것들을 모두 챙겨줬다고 해요. 도움을 받은 병사들이 마을 사람들을 '마음이 넓은 사람들'이라고 불렀대요.

미세스 캐서린 스코세이지 : 제 부모님은 제미나*Gemina*라는 마을 출신이었어요. 몇 년 전에 제 어머니의 이복자매를 만나러 거기 갔었어요. 나이가 많은 분이었죠. 딱 하루만 머물 수 있었는데, 그분께서 "더 있다 가거라. 내가 너를 얼마나 기다렸는데"라고 하시더라고요. 저는 "안 돼요. 돌아가는 비행기 표를 벌써 끊었어요. 다시 보러 올게요"라고 말씀드렸죠. 그랬더니 "지금이 마지막일 거야"라고 그러시더라고요. 안쓰러웠어요. 그러고선 얼마 뒤 돌아가셨죠.

미스터 스코세이지 : 우리에게 줄 소시지를 만들려고 정육점 주인을 아침부터 깨우더라고.

미세스 스코세이지 : 그분 아들이 우리더러 이탈리아에 오라고 난리예요. 거기에 멋진 집을 지어놨거든요. 사진도 보내주더라고요. 이모에게는 네 명의 아들이 있는데, 둘은 이탈리아에, 둘은 시카고에 살아요. 〈컬러 오브 머니〉를 만들 때 시카고에 있는 아들의 전화번호를 결국 받아서 남편에게 말했어요. "마티가 거기서 영화 찍을 거야. 이모 아들과 만날 수 있는지 알아보자고" 그래서 그 아들에게 전화를 걸었죠. "당신과 처음 이야기 나누네요. 우리는 시카고에 갈 거예요. 제 아들이 거기서 영화를 찍거든요"

간단히 말하자면, 결국 우리는 시카고에 갔고 이모의 두 아들이 촬영장을 찾아왔어요. 그들이 가지고 온 걸 봤다면 놀랄 거예요. 완전 식료품점이나 마찬가지였어요! 와인과 식초가 가득했고, 2㎏짜리 커피와 치즈, 올리브도 있었어요. 그들은 마티가 감독을 어떻게 하는지 보기 위해 이리저리 둘러보며 감독을 찾았죠. 마티가 바로 저쪽 어딘가에서 인사했어요. 마티를 슬쩍 보더니 이탈리아어로 말하더라고요. "그런데 좀 키가 작네요" 그 말을 제가 받아넘겼어요. "어떨 거라 기대했어요? 유전자가 그런걸요!"

이탈리아의 가족들과 다시 연락하며 지낼 수 있도록 한 것은 마티였어요. 한번은 마티가 이탈리아에서 전화를 걸더니 저에게 묻더군요. "할머니의 자매분 가족의 이름을 알고 싶어요" 제가 불러주니 받아 적더라고요. 재밌는 건 마티가 마을에 가서 사람들에게 어디로 가면 그 이름의 가족을 찾을 수 있는지 물었더니 모두 마티를 피하더라는 거예요. 그래서 마티가 저에게 다시 전화해서는 "대체 뭐예요? 어머니가 주신 이름을 말했더니 모두 저를 무시해요" 알고 보니 그 이름을 가진 누군가가 경찰에 체포된 적 있었는데 탈출했다고 하더라고요.

미스터 스코세이지 : 아냐, 사라졌대. 그래서 마을 사람들이 마티를 FBI 같은 사람으로 생각한 거야.

미세스 스코세이지 : 마티가 나중에 집으로 돌아왔을 때 이름을 잘못 알려줬다는 걸 알게 되었죠. "저 죽을 뻔했어요"라고 마티가 그러더라고요.

미스터 스코세이지 : 아냐, 신경 안 썼을 거야. 마티가 FBI라고 생각했는데 뭘. 신경 껐을 걸.

미세스 스코세이지 : 마티가 "문전박대 받았어요! 끔찍했어요, 어머니. 무서워서 빨리 떠나야 했어요"라고 말하더라고요. 제가 마티에게 이름을 잘못 알려 준 거였죠. 그러던 와중에 우리 진짜 사촌이 마티가 자길 찾고 있단 걸 알게 됐지 뭐예요.

엘리자베스 스트리트에 사는 한 여성이 마티가 방문했던 마을에 있었대요. 한 남자가 어디서 왔냐고 물으니 그녀가 "엘리자베스 스트리트에서요"라고 대답하더래요. 남자는 다시 물었죠. "오, 그럼 찰리 스코세이지를 알아요?" "당연히 알죠. 제가 사는 곳 맞은편에 살아요. 하지만 이사 갔어요. 어디로 갔는지는 모르지만 그가 어느 이발소에 다니는지는 알아요"

그래서 그 남자가 "잘 됐네요. 이 편지 좀 전해줄래요?"라고 말한 거예요. 애나*Anna*라는 이름의 그 여자분이 이발소에 자기 전화번호를 남겼대요. 그걸 보고 제가 말했죠. "대체 애나가 누구야?" 저는 그 번호로 전화를 걸었어요. 브루클린에 살더라고요. "당신 집 맞은편에 살았어요. 들어봐요, 당신 남편에게 줄 편지가 있어요. 하지만 당신 집에 가서 읽어줘야 해요"라고 그녀가 말했죠. 그렇게 해서 이탈리아에 있는 가족들과 연락이 닿은 거예요.

의류 산업 일을 어떻게 하게 됐는지 얘기해 드릴게요. 중학교를 졸업했을 때, 저는 특별한 사람이 되고 싶었어요. 고등학교에 가서 무언가를 이루었으면 했죠. 하지만 제 어머니께서 그러셨어요. "안 된다. 고등학교는 갈 수 없어. 그 학비를 다 감당할 수가 없단다. 넌 일하러 가야 해" 제 어머니께서는 9명의 자식을 두셨어요. 우리 모두 집안일을 도와야 했죠. 그래서 자연스럽게 직업을 찾게 된 거예요. 근처에 제 친구가 살았어요. 어머니께서는 그 친구에게 좋은 커피를 대접하곤 했죠. 어느 날 아침에 친구가 우리 집으로 오더니 저에게 말했어요. "졸업했어?" 학업은 끝냈는데 직장은 못 구했다고 말하니 친구가 그러더라고요. "나랑 같이 갈래? 나 인형 옷 만드는 공장에서 일하거든" 제가 말했어요. "다른 옷 공장이랑 뭐가 달라?" 그러더니 묻더라고요. "미싱기 돌릴 줄 알아?" 저는 그렇다고 대답했고 마침내 공장에 들어가게 됐어요. 거기서 많이 배웠죠. 뭐든 일단 배우기 시작하면 실력이 계속 느는 편이었거든요.

17살까지는 인형 옷을 만드는 곳에서 한동안 일했어요. 하지만 저는 드레스를 만들고 싶어졌죠. 때마침 다른 친구를 만났고, 그 친구가 물었어요. "요즘 뭐 하고 지내? 내가 2번 대로에서 드레스 공장을 운영하거든. 걸어갈 수 있는 거리야. 미싱기 돌릴 줄 알아? 나랑 일해 볼래?"

저는 "안될 거 없지, 잃을 게 없어"라고 답했어요. 첫날 드레스 4벌 하고도 4분의 1벌을 만들었어요. 할수록 실력이 늘었죠. 그러다가 찰리와 만나게 됐어요. 그때 찰리는 엘리자베스 스트리트의 우리 집 건너편에 살았어요. 비상계단에 앉아 기타를 치곤 했죠.

미스터 스코세이지 : 아리아를 주로 쳤지.

미세스 스코세이지 : 자랑하고 싶어 안달이 났던 거죠.

미스터 스코세이지 : 길 건너편의 캐서린에게 세레나데를 불러주곤 했어요.

미세스 스코세이지 : 어쨌든, 저는 혼자 중얼거렸어요. "이제 우리는 사귀는 거구나…"

미스터 스코세이지 : 일요일엔 워싱턴 스퀘어 공원에 가서 놀곤 했어요.

미세스 스코세이지 : 그때 그곳은 정말 아름다웠어요.

미스터 스코세이지 : 멋졌어요. 우리는 기타와 우쿨렐레를 들고 만났어요.

미세스 스코세이지 : 정말 아름다웠어요. 즐거웠고요.

미스터 스코세이지 : 늘 NYU 빌딩을 바라봤어요. 그리고 "언젠가 내 아들이 저기 다니면 좋겠다"라고 말하곤 했죠. 아니나 다를까, 신이 소원을 들어주셨네요.

미세스 스코세이지 : 어쨌든 전 생각했죠. "좋은 직장을 구해서 돈을 모으고 싶어" 그때 제 시아주버니가 드레스 공장에서 일하고 있었어요. 그가 저에게 "제가 일하는 곳으로 오세요. 후회 없을 거예요"하고 말했죠. 다음 날 찾아갔더니 시아주버니가 사장을 소개해 줬어요. 실버만 씨는 참 멋진 사람이었어요. 하늘에서 편히 쉬시기를. 저는 그와 함께 39년을 함께 일했어요. 공장 사람들은 그를 저지왕*Jersey King*이라고 부르곤 했어요. 저지 원단을 다루는 데 일가견이 있었거든요. 그러다 1934년에 결혼했어요. 벌써 58년이나 되었네요. 첫째 아이 프랭키가 1936년에 태어났고, 마티는 1942년에 태어났어요.

미스터 스코세이지 : 저는 다리미를 다루었어요. 다림질을 좋아했죠. 잘 다려진 옷을 보면 쾌감이 느껴졌어요. 제가 처음 일을 시작했을 때는 증기관이 없었거든요. 그래서 7kg이나 되는 다리미와 양동이에 가득 찬 물, 스펀지와 옷을 가지고 작업했죠. 이후 증기다리미를 사용하게 되었을 땐 그저 옷을 물로 빨기만 하면 됐어요. 그것도 재미있었죠. 저는 견본을 다림질하곤 했는데, 만족스러우면서도 도전적인 일이었어요.

사람들이 저에게 “여기를 이렇게 해주시고, 선을 이렇게나 저렇게 내주세요”라고 다양하게 요청하면 저는 늘 “그럼요”라고 답하곤 했죠. 고객들이 가고 일을 마친 다음엔 꼭 물어봐요. “원하시던 게 맞나요?” “맞아요” 그래도 작업을 할 때면 제 방식대로 했어요. 그들이 바라는 결과만 주면 되는 거니까요.

드레스 작업 라인은 항상 까다로웠어요. 사람들은 작은 거 하나하나 요청해 왔죠. 그들은 드레스를 주었고, 세부 작업은 좀 지루했지만 그래도 저는 항상 잘 해냈어요. 하지만 다리미 일은 계절을 타는 작업이었어요. 그래서 13주 정도 실업급여를 받았는데 나중에 6주를 더 연장해 주더라고요. 다리미 직공은 저를 포함해 8명이 있었어요. 우리는 모두 백수였고, 엘리자베스 스트리트의 당구장에 모여 시간을 때웠죠. 어느 날 점심때쯤에 형사 두 명이 저희에게 다가와 말했어요. “당신들 여기서 뭐 해?” 제가 말했어요. “음, 휴가 중이에요. 일이 시원찮아서 쉬고 있어요” “하는 일이 뭐지?” “다림질이요” 우리 전부 다 그랬죠. “다림질, 다림질, 다림질” “당신들 혹시 갱단이야?” “손 좀 보자고” 우리 손에는 전부 굳은살이 박여 있었어요. 다리미 직공이잖아요. 형사들은 믿고 싶어 하지 않는 눈치였어요. 우리를 자기들 실적이라고 생각했거든요!

저는 제 일을 즐겼어요. 드레스를 옷걸이에 걸고 다림질된 걸 보면 정말 뿌듯했죠. 하지만 도급 일을 했던 초기에는 돈을 많이 벌지는 못했어요. 제가 너무 완벽주의자였거든요. 하지만 나중에는 고급 이브닝 드레스를 작업하는 곳으로 옮겼어요. 드레스를 세계에서 가장 잘 만드는 인터내셔널 드레스 하우스에서 5년 동안 일했어요. 그곳은 꽤 오랫동안 운영되었고, 저는 시간당 20달러로 많은 돈을 벌었어요. 일주일이면 700달러에서 800달러까지 벌 수 있었죠. 사장은 임금을 줄 때마다 배 아파하는 것 같았어요. 사실 돈은 그가 주는 게

1934년, 결혼식을 올리는 캐서린과 찰스 스코세이지.

아니라 중개인이 주는 건데 말이죠. 사장은 우리 임금 1달러당 35센트를 떼어 갔어요. 그런데도 우리가 돈을 너무 많이 벌어가니 질투가 난다고 말하더라고요.

저는 거기서 만드는 드레스 중에 아내에게 어울릴 만한 것이 있으면 견본을 가져다주었어요. 지금은 똑같은 드레스가 1,000달러나 해요. 저는 그걸 공짜로 얻었어요. 그때는 아내가 날씬했죠.

미세스 스코세이지 : 5 사이즈를 입었어요. 결혼할 때는 겨우 43kg였어요!

미스터 스코세이지 : 첫 데이트 때 2번가를 걷던 중 쇼윈도에서 드레스 한 벌을 발견 했어요. 표범 무늬 깃이 달린 갈색 드레스였는데 어찌나 멋지던지. 절대 잊지 못할 거예요. 저는 걷다가 "저 드레스 마음에 들어요? 들어가서 한 번 봐요"라고 말했어요. 그렇게 들어가서 바로 구입했죠. 15달러 정도 줬던 것 같아요.

미세스 스코세이지 : 이이랑 같이 다니기 시작했을 때 이이의 누나가 저를 저지시티로 데려갔어요. 그녀의 시동생이 사는 곳이었죠. 그때 저는 그 드레스를 입고 있었어요. 제가 17살 때였고, 정말 예뻐 보였죠. 저에게 딱 맞았거든요. 평소처럼 그때도 머리를 업스타일로 꾸몄어요. 제가 마당을 가로지르며 걷고 있을 때 시누이가 사진을 찍어 줬어요. 움직이며 걷는 모습이 예쁘게 담겼더라고요. 그래서 언젠가 제가 찰리에게 그랬어요. "있잖아, 내가 17살에 표범 무늬 깃이 달린 갈색 모직 드레스를 입고 찍은 사진 말이야. 그게 어디 있는지 모르겠네" 그러다가 생각나서 말했어요. "당신 누나 로즈가 가지고 있는 것 같아" 그게 맞았죠. 로즈가 그 사진을 바로 보내줬어요. 하지만 사진 크기가 생각보다 작았죠. 그래서 찰리에게 "크리스마스가 다가오니 아이

들에게 장난 좀 칠래. 크리스마스 카드 대신 이 사진을 확대해서 보낼 거야" 하고 말했죠. 그래서 아들들에게 한 장씩 보냈어요.

미스터 스코세이지 : 엄마가 그렇게 날씬했다는 게 아이들은 믿기지 않았을 거예요.

미세스 스코세이지 : 제가 그렇게 날씬했다는 걸 믿지 못했을 거예요. 예쁘고 아름다운 시절이었죠.

미스터 스코세이지 : 저는 데이트 첫날 아내에게 그 드레스를 사줬어요. 아내가 살면서 소매가로 드레스를 샀던 건 그때가 처음이자 마지막이었어요.

마틴 스코세이지 : 시칠리아 사람들이 처음 뉴욕으로 이주했을 당시엔 엘리자베스 스트리트에 정착해야 했어요. 그런 뒤 시칠리아의 친구들에게 편지를 보내죠. "여기로 넘어와, 우리가 자리를 마련해 놨어" 그렇게 해서 엘리자베스 스트리트에 모두 정착했던 거예요. 나폴리 사람들은 어쩌다 보니 멀버리 스트리트에 정착했고요. 두 집단 모두 자기 고향 사람들과 모여 살기를 바랐죠. 그래서 친구들에게 "자리를 마련해 놨어"라고 계속 말했던 거예요. 시칠리아 사람들은 마을의 문화까지 가져왔어요. 중세 문화 혹은 더 오래된 문화였고, 마을 통치자에 기반을 두고 있었죠. 통치자는 각 마을의 카포*capo*[7]였어요. 시칠리아에서 카포는 정부 같은 존재예요. 그곳에 경찰 같은 건 없었거든

7 카포(capo)는 이탈리아어 남성형 명사이며, 머리, 두뇌, 정상, 꼭대기, 수령, 우두머리, 선두, 시초, 처음, 주인공과 같은 뜻을 지니고 있다.

마틴 스코세이지의 어머니 캐서린의 17살 모습.
남편이 첫 데이트에 '소매 가격으로' 사준 갈색 드레스를 입고 있다.

요. 그러니까, 어떻게 그들이 경찰을 믿을 수 있겠어요? 수천 년간 세계 곳곳에서 모인 죄수들의 유배지였는데, 어떻게 시칠리아 사람들이 정부 당국을 믿을 수 있겠어요?

법 같은 건 없었어요. 봉건 체제였어요. 그런 걸 뉴욕에서도 똑같이 한 거예요. 모든 마을이 다 그랬어요. 마을엔 카포가 있었어요. 그들이 가족 간의 불화를 관장했는데, 가족들을 앉히고, 그들과 커피를 한 모금 하면서 말하죠. "지금 이렇게 싸워선 안 돼. 다른 가족한테 안 좋아. 똘똘 뭉쳐야지" 그들은 청부 살인자가 되기도 했을 거예요. 이런저런 상황을 고려해 보면 바로 그들이 법이었어요.

부모님은 엘리자베스 스트리트에서 살다가 퀸스로 이사 갔어요. 그리고 그곳에서 제가 태어났죠. 그러다 제가 7살이 되었을 때 큰 트라우마를 겪어야 했어요. 우리 가족이 퀸스의 코로나를 떠나 나무 하나 없는 남동부로 이사를 갔거든요.

프랭크 스코세이지 : 동네가 매우 폭력적이었어요. 갱단이 설치고 다녔고 항상 싸움이 벌어졌죠. 일촉즉발이었어요. 한밤중이면 온갖 싸움 소리를 들을 수 있었어요. 하지만 사람들은 그냥 블라인드를 내리고 침대로 돌아가요. 상관할 바 아니었으니까요. 입을 잘못 놀리기라도 하면 당신이 다음 차례가 될 수 있어요. 칼을 쓰면 칼로 당했죠. 하지만 이상하게도 그곳의 사람들은 안전하다고 느꼈어요. 자신을 스스로 지켰으니까요.

동생은 아팠어요. 태어날 때부터 천식 때문에 주사를 맞으러 다녀야 했죠. 마티는 힘든 어린 시절을 보냈어요. 그래서 항상 제가 마티를 데리고 다녔어요. 함께 영화관에 다니곤 했죠. 마티가 저보다 6살 어렸으니 제가 항상 돌봐야 했어요.

아빠는 이곳에서 살아가는 법을 알려주시며 주의를 주기도 했어요. 해야 할 것과 하지 말아야 할 것을 알려주셨죠. 아빠는 "아무것도 보지 말고 다른 사람에 대해서는 아무 말 하지 마. 절대 돈을 빌리지 말고, 담배도 꾸지 마. 돈이 필요하면 우리가 줄게"라고 말씀하시곤 했어요.

*

퀸스의 젊은 이주민이었던 마티에게는 두 곳의 도피처가 있었다. 둘 다 거대하고 어둡고 조용한 건물이었고, 기적 같은 드라마가 펼쳐지는 곳이었다. 바로 2번 대로의 로우스 극장*Loew's Theater*과 멀버리 스트리트의 세인트 패트릭 대성당이었다. 그중 스코세이지에게 먼저 닿은 곳은 영화관이었다.

*

마틴 스코세이지 : 제 인생의 첫 5~6년 동안 저는 주로 극장에서 살았어요. 천식이 있어서 아이들이 하는 놀이나 운동에 끼지 못했고 그래서 부모님이 영화관에 자주 데려가 주셨죠. 형도 저를 잘 챙겨줬어요. 영화관은 제가 꿈꾸고 몽상하는 곳이자, 집 같은 곳이 되었어요.

미스터 스코세이지 : 마티를 데리고 영화관에 정말 자주 갔어요. 마티는 카우보이를 좋아했죠. 마티가 그 영화를 처음 봤을 때… 그게 뭐였더라? 로즈버드 어쩌곤데? 〈시민 케인〉, 그거예요. 마티가 그 영화에 완전히 미쳤었어요. 그리고 존 웨인도 있었지? 게임 끝이지. Forget about it![8]

미세스 스코세이지 : 마티의 우상이었죠.

8 Forget about it은 종종 fuggedaboutit으로도 발음되며, 이탈리아계 뉴욕 갱단이 자주 쓰는 말이었다. 이 말의 용법은 갱스터 영화 〈도니 브래스코〉에 잘 나와 있다. "'잊어버려'는 누군가의 의견에 동의할 때 쓰지. '라켈 웰치는 세계 최고의 엉덩이를 가지고 있어, 잊어버려'라는 것처럼 말이야. 그런데 그 말은 의견에 동의하지 않을 때도 써. '링컨이 캐딜락보다 좋다고? 잊어버려!' 이렇게 말이야. 그리고 세계에서 가장 좋은 것을 말할 때도 써. '밍가 고추? 잊어버려!' 그런데 그 말은 '지옥에나 가'라는 뜻이기도 해. '폴리, 이 좆만아!' 이러면 폴리가 '잊어버려!'라고 말하는 거야. 그리고 또 가끔은 말 그대로 그냥 잊으라는 뜻이기도 해" 이처럼 'Forget about it'은 맥락에 따라 다양한 뜻으로 쓰인다.

미스터 스코세이지 : 존 휴스턴도요. 마티는 영화를 사랑했어요. 하지만 굳이 말을 하진 않았어요. 때로는 그 아일 데리고 하루에 영화관을 두 번이나 가기도 했어요. 15센트밖에 안 했거든요. 마티는 천식이 있어서 다른 아이들과 어울려 놀지 못했어요. 그래서 영화관에 갔죠. 영화가 마티의 머리에서 떠나지 않았어요.

*

세인트 패트릭 대성당 주위의 높이 솟은 빨간 벽돌 담장은 멀버리, 프린스, 스프링 스트리트로 연계되는 한 블록 전체를 에워싸고 있다. 그 근처에 모여 있는 몇 그루의 나무가 성당의 200년이나 된 작은 묘지의 무덤들에 그림자를 드리운다. 그곳은 신대륙의 첫 번째 성당이었으며, 아일랜드의 수호성인인 성 패트릭의 이름을 따서 지어졌다. 그 건물의 초석은 1809년에 놓였다.

세인트 패트릭 대성당은 많은 사람을 수용할 수 있을 만큼 컸다. 하지만 아주 초기에는 아일랜드인이 그곳을 독차지하고 있었다. 이탈리아 이민자들이 처음 신대륙에 도착했을 때, 그들은 성당 지하에서 진행되는 미사에 참여했다. 이탈리아 가톨릭은 민속 전통과 결부되어 있어 아일랜드계 성직자들에게는 너무 호사스러운 나머지 미신적으로 보였다.

1937년 이후에야 세인트 패트릭 대성당에 처음으로 이탈리아계 사제가 들어갔다. 1940년대에 이탈리아계 공동체가 성당 건물을 재단장하면서 그들만의 역사와 전통을 주장했다. 재단장에는 유명한 뉴욕인이 묻힌 지하 묘지도 포함되었다. 그때 이탈리아인들은 뉴욕에서 가장 오래된 교구 학교의 선생들이었던 자선 수녀회에 그들의 자녀를 보내기 시작했다.

*

마틴 스코세이지 : 저는 7살 때 성당에 홀딱 빠졌어요. 거기에는 이탈리아계 사제들과 아일랜드계 수녀들이 있었죠. 저는 가톨릭 학교에 다녔고, 매일 아침 10시 30분이면 신이 제단으로 내려오신다고 수녀들에게 배웠어요. 정말 좋았죠. 그때 전 살아남아야 하기도 했어요. 그래서 종교가 저의 생존 방식과 같은 것이 되었죠. 저는 사제들이 하는 말을 이해하고 받아들이려 노력했어요. 그리고 그들처럼 되려고 했죠. 사제들, 특히 젊은 사제들처럼 되고 싶었어요.

신에 대한 느낌은 기분이 좋다는 거였어요. 물론 항상 두렵기도 했죠. 신의 얼굴을 보면 죽는다거나, 언약궤를 구하려고 했던 남자가 손을 대자 그 자리에서 죽었다는 이야기는 무서웠어요. 우리는 어려서 그런 공포감을 항상 가지고 있었죠. 하지만 신을 느끼는 것은 자애롭고 위대한 일이었어요. 정말 경이로웠죠. 특히 예수와 부활, 그가 행한 일들이요. 저는 종교 의례가 정말 좋아서 복사가 되었어요. 신이 제단으로 내려오는 그 특별한 순간에 가장 가까이 있을 수 있는 기회였으니까요.

저에게 부활절 주간은 언제나 아주 강렬한 시간이었어요. 크리스마스보다 더 극적이었죠. 예배식은 아름다웠고, 십자가의 길은 특별한 느낌을 주었어요. 그러한 것이 신을 향한 제 감각을 물들였어요. 전 크리스마스를 좋아했어요. 아마 다들 마찬가지일 거예요. 선물도 받고 더 재밌으니까요. 행복한 시간이죠. 하지만 부활절 주간에 우리는 배신의 수요일과 신성한 목요일, 성금요일과 성토요일을 거쳐서 부활주일에 닿아야 했죠. 그 이름만으로도 강렬함을 줘요. 고난 주일이라고도 불리고요. 아주 무시무시하지 않나요? 하지만 흥분되기도 해요. 무척 아름답고요.

우리 교구의 젊은 사제였던 프린시페 신부님은 저에게 강렬한 영향을 주셨어요. 그분이 좋아했던 걸 제가 다 좋아했던 건 아니지만

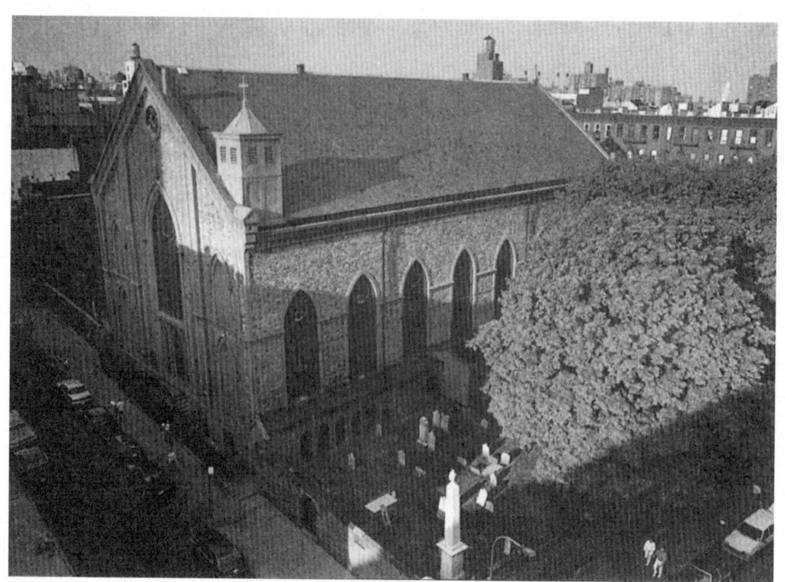

뉴욕 남동부에 위치한 세인트 패트릭 대성당과 그 주변 동네.

요. 예를 들어 그분은 진지한 영화에 심취했어요. 프레드 진네만의 영화 같은 거요.

제가 6학년 때 프린시페 신부님이 처음으로 거기서 설교를 하셨어요. 아카데미 시상식 다음날이었는데 신부님이 "어린이 여러분들 모두 지난밤 아카데미 시상을 봤나요?"라고 물었어요. 우리는 "네, 신부님"이라고 대답했어요. 그러더니 신부님이 작은 조각상과 거짓 신의 비유를 통해 이야기를 전해 주었어요. 탐욕과 부, 명성에 대한 이야기였죠!

당시 25살 젊은이였던 신부님은 탐욕에 대해 정말 맞는 말씀을 하셨어요. 오직 나밖에 모르는 생각, 어떤 자리에 오르고, 어떤 상을 타고, '지금 난 그 사람보다 우월해' 하는 생각들 말이에요. 전 항상 그런 걸 되새기려고 노력해요. "이걸 봐!" 신부님이 말씀하셨죠. "우상

몰록같이 생겼잖아!" 세실 B.데밀의 〈삼손과 데릴라〉 기억나요?

그분께 히치콕의 〈나는 고백한다〉에 대해 말했던 게 기억나요. 그때 프린시페 신부님은 젊은 사제였고, 순결 서약을 지켜야 하는 사람이었죠. "있잖아" 그분이 말씀하셨어요. "이 영화 완전히 미쳤어" 신부님은 어떤 남자가 앤 박스터Anne Baxter의 사랑을 얻지 못했다는 이유로 신부가 되어 버리는 영화란 있을 수 없다고 말씀하셨어요. 그는 "사제 생활은 고된 일이야. 만약 이런 이유로 사제가 되려 한다면 결코 되지 못할 거야. 버티지 못해. 몇 달, 어쩌면 1년까지는 버틸지도 모르지만 그 이상은…"이라고 말씀하셨어요. 그리고 그건 정말 맞는 말이에요.

〈여심Pal Joey〉이란 영화를 봤던 날은 잊지 못할 거예요. 조 모랄리Joe Moralli와 캐피톨 극장에서 그 영화를 봤어요. 우리는 멀버리 스트리트로 돌아왔고, 저는 프린시페 신부님에게 이야기했죠. "신부님, 프랭크 시나트라가 나온 최고의 영화를 봤어요. 그는 양아치 같은 놈이면서 난봉꾼이에요. 하지만 멋진 사람이에요" 그러자 신부님이 말씀하셨죠. "넌 왜 그러니? 무슨 일이니? 오늘같이 화창한 날에 또 영화관에 간 거야? 농구 좀 해!"

전 그분께 시시콜콜한 것까지 모조리 이야기했어요. 특히 사제가 되어야겠다고 결심한 뒤로 더 그랬죠. 저는 그때 당시 종교에 푹 빠져 있었어요. 예수와 그의 사랑에 대한 위대한 이야기에도 심취했고요. 당시 저에게 그보다 더 중요한 일은 없었어요. 물론 종교의 무대 예술적 측면은 두말할 것 없이 특별하다고 생각해요. 하지만 인물과 사건들에 대한 이야기보다 놀라운 건 없었어요.

하지만 종교를 그렇게 진지하게 받아들이는 것과 무법천지인 거리를 나다니는 것은 완전히 다른 문제였어요. 둘을 어떻게 결합하고 아우를지 궁금하겠지만 그건 불가능한 일이에요. 이건 세계의 축소판

이거든요. 그렇지 않나요?

마세론 신부님과 이야기한 것이 기억나요. 그분은 상냥했고, 나이가 많은 신부였어요. 대학생 때였나 그분께 우리 동네의 모순에 대해 여쭤본 적이 있어요. 신부님은 이렇게 대답하셨죠. "있잖아, 참 어려워. 어려운 것 같아. 걷다가 술집을 지나치면 사람들이 나에게 모자를 기울이지. 나도 알아. 그들이 왜 그러는지. 나에게 존경을 표하는 거잖아. 하지만 나는 그들에게 닿을 수 없어. 심지어 말을 걸 수조차 없지. 아무것도 할 수 없어. 내가 어떤 영향력이 있는 걸까?"

저는 사제 생활을 꽤 진지하게 생각했어요. 그래서 1년 동안 뉴욕 대교구의 신학교에 다녔어요. 카디널 헤이스 고등학교*Cardinal Hayes High School*를 졸업하고 나면 사제직을 준비할 계획이었어요.

저는 거친 사내들과 함께 자랐어요. 그들이 저를 돌봐주었죠. 하지만 그들이 죽고 난 뒤에야 저는 그들이 악덕하고 끔찍한 괴물이라는 것을 알게 되었어요. 물론 저에게는 한없이 다정했지만요. 이제 더는 그들을 보러 옛 동네에 가지 않아요. 저는 갱스터와 사제들 곁에서 자랐어요. 딱 그거예요. 중간은 없어요. 저는 성직자가 되고 싶었고, 종교에 대한 제 열정이 영화와 뒤섞여 나왔어요. 예술가로서의 지금 저는 어떤 의미에서는 갱스터이자 사제예요.

미스터 스코세이지 : 마티는 정말이지 많은 것을 감추고 있는 아이였어요. 마음속에 간직하고 있죠. 자기가 하고 싶은 모든 것을 말이에요.

미세스 스코세이지 : 그러다 신부가 되고 싶다는 걸 스스로 깨달았죠. 그래서 제가 말했어요. "그래, 좋아" 아들이 신부가 되고 싶다는 말을 듣고 찰리에게 말했어요. "마티는 대성당 부속 학교에 들어갈 거야. 나중에 어떻게 될지는 모르겠지만 말이야" 그렇게 1년이 지났고, 마티는

1954년 세인트 패트릭 대성당에서 견진성사를 마친 뒤의 7살 마틴 스코세이지.

학교에서 쫓겨나게 되었죠.

미스터 스코세이지: 쫓겨났다고 좀 하지 마. 그냥 라틴어 점수가 안 좋았을 뿐이야.

프랭크 프린시페 신부: 예전에는 교구에 따라 정체성이 정해졌어요. "난 남동부 출신이야" 대신 "난 세인트 패트릭에 다녀"라고 말했어요. 그게 살아가는 방식이었죠. 세인트 패트릭의 소년들은 제가 종교에 대해 말해주는 걸 좋아했어요. 항상 그랬던 건 아니지만 아이들은 그런 자리를 바랐어요. 당시 전 빙 크로스비처럼 재주가 많은 사람은 아니었지만 학교 교정에서 시간을 보내려고 노력했죠. 어떨 때는 무리 지어 차이나타운에 가서 밥을 먹기도 했는데, 아이들은 쉴 새 없이 이야기하고 싶어 했어요. 그저 도덕적인 이야기만이 아니라, 자기네들이 고민하는 것들에 대해 끊임없이 말하고 싶어 했죠. 예컨대, 어느 날은 성당 근처 크리스티 스트리트에 있는 가톨릭 노동자의 집에 대해 묻더군요. 바워리 가가 거기서 딱 한 블록 거리에 있는 걸 아실 거예요. 아이들은 사내들이 비틀거리면서 동네를 쏘다니고 문 앞에 노상 방뇨를 하는 모습을 보곤 했어요. 그러면 저에게 와서 도로시 데이에 대해 물어보는 거예요. "그분은 왜 저들에게 밥을 먹이나요? 바보예요?" 그러면 제가 말하죠. "만약 그분이 바보라면, 복음도 바보짓이겠지"

조직폭력배의 자식들도 교구 학교를 다녔어요. 분명 아이들에게 옳고 그름을 가르치고 싶었을 거예요. 그렇지 않다면 왜 교구 학교에 보내겠어요?

마티 스코세이지는 아주 똑똑하고 열성적인 데다 유머 감각까지 뛰어난 아이였어요. 그리고 성육신적*incarnational*으로 종교에 접근했어요. 사물들 안에 자리한 신을 발견하는 능력이 있었던 거예요. 대부분의 이탈리아계들이 그렇듯이 마티에게도 종교는 성육신적이고 실제적이었어요. 가장 최악의 죄는 육욕의 죄가 아니에요. 차라리 수페르바*superba*, 자만이야말로 최악이에요. 인간이 얼마나 약한 존재인지 알려주는 표징인 육욕의 죄와 달리 자만은 인간을 신의 자리에 올려놓아요. 그건 정말 심각한 문제예요. 신을 전면으로 부정하는 것이나 마찬가지니까요.

저는 아이들이 근본적인 의문을 제기하기를 바랐어요. 나는 왜 여기 있지? 내가 어떻게 행동해야 하지? 무엇을 희망할 수 있지? 저는 이러한 의문들을 자각하고 마주해야 한다고 말했죠. 물론 아이들은 그리스도의 실재를 미스터리로 받아들여요. 이해하기엔 너무 깊은 진실인 거죠. 저는 문제*problem*와 미스터리*mystery*의 차이를 구별해야 한다고 말하곤 했어요. 미스터리의 답은 의문을 고갈시키지 않아요. 이와 달리 2 더하기 2는 하나의 문제이죠. 4가 답이고요. 하지만 사랑, 정열, 아름다움은 미스터리에요. 이처럼, 당신은 믿음이라는 미스터리를 문제로 바꿀 수 없어요. 당신은 사람을 문제로 바꿀 수 없어요. 그리스도교는 역설과 명백한 모순으로 넘쳐요. 저는 제 믿음과 가톨릭에서 답을 찾았어요. 아마 아이들은 그렇지 않을 거예요. 그들에게 강요하려는 것은 아니었지만 스스로 질문하는 것은 그들에게 필요한 일이라고 생각해요.

미세스 스코세이지 : 마티는 라틴어를 너무 어려워했어요.

미스터 스코세이지 : 너무 어려웠지. 요즘 사제 교육은 라틴어보다 영어를 더 많이 가르쳐.

미세스 스코세이지 : 마티는 라틴어를 좋아했어요. 그런데 아시다시피 남자 애들은 노닥거리기 바쁘잖아요. 시험 날이 다가오면… 마티는 고등학교를 졸업하면 다시 신학교로 돌아갈 거라고 말하곤 했어요. 그래서 제가 찰리에게 말했죠. "쟤 정말 진심이야? 신부가 되고 싶은 거 맞아?" 그러면 찰리가 답했죠. "맞아"

미스터 스코세이지 : 아주 오래전에 제 어머니 쪽 가계에 신부가 있었어요.

1978년 감독으로서 로마를 찾은 젊은 스코세이지와
세인트 패트릭 대성당의 프린시페 신부.

미세스 스코세이지 : 어머님 쪽 사람들은 아무도 교회에 안 가잖아. 당신 가족 중에 교회에 다닌 사람은 없었어. 불신자들!

미스터 스코세이지 : 우리 어머니는 교회에 다녔어! 난 항상 종교와 이어져 있어. 내가 자란 방식이니까.

미세스 스코세이지 : 마티는 사나흘 정도 도망갔다가 돌아왔어요. 그때 제가 남편에게 말했어요. "도망가서 친구들과 뭐 했을지 궁금해" 남편이 말했죠. "나도 몰라" 그때 제가 마티에게 물었어요. "말해 봐. 대체 너 뭐하고 돌아다녔니?" 마티가 "엄마가 신경 쓸 일 아니에요"라고 하니 저는 "참 좋은 대답이구나!"라고 말했어요. 어렸을 때 마티는 복사였어요. 미사 준비 당번일 때는 새벽 대여섯 시에 일어났죠. 참 딱하고 안쓰러웠어요. 저는 마티를 깨우러 갔다가 마티가 일어나면 다시 침대로 돌아갔어요. 이른 새벽이었거든요. 성당에서 열린 어느 결혼식에서 마티의 멋진 사진을 찍기도 했어요. 12살 때였는데, 빨간 예복을 입고서 그곳에 서 있었죠.

언젠가 마티는 자기 방 벽에 두 개의 눈을 그려 놓았어요. 으스스하기까지 했죠. 어느 날 밤에 그 애가 이렇게 말했어요. "저 자러 가요. 내일 아침 저 깨우러 오실 때 깜짝 놀라실 거예요" 아침이 되어 마티를 깨우기 위해 방에 들어갔을 때 벽에 그려진 한 쌍의 눈을 봤어요. 예쁜 눈이었어요.

미스터 스코세이지 : 어둠 속에서 빛났지.

미세스 스코세이지 : 예뻤어요. 제가 말했죠. "믿을 수가 없네" 마티를 불러 네가 했냐고 묻자 이렇게 대답하더군요. "네. 깜짝 놀라셨죠" 우리가

이사 갈 때는 마티가 저에게 와서 "벽을 잘라서 떼어 가면 안 돼요?" 라고 말하더라고요. "미쳤니, 집주인이 우릴 죽여버릴 거야"라고 제가 말했죠. 집주인 가족은 우리와 먼 친척뻘이었고 별난 사람들이었어요. 그랬더니 마티가 "그럼 사진 찍는 사람을 불러서 사진 찍을게요"라고 말했어요. 그렇게 커다란 사진을 갖게 되었죠. 눈만 찍힌 사진이요. 마티가 말하곤 했어요. "제가 잘 때 저것들이 저를 지켜봐요" 제가 "그런 말 하지 마"라고 했더니 "진짜라니까요. 엄마"라더군요.

미스터 스코세이지 : 참 특이한 녀석이었어.

2장

60년대

마틴 스코세이지는 1960년에 대학 신입생이 되었다. 엘리자베스 스트리트에서 뉴욕대 워싱턴 광장 캠퍼스 강의실까지 15분 만에 주파할 수 있었다. 그리고 그 여정은 60년 전 그의 조부모가 시칠리아를 떠나면서 오른 7천㎞의 여행을 끝마치는 일이기도 했다. 마티의 아버지가 대공황 시절 워싱턴 광장 공원에서 기타를 튕길 때, 그가 바라본 대학 건물은 멀리 떨어진 하나의 도시이자 불가능한 꿈 같았다. 그런데 지금 그의 아들이 그곳의 신입생이 되어 또 다른 세계로 들어갔다.

워싱턴 광장은 엘리자베스 스트리트보다 더 오랜 역사를 지닌 곳이다. 조지 워싱턴 취임 100주년을 기념하는 개선문이 위풍당당하게 광장을 내려다보며 5번 대로의 시작점을 표시한다. 그곳을 따라 장중한 아파트 건물이 시 바깥쪽을 향해 뻗어 있다. 공원 북쪽에는 오래된 연립 주택들이 단정하게 열 지어 서 있다. 어느 황동 명패는 헨리 제임스의 《워싱턴 스퀘어》 속 상속녀가 살던 곳을 알린다. 근엄한 마차와 방문용 명함, 문학 살롱의 추억들이 여기에 머무르고, 과거 추억은 그리니치빌리지의 최근 역사로부터 피어나는 재즈와 보헤미안 작가들의 이미지와 뒤섞인다.

60년대 초반, 뉴욕대학교는 이전과 다른 모습을 갖추기 시작했다. 베이비붐 세대의 대학 입학 시기가 되자 밀려 드는 학생들을 감당하기 위해 더 많은 콘

크리트와 철제가 필요해진 것이다. 70년대로 넘어가기 직전, 새로운 NYU 도서관을 짓던 공사장 인부들은 베트남 전쟁 반대 시위를 하는 학생들을 공격하곤 했다. 하지만 1960년대에는 모든 것이 조용하고 평화로웠다. 상고머리를 한 젊은 남자들은 정장을 입고 수업을 들었다. 여자들은 마드라스 체크 블라우스를 입었다. 존 케네디는 곧 대통령이 될 참이었다. NYU에서 마틴 스코세이지는 미국 주류 사회에 진입하려는 또 다른 노동자 가정 출신의 자녀들과 어울렸다.

마티는 교사가 되기 위해 영어를 전공했다. NYU의 등록금은 비쌌지만, 부모님은 투자라고 생각했다. 교사는 안정적인 일자리였기 때문이다. 어쩌면 마티가 교수가 될지도 모른다고 생각하기도 했다. 사람 일을 누가 알겠는가? NYU의 교단에 설지도 모를 일이다. 그런 기대가 있어 마티는 만화책을 마음껏 사볼 수 있었다. 그러던 어느 날 그는 부모님에게 자신의 꿈이 바뀌었다고 말한다. 바로 영화로 전공을 바꾸겠다고 말이다.

*

마틴 스코세이지 : 제가 NYU에서 한 일 대부분은 헤이그 선생님과 함께였어요. 헤이그 마누기언 선생님은 엄청난 열정을 가지고 있는 분이셨죠. 그분은 NYU에서 영화를 만들고자 하는 학생들에게 열정을 불어 넣어주셨죠. 인생의 다른 것들은 제쳐두고 영화에 전념하도록 강하게 밀어붙였죠. 저에게는 그런 게 중요했던 것 같아요. NYU 1학년 때, 저는 영화, TV, 라디오 역사 수업을 들었어요. 대부분 매주 목요일에 웨이벌리 플레이스 170번지로 가서 4시간 동안 수업을 들었죠. 헤이그 선생님은 수업에 들어와서는 일장 연설을 하시곤 했어요. 저보다 빨리 말하더라고요. 에너지도 넘쳤고, 정말 매력적이었어요. 수업에는 200명의 학생들이 앉아 있었어요.

선생님은 영화 역사를 줄줄 말하거나 단편 영화를 보여주시곤 했어요. 영화 제작을 전공하려면 필수로 들어야 하는 수업이었죠. 학생들은 수업에 와서 4시간 동안 앉아 있다가 영화 한 편보고 낮잠이나 자면 된다고 생각했던 것 같아요. 선생님은 그런 학생들을 발견하면 바로 쫓아냈죠. 정말 쫓아내 버렸어요.

이듬해 선생님은 일종의 영화 제작 예비반을 개설했어요. 소규모 그룹으로 16㎜ 영화를 만드는 수업이었어요. 그리고 마침내 46명 정도의 학생들이 상급 수업을 듣게 되었어요. 정말 딱이었어요. 여섯 그룹이었으니 여섯 편의 영화가 만들어졌죠. 누구든지 시나리오를 쓴 사람이 감독을 맡았어요. 모두 숙청 작업을 거쳐야 했죠.

*

〈너같이 멋진 여자가 이런 데서 뭐 하는 거야?〉(1963)

스코세이지가 학생 시절 처음으로 만든 두 편의 단편은 예술가를 소재로 한 작품이었다. 초기 습작인 〈이네시타, 플라멩코의 예술*The Art of Flamenco__Inesita*〉은 안무가에 초점을 맞추었다. 스코세이지는 학교 친구 밥 시겔과 함께 촬영을 비롯한 공동 연출을 맡았다. 그는 음악과 춤을 활용해 실험했으며, 연기 동작을 분절하는 스타일을 구사했다. 그러한 스타일은 이후 〈뉴욕, 뉴욕〉, 마이클 잭슨과 작업한 뮤직비디오 〈배드〉에서도 발견된다.

스코세이지가 단독으로 연출하여 완성한 첫 영화는 〈너같이 멋진 여자가 이런 데서 뭐 하는 거야?*What's a Nice Girl Like You Doing in a Place Like This?*〉라는 작품이었으며, 앨저넌 블랙우드*Algernon Blackwood*의 공포 소설을 기반으로 만들어졌다. 궁지에 몰린 작가가 자신을 유혹하던 그림 속으로 사라진다는 이야기다. 예술에 대한 강박은 스코세이지가 1989년에 만든 〈뉴욕 스토리〉의 에피소드 〈인생 수업〉에서도 다시 나타나는 주제였다.

마틴 스코세이지 : 뉴욕대학교에서 제가 처음으로 만든 영화는 〈너같이 멋진 여자가 이런 데서 뭐 하는 거야?〉였어요. 9분짜리 영화였고, 16㎜ 흑백 필름이었죠. 그전에는 8㎜ 작품 두 편에 참여했어요. 그땐 친구와 함께 만들었는데 남동부의 거리에서 촬영했죠. 친구의 8㎜ 카메라를 빌려서 만들었어요. 〈너같이 멋진 여자가 이런 데서 뭐 하는 거야?〉는 영화의 역사를 패러디한 거예요. 당시 NYU는 프랑스 누벨바그, 이탈리아 뉴웨이브[9], 새로운 영국 영화들에 휩쓸리면서도 셜리 클라크, 존 카사베츠, 요나스 메카스*Jonas Mekas*와 같은 뉴욕 인디 영화에도 영향을 받았어요. 그 모든 것들이 한데 뒤섞여서 영향을 주었고 우리에게 자유와 열정을 전해주었죠. 필름과 편집으로 새로운 것들을 시도할 수 있었던 시절이었어요. 우리는 고다르, 트뤼포, 안토니오니의 영화에 열광했는데, 안토니오니는 〈정사〉에서 편집을 전혀 하지 않은 것처럼 보이기도 했어요.

우리는 영화를 만드는 여러 방식에 열려 있었고, 규칙 같은 건 하나도 지키지 않았죠. 그렇다고 규칙을 배우지 않고 영화를 만든 것은 아니었어요. 우리는 마스터 숏과 미디엄 숏, 클로즈업, 트래킹, 패닝과 같은 개념은 알고 있었어요. 하지만 저는 여러 새로운 영화들의 도움을 받아 카메라의 움직임과 편집만으로 저만을 위한 어휘를 만들 수 있었어요. 이 영화는 그런 자유를 반영해요. 젊기도 하고, 바보 같기도 한 자유였지만… 그래도 매치컷을 사용하지 않겠다고 다짐했었죠. 각 컷은 일종의 허를 찌르는 것이 되었어요. 저는 움직이고 있는 숏으로 컷을 시작하거나, 정지 사진, 애니메이션, 스톱 모션 화면으로

9 전후의 이탈리아 영화 경향이 네오리얼리즘이라고 불리고 그 용어가 정착된 것과 달리, 60년대 이탈리아 영화에게 붙은 '이탈리아 뉴웨이브'란 말은 영화사 연구의 측면에서 폭넓게 자리 잡은 용어가 아니다. 영화사 연구의 측면에서도 '이탈리아 뉴웨이브'는 논쟁의 여지가 있는 명명이다.

컷을 넘기곤 했어요. 보기 드문 테크닉이긴 했지만, 저에게는 과거 영화에 경의를 표하는 일이었거든요.

헤이그 선생님의 말씀처럼, 학생들은 "난 감독이 될 수 있어. 감독이 되고 싶어. 좋은 시나리오만 있으면 돼"라고 말하곤 했어요. 그러면 선생님은 "좋은 시나리오가 필요하다는 게 무슨 뜻이니? 감독이 되려고 한다면, 스스로 써 봐. 좋은 시나리오를 기다린다는 건 말도 안 되는 일이야. 직접 써야지"라고 말씀하셨어요. 제가 배운 게 바로 그거예요. 그래서 그렇게 했죠. 시나리오를 쓰고, 미리 편집을 생각하고, 촬영하고, 다시 편집했어요.

헤이그 선생님은 자신이 하고자 하는 일에 엄청난 열정을 가진 분이었어요. 우리 둘이 항상 같은 영화에 동의한 것은 아니었어요. 저는 〈제3의 사나이〉를 사랑했는데 선생님은 그저 괜찮은 스릴러일 뿐이라고 말씀하셨죠. 선생님이 저만큼 히치콕에게 열광하도록 설득하기란 어려운 일이었어요. 하지만 우리가 함께 나눈 논쟁은 정말 엄청났어요. 대단한 에너지였어요! 선생님은 저에게 영감을 주셨어요. 그게 중요한 거예요. 저에게 엄청난 선물을 주셨죠. 나만의 경험이 어떤 가치를 지녔는지 보게 했어요. 특히 〈너뿐만이 아니야, 머레이!〉를 작업하는 저를 격려해 주실 때 더욱 그랬죠.

*

〈너뿐만이 아니야, 머레이!〉(1964)

헤이그 마누기언의 격려에 힘입어, 스코세이지는 다음 프로젝트를 위해 이웃의 이야기에 귀를 기울였다. 스코세이지는 단 15분의 러닝타임 안에서 갱스터 머레이의 이야기를 전했다. 머레이는 야심에 비해 삼류에 불과한 "난 언제나 잘 살고 싶었어"라고 말하는 갱스터다. 그런 그의 이야기는 선형적으로 진행되지 않는다. 가장 첫 프레임부터 스코세이지는 스토리텔링의 관습적 규칙을 깨뜨렸다. 머레이가 카메라를 똑바로 바라보며 윙크한다. 이윽고 그는 연출자가 된다. 그는 카메라 기사에게 카메라를 내리라는 몸짓을 취한 뒤 말한다. "이 넥타이 보여?"라고 말하더니 "20달러야"라고 자답한다. 그리고 카메라로 바닥을 가리키면서 말한다. "이 신발 보여? 50달러야" 그 직후 카메라가 올라가면 "이 정장 보여? 500달러야"라고 말한다. 그는 카메라 기사를 자신의 하얀 캐딜락으로 데려갔고, 카메라는 뒷좌석으로 이동한다. 하지만 그 순간 머레이가 말한다. "야, 잠깐만, 나 까먹었어. 다 들어내, 알겠지? 카메라 들어내. 들어내. 방금 건 들어내" 그리고 화면은 사무실로 들어가는 머레이로 넘어간다. 머레이가 웃는다. "내 소개를 하는 걸 깜빡했네. 난 머레이야. 내가 어떻게 이 자리에 오게 되었는지 이제 너에게 말해주려고 해. 난 아주 부자고, 영향력이 막대해. 인기가 많지. 친구도 많아" 그러면서 머레이는 자신의 달콤한 인생, 그 윤택한 삶이 자신의 절친 조 덕분이라고 말한다. 조의 윤택한 삶은 모두 다른 사람을 등쳐 먹으며 이룬 것이다.

머레이는 엘리자베스 스트리트의 토박이다. 스코세이지가 자신이 자란 동네의 이야기와 신화를 빌려올 채비를 한 것이다. 그 준비 과정은 〈비열한 거리〉, 〈분노의 주먹〉, 〈좋은 친구들〉과 같은 영화의 맥락을 제공하게 될 터이다. 스코세이지는 시칠리아 출신 갱스터들이 '머레이'란 별명으로 불린다는 사실을 재미있게 생각했다. 그래서 머레이란 이름에는 끊임없이 자기기만에 빠지는 무능한 마피아 단원을 우스꽝스럽게 묘사하는 의도가 담겨 있다. 머레이는 절친 조를 우상화하지만, 조는 번번이 머레이를 배신한다. 하지만 머레이는 조에게 아무런 잘못이 없다고 생각한다. 조는 다른 사람이 줄 수 없는 것을 머레이에게 준다. 바로 '마음을 알아주는 듯한 말'이다. 그것은 머레이의 어머니도 줄 수 없는 것이다. "우리 어머니가 나에게 해준 것 중 유일하게 비슷한 말은 '머레이, 먹고 해라'야" 하지만 조는 약삭빠른 사람이다. 그는 어떠한 현실이라도 호도할 수 있는 자이다. 머레이는 배신을 당할 때마다 조가 발뺌하도록 놔둔다. 경찰이 머레이 일당의 주류 밀매 현장을 급습했을 때, 조는 줄행랑치고 혼자 남은 머레이가 모든 잘못을 혼자 덤터기 쓴다. "그냥 오해야. 내가 혼자 오해받은 거지" 결국에 조가 감옥에 있는 머레이를 면회하는 장면이 나온다. 머레이의 어머니도 조와 함께 있다. 어머니는 면회실 철망 너머로 머레이에게 스파게티를 떠먹인다.

스코세이지는 머레이를 풍자하면서도 그에게 호감을 느낄 수 있도록 다양한 모습을 녹여 넣는다. 머레이가 어디서 잘못 주워들은 용어("들어내, 카메라 들어내. 방금 건 들어내")를 쓰면서 촬영을 좌지우지할 때, 그런 애쓰는 모습에 미소 짓지 않기는 힘들다. 두서없는 개똥철학마저도 ("살아가면서 가능한 한 가장 최고의 삶을 구하려면 누군가의 도움이 필요하다") 순박한 매력을 풍긴다. 하지만 풍자의 통렬함은 그러한 호감과 매력을 능가한다. "나는 몇 날 며칠이고 이렇게 할 수 있어. 별일 아니야. 중요한 건 항상 윤택한 삶을 바란다는 거야. 어떻게 윤택하게 사냐고? 좋은 데 가고, 사람들과 만나는 거야" 머레이가 이렇게 말할 때 스코세이지는 머레이의 자기기만에 구멍을 내는 이미지들을 병치한다. 머레이에게 '좋은 데 가기'는 선원 모자를 쓰고 뉴욕항을 가로지르는 예인선을 타는 것이다. '사람들과 만나기'는 선글라스를 쓰고 자기도 모르는 사이 갱단 무리에 가담하는 것이다.

머레이의 배배 꼬인 말은 스코세이지가 동네에서 귀동냥했던 실제 대화들을 흉내 낸 것이다. 머레이의 비논리적 논리는 〈비열한 거리〉에서 다시 나타나기도 한다. 조니 보이(로버트 드니로)가 찰리(하비 카이텔)에게 '조이 클램스'에 대한 어처구니없는 연설을 늘어놓으면서 어떻게 자신의 빚을 갚을 건지 설명하는 장면이다. 〈분노의 주먹〉에서도 비슷한 장면이 나온다. 조이 라모타(조 페시)가 제이크(로버트 드니로)에게 "만약 네가 이기면 네가 이기는 거고, 네가 져도 네가 이기는 거야"라면서 그가 싸워야만 한다고 설명하는 장면이다. 이러한 비선형적 사고는 무시무시한 자신감과 결합하여 무엇이든 합리화

할 수 있는 언어를 만들어 내는데, 이는 〈좋은 친구들〉에서 가장 극단적으로 나타난다. 이처럼 스코세이지는 말과 행동, 외양과 실상을 구분하는 장면들을 영화 속에 집어넣음으로써 〈머레이〉에서 웃음을 유발한다. 이는 머레이가 자신의 삶을 구획하는 능력으로, 〈좋은 친구들〉의 조직원 헨리 힐 같은 사람도 그런 능력을 구사하여 자기 절친이 저지른 살인을 그저 업무상의 일처럼 바라본다. '의리를 지켜*do the right thing*', '리스펙트 해', '명예의 문제'와 같은 은어들이 다층적 메시지를 담는 것이다.

스코세이지는 1930~1940년대 워너브러더스 갱스터 영화를 떠올리게 하는 장면들을 연속적으로 보여주며 현실과 합리화 사이의 불화를 조롱한다. 그런 장면에서 머레이는 오래된 다큐멘터리 영화에나 나올 법한 엄숙한 말투로 삶의 모든 단면에 자신들이 끼친 영향력을 묘사한다. 그리고 스코세이지는 그것이 어떤 영향인지 폭로한다. 머레이가 "스포츠는 우리 손아귀에 있었지"라고 말하면 스코세이지는 선수들이 뇌물을 받는 모습을 보여준다. "해외에서 원조받은 민간 보조금"이라고 머레이가 말하면 우리는 예복을 입은 남자들의 라이플총 밀거래 장면을 본다. "호텔과 모텔이 우리 손아귀에 있었지"라고 머레이가 자랑스럽게 말하면 카메라는 싸구려 숙박업소를 향해 고개를 돌리며 길거리에 서 있는 매춘부들의 모습을 비춘다.

스코세이지는 머레이를 브로드웨이 제작자처럼 보이게 하면서 〈밴드 웨곤〉과 같은 훌륭한 백스테이지 뮤지컬의 스타일을 본뜬다. 하지만 "사랑은 가젤처럼", "반가워 해리엇, 잘 가 샘", "토마토는 너무 싸구려야" 같이 불야성 거리를 따라 나 있는 극장 차양의 제목들은 머레이의 영향력을 수그러트린다. 다들 하는 걸 따라 하듯이 코러스 걸이 거대한 깃털 머리 장식을 하고 나타난다. 그들은 버스비 버클리 뮤지컬처럼 화면 안에서 원을 그리며 만화경 효과를 만들어 내지만, 노래는 음 이탈이 나고, 탭댄스 군무도 없다.

머레이는 미국 상원의 암거래 위원회 청문회장에서 증언하는데, 그 장면은 뉴스 화면처럼 보여서 실제 사건과 같은 느낌을 자아낸다. 하지만 머레이가 마이크를 두드리며 "이거 켜졌나요?"라고 묻는 순간, 그런 현실적인 느낌은 사라져 버린다. 그때 머레이가 진지한 얼굴로 말한다. "저에게 불리한 대답을… 그러니까 저에게 도움이 되지 않는 대답은 거부합니다"[10]

그러다 마침내 머레이는 조가 자신의 아내와 부적절한 관계를 맺고 있었다는 사실과 마주하게 된다. 바로 그 순간에서야 빛 좋은 개살구 같은 그의 철학도 우뚝 멈춘다. "녹음기 꺼. 녹음기 꺼. 거기 안경잡이, 녹음기 꺼!" 조와 마주한 머레이의 얼굴은 고통스러워 보인다. 그는 조가 다시 한번 그를 속이려고 하는 말에 넘어간다. 정말 제 버릇 개 못 준다. 머레이에게는 조에 대한 믿음이 여전히 필요한 것이다. 머레이가 말을 할 때마다 그의 목소리는 기만으로 가득하다. 그래, 그와 조는 오해가 있었을 뿐이다. 하지만 조는 머레이에게 모든 것을 설명한다. 머레이의 아내는 어쨌든 머레이의 아내다. 그들은 함께 살고 함께 파티에 가니까 말이다. 그렇다면 아이들은? 엄밀히 말해 그 아이들은 머레이의 자식이 아니긴 해도, 귀여운 아이들이며 그와 함께 살고 있다. "조가 말한 것처럼 나는 '올해의 아버지 상'을 타지는 못할 거야. 하지만 우리는 행복해. 겸손함이 나의 참된 가치를 숨기게 하네…"

그리하여 머레이는 시작한 곳에서 끝을 맺는다. 새로운 하얀 캐딜락과 함께하는 그곳에서. 그의 1만 달러짜리 차는 영화 마지막의 화면을 장식한다. 머레이의 삶 한가운데 있던 캐릭터들이 그 차 주변으로 모여 춤을 추면 서커스 음악이 흐른다. 스코세이지는 워너브러더스 영화처럼 시작해서 펠리니 영화처럼 끝을 맺는다.

머레이의 삶에서 유일하게 헛소리를 하지 않는 사람은 그의 어머니다. 머레이의 어머니는 캐서린 스코세이지가 연기했고, 젊은 머레이를 소개하는 장면, 감옥 면회 장면, 조와 마주하는 장면, 마지막 서커스 춤 장면처럼 중요한 곳

10 머레이는 'incriminate(유죄로 만들다)'라는 단어를 제대로 알지 못해 'incriminal'이라는 사전에도 없는 단어를 썼다가 결국 'discriminate(차별하다, 분별하다)'라고 말한다.

에 함께 등장했다. 하지만 그녀는 아무런 말도 하지 않는다. 그저 "머레이, 먹고 해라"라고 말할 뿐이다. 그것도 그녀의 목소리가 아니라 머레이가 자기 합리화를 위해 하는 말로써 간접적으로 등장한다. 하지만 그녀는 언제나 거기에 있다. 아무런 말 없이, 스파게티 한 접시를 든 채로 말이다. "먹고 해라"는 조의 감언이설보다 더욱더 스코세이지의 예술적 전제에 가까운 말이다. 음식은 실재하는 것이며, 변형될 수 있다.

*

마틴 스코세이지 : 뉴욕대학교에서 작업한 제 두 번째 영화는 〈너뿐만이 아니야, 머레이!〉였고, 두 가지가 결합된 작품이었어요. 첫째는 명백하게 드러나듯이 30년대 말과 40년대 초에 나온 워너브러더스의 갱스터 영화들, 라울 월시의 〈포효하는 20년대〉와 윌리엄 웰먼의 〈공공의 적〉에 대한 오마주였죠. 그리고 두 번째는 맨해튼 남동부에 사는 제 오랜 친구들과 친지들이었어요. 〈머레이〉는 실제로 제 할머니의 아파트에서 찍었어요. 제가 자랐던 곳이죠. 그리고 삼촌의 아파트와 남동부의 지하실에서도 함께 찍었어요. 그곳은 60년대 초반 이탈리아계 미국인들이 어떤 모습으로 살았는지 보여주거든요. 벽과 지하실의 질감은 저에게 꽤 중요하게 작용해요.

너무 중요해서 1972년에 〈비열한 거리〉 촬영을 대부분 로스앤젤레스에서 진행했음에도 건물 내부를 제대로 보여주기 위해 뉴욕에서 5회차가량 더 촬영했어요. LA와 뉴욕은 느낌이 달랐거든요. 꾸며낼 수가 없었어요.

마르딕 마틴 : 저는 1959년에 '외국인 학생'으로 NYU에 왔고, 바그다드에서 자란 아르메니아인이었죠. 60년대 초반 이라크 혁명이 발발했을 때

NYU 학생 시절에 뉴욕 거리에서 리처드 콜과 함께 〈너뿐만이 아니야, 머레이!〉를 찍는 마틴 스코세이지.

제 아버지께서는 모든 것을 잃으셨어요. 사람들이 아버지를 어디론가 데려갔고, 아버지는 그곳에서 발작에 의한 심장 마비로 돌아가셨어요. 저는 돈도 없었고 일을 구할 자격도 없이 뉴욕에 남겨졌어요. 만약 그대로 이라크로 돌아가게 되면 죽은 목숨이었죠. 이 이야기를 할 수 있는 유일한 사람이 마티였어요. NYU의 학생 중에 마티 스코세이지만이 저와 친구가 돼주었어요. 저는 영어도 잘하지 못하는 외국인이었어요. 1959년이었다는 점을 잊으면 안 돼요. 그때는 지금과 많이 달랐어요. 아이젠하워의 시대였죠.

절대 잊지 못해요. 우리는 보자마자 친구가 됐어요. 수업에서 만났고, 더들리 두-라이트, 록키와 불윙클[11]에 대해 떠들었어요. 애보트와

11 '록키와 불윙클'은 TV 애니메이션 시리즈 〈록키와 불윙클의 모험(The Adventures of Rocky and Bullwinkle and Friends)〉을 줄인 말이며, 더들리 두-라이트(Dudley Do-Right)는 그 시리즈의 주인공이다.

코스텔로도 좋아했죠. 저는 이것저것 많이 알고 있었어요. 마티도 그랬죠. 소수의 사람만 알고 있는 작품이긴 했지만요. 아무거나 다 섭렵하지는 않았어요. 우리는 학교에 다니면서 〈머레이〉와 같은 영화 프로젝트를 함께 했어요. 저는 〈위대한 면도*The Big Shave*〉도 도왔어요. 마티의 졸업 작품인 〈누가 내 문을 두드리는가?〉로 발전한 영화 작업도 함께했죠. 저에게 의미가 컸어요. 저를 평범한 사람으로 대해준 미국인이 거기 있었으니까요.

마티는 이웃 사내들에 대한 재미있는 이야기를 많이 알고 있었어요. 멋진 이미지들이었죠. 하지만 그것들을 구조화하는 작업은 마티에게 어려운 일이었어요. 반면 저는 체계화하는 일을 잘했어요. 처음, 중간, 끝 이런 걸 만드는 일이요. 그래서 우리가 같이 작업할 수 있었던 거예요. 첫 작업이 1964년에 만든 〈너뿐만이 아니야, 머레이!〉였죠. 촬영하면서 저는 마티의 가족과 엄청나게 친해졌어요. 항상 가족들과 같이 있었죠. 마티의 어머니는 저를 셋째 아들이라고 불러주셨어요. 마티의 재능은 어머니에게 물려받은 것이 분명해요. 어머니는 에너지가 넘치고, 멋있고, 감정이 풍부한 이탈리아인의 삶을 보여주었어요. 우리에게 항상 친절하셨고, 항상 요리를 해주셨죠. 〈너뿐만이 아니야, 머레이!〉의 마지막 장면을 위해 어머니와 함께 스태튼섬에 갔던 날이 기억나요. 정말 추웠는데도 어머니는 찍고 또 찍으셨죠.

미세스 스코세이지 : 기억해요, 저는 마티의 대학 시절부터 그 애와 함께 영화를 찍었어요. 스태튼의 늪지대에서 영화를 만들 때부터요. 그 영화를 찍을 때 저는 아침 5시에 일어나서 스파게티를 만들어야 했어요. 〈너뿐만이 아니야, 머레이!〉를 위해서 말이에요. 그때 찰리는 침대에 누워 있었죠. 너무 추운 날이었는데, 찰리가 저에게 말했어요. "당신이랑 당신 아들은 둘 다 미쳤어"

미스터 스코세이지 : 제가 항상 그렇게 말했죠.

미세스 스코세이지 : 그래서 제가 말했어요. "참나, 그럼 누가 도와? 누군가는 도와야 할 거 아냐?"

미스터 스코세이지 : 도와주지 말자고 한 적은 없어. 난 돈을 줬잖아.

미세스 스코세이지 : 내가 얼마나 고생했는데! 어쨌든 한밤중 집으로 돌아오면 항상 녹초가 된 상태였어요. 그런데도 마티는 만드는 영화마다 저를 출연시켰죠. 스태튼섬의 그날은 지독하게 추웠어요. 촬영 차량이 7대 있었는데, 그중 2대가 촬영지로 가던 도중에 고장이 났어요. 그래서 프랭키도 영화에 나오게 됐죠. 여자 배우들은 정말 추워서 얼어 죽을 뻔했어요. 다리를 드러내고 있었거든요.

미스터 스코세이지 : 마티가 뭘 원하든지 저는 다 들어줬어요. 하려고 마음먹은 것은 무엇이든 잘 해낸다는 믿음이 있었거든요. 아이는 집에 돌아오면 계속 공부하고 공부하고 공부했어요. 일주일에 한두 번 정도만 밖에 나갔던 거 같아요.

미세스 스코세이지 : 걔는 도통 안 나갔어요.

미스터 스코세이지 : 나는 그 애가 새벽 3시까지 타자기 치는 소리를 들었어. 그 소리가 며칠이고 내 머리에서 떠나질 않았지….

*

〈머레이〉를 완성하고 25년이 지난 후, 마틴 스코세이지는 〈뉴욕 스토리 : 인생 수업〉에 나오는 단역 배우들에게 연기를 지도하고 있었다. 그때 지도하던 배우 중 한 명이 머레이로 출연했던 아이라 루빈이라는 걸 깨달았다. 지금 그는 알렉스 로브슨으로 알려져 있다. 그는 대사가 있는 작은 역할을 루빈에게 맡겼다. 닉 놀테, 로재나 아켓*Rosanna Arquette*, 피터 가브리엘*Peter Gabriel*이 그 장면에 출연했다. 하지만 스코세이지의 눈길은 그의 첫 스타였던 머레이에게 머물렀다.

*

알렉스 로브슨(아이라 루빈) : NYU에는 영화 오디션이 여럿 있었어요. 기억나는 것 중 하나가 마녀와 개구리에 대한 영화였어요. 저는 개구리 역할로 오디션을 보았죠. 이리저리 깡충깡충 뛰었어요. 테이블 위로 올라갔다가 내려오기도 했죠. 정작 영화 관계자들은 다른 개구리를 선택하더라고요. 그들이 저에게 마티를 소개해 줬어요. 오디션을 보고 〈너뿐만이 아니야, 머레이!〉의 머레이라는 배역을 따냈죠.

그건 제가 처음으로 작업한 영화였어요. 뭘 해야 할지 몰랐어요. 사실 그 당시에 저는 천천히 말하면 감독이 언제든 속도를 빠르게 올릴 수 있다고 생각했죠. 제 코가 부러진 적이 있었는데, 웃을 때마다 코가 더 비틀어지곤 했어요. 그래서 제 코가 바나나처럼 변하지 않도록 기도하면서 촬영했어요.

어떤 장면은 부분 가발을 쓰고 촬영하기도 했어요. 그런데 제가 워낙 대머리여서 저를 위에서 촬영하면 마치 화성인처럼 보이는 거예요. 그래서 이런 문제들을 고려하면서 찍었죠.

제 연기 선생님인 마담 불가코바께서 〈머레이〉를 보러 오셨어요. 모스크바 예술극장 출신이었고, 스타니슬랍스키의 연기법을 구사하셨죠. 그 선생님이 너무 좋았어요! 매력적인 붉은 머리칼을 가지고 계셨어요. 일흔 살이셨는데 허리를 항상 꼿꼿하게 세우고 늘 하얀 장갑을 끼셨죠. 그분은 제가 처음으로 만난 진정한 스승이셨어요. 저는 저 자신에게 비판적인 사람이었는데, 선생님 역시 저에게 다정한 말은 잘 해주지 않으셨어요. 그래서 "마담 불가코바는 내 연기를 좋아하지 않아"라고 생각하곤 했죠. 머레이는 자신이 하는 일에 대한 자의식이 강한 사람이라 여유로운 성격은 아니에요. 제가 정말 불안한 것처럼 보였는지, 아니면 선생님께서 그게 캐릭터를 연기하는 방식이라고 이해하셨는지는 잘 알 수 없었어요.

수년간 저는 여러 연극 작업을 해왔고, 순회공연과 광고, 여러 다양한 일을 했어요. 하지만 〈너뿐만이 아니야, 머레이!〉 이후에는 마티와 제대로 이야기 나눌 기회가 없었어요. 많은 시간이 흐르고 난 뒤에야 그와 〈인생 수업〉으로 다시 작업하게 되었네요. 참 재밌어요. 저는 '하느님의 사랑을 전합니다*God's Love We Deliver*'에서 자원봉사를 했어요. 거기서 우리는 에이즈 환자를 위한 식사를 준비했죠. 비앙카 수녀님이 저를 위해 기도를 해주신다고 했는데, 다음 날 이 영화에 합격했다는 전화를 받았어요. 촬영장에 간 첫날, 마티가 저에게 다가와 악수를 청했죠. 그리고 그때 마티의 아버지도 보았어요. 마티의 아버지는 저를 멈춰 세우시곤 "인사 안 할 거니?" 하고 물으셨어요. 저는 저를 기억하실지 몰랐다고 답했죠. "기억하냐고? 집에서 그 영화를 맨날 보는데?"

*

〈누가 내 문을 두드리는가?〉(1964~1969)

〈너뿐만이 아니야, 머레이!〉는 1964년에 영화제작가협회로부터 최우수 학생 영화로 뽑혀 상을 받았다. 부상으로 파라마운트 영화사에서 125달러 주급을 받고 일할 수 있는 인턴십 기회가 주어졌다. 스코세이지는 수상 소식을 듣고 짐을 싸서 할리우드로 떠날 준비를 마쳤다. 하지만 그 사이 파라마운트의 방침이 바뀌었다. 인턴십이 폐지된 것이다. 그렇게 스코세이지와 할리우드의 롤러코스터 같은 관계가 시작되었다.

스코세이지는 NYU의 대학원 프로그램에 들어가 그의 첫 장편영화가 될 프로젝트에 착수했다. 그 영화의 제목은 〈춤추는 여자들 데려오기*Bring on the Dancing Girls*〉였다. 그러다 〈내가 먼저*I Call First*〉라는 제목으로 바뀌었고, 그다음은 〈J.R.〉, 마지막으로 〈누가 내 문을 두드리는가?〉로 결정되었다. 스코세이지는 이 영화를 맨해튼 남동부에 사는 젊은 이탈리아계 미국인 남성들에 대한 3부작 중 하나로 기획했다. 시리즈의 첫 번째는 〈예루살렘, 예루살렘〉이었고, 오직 트리트먼트로만 존재했다. 그다음으로 〈누가 내 문을 두드리는가?〉와 〈비열한 거리〉가 이어졌다. 트리트먼트의 제목은 신약성경 구절에서 따왔다. "예루살렘아, 예루살렘아, 암탉이 제 새끼를 모으는 것처럼 내가 너희를 모으려 하였거늘"

〈예루살렘, 예루살렘〉은 거친 동네에서 시골 예수회 수련소로 향하는 소년들을 따라간다. 영화가 제작되지는 않았지만, 그 이야기는 J.R/찰리가 처음 등장하는 순간에 맞춰 분명하게 새겨져 있다. J.R./찰리는 시리즈에서 스코세이지의 또 다른 자아라고도 할 수 있다. 〈예루살렘, 예루살렘〉은 3부작 중 하나로서 그의 내적 삶을 집중 조명하고 있다.

이 영화의 사건 대부분은 수련소장 맥만 신부의 설교에서 시작된다. 맥만 신부는 다정한 사람이며, 조이스의 《젊은 예술가의 초상》에 등장하는 콘미 신부의 미국인 버전 같기도 하다. 그는 아이들과 함께 농구를 하기도 하고, 콘미 신부처럼 성 이냐시오 로욜라의 영적 실천을 여전히 따르는 사람이기도 하다. 그는 지옥의 고통과 죽음을 생생하게 전했다. 설교 와중에 J.R.은 자기가 경험했던 것들을 상상했고, 그 상상은 복음 속 사건들과 병치된다. 예를 들어, 가나의 결혼 피로연은 공동 주택에서 올리는 결혼식이 되는 것이다.

맥만 신부는 아이들을 바깥으로 데려가 십자가의 길을 지나게 한다. 그곳에는 그리스도의 수난을 묘사하는 조각상들이 늘어서 있다. 그리스도가 십자가에 못 박힌 과정들이 나타난다. J.R.의 상상은 그것과 평행한 시나리오를 만든다. 예수가 현대의 젊은 범죄자가 되어 나타나는 것이다. 그는 경찰에게 붙잡혀 구타당하고, 조롱하는 군중들이 지나다니는 뉴욕의 거리로 끌려나간다. 엠파이어 스테이트 빌딩이 배경으로 눈에 띄게 나타난다. 그것은 〈누가 내 문을 두드리는가?〉와 〈비열한 거리〉에서 반복하여 표현한 이미지이기도 하다. 클로즈업 숏이 젊은 남자의 피 흘린 상처를 보여준다. 다섯 번째 길에 이르자 "예수가 어머니를 만난다" J.R.은 고통 받은 아들을 위로하는 현대의 슬픈 성모*Mater dolorosa*를 상상한다.

J.R.은 그리스도의 삶이 자기가 사는 동네에서 다시 되풀이되는 것을 본다. 그는 예수가 어떤 모습의 사람으로든 나타날 수 있다는 것을 믿는다. 이렇게 두 개의 이미지를 겹쳐서 보는 것은 스코세이지가 예수와 '비열한 거리'의 거주민들을 어떻게 이해했는지 알 수 있는 부분이다. 스코세이지는 종교적 미스터리에 대해 숙고하면서 그의 영혼을 발견하고, 평범한 삶의 폭풍들을 보는 새로운 길을 찾았다. 그렇게 그는 영혼의 대장간에서 다른 이의 정신을 자극하여 일깨우는 이미지들을 제련하려 했다.

〈예루살렘, 예루살렘〉에서 J.R.은 그의 사춘기 성경험과 간접적으로 마주한다. 그리고 스코세이지의 다음 영화에서 스코세이지는 정신과 육체의 이분법과 직접적으로 마주한다. 〈누가 내 문을 두드리는가?〉에서 우리는 좀 더 나이 든 J.R.을 만난다. 하비 카이텔이 연기한 J.R.은 고등학교를 중퇴한 이후에도 여전히 엘리자베스, 모트, 멀버리 스트리트에 매여 있는 세계에 살고 있다. 그와 그의 친구들은 때때로 타임스퀘어 영화관에 놀러 갔지만 좀처럼 동네를 벗어나지 않는다. J.R.은 성경험 횟수나 범죄 전과 기록들을 자랑스럽게 떠벌리며 골목을 누비는 또 하나의 젊은 남자처럼 보인다. 하지만 그는 그들과 사뭇

다르다.

J.R.은 한 여자를 만나면서 그의 정체성이 분열되는 것을 느낀다. 그녀는 영화에서 '그 여자'로만 불린다. 지나 베순Zina Bethune이 교양 있는 금발 여성을 연기하면서 J.R.에게 좁디좁은 맨해튼 남동부 너머의 세계를 보여준다. 그렇게 J.R.는 그녀와 사랑에 빠진다. 그녀와 함께 대화를 나누고 음악을 듣는다. 그는 자신이 존 웨인의 영화를, 특히 〈수색자〉를 얼마나 좋아하는지 설명한다. 이제껏 여자들과 몸을 섞는 것만 알았던 J.R.은 그녀를 통해 정열과 다정함을 동시에 경험한다. 그들의 성적 탐구는 J.R. 부모님의 침실에서 이루어지는데, 온갖 종교적 조각상과 촛불이 침실 가득 꾸며진 곳이어서 그런지 J.R.은 그녀와 '갈 데까지 가지' 않기로 결심한다. 그는 그녀를 존중하고 결혼까지 하고 싶어 한다. 하지만 어느 날 밤 그녀는 자신이 처녀가 아니라는 이야기를 들려준다. 끔찍한 데이트 상대가 그녀를 인적 드문 곳으로 데려가 그녀를 속이고 강간하는 회상 장면이 나온다. 그 이야기를 듣고 J.R.은 충격을 받는다. 그의 세계에서는 오직 두 종류의 여자가 있을 뿐이다. 하나는 자기와 결혼하는 여자, 또 다른 여자는 같이 파티를 즐기고 친구와 돌려쓰다가 버리는 매춘부. 그러니 이 여자가 갑자기 매춘부가 된 것이다. 애초에 주차된 차 안에서 그녀는 대체 뭘 한 거야? 뭘 기대했던 거야?

J.R.의 가톨릭 신앙은 그의 딜레마를 더욱 복잡하게 만든다. 그의 친구들에게 교회는 파스타처럼 그저 물려 받은 문화일 뿐이다. J.R.은 자신의 내면에 교회의 도덕을 받아들였고, 영적인 것에 끌렸다. 하지만 그에게 선함은 성적 순수함을 뜻하기도 한다. 그러니 그의 눈에 그 여자는 이미 타락한 것이었다. 그래도 죄 사함은 그의 믿음에서 중요했다. 예수 또한 간통하다 걸린 여자를 비난하지 않으려고 하지 않았나? 오래 고민한 끝에 J.R.은 그녀를 용서하고 결혼하기로 결심한다. 하지만 이번엔 그녀가 그를 거부한다. 그녀는 그가 자신을 타락한 여자로, 운 좋게 진흙에서 건져낸 사람으로 분류하는 것을 허락하지 않는다. J.R.은 그녀를 이해하려고 노력하지만 그의 용서는 자기 동네의 마초

적 윤리를 겨우 뛰어넘는 정도에 불과하다. 그녀에게 그것은 충분하지 않다. 그가 용서는 할 수 있을지언정 그 사실을 절대 잊지는 못할 것이다. 그 영화는 세인트 패트릭 대성당에서 촬영된, 절묘한 솜씨로 만들어진 시퀀스로 끝이 난다. 더 지니스*the Genies*의 '누가 내 문을 두드리는가?'가 요란하게 울리는 와중에 성자들의 조각상을 찍은 숏이 기울어진 구도로 움직인다. J.R.은 십자가에 매달린 예수의 발에 입을 맞춘다. 상처에서 피가 흐른다.

이 영화는 1967년 시카고 영화제에서 처음 상영되었다. 관객들은 열광적인 반응을 보였다. 로저 에버트 평론가는 그 영화를 "새로운 미국 고전"이라 말했다. 하지만 스코세이지가 나체 장면을 추가한 뒤에야 배급사가 배급에 나서면서 겨우 변두리 영화관에서 상영될 수 있었다.

〈누가 내 문을 두드리는가?〉의 아이디어를 떠올린 때부터 영화가 실제로 완성되기까지는 5년이라는 시간이 걸렸다. 그 시간 동안 사회의 도덕 규범도 많이 바뀌었다. 여러 비평가들은 영화가 여성의 처녀성에 의존하고 있어 낡아 보이고 혼란스럽다고 평가했다. (그 문제는 여성 운동으로 하여금 남성의 낡은 이중 잣대가 남아 있는 방식을 지적하도록 할 것이다. 사랑이라는 명분으로 자존감을 희생하지 않으려는 여자의 모습은 어떤 점에서 대부분의 페미니스트들이 찬성할 법한 선택을 반영했다.) 그 영화가 개봉될 즈음, 도심지 시위와 케네디 암살, 베트남 전쟁, 인권 운동과 반전 운동이 오래된 확신들에 균열을 일으켰다.

J.R.을 마비시켰던 가톨릭 신앙도 그 당시 도전 받고 있었다. 교황 요한 23세의 개혁 교회에서는 성행위를 죄와 동일시하는 인식이 변화를 맞았다. 하지만 여전히 많은 가톨릭 신자에게 그러한 죄의식이 남아 있었다. J.R.의 사랑은 두려움을 몰아내지 않는다. 그는 사랑을 최고의 율법으로 선포하고 창녀들을 신의 왕국으로 맞아들인 예수에게 이끌린다. 하지만 그는 스스로 그러한 너그러움을 가질 수 없다. J.R.에게 육체와 영혼은 서로 불화하는 것이다.

〈누가 내 문을 두드리는가?〉부터 스코세이지는 그의 예술적 통찰의 중심인 내적 다툼을 기입하기 시작했다. 다른 이들도 그의 열정에 매료되어 그와 함께 내적 몸부림을 다루는 일에 가세했다. 배우 하비 카이텔과 편집자 셀마 슈메이커에게 〈누가 내 문을 두드리는가?〉는 30년간의 협업이 시작되는 곳으로 각인되기도 했다.

*

하비 카이텔: 〈쇼비즈니스〉였는지 〈백스테이지〉였는지 모르겠지만 잡지에 실린 광고를 보고 연락했어요. 그리고 NYU로 가서 〈누가 내 문을 두드리는가?〉의 J.R.역으로 오디션을 봤어요. 저 말고 다른 배우들도 많이 왔었죠. 1차 오디션에 통과했다는 연락을 받고서 2차 오디션에 갔더니 저와 다른 배우 한 명이 더 있더군요. 또 다른 NYU 학생인 빌 민킨이 오디션 보는 배우들의 상대역을 했어요. 그리고 마지막엔 제가 역할을 따냈죠. 그렇게 마티와 만나게 됐어요.

저는 2년간 연기 수업을 들었어요. 카페 라 마마*Café La MaMa*[12]와 오프 오프 브로드웨이*off-off broadway*의 무대에도 한두 번 선 적이 있었어요. 수습생으로 휴양지 공연에 따라가 연기를 하기도 하고 화장실 청소도 했죠. 다시 말해, 그땐 돈 한 푼 받지 못했어요. 저는 브루클린에서 자랐는데, 제가 나고 자랐던 환경은 연기와 거리와 멀었어요. 연기는 저에게 아주 천천히 그리고 고통스럽게 다가왔어요. 덕분에 엄청난 불확실성과 두려움에 시달려야 했죠.

전 〈누가 내 문을 두드리는가?〉가 완성될 것이라고 확신했어요. 마티는 그런 열정을 가지고 있었거든요. 우리는 겨우내 주말마다 촬영

12 현재는 라 마마 실험극장(La MaMa Experimental Theatre Club)으로 알려져 있다. 예전에는 운영비 마련을 위해 카페를 겸한 적이 있어 카페 라 마마라고 불렸다.

했어요. 주중에는 다들 먹고 사느라 돈을 벌어야 했거든요. 성당에서 '누가 내 문을 두드리는가?'라는 노래가 울려 퍼지는 첫 번째 러쉬 필름을 보고 난 후, 저는 정말 특별한 사람과 함께 있다는 것을 깨달았죠.

마티와 저는 비슷한 유머 감각을 가지고 있어요. 비슷한 공통분모를 가지고 있는 것 같았어요. 어떤 진실을 추구하는 것, 우리가 본 무언가를 표현하려고 하는 것이 비슷했어요. 저는 마티의 강렬함을 느꼈어요. 우리는 서로를 특별한 형제처럼 대했죠. 아직 이름을 알리지 못한 비밀스러운 사회에 속한 것 같았어요.

우리는 모든 것을 터놓고 말했어요. 지금도 그래요. 서로의 정서적 욕구, 환경, 부모, 형제, 목표, 이러한 것들은 오직 경험을 공유해야 얻을 수 있는 요소잖아요. 우리는 서로 비슷한 것을 경험하고 비슷한 것을 꿈꿔요. 어쩌면 악몽마저도 비슷했을 거예요. 분명 같은 악몽을 꾸고 잠에서 깨기도 했을 거예요. 좀 더 다른 곳에 닿기 위해 발버둥 쳤죠.

셀마 슈메이커: 저는 컬럼비아 대학교에서 원시미술로 석사과정을 밟던 중 〈뉴욕타임스〉에 뜬 구인 광고를 봤어요. 편집 보조 수습생을 구하는 광고였는데 그런 일은 처음이자 마지막이었어요! 그렇게 일자리를 구한 저는 끔찍한 꼰대 밑에서 일을 시작하게 됐죠. 그는 심야 텔레비전용 명작 외국 영화를 난도질하고 있었어요. 펠리니, 안토니오니, 트뤼포, 고다르의 영화가 그의 손에 의해 잘려 나갔죠. 새벽 2시부터 4시 사이에 딱 맞도록 맞추려던 것이었어요. 그 감독들이 '위대한 예술가'라고 여겨지기 전의 일이었죠.

회사 쪽에서는 "〈로코와 그의 형제들〉은 20분 정도 잘라야 해"라고 말하곤 했어요. 우리는 두 개의 필름 릴을 들어내야 했죠. 믿을 수 없었어요. 저는 네거티브 필름 편집을 배웠는데, 그 일이 제가 원했던 무언가일지 모른다고 생각했어요. 그러다 뉴욕대학교 여름 학기에 대한 글을 읽었고, 그곳에서 수업을 듣게 됐어요. 거기서 운명처럼 제 동료들을 만났어요. 그만큼 모든 것이 딱 맞았던 시기는 다시 없을 거예요.

스코세이지가 거기 있었고, 마이클 워드라이*Michael Wadleigh*가 거기 있었고, 짐 맥브라이드*Jim McBride*, 루 티그*Lew Teague,* 시나리오 쓰는 존 바인더*John Binder*가 거기 있었죠. 정말 놀랍도록 재능 있는 사람들이 다 모여 있었어요. 마티는 그중에서도 눈에 띄었죠. 그 사람이야말로 감독이 될 사람이라는 걸 느낄 수 있었어요. 누군가는 카메라맨이 된다고 했고, 누군가는 작가가 된다고 했고, 누군가는 감독이 된다고 했어요. 하지만 마티에게는 좀 더 다른 무언가가 있었어요. 그는 감독이 되는 것에 정말 심취해 있었죠. 그게 딱 보였어요.

원래 마티와 저는 같은 팀이 아니었어요. 헤이그 마누기언 선생님께서 마티의 네거티브 편집 작업을 좀 도와주라고 하셨어요. 흐릿해서 확실하진 않지만 제가 기억하는 바에 의하면 마티는 며칠이고 밤을 새워 작업했고 눈을 뜬 채로 자기도 했어요. 의자에 앉아 벽에 기대서 말이에요. 그러면 제가 그에게 가서 이렇게 말해요. "여기서 여섯 프레임을 잘라야 하는데, 뒤를 자를까 앞을 자를까?" 그가 결정하면 저는 수정 작업을 했어요. 그게 그와의 첫 만남이에요. 나중에는 모두가 길거리에 나와 다큐멘터리 작업을 시작했어요. 주로 PBS의 작품이었어요. 이때 마티는 벌써 〈누가 내 문을 두드리는가?〉의 일부분을 35㎜ 필름으로 촬영한 상태였어요. 하지만 촬영을 끝낼 돈이 부족했죠. 그래서 우리 모두 자진해서 팔을 걷어붙이고 도왔어요. 그가 16㎜ 필름으로 촬영을 끝낸 뒤 나중에 35㎜로 블로우업 할 수 있도록 도왔죠. 우리가 도심지의 한 건물 옥상에서 촬영한 날이 기억나요. 우리 — 카메라 기사, 녹음 기사, 촬영 보조 — 는 온갖 케이블들로 뒤엉켜 이어진 채로 트래블링 아웃 숏을 찍으려고 다 함께 뒷걸음으로 움직이고 있었어요. 마티는 늘 그렇듯 맹렬히 지시했죠. 그러다 우리가 옥상 끝자락에 닿을 뻔했다는 것을 누군가가 다급히 알아챈 거예요! 그날 이후로 제가 편집실로 돌아가게 된 게 얼마나 다행이던지! 저는 마티를 도와 〈누가 내 문을 두드리는가?〉를 편집했어요. 그게 우리의 첫 협업이었죠.

마티는 편집 감각이 정말 뛰어난 사람이에요. 그는 영화의 많은 부분을 편집실에서 완성해요. 작업을 하는 내내 우리는 서로 아주 아주 밀접하게 보냈죠. 그는 모든 결정에 관여했어요. 여느 감독과는 다른 작업 방식이죠.

저는 그의 학생 영화에 있는 불꽃을 보았어요. 물론 그 불꽃은 그의 다른 영화에 비해 작을지도 몰라요. 〈누가 내 문을 두드리는가?〉는 결점이 있는 작품이었지만, 어떤 장면들은 놀랍도록 빛이 났어요. 예를 들어, 남자들이 총을 가지고 장난치는 장면은 레이 바레토*Ray Barretto*의 '와투시*Watusi*'에 맞추어서 편집되었어요. 음악의 그런 쓰임, 그 심상, 음악과 이미지의 강력한 조합, 마티는 이런 것을 다루는 데 뛰어났죠. 그 장면도 역시 환상적이었어요.

그 영화를 만들면서 정말 뼈 빠지게 작업한 기억이 남아 있어요. 우리는 북서부의 86번가에서 새벽 2~3시까지 작업했어요. 그 야심한 시각에 집까지 걸어가는 일은 대수롭지 않았어요. 마티는 늦게 일어나 늦게 작업실에 도착해 아주 늦게까지 작업하기를 바랐죠. 당연히 제가 바란 것보다 더 늦게요. 그는 정말 의욕이 넘쳤어요. 믿을 수 없을 만큼 넘쳤죠. 그래서 어떤 때는 너무 오랫동안 일하기를 원하는 탓에 신경에 거슬리기도 했어요. 그는 그저 도달하기를 바랐던 거예요. 자신이 만들고 싶은 영화를 만드는 경지에요. 그는 제가 NYU에서 만난 그 어떤 사람보다 훨씬 더 많은 의욕과 집중력을 가지고 있었어요.

헤이그 마누기언: 마티는 훌륭한 학생이어서 별달리 신경 쓸 게 없었어요. 그게 좀 서운했나 봐요. 제가 대체 언제쯤이면 자기가 만들 영화(〈누가 내 문을 두드리는가?〉로 발전한 〈내가 먼저〉)에 대해 말해 줄 건지 알고 싶어 했어요. 다른 사람들 영화에는 제가 이런저런 이야기를 많이 해줬거든요. 마티와 저는 칠판 앞으로 가서 그의 영화가 어떤지 빨리 정리해 보았어요. 그리고 말했죠. "봐, 괜찮네" 저는 마티 스스로 해낼 수 있을 것 같았어요.

저는 그의 작품에는 전혀 손대지 않았어요. 그 후 작품이 완성되고 나서 보니 영화가 끔찍하더라고요. 자책감이 들더군요. 하지만 그 작품에는 좋은 영화로 발전할 수 있는 가능성이 있다고 느꼈어요. 그저 아직 꽃피지 않았던 거였어요.

〈내가 먼저〉의 러닝타임은 58분가량이었어요. 우리는 그 영화를 NYU의 영화제에서 상영했는데, 완전히 망쳤죠. 영화가 정말 별로였어요. 하지만 그 안에는 굉장한 것들이 있었어요. 그렇게 굉장한 것들 대부분은 현실적인 장면과 관련 있어요. 바로 젊은 건달들이 사는 방식 말이에요. 그들은 진짜 건달이 아니라 그저 동네에서 빈둥대는 사내들이었죠. 지금도 엘리자베스 스트리트 주변에 그런 사내들이 널렸잖아요. 골목에 서서 지나가는 여자들을 훑어보는 그런 사내들, 그들의 파티, 그들의 도덕률, 그들의 가치관, 그들이 가진 규범들, 그들이 삶을 바라보는 방식들. 이런 것들을 보여주는 장면들은 정말 어마어마했어요.

부족했던 건 이야기였어요. 스토리가 제대로 발전하지 못했죠. 그리고 몇몇 배우들도 별로였어요. 일이 그냥 잘 안 풀렸다고 하는 게 맞아요. 2년 뒤 마티가 졸업했는데, 그 점이 마음에 걸렸어요. 그때 저에게 돈이 좀 있었어요. 정말 작은 돈이었죠. 나이 많고 변호사로 일하는 또 다른 학생 하나가 있었는데, 그는 학교 입학을 신청하러

오래된 NYU 영화과 건물 8층에 있는 헤이그 마누기언.

와서는 "제 의뢰인 중에는 영화 제작자가 많은데, 그들의 계약서를 다루려면 영화에 대해서 알아야겠더군요"라고 말했어요. 그의 이름은 조 웨일*Joe Weill*이었고, 우리는 친구가 되었죠. 그렇게 조와 마티, 제가 함께 어울렸어요. 저는 여윳돈이 있었고, 조는 사업가가 되려 했고, 마티는 영화를 만들려고 한 덕분에 삼총사로 의기투합하게 된 거예요.

우리는 〈내가 먼저〉에서 좋았던 장면들은 모두 그대로 두기로 했어요. 그런 뒤 영화 전체를 뜯어고쳤어요. 마티는 책상에 앉아서 6개월 동안 원래 영화를 손봤어요. 재밌는 일이었어요. 시나리오를 쓰고 전체 편집 과정을 거치면서 마티가 새로운 장면들을 이전 장면과 뒤섞었거든요. 이전 영화에서 연기했던 배우 중 다시 함께 한 배우는 하비 카이텔이 유일했어요. 아무도 그걸 눈치채지 못했죠. 알아채는 사람이 없었어요. 이게 3년 후였다는 걸 잊지 말아요. 하비 카이텔은 이전보다 세 살은 더 먹은 거였어요. 곧 여자를 연기할 배우로는 지나 베순이 섭외됐어요. 이전 영화에는 나오지 않았던 배우였죠. 그렇게 하비와 지나가 영화 속 커플을 다시 만들었어요.

딕 콜이 참여할 수 없어 마이크 워드라이이가 카메라 기사로 함께 했어요. 마이크 워드라이는 나중에 〈우드스탁〉을 연출하게 되었죠. 그리고 셀마 슈메이커가 참여해 마티와 함께 편집대에 앉았어요. 그녀는 대단했어요. 그녀와 마티는 놀랄만한 유대감을 형성했죠. 마티와 저는 매주 한 번씩 편집실로 내려가 편집본을 확인했어요. 셀마는 우리가 보고자 했던 것을 정확하게 보여줬어요. "좋아요, 셀마. 어떻게 생각해요?" 우리는 셀마의 의견을 중요하게 생각했어요. 우리는 이런 체계를 통해 영화를 발전시켰죠.

이 영화에 유명한 사람이 없다는 건 잘 알고 있었어요. 그래서 유럽 영화제를 노릴 수밖에 없었고요. 얼마나 많은 영화제를 놓쳤는지 몰라요. 하지만 베니스 영화제는 가능성이 있다고 생각했어요. 그래서 거기로 필름 프린트를 보냈는데, 감감무소식인 거예요. 그러던 어느 날 학교에 있는 누군가가 "〈내가 먼저〉라는 영화를 만들지 않았어요?"라고 묻는 거예요. 맞다고 했더니 그가 "음, 그 영화가 로마 공항에 있던데요"라고 말했어요. 그 말을 듣자마자 조에게 전화를 걸었고, 조는 비행기표를 끊고 바로 로마로 날아갔어요. 울화통이 치밀었죠.

정말 영화가 거기 있었어요. 필름 캔이 로마 공항에 있었던 거예요. 조는 그걸 가지고 베니스로 향했지만 제출하기엔 너무 늦었어요. 다행히 영화제 측에서 영화를 보겠다고 해준 덕분에 조는 심사위원 회의에 들어갈 수 있었어요.

상영실에는 다섯 명이 있었고, 그중 넷은 영어를 못했어요. 영화가 상영되는 와중에 한 사람이 알아듣기 힘든 서툰 영어와 이탈리아어로 통역을 했어요. 영화가 끝나고 아무런 반응이 없었죠. 조는 가만히 앉아서 기다렸어요. 이윽고 영어를 하는 사람이 조에게 영화를 만든 사람의 나이를 물었어요. 조는 25살이라고 대답했죠. 다른 것보다 그 점이 그들에게 가장 인상적이었던 거예요. 심사위원들이 나중에 결과를 알려주겠다고 했어요. 그러고 나서 조는 필름 프린트를 그곳에 두고 다시 날아왔어요. 영화는 상영되지 못했죠.

우리는 뉴욕영화제를 노렸지만 그것도 너무 늦었어요. 그러다 마침 시카고영화제 소식을 듣게 되었죠. 집행위원장인 마이크 쿠차*Mike Kutza*가 뉴욕에 와 있다고 하더라고요. 그도 우리 영화에 대한 소식을 들었고요. 리졸리에서 만나 영화를 보여줬어요. 그가 화들짝 놀라더군요. 그는 우리 영화에 큰 흥미를 보이며 "좋아요, 시카고에서 상영합시다. 무조건이요"라고 말했어요. 마침내 시카고에서 영화가 상영되었고 우리는 최우수 학생영화상을 받았어요.

다음 날 아침, 우리는 로저 에버트의 평을 읽었어요. 영화에 대해 열정적으로 이야기하더군요. 덕분에 마음이 들뜨더라고요. 하지만 그건 착각이었어요. 오후 신문에서는 별다른 언급이 없었거든요.

우리는 절반의 성공을 거두었어요. 필라델피아에 있는 어떤 평론가는 우리 영화에 열광했지만, 다른 뉴욕 평론가들의 반응은 미지근했거든요. 우리는 화려한 세공력과 전문 기술을 갖추지 못했어요.

35㎜로 찍은 장면과, 16㎜로 찍고 35㎜로 블로우업한 장면이 영화 안에 섞여 있었죠. 그 당시 마티는 실험적인 시도를 한 것이었는데, 때로는 너무 과했던 거예요. 그의 테크닉과 아이디어를 잘 결합할 수 있는 지점까지는 도달하지 못했어요.

어쩌다가 영화제에서 저의 옛 군대 전우와 마주쳤는데, 그가 영화에 나체 장면을 넣으면 영화관에서 상영할 수 있을 거라고 말해 주었어요. 그의 회사가 포르노 영화를 배급했거든요. 처음에는 제가 안 된다고 했어요. 하지만 결국 하비 카이텔이 암스테르담으로 날아갔어요. 마티가 거기서 광고 작업을 하고 있었거든요. 거기서 두 사람은

J.R.이 섹스를 꿈꾸는 장면을 찍었어요.

마티가 들려준 웃긴 이야기가 있어요. 〈누가 내 문을 두드리는가?〉를 만든 직후, 그는 〈마녀의 계절*Season of the Witch*〉이라는 작품의 시나리오를 썼어요. 우리의 새 작품으로 점찍은 영화였어요. 그런데 읽어보니 〈누가 내 문을 두드리는가?〉를 변주한 게 아니겠어요? 뭐라고 말했는지 정확히 기억은 나지 않지만 그냥 "이탈리아인에 대한 영화는 인제 그만"이라고 말했던 것 같아요. 나중에 마티는 〈비열한 거리〉를 만들고 나서 그 이야기를 했어요. 〈비열한 거리〉가 〈마녀의 계절〉을 바탕으로 만들어졌거든요. 그는 LA에서 사람들을 만날 때마다 이야기했어요. 뉴욕에 어떤 교수가 "관객들은 더 이상 이탈리아인 영화를 보고 싶어 하지 않아"라고 말했다고요. 어쨌든, 뭐 그랬다고요.

*

〈타임〉의 영화 평론가였던 제이 콕스와 스코세이지의 우정은 마티가 유럽에서 돌아와 NYU 강단에 섰던 1968년에 시작되었다. 마티는 제이 콕스의 아내 버나 블룸*Verna Bloom*도 만났다. 그녀는 〈미디엄 쿨*Medium Cool*〉로 연기상을 받은 배우였으며, 〈하이어드 핸드*The Hired Hand*〉로 또래 배우 중에 가장 직업적으로 성공했다.

*

제이 콕스 : 우리는 20년 동안 친구로 지냈어요. 20년 동안 함께 영화를 봐왔네요. 마티는 오래전 어떤 여자와 사귀었다가 헤어진 적이 있었어요. 사람들이 "왜 갈라섰대?"라고 물으면, 저는 "영화를 안 좋아했어!"라고 말하곤 했어요. 농담이라고 생각했는지 다들 그 말을 듣고 웃더라

고요. 그러면 제가 말하죠. "아니야, 잘 알아둬. 이건 진지한 문제야" 영화는 마티의 삶에서 굉장히 중요한 부분이에요. 만약 어떤 방식으로든 마티와 영화 이야기를 할 수 없다면 마티의 삶에서 가장 중요한 것을 나눌 수 없게 되는 거죠.

상영실에서 마티와 함께 〈와일드 번치〉를 본 날이 생생하게 기억나요. 다른 몇 사람도 거기에 있었죠. 렉스 리드*Rex Reed*와 주디스 크리스트*Judith Crist*는 정말로 구역질하는 듯한 소리를 내거나, 영화에 대한 반감을 드러내는 소리를 냈어요. 그때 마티와 저는 서로를 쳐다보다가 동시에 주변을 둘러보았죠. 말할 필요도 없었어요. "와, 정말 대단하다" 우리는 서로의 반응을 느낄 수 있었어요. 그건 공동체라는 느낌을 주었고, 유대감이었어요. 20년 동안 정말 많은 일이 있었지만, 영화가 우리의 우정을 지키고 성장시켰어요.

*

〈우드스탁 : 사랑과 평화의 3일〉(1969)

1969년 8월, 약 50만 명의 사람들이 사흘간의 '평화와 음악'을 위해 뉴욕의 베델로 왔다. NYU 졸업생들과 영화과 학생들은 거대하고 멈추지 않는 사건이 된 그 일을 기록하기 위해 단단히 마음먹었다.

마틴 스코세이지도 그곳에 있었다. 소음에 파묻힌 카메라 기사에게 신호를 보내면서 분주하게 움직였다. 다들 먹지도 자지도 못했다. 화장실도 가기 힘들었다. 하지만 우드스탁은 억압에 대항하고, 전쟁에 대항하고, 인종차별에 대항하며, 그 전해 민주당 전당대회 와중에 시카고 거리에서 시위대를 구타한 공권력에 대항하는 외침이 되었다.

축제 — 그리고 그것을 기록하는 영화 — 는 로큰롤의 역사가 되었다. 존 리

후커*John Lee Hooker*에서 시작해 더 밴드*The Band*를 거쳐 갔다. 스코세이지는 마이클 워드라이 밑에서 조감독으로 일했고, 셀마 슈메이커의 지휘를 받는 편집자이기도 했다. 녹음이 잘되지 않아 컨트리 조 맥도날드가 부른 노래 가사를 스크린 위에 띄우자고 제안한 것도 스코세이지였다. 덕분에 관중들이 노래를 따라 부를 수 있게 됐다. 그리하여 전국 극장에서 그 노래가 울렸다. 근처 뉴욕 육군 기지의 소집병 중 하나가 목청껏 노래를 따라 불렀다. "하나, 둘, 셋, 우리는 무엇을 위해 싸우지? 묻지 마, 신경 쓰지 않아. 다음 정거장은 베트남…" 그날은 그들이 교전 지대로 떠나기 며칠 전이었다. 우드스탁 사람들은 저항하며 노래했고, 소집병들은 절망하며 노래를 불렀다.

*

마틴 스코세이지 : 우리는 우드스탁 페스티벌에서 누가 출현하고 누가 연주하는지 알 수 없었어요. 누가 어떤 무대에 언제 서게 될지도 몰랐죠. 다음 무대에 어떤 그룹이 대기하고 있는지 알기 힘들었어요. 우드스탁은 3일 낮과 3일 밤 동안 진행되는 콘서트였어요. 처음에 우리는 저녁 8시쯤에 음악이 시작되어 새벽 3시쯤이면 끝날 줄 알았어요. 그러면 모두 자러 갔다가 다시 돌아온다고 생각했죠. 완전 착각이었어요. 음악은 금요일 오후 3시부터 시작해 월요일 아침까지 쉬지 않고 울려 퍼졌어요. 결국 카메라는 고장 났고 사람들은 정신이 나갔죠.

셀마는 조감독이기도 했어요. 그녀는 조명 제어기 근처에 서서 계속 우리 쪽으로 조명을 비추라고 엔지니어들에게 소리를 질렀어요. 빛이 부족했거든요. 그래서 영화를 보면 무대 위에 보라색 빛이 보여요. 그래도 정말 재밌었어요. 즐겁고 뜻깊은 시간이었죠. 저는 삶을 즐길 수 있다는 것을 믿었던 세대에요.

셀마 슈메이커 : 〈우드스탁 : 사랑과 평화의 3일〉은 큰 프로젝트였어요. 그리고 정말 악몽 같은 순간이었죠. 습기 때문에 필름 매거진 안에서 필름이 계속 엉켰거든요. 모든 게 엄청난 악몽이었어요. 우리는 필사적으로 찍고, 또 찍었어요. 음악이 멈추지 않고 계속해서 울렸거든요. 잘 곳을 찾을 수 없었고, 먹을 것도 없었어요. 아수라장 그 자체였어요. 물론 마티는 신나서 그 일에 대해 이야기했어요. 그는 자신의 커프 링크스를 가지고 왔다고 했어요. 우드스탁에 커프 링크스를 가지고 오다니. 그런 걸 착용하고 오는 곳이라고 생각했던 거였어요!

*

〈위대한 면도*The Big Shave*〉(1967)

〈거리 현장*Street Scene*〉(1970)

1960년대 후반, 베트남 전쟁이 미국의 풍경을 지배하고, 대학 캠퍼스의 활력은 그곳으로 모여들었다. 1967년, 마틴 스코세이지는 '전쟁에 반대하는 분노의 예술'이라 불리는 일주일간의 시위에 대한 단편 영화를 만들기 위해 계획했다. 그는 〈위대한 면도〉라는 영화의 시나리오를 자크 르두*Jacques Ledoux*가 큐레이팅하는 브뤼셀의 팔레 데 보자르*Palais des Beaux-Arts*에 제출했다. 스코세이지는 아그파 필름 10롤을 보조금으로 받아 영화를 촬영했다. 〈위대한 면도〉에서는 젊은 남자 하나가 나와 거울 앞에서 서서 면도를 하다 피칠갑을 할 때까지 얼굴을 긋는다. (스코세이지의 여러 캐릭터가 거울 앞에서 자신을 마주한다. 머레이가 그랬고, 트래비스 비클, 제이크 라모타도 그랬다.) 버니 베리건*Bunny Berigan*이 연주하는 '너랑 시작할 수 없어'가 화면 위로 흐른다. 〈위대한 면도〉는 1968년 르두의 실험 영화제에서 상영되어 황금시대상*Le Prix de L'Âge d'Or*을 수상했다. 스코세이지는 그 영화를 전쟁에 반대하는 분노의 표현으로 만들었지만 훗날 그는 그만의 감정이 반영되기도 했다는 점을 넌지시 알렸다.

1970년 5월, 오하이오의 켄트주립대학교에서는 주 경찰관이 캄보디아 폭격으로 전쟁이 확산되는 것에 반대하는 시위대 학생들에게 총을 발포했다. 그로 인해 학생 4명이 사망했고 전국 각지의 대학에서 거센 저항이 일어났다. 스코세이지와 NYU 학생들은 뉴욕 시네트랙츠 콜렉티브*New York Cinetracts Collective*[13]를 만들었다. 그들은 영화과에 모여 앉아 저항과 시위를 기록하기 위해 촬영 장비를 요구했다. 그들은 영화를 통해 전국 대학을 연합하는 네트워크를 구축하려 했다.

자발적 학생 운동이 연이어 터져 나왔다. 한편 NYU에서는 새로운 도서관을 짓기 위해 일하고 있던 공사 인부들이 거더에서 내려와 시위대를 공격하는 일이 벌어졌다. 시네트랙츠도 거기 있었다. 이후 스코세이지와 영화과 학생들은 워싱턴으로 향하는 차량 행렬에 합세하여 그 당시 가장 큰 규모로 움직인 반전 운동에 참여했다. 다큐멘터리 〈거리 현장〉은 바로 그러한 희열감과 절망, 시위 당시의 두려움, 희망을 포착했다. 영화가 뉴욕영화제에서 상영되었을 때, NYU 영화과 학생들은 검은 완장을 둘렀다.

1970년 여름 동안, 스코세이지는 링컨 센터의 '공원 속 영화' 시리즈를 위해 프로그래머로 임명되었다. 거대한 이동식 영화 스크린이 센트럴 파크, 프로스펙트 파크, 리버사이드 파크에 세워졌다. 그것은 거리의 분노를 가라앉히기 위한 뉴욕시의 시도 중 하나였다. 시 당국은 길고 무더운 여름 동안 다른 도시에서 일어난 폭동을 두려워했다.

13 시네-트랙트(cine-tract)는 프랑스 68혁명 시기에 장 뤽 고다르, 크리스 마르케, 알랭 레네와 같은 영화감독들이 모여 만든 영화 프로젝트다. 여기서 '트랙트tract'는 프랑스어로 '전단', '삐라'를 뜻한다. 정치 운동을 위해 삐라와 같이 짧은 내용을 담은 단편 영화들을 만들고 상영한 것이다. 스코세이지가 참여한 '뉴욕 시네트랙츠 콜렉티브'를 우리말로 옮기면 '뉴욕 영화삐라 집단'이 된다.

관객들은 잔디밭에 다리를 펴고 앉아 학생들과 실험 영화 감독들, 애니메이터들이 만든 작품을 감상했다. 작품들이 별빛 아래에서 빛났다. 어느 날 밤, 센트럴 파크 한쪽 끝에서는, 밥 딜런과 작별하고 독립한 더 밴드가 '나는 풀려날 거야*I Shall Be Released*'를 불렀다. 그해에 도시를 움직였던 저항과 실험의 에너지가 절정에 달한 듯했다. "나의 빛이 와서 반짝이는 것을 봐" 더 밴드가 노래했다. "서쪽에서 동쪽까지. 지금이라도, 바로 지금이라도, 나는 풀려날 거야"

*

하비 카이텔: 1970년에 우리는 〈거리 현장〉을 찍었어요. 저는 켄트주립대 사건에 화가 났지만 정확히 뭘 해야 할지 몰랐어요. 그때 마티에게 전화했더니 마티가 "우리가 영화과를 점거 중이야. 단편 영화를 만들어서 여러 대학에 보낼 거야. 여기로 와"라고 말하더군요. 거기서 며칠간 함께 머문 뒤 워싱턴으로 향했어요. 그 영화의 결과물이 바로 〈거리 현장〉이었어요. 제가 거기에 있죠. 사실은 호텔 방 장면과 다른 몇 장면 안에 있어요. 버스 아래쪽에서 시위하고 있는 장면 같은 곳이요. 저는 우리가 작업한 영화가 오락거리 이상이라고 생각해요. 그때 저는 사회적으로 의미 있는 역할을 하기로 다짐했죠.

*

NYU에서 스코세이지가 가르친 학생 중에는 훗날 영화감독이 된 조나단 캐플런*Jonathan Kaplan*과 올리버 스톤이 있었다. NYU의 경험은 스톤을 베트남에서 고국으로 돌아오게 했다. 그는 이에 대해 쇼타임의 〈불꽃놀이〉라는 프로그램에서 이야기했다.

*

올리버 스톤: 그때 저는 막 베트남에서 돌아온 참이었죠. 세계에서 가장 적개심으로 가득 찬 곳을 벗어나 다시 원래의 사회에 소속되는 일은 개인적으로 정말 어려운 문제였어요. 하지만 제대군인 원호법의 도움으로 NYU에 갈 수 있었고, 거기서 수강한 영화제작 입문 수업에서 스코세이지 같은 선생과 만나게 되었죠. 살면서 그런 행운을 마주하기는 쉽지 않아요. 스코세이지는 훌륭한 선생이었고 많은 영감을 주는 사람이었어요. 그는 영화를 정말 사랑했어요. 바로 그게 그가 우리에게 전하는 것이었죠. 영화에 대한 그의 사랑 말이에요.

그는 당시 저에게 딱 필요한 사람이었어요. 무언가를 믿는 누군가, 무언가에 혼을 불태우는 누군가가 필요했거든요. 그때 저는 아무것도 믿지 않았어요. 완전히 탈진한 상태였거든요. 미국적 경험으로부터 철저히 소외되어 있었어요. 정부와 관련된 그 누구도 믿지 않았고, 가족도 믿지 않았고, 제가 자라면서 익힌 낡은 가치도 전혀 믿지 않았어요. 저는 마티에 대해서 곰곰이 생각했죠. 헤이그 마누기언에 관해서도요. 그리고 나서야 가치관을 찾을 수 있었어요.

저는 서너 편의 단편 영화를 찍었어요. 정말 끔찍한 작품들이었죠. 아무 의미도 없었어요. 키스톤 캅스[14]처럼 바보 같은 일이었어요. 남동부의 창고 개조 아파트에서 전형적인 악당과 여자 주인공이 나오는 영화였어요. 그건 누군가의 삶에 대한 생각으로부터 나온 것이 아니라, 영화에 대한 공상에서 나온 것이었어요. 바로 그게 문제예요. 왜냐하면 사람들은 항상 영화에 대한 공상만 하거든요.

언젠가 한 번 마티가 저를 비판했어요. 딱 이렇게 말했죠. "네가 정말 느끼는 것을 해야 해. 너에게 개인적인 무언가를 말이야" 그리고

14 1912년에서 1917년 사이에 나온 슬랩스틱 코미디 영화 주인공. 무능력한 경찰이다.

그때 홀로 지내는 것이 어떤 것인지에 관한 이야기를 썼어요. 그렇게 해서 영화에 어떤 진실이 묻어나게 된 것 같아요. 정말 조잡한 화면과 사운드로 만들어졌죠. 영화에는 루이 페르디낭 셀린의 《밤 끝으로의 여행》을 낭독하는 목소리와 함께 프랑스 음악이 흐르고, 알렉산드르 보로딘이 작곡한 '중앙아시아의 초원에서'라는 러시아 음악이 흘러요. 정말 조잡하게 믹싱한 거였지만, 거기에는 심장이 있었어요. 감정이 담겨 있었죠.

마틴 스코세이지 : 그때 올리버 스톤이 막 베트남에서 돌아왔어요. 반항기 어린 캠퍼스로 온 거죠. 그리니치빌리지에 있는 캠퍼스였는데, 그때의 그는 매우 조용했어요. 하지만 그의 내면에서 무언가가 부글부글 끓어오른다는 것을 느낄 수 있었죠. 그는 뉴욕으로 돌아온 베트남 참전 용사에 대해 3분짜리 영화를 만들었어요. 무비올라(편집기)로 영화를 완성할 수 있게 도와줬던 기억이 나요. 음악에 맞춰 편집하는 일 따위를 도와줬죠. 조나단 캐플런은 저의 또 다른 학생이었어요. 하지만 조나단은 결석을 자주 했죠. 반면에 올리버는 꼬박꼬박 출석했고요. 조나단은 초기에는 수업을 들으러 왔다가 자기 영화를 찍는다며 자주 빠졌어요. 그러다 나중에 〈스탠리 스탠리*Stanley Stanley*〉라는 영화의 가편집본을 들고 돌아왔어요. 영화가 좋아서 결석에 대해 추궁하지는 않았지만, 올리버는 언제나 수업 시간에 앉아 있었어요.

찰스 밀른 : 저는 마티가 강단에 섰을 때 NYU 학생이었어요. 조나단 캐플런을 통해 그를 알게 됐죠. 마티가 제가 찍은 영상을 좋아했던 게 기억나요. 우리는 그 작품을 상영한 뒤 이야기를 나누었죠. 저는 음악가예요. 그리고 음악은 그때 마티와 저의 공통 관심사였어요. 제 생각에 헤이그는 마티의 성공에 큰 대리 만족을 느끼는 것 같았어요. 특

히 헤이그가 〈누가 내 문을 두드리는가?〉의 재정을 지원한 이래로요. 그건 정말 감동적인 일이에요. 아마도 헤이그는 마티가 영화계에 족적을 남길 수 있지 않을까 궁금했던 것 같아요.

NYU의 학생들은 할리우드와 관계를 맺기 위해 노력해요. 하지만 그러면서도 뉴욕의 정체성을 유지하고 국제 영화와 지속적으로 연결되려고 해요. 우리가 NYU 학생들의 작품을 LA에서 상영하면, 산업 관계자들이 보러 찾아와요. 그래도 뉴욕이 좀 더 가족 같은 느낌을 주는 곳이라, 그곳에서 영화를 만드는 것도 좋은 생각이에요.

졸업생 중에는 마틴 스코세이지와 올리버 스톤, 조나단 캐플런, 마티 브레스트*Marty Brest*가 있고, 짐 자무시와 스파이크 리와 같이 뉴욕에서 작업하는 감독들도 있어요. 마틴 스코세이지가 NYU에 강연하러 오면 학생들이 그에게서 많은 영감을 받아요.

*

매년 가을에 이탈리아 정부는 소렌토에서 열리는 영화제를 지원했다. 영화제는 국제영화회의*Incontri Internazionali del Cinema*라 불렸으며, 매년 한 나라를 선정하여 그 나라의 영화 산업에 종사하는 감독들과 배우들이 이탈리아 영화 산업 종사자들과 만날 수 있도록 하는 자리였다. 1970년 가을에는 미국이 참여국으로 선정되었으며, 스코세이지는 영화 프로그래머로 활동했다. 그는 독립영화 창작자들이 할리우드 시스템 바깥에서 작업한 학생 작품과 실험 영화, 애니메이션 영화를 소개했으며, 그중 몇 작품은 링컨 센터의 '공원 속 영화'에서 상영되기도 했다. 나는 두 프로젝트의 프로그램 팀에서 일한 덕분에 소렌토에 가서 스코세이지의 경력에서 중추적 경험이 되는 일을 목격할 수 있었다.

킹 비더를 의장으로 하여 조지 스티븐스, 엘리아 카잔, 샘 페킨파와 같은 전설적인 미국 감독이 소렌토로 모였으며, 폴 윌리엄스*Paul Williams*, 프랜시스 코폴라, 마틴 스코세이지와 같은 젊은 감독들도 함께했다. 폴 윌리엄스의 〈더 레보루셔너리The Revolutionary〉와 마틴 스코세이지의 〈누가 내 문을 두드리는가?〉가 그곳에서 상영되었으며, 프랜시스 코폴라의 당시 최근작 〈피니안의 무지개〉는 프로그램에 없었다. 코폴라는 특별 게스트로 참여했다. 그때 그는 "이런 자리에서는 제가 언제나 가장 젊은 사람이었는데, 마티는 27살에 불과하고, 제 영화는 상영되지도 않았죠. 제가 벌써 올드보이가 된 건가요?"라고 말했다.

나는 어느 날 오후 코폴라와 함께 문구점을 찾기 위해 소렌토 거리를 헤맸다. 그때 그는 3홀 바인더에 보관해둔 시나리오의 장면들을 구상하고 있었다. 하지만 너무 집중해서 들여다 본 나머지 구멍이 해어져 버렸고, 종이들이 떨어져 나갔다. 그는 문구점을 찾아 유창하지 않은 이탈리아어와 손짓, 발짓으로 '구멍 보강'이라는 개념을 설명하려 애썼다. 소렌토 문구점의 점원은 그의 팬터마임을 마침내 이해하고는 우리에게 필요한 것들을 가져다주었다. 그러니 그 점원은 〈대부〉가 제작될 수 있도록 이바지하고, 프랜시스 코폴라가 과거의 원로 영화인이 되지 않도록 이바지한 공헌자나 다를 바 없다.

영화제는 마치 두 집단으로 나뉜 듯 보였다. 과거의 거장들이 한쪽에 있었고, 스코세이지와 실험 영화 감독들이 대표하는 뉴 아메리칸 시네마가 또 다른 쪽에 있었다. 미국에서는 세대 전쟁이 한창이었다. 그해 〈타임〉지의 '올해의 인물'은 '30세 이하'로 선정되었다. 그보다 더 나이 든 사람은 신뢰받지 못했다. 학생들은 연장자들의 정치와 문화에 반기를 들었다. 하지만 영화제 집행위원장이었던 마리오 론가르디Mario Longardi가 주관한 아주 길고 느린 야외 점심 식사는 그러한 구분을 사라지게 했다.

포도 덩굴이 식사 테이블에 그림자를 드리우고, 크고 광택이 나는 빵과 봉골레 파스타, 새우튀김, 향긋하고 거대한 둥근 치즈, 빨간 수박 슬라이스가 테이블 위를 수놓았다. 이곳에서 젊은 영화감독과 선배 영화감독, 거장과 수습생, 미국인과 이탈리아인들이 영화에 대한 자신들의 사랑을 이야기했다.

하지만 여기서도 정치는 물러가지 않았다. 영화제에서 상영된 주류 할리우드 영화는 그 시대를 반영했다. 엘리어트 굴드가 주연한 〈갈등*Getting Straight*〉은 대학 캠퍼스에서 반전 시위를 하다가 잡혀간 대학원생을 등장시킨다. 〈미국, 미국, 어디 가니?*America, America, Dove Vai?*〉[15]도 그중 하나였다. 〈솔저 블루〉는 비전통적 웨스턴으로서, 미국 군인들이 인디언들에게 자행한 잔혹한 일들을 폭로하면서 베트남 전쟁에 대한 논평을 제시했다. 〈더 레보루셔너리〉는 존 보이트가 연기하는 학생 무정부주의자에게 초점을 맞추었다. 〈존 F. 케네디 : 번개의 세월, 북소리의 날*Years of Lightning, Day of Drums*〉은 로버트 케네디의 암살을 담은 작품이었다. 그리고 〈누가 내 문을 두드리는가?〉는 낡은 가치와 도덕률이 현대 세계에 어떻게 작용하는지 질문을 제기했다.

영화제의 주요 관심작은 진주만을 습격한 일본군 이야기를 다룬 〈도라!도라!도라!〉였다. 영화의 일부분은 구로사와 아키라가 연출했다. 진주만을 폭격한 전투기 조종사들이 기자회견에 등장했다. 그들은 이제 평화주의를 옹호하는 사람들이 되었지만, 그들의 작전 암호 '도라! 도라! 도라!'를 반복해서 외치는 것을 즐기는 것처럼 보였다.

영화제에서는 화려한 파티와 특별 상영이 열렸다. 하지만 최고의 순간은 늦은 시각 그라파와 에스프레소가 놓인 소렌토의 작은 카페에서 시작됐다. 코폴라와 스코세이지의 영화에는 그들의 가족에 대한 기억, 이탈리아와 미국 문화가 뒤섞인 곳에서 자란 기억이 담겨 있었다. 그 경험의 중심에는 가톨릭 신도로 자랐다는 사실이 녹아 있었는데, 〈누가 내 문을 두드리는가?〉는 섹스와 죄의식을 말하지 않을 수 없게 했다. 거기에는 어느 수녀가 3학년 교실에서 들려줄 법한 재미난 이야기가 있었고, 너무 복잡해진 세계에서 믿음이 의미하는 바가 무엇인지 살피는 진지한 대화도 있었다.

15 〈미국, 미국, 어디 가니?〉는 이탈리아어 제목이며, 미국에서는 〈미디엄 쿨(Medium Cool)〉로 알려졌다. 하스켈 웩슬러 감독의 1969년 작품이다.

1970년 소렌토 영화제에서 프랜시스 포드 코폴라와 마틴 스코세이지.

두 명의 이탈리아인 홍보 담당자 클라우디오 아르젠토와 아드리아노 핀탈디, 기자인 안토니오 트로이시오가 바로 이 늦은 밤 토론에 참여했다. 파리의 영화 프로듀서 클라우드 네자*Claude Nedjar*, 소설가 한스 쾨니히스베르거*Hans Koningsberger*, 영화감독 샘 페킨파와 폴 윌리엄스도 합류했다.

마틴 스코세이지: 소렌토는 훗날 제 작업에 도움을 준 사람들을 알게 되고 만난 곳이었어요. 제가 흠모하고 존경하는 선배 감독들과도 만날 수 있었죠. 미국 감독과 이탈리아 감독 모두요. 지금은 대부분 돌아가셨지만, 이탈리아 감독 몇몇과는 여전히 관계를 유지하고 있어요.

어떤 점에서 이탈리아는 제 고향이나 마찬가지예요. 그러니까, 미국이 제 고향이긴 하지만 이탈리아의 일부 역시도 제 문화적 고향이에요. 특히 남부 이탈리아가 그래요. 나폴리보다 더욱더 남쪽이요. 바

소렌토 영화제에서 메리 팻 켈리와 함께 있는 스코세이지.

로 시칠리아 말이에요. 아주 다르죠. 소렌토는 저에게 매우 흥미로운 곳이었어요.

이전에 이탈리아에 2년 정도 머물렀는데, 베니스와 밀라노 같은 북부 이탈리아에만 있었어요. 소렌토가 저의 첫 남부 이탈리아였어요. 시칠리아에 이틀간 머무른 것 빼고는 다시 그쪽으로 갈 기회가 없었죠.

제 생각에 저는 이탈리아 감수성과 매우 가까워요. 이탈리아 영화는 제 작품을 만들어 내는 데 중요한 역할을 했어요. 그냥 그래 왔어요. 1948년과 1949년에 이탈리아 영화를 많이 봤어요. TV에서는 영국 영화, 이탈리아 영화, 미국 영화를 자주 틀어 주었죠. 그게 다였어요. 그 영화들이 한데 모였는데, 제 작품이 딱 그래요.

*

스코세이지는 소렌토를 떠난 뒤 뉴욕으로 돌아가지 않았다. 그의 수습생 시절이 끝난 것이었다. 그해 가을, 그는 할리우드로 건너갔다.

3장

타오르는 빛

스코세이지는 할리우드 적응에 애를 먹었다. 그는 1965년형 하얀 콜벳을 타고 고속도로를 피해 일반 도로를 달렸다. 그는 말리부에 있는 마이클과 줄리아 필립스의 비치 하우스를 방문해서 외출복 차림에 양말과 신발까지 신은 채로 모래 위에 앉았다.

그는 할리우드 대로변에 위치한 값싸고 지저분한 극장을 찾아가 대낮에 상영하는 영화들을 수없이 챙겨보았다. 그곳의 필름 프린트 상태는 그의 마음을 아프게 했다. 그는 래리 애드먼즈 서점을 구석구석 뒤져 오래된 사진과 영화 시나리오들을 찾아냈다. 포스터와 기념품들은 그가 사랑한 할리우드를 말해주었다. 그곳은 이제 상상 속에서만 존재한다.

마틴 스코세이지 : NYU를 떠난 후, 저는 할리우드에서 편집자로 일하며 '밥벌이'를 했어요. 별명도 있었어요. '도살자'였죠. 저는 다른 사람의 영상을 작업했어요. 멋진 일이었죠. 편집일을 잡기 위해 뭐든지 했고, 특히 다큐멘터리 편집을 하려고 했어요. 다큐멘터리는 말하는 사람 한 명만 있어도 정말 대단한 걸 할 수 있어요. 환상적이었죠.!

저는 브라이언 드 팔마, 조지 루카스와 워너브러더스사 건물에서 일했어요. 그때 저는 〈메디신 볼 카라반*Medicine Ball Caravan*〉을 편집하고 있었어요. 그 작업은 별로였지만 〈누가 내 문을 두드리는가?〉 이후에 할리우드에 남아 있기 위해서는 그 작품을 작업해야 했어요. 1971년이었으니까요. 〈누가 내 문을 두드리는가?〉는 두드러지게 흥행하거나 상을 받지 못했어요. 그래서 제가 일할 수 있는 곳이라면 어디든 가서 일해야 했어요.

저는 〈엘비스 온 투어*Elvis on Tour*〉를 편집하면서 〈비열한 거리〉의 사전 작업을 진행했어요. 그때 워너브라더스사는 〈THX 1138〉을 만들었어요. 조지 루카스의 첫 영화였죠. 하지만 당시 회사는 그 작품을 버리려고 했어요. 프랜시스 코폴라가 그 작품을 지킬지 말지 결정하는 권한을 가지고 있었죠. 조지는 노심초사했어요. 스튜디오는 그 영화가 폭탄이라 생각했던 것 같아요. 그걸로 뭘 해야 하는지 몰랐죠. 그리고 브라이언 드 팔마는 〈너의 토끼를 알게 되다〉를 만들면서 오슨 웰스의 연기를 연출하게 되었어요. 하지만 영화를 찍다가 쫓겨났죠. 결국 토미 스머더스*Tommy Smothers*[16]가 영화를 마무리 지었어요. 그러니 암울한 사람들이 모여서 서로 어울렸던 거였죠.

저는 오래된 할리우드 힐스 하우스에 살았어요. 그곳은 정말 침울한 곳이었죠. 〈제인의 말로〉를 떠올리게 하더군요. 그래서 저는 존 카사베츠가 찍고 있던 〈별난 인연〉의 세트장에서 잠을 잤어요. 새 아파트를 구할 때까지 거기 있었어요. 그러다 제 천식이 도지기 시작했고 거기서 처음으로 병원에 갔어요. 먹었다가 안 먹었다가 하면서 일 년간 코티손을 복용했어요. 그러다 결국 계속 복용해야 하는 상황이 됐죠. 위험한 일이었어요. 저는 그때의 일들이 홀로서기 연습이라고 생각해요. 혼자 살아보고, 제 경력과 마주하면서 해결해 나가는 것을

16 〈너의 토끼를 알게 되다〉에서 오슨 웰스와 함께 출연한 배우다.

배우는 과정이었던 거예요.

9월쯤에는 음향 효과 편집자로 〈별난 인연〉을 작업하고 있었어요. 그때 윌리엄 모리스 에이전시에 있던 허브 셰크터의 사무실에서 누군가가 찾아왔어요. 〈바바라 허시의 공황시대〉 때문이었어요. 저는 1971년 1월에 할리우드로 와서 로저 코먼을 만났고 그 뒤로 아무런 소식을 듣지 못했는데, 그때 그는 제가 〈기관총 엄마〉의 후속작을 맡아 주기를 바랐죠. 하지만 정작 〈바바라 허시의 공황시대〉를 제안한 거예요. 저는 그 영화를 정말 열심히 준비했어요. 모든 숏을 계획했죠. 500개 가량의 숏을 그림으로 그렸어요. 로저 코먼이 그러더군요. "네 계획이 어떤지 좀 보자" 그는 처음 10페이지를 훑어보더니 나머지를 후루룩 넘겨 보곤 말했어요. "24회차 동안 영화를 찍을 수 있으니 괜찮을 거야. 그래도 모든 숏을 다 정해놨네. 이렇게 잘 계획한 거라면 분명 잘 진행될 거야"

*

〈바바라 허시의 공황시대〉(1972)

'박스카 벌사'는 화물칸에 무임승차하며 대공황시대를 살아간 한 여성의 이야기를 기반으로 한 캐릭터다. 젊은 배우 바바라 허시*Barbara Hershey*가 그 인물을 연기했다. 그녀는 데이비드 캐러딘*David Carradine*이 연기하는 노동조합 지도자와 사랑에 빠진다. 철도 회사는 조직폭력배를 고용해 그 지도자를 처단하려 한다. 이 시나리오는 조이스 H. 코링턴*Joyce H. Corrington*과 존 윌리엄 코링턴이 집필했으며, 십자가에 못 박힌 죽음을 드러내려 한다. 종교적 이미지에 빠져 살았던 스코세이지에게는 그 영화가 그의 오랜 고민을 다룰 기회가 되었고, 그는

〈바바라 허시의 공황시대〉의 바바라 허시(사진 중앙)

그 기회를 기꺼이 맞이했다.

바바라 허시 : 〈공황시대〉에 대한 제 관점은 정확하지 않아요. 그때 당시 저는 인간으로서 지금만큼 깨어 있지 않았던 것 같아요. 지금 〈공황시대〉를 한다면 저는 더 많은 것들을 끄집어냈을 거예요. 하지만 제가 참여했던 영화 중 가장 재밌는 작업이었어요. 우리는 4주간의 촬영 동안 8년간의 이야기를 다뤘어요. 악몽 같을 수 있던 일정이었지만, 전혀 그렇지 않았고 오히려 너무 즐거웠어요.

우리는 즉흥적으로 작업해 나갔어요. 마티가 차가 반사되는 솟을 고안했던 것이 기억나요. 그런 생각을 하는 감독은 처음 만났거든요. 그건 분명 AIP*American International Pictures*의 로저 코먼이 만드는 영화잖아요. 어떤 점에서는 좀 부끄러운 일이기도 했어요.[17] 하지만 마티는 우리가 캐릭터를 만들어 낼 수 있도록 도와주었고, 그런 멋진 캐릭터들이 영화의 중심에 살아 있었어요. 서로 부닥치면서도 자신들에게 어떤 일이 일어나는지 이해하지 못하는 캐릭터들이었어요. 제법 거친 영화였어요. 그리고 거친 사람들이었죠. AIP의 스태프들 말이에요.

마티는 연약하고 취약한 면모를 가지고 있었지만, 사람을 다룰 줄 알았고, 우리를 기분 좋게 하는 상황을 다스릴 줄 알았어요. 마티와 조금씩 알아가기 시작하면서 마티가 종교에 관심 많다는 걸 알게 되었어요. 저는 19살에 《그리스도 최후의 유혹》을 책으로 읽었어요. 전 언제나 그리스도의 이야기에 빠져들었는데, 그 책을 읽고 나서야 진짜 그 이야기에 빠졌다는 느낌이었어요. 읽어보시면, 마지막 순간의 꿈과 현실을 구별하기 힘들 거예요. 그의 마지막 유혹이 정말로 일어나는 일인 것만 같거든요. 어느 날 저는 〈공황시대〉 촬영장에서 마티와 대화하다가 그에게 말했어요. "저기, 당신이 꼭 읽어야 하는 책이 있어요" 지금은 제가 그 말을 했는지 기억나지 않는데, 마티가 제가 그랬다고 확인해 주더라고요. 제가 말할 법한 소리로 들리긴 해요. 그러면서 제가 그에게 말했죠. "꼭 영화로 만들어야 해요. 그러면 제가 막달라 마리아를 연기할게요"

17 로저 코먼은 B급 영화의 제왕으로 불리는 미국 영화 제작자로서, 값싸고 빠르게 영화를 찍는 것으로 잘 알려졌다. 아이러니하게도 로저 코먼의 싸구려 영화 제작사를 통해 마틴 스코세이지, 제임스 캐머런, 프랜시스 포드 코폴라, 조나단 드미와 같은 유명 감독들이 감독으로 성장할 기회를 얻었다.

*

마틴 스코세이지 : 뉴욕대학교에서 영화를 만들 때는 촬영 장비를 빌리기 위해 줄을 서야 했어요. 누군가가 주말에 카메라를 사용하면 저는 카메라를 쓸 수 없었죠. 장비를 빌릴 수 있게 되었을 땐 촬영 스케줄이 없었어요.

하지만 제가 로스앤젤레스에 와서 로저 코먼과 〈공황시대〉를 함께 만들 수 있게 되었을 땐, 저는 24회차 만에 영화를 다 찍어야 했어요. 그래서 대학시절 제가 했던 걸 했어요. 모든 숏을 미리 그려왔고, 그 덕분에 촬영장에서 시간이 부족해 발을 동동 구르는 일이 없었죠. 적어도 숏에 대한 기본 발상과 구도만이라도 적어 두었어요. 제 머릿속 장면들을 기반으로 숏들을 그렸어요. 그리고 대부분 아칸소의 실제 촬영지에 맞추어 그렸죠. 로저의 제작부서에 있었던 폴 랩*Paul Rapp*이 기억나요. 그는 〈공황시대〉를 찍는 가장 빠른 방법에 대해 알려 주었어요. 그 방법이 장면을 와해시키는 것일지라도 말이에요. 원래는 우리가 마스터 숏을 찍으면, 그다음에는 말하는 사람의 미디엄 단독 숏을 찍고, 또 다른 사람의 미디엄 단독 숏을 찍고, 그렇게 각각의 클로즈업을 찍어요. 대개는 각 숏마다 조명을 다시 잡죠. 하지만 〈공황시대〉에서는 하나의 시퀀스 전체를 한 방향으로 조명을 설치하고 촬영했고, 다시 다른 방향으로 조명을 설치해서 촬영했어요. 이런 작업은 숏과 배우 연기의 연속성에 치명타를 안기지만, 그렇게 해서야 겨우 일정을 맞출 수 있었죠.

로저 코먼은 무엇보다 신사였어요. 우리가 영화에서 자신을 표현할 수 있도록 열어 두었어요. 코먼 자신이 바라는 구조 내부에서 영화가 작동하기만 한다면요. 바로 '익스플로이테이션*exploitation*' 영화[18] 라는 구조였죠. 예컨대 로저는 시나리오를 확인한 뒤, 15쪽마다 나체 장면이 있거나 나체 장면이 나올 기미가 확실히 있어야 한다고 말하곤 했어요. 그리고 적당한 폭력도 녹아 있어야 했죠. 얼마 만큼이라도 폭력이 꼭 들어가 있어야 했어요. 우리가 그걸 인지하고 그런 형식을 처리하고 나서야, 우리는 카메라를 움직이고 특정 배우를 기용하며 특정 방식으로 편집할 수 있었어요. 익스플로이테이션이 작동하는 만큼 말이에요.

*

〈공황시대〉는 〈펀 앤 게임즈*1,000 convicts and a woman*〉와 동시 상영으로 개봉했다. 뉴욕타임스의 평론가는 영화의 캐릭터 묘사를 마음에 들어 하면서 오프닝 크레딧의 각 배우를 아이리스 숏으로 감싸는 방식의 옛날 영화 느낌을 칭찬했다. 그 평론가의 글에 따르면, "〈공황시대〉는 42번가 극장에서 상영될 법한 영화에서 기대되는 바를 넘어서는 상상력을 보여주었다"

*

마틴 스코세이지 : 〈공황시대〉의 가편집본을 본 존 가사베츠가 이렇게 말했어요. 영화가 그 자체로는 좋다고 했지만 다시는 그런 영화에 걸려들지 말라고 경고했죠. 그러니까 "넌 이런 별 볼 일 없는 걸 만든다고 1

18 우리말로 하면 '착취 영화'로 번역될 이 말은 1960, 70년대에 미국에서 성행했던 일련의 영화들을 가리킨다. 당시에 유행하는 소재들을 상업적인 목적으로 이용하고, 외설적인 내용을 담은 B급 영화이다. 대부분의 장르가 그렇듯이 익스플로이테이션도 다소 헐겁고 논쟁의 여지가 있는 장르 명칭이다.

년을 허비했어. 넌 더 잘할 수 있어. 다시는 이러지 마"라는 듯이 말했어요. 카사베츠는 제가 정말 하고 싶은 게 없는지 물었어요. 저는 그에게 〈마녀의 계절〉이라는 제목의 시나리오가 있는데 다시 써야 한다고 말했죠. 그러더니 그가 말하더라고요. "그럼 그걸 해"

*

〈비열한 거리〉(1973)

스코세이지는 〈누가 내 문을 두드리는가?〉의 인물들의 삶을 이어서 보여주는 〈마녀의 계절〉을 만들기 위해 재정적 지원을 찾는 데 집중하기 시작했다. 제목도 〈비열한 거리〉로 바꾼 뒤 로저 코먼에게 시나리오를 보냈다. 코먼은 모든 캐릭터가 흑인으로 나온다면 영화를 만들어 주겠다고 답했다. 스코세이지는 너무도 절박한 나머지 정말 그렇게 할까도 고민했지만, 버나 블룸이 조나단 타플린*Jonathan Taplin*과의 만남을 주선했다. 타플린은 더 밴드의 로드 매니저로, 투자자에게 접근할 수 있는 사람이었다.

타플린은 시나리오를 있는 그대로 좋아했다. 그는 로저 코먼이 영화 배급을 약속해 준다면 자금을 모을 수 있었다. 스코세이지는 타플린이 정말 돈을 구할 수 있는지 확신하지 못하면서도 30만 달러를 요구했다. 몇 번의 시도 끝에 드디어 필요한 자금이 모였다. 스코세이지는 〈공황시대〉에서 함께 했던 스태프들과 같이하기로 결심했다.

그는 산 제나로 축제 중 옛 동네를 다시 찾아가 6회차 동안 뉴욕에서 실외 촬영을 진행했으며, 뉴욕에만 있다고 느껴지는 실내에서도 촬영했다. 멀버리 스트리트는 음식과 오락을 위해 줄을 선 관광객들로 붐볐다. 머레이와 조, J.R.과 그 친구들이 그곳을 거닐던 시절과 달리 지금 그곳은 많은 것이 바뀌어 있었다. '리틀 이탈리아'는 관광객들을 접대하는 레스토랑과 카페로 뒤섞여

오묘한 분위기를 냈다. 실제 지역민들의 삶은 벽으로 둘러싸인 세인트 패트릭 대성당의 복합 시설들이나 세인트 미카엘 러시아 가톨릭 성당의 묘지와 같은 비밀스러운 장소와 사교 클럽으로 물러났다.

스코세이지는 〈누가 내 문을 두드리는가?〉가 끝난 곳에서 〈비열한 거리〉의 문을 열었다. 그의 어린 시절의 중심이었던 성당에서 시작한 것이다. 찰리(하비 카이텔)는 촛불 앞에서 그의 손가락을 부여잡는다. 그는 무한하고 강렬하게 타오르는 지옥의 불길을 자신에게 상기시킨다. 찰리는 지옥을 두려워한 나머지 자신의 죄를 씻고 싶어 한다. 그는 그 죄를 고해하지만 그가 속죄로 받아들이는 '하느님 아버지'와 '마리아'는 거리의 유혹에 노출된 그의 영혼을 구하기에는 턱없이 부족하다. 찰리는 표징을 요구한다. 죄를 씻어낼 수 있을 정도로 강력한 탈출 수단을 구하는 것이다. 동네 불량배인 조니 보이(로버트 드니로)가 바로 그의 속죄가 된다. 찰리는 조니 보이를 구원하는 일에 집중하다가 자기 삶에 있는 역설을 무시하게 된다. 찰리는 성자가 되기를 바라지만 그의 여자친구 테레사(에이미 로빈슨)가 그의 존재를 다시 상기시킨다. 찰리는 동네를 쥐락펴락하는 마피아 삼촌의 심부름꾼에 불과하고, 성자가 되는 일과 심부름꾼이라는 그의 일은 서로를 용납하지 않는 것처럼 보인다. "성 프란치스코는 야바위꾼이 아니었어"

찰리는 조니 보이의 메시아가 되기를 원하지만 자신의 구원은 간과하고 만다. 그는 가톨릭 교구 교육의 영향을 받고 드라이저와 블레이크의 책을 읽은 사람이라 친구들과 신약 성경 구절을 논하기는 하지만, 자기 주변에서 제약 없이 발산되는 폭력에는 눈을 감는다. "네가 유대인의 왕이냐?" 찰리가 바에 들어갈 때 그곳의 주인 토니(데이빗 프로벌*David Proval*)가 묻는다. "네가 스스로 하는 말이야, 아니면 다른 사람이 해준 이야기야?" 찰리가 이렇게 대답한다. 토니가 찰리에게 술집 안쪽 방에 가둬둔 호랑이를 보여주자, 찰리는 블레이크의 시에 나오는 구절로 응답한다. "호랑이야, 호랑이야, 밤의 숲에서 타오르는 불이야"

찰리의 양가적 감정은 그와 테레사의 관계가 어떤 모습인지 보여준다. 테레사는 그 동네의 세계에서 벗어나기를 바라지만, 찰리는 갱단에서 자신의 자리가 확보되면 그때 교외로 이사가겠다고 약속한다. 하지만 그런 뒤에 그 동네에 더욱더 발을 담그고 만다. 〈누가 내 문을 두드리는가?〉의 J.R.에게 그랬던 것만큼 찰리에게도 섹스와 사랑은 나뉘져 있었다. 찰리는 테레사와 함께 침대에 누워 있으면서도 자신이 그녀를 정말 사랑했다면 그곳에 있지 않았을 것이라고 말한다. 사랑하는 여자와 잠자리를 하는 여자는 여전히 달랐다.

찰리의 위기는 조니 보이가 고리대금업자 마이클(리처드 로마너스)에게 돈을 갚지 못하고, 해결책을 강구하려는 찰리의 노력에 협조하기를 거부하면서부터 발생한다. 조니 보이는 문제를 해결하려고 노력하기보다 마이클에게 욕설을 퍼붓고 마는데, 마이클은 그런 그를 죽이기로 결심한다. 이는 찰리가 유지하려 했던 동네의 평화를 깨뜨리는 사건이 된다. 동네의 표면 아래에 놓여 있던 분노, 그리고 싸움이 언제라도 일어날 일촉즉발의 상태가 조니 보이를 통해 촉진된다. 실제 일어난 사건을 기반으로 한 장면에서는 아무도 그 뜻을 이해하지 못하는 '무크*mook*'라는 단어가 도박장에서의 싸움을 유발한다. 찰리는 싸움을 진정시키지만, 조니 보이는 휴전을 깨뜨린다. "나를 무크라고 부른 사람과 어떻게 친구가 되라는 거야?" 찰리가 최후의 외교적 시도를 할 때, 조니 보이는 악덕 사채업자 마이클에게 진실을 말한다. "나에게 돈을 빌려줄 만큼 멍청한 녀석이라면, 돈을 받을 자격이 없어"

찰리는 빚진 돈을 벌기 위해 트럭에서 짐을 내리는 하역 일을 해 보는 게 어떠냐며 조니 보이에게 제안한다. 하지만 조니 보이는 찰리 자신도 그런 일을 해 본 적이 없다는 걸 지적한다. 찰리는 자신의 어머니가 다려준 모노그램이 박힌 셔츠를 입고 일하는 것을 좋아했다. 그는 공손하게 앉아 있는 것, 대부에게 존경을 표하는 것 따위의 망상적 고귀함을 추구하느라 자신이 몸담고 있는 세계의 실제 폭력과 직면하지 못하고 있었다. 찰리는 신의 우월함을 인정했다. "전능한 존재에게 수작 부리면 안 돼" 그는 부도덕한 세계 내부에서 도덕적인 채로 있을 수 있다고 믿는다. 하지만 조니 보이는 찰리의 삼촌에게 부탁해야만 이 모든 곤경을 수습할 수 있다고 생각했고, 그에게 도와줄 것을 부탁했지만 찰리는 그 방법을 거부한다. 그의 삼촌이 조니 보이를 탐탁지 않게 여기기 때문이다.

도망가는 것 말고는 방법이 없다. 도주 장면은 찰리와 조니 보이가 얼마나 다른지 분명하게 드러낸다. 찰리는 빨리 벗어나기를 바라며 운전석에서 노심초사한다. 반면에 조니 보이는 서두르지 않는다. 그는 '미키의 원숭이*Mickey's Monkey*'라는 노래에 맞춰 유연한 자이브 스텝으로 차 주위를 돌면서 춤을 춘다. 조니 보이는 관객들이 찰리처럼 자신을 경험하도록 만든다. 그는 화가 나고 미쳐 있는 상태였지만, 너무도 활기 넘친다. 그는 찰리 자신이 인정하기를 거부하는 찰리의 어떤 면모를 표현한다.

마이클이 찰리와 조니 보이를 쫓고, (마틴 스코세이지가 연기한) 총잡이가 두 사람의 차를 향해 총을 쏜다. 두 사람은 멍들고 피투성이가 되었지만 살아남는다. 마지막 프레임에서 찰리는 거리에서 무릎을 꿇는다. 더 이상 제 삶의 폭력과 굴종을 무시할 수 없게 된 것이다.

스코세이지는 영화가 완성되고 얼마 지나지 않아 LA의 미국영화연구소*American Film Institute*에 있는 영화TV 고급 연구센터 학생들에게 〈비열한 거리〉에 대해 말할 수 있는 기회를 얻었다. 영화에 대한 스코세이지의 말은 일부분 그 대화에서 비롯한다.

*

마틴 스코세이지 : 〈비열한 거리〉의 시나리오 첫 번째 판본은 종교적 갈등에 푹 빠져 있었어요. 전반적인 발상은 현대적 성자에 대한 이야기를 만드는 거였어요. 자신만의 사회에서는 성자이지만, 그 사회가 어쩌다 보니 갱단인 거예요. 한 사내가 그런 세계에서 어떤 방식으로 의리를

지키는지 보면 재밌죠. '의리'는 그들이 오랫동안 사용해온 말이에요. 누군가 의롭지 않은 일을 하면, 당신은 그의 머리를 갈라놓거나 총을 갈겨 버려요. 아주 간단한 문제예요. 찰리는 바로 그런 것을 인정하기를 거부하는 인물이에요. 그래서 결국 자기가 할 수 있는 최악의 일을 저지르게 되죠. 모든 일을 회피하는 거예요. 모든 대립을 회피한 나머지 모든 것이 폭발해 버리는데, 정말 최악이에요.

영화계도 똑같아요. 함께 일하기로 한 프로듀서에게 "아, 이건 완전 똥이에요. 전 안 해요"라고 처음부터 말할 수 있어야 해요. 바로 그게 여러분들이 할 일이에요. 그렇지 않으면 여러분은 계속 피하고 피하다가 결국에는 제작자들이 여러분의 영화를 난도질하거나 여러분을 잘라버리거나, 아니면 제 발로 걸어 나가게 될 거예요. 완전히 망하게 되는 거죠. 그건 당신의 머리가 어디에 있는지 똑바로 아는 것의 문제예요. 하지만 찰리는 어떤 대가를 치르더라도 불쾌함은 피하고 싶어 해요. 그는 사람들이 싸울 때면 "이봐, 우리는 모두 친구야"라면서 언제나 그들을 떼어 놓죠. 그의 보이스오버 내레이션은 그가 신과 맺는 관계, 그가 사태를 바라보는 그만의 방식을 알려주는 것이었어요. 그리고 그의 죄의식도요. 영화에는 여러분이 가톨릭이거나 세심하게 들여다봐야 이해가 되는 장면이 있어요. 그는 고해를 하면서도 자신만의 방식으로 일을 처리하고 싶어 했어요. 그래서 죄사함을 받은 듯한 기분조차 느끼지 못하죠. 오래된 이단적 종파가 있는데 그들은 자신들이 가치 없는 존재라고 생각해요. 그래서 그들은 고해하면서도 성찬식에는 가지 않아요. 자신들이 그럴 자격이 없다고 생각하니까요. 같은 지점에서 찰리는 이렇게 말해요. "저는 당신의 피를 마시고, 살을 먹을 자격이 없습니다" 모두 죄의식에서 비롯하는 거죠. 어딜 가든 그는 길을 찾지 못할 거예요.

〈비열한 거리〉의 한 장면을 위해 스코세이지가
세인트 패트릭 대성당 안에서 하비 카이텔의 연기를 지도한다.

마르딕 마틴: 마티와 저는 제 밸리언트를 타고 드라이브를 하면서 글을 쓰곤 했어요. 〈비열한 거리〉는 재밌게도 바로 그 차 안에서 쓰였죠. 우리는 어디든 적당한 장소를 찾아 주차했어요. 대부분 맨해튼과 주변 동네였죠. 그 당시 《대부》는 아직 책으로만 있었어요. 저희에게 그 책은 헛소리 같았죠. 우리가 알고 있는 갱단에 대한 이야기로는 보이지 않았거든요. 우리 주변에 있는 소인배 같은 놈들 말이에요. 우리는 진짜 갱단에 대한 이야기를 하고 싶었어요. 마티야말로 그런 갱단을 비롯해 저와 같은 사람의 이야기를 할 수 있는 사람이었어요.

마티는 예민하면서도 충실한 사람이에요. 그는 결코 잊을 수 없는 방식으로 사람들을 지지했어요. 그는 터프가이가 아니에요. 두려움을 느낄 땐 유머를 사용해 원하는 것을 얻었죠. 그가 성장할 때 만났던 터프가이들은 육체적으로만 거칠었어요. 그는 그들과 경쟁하기 위해서 — 천식과 작은 체구 때문에 육체적으로는 그럴 수 없었는데 — 정신적으로 기민해지기로 작정했죠. 마티는 재밌는 사람이었어요. 농담이 별로여도 웃곤 했어요. 그는 자신이 좋아하는 것만을 따랐어요. 다른 사람을 기분 좋게 만들 줄 알았죠. 그의 지성은 사람들의 이목을 끌었어요. 그는 육체적인 사람이 아니라 정신적인 사람이에요.

로버트 드니로: 우리는 1972년쯤에 제이 콕스Jay Cocks의 집에서 만났어요. 저는 〈누가 내 문을 두드리는가?〉를 봤고, 좋았어요. 마티에게 영화가 정말 좋았다고 말했죠. 우리는 어릴 때부터 서로 알고 있었어요. 그와 친하지는 않았지만 몇 번 마주친 적이 있었고, 덕분에 서로를 기억하고 있었어요.

어릴 적 언젠가, 우리는 14번가 어딘가의 댄스파티에서 만났어요. 나중에 거기서 〈분노의 주먹〉의 춤 장면을 찍었죠. 촬영 당시에 그곳은 라틴 아메리카 스타일의 클럽이자 댄스홀이었지만 우리가 어렸을 적에는 이탈리아계 미국인들의 댄스홀이었어요. 거기서 몇 번 마티를 보았고, 우리는 서로가 누구인지 알고 있었어요. 그의 친구 무리 중 몇몇이 때때로 우리 무리와 섞여 놀았거든요. 그래서 서로의 친구가 겹쳐 있었어요.

배우가 되겠다고 생각한 건 10살인가 11살 무렵이었어요. 하지만 진지하게 관심을 가졌던 건 아니었고 16살쯤에야 점차 관심이 생기기 시작했어요. 저와 마티는 장래에 관해 이야기하지는 않았어요. 하지만 마티가 연기를 지도한 배우 중 하나가 우리 모두 아는 친구였어요. 제가 〈누가 내 문을 두드리는가?〉를 보았을 때, 저는 "우리 동네 이야기잖아. 정말 그곳을 잘 알고 있군"이라고 말했어요. 영화가 정말, 정말 좋았거든요.

마티가 〈비열한 거리〉 작업을 시작했을 때, 우리는 함께 만나 이야기를 나누게 됐어요. 그는 저에게 4개의 배역을 제안했죠. 찰리는 아니었어요. 그건 하비의 배역이었거든요. 찰리 이외의 다른 4명이었는데 어떤 역할을 해야 할지 정하기 힘들었어요. 그 배역들에 대해 이리저리 고민해 보고 마티와 이야기한 후 결정하려 했어요. 각 배역에는 저마다 흥미로운 점이 많았거든요. 그러다 길에서 우연히 하비와 마주쳤어요. 그는 찰리를 연기하기로 되어 있었죠. 저는 그 당시 제 경력을 감안한다면 다른 배역을 기다려야 할 것 같다고 그에게 말했어요. 저는 하비의 배역을 염두에 두었지만 그가 이미 그 역을 맡았으니까요. 그래도 저는 마티와 함께 작업하고 싶었어요.

하비 카이텔: 제가 찰리라는 배역을 맡은 것은 제가 찰리와 비슷한 배경에서 자랐기 때문일 거예요. 그때 제가 브루클린 브라이튼 비치를 막 벗어났을 때거든요. 저는 연기를 공부했어요. 초보였고, 다듬어지지 않은 상태였죠. 연기 경험이 많지 않았어요. 〈누가 내 문을 두드리는가?〉는 저의 첫 영화였고, 〈비열한 거리〉는 저의 첫 상업 영화였어요. 제 연기력이 탄탄해서 그 영화를 하게 된 건 아니었을 거예요. 마티가 저에게서 본 삶의 경험이 그 영화를 하게 만들었다고 생각해요. 우리 동네에서는 젊은 남자에게 이렇게 말해요. "너의 자리가 있고, 너는 이 자리를 벗어나지 않을 거야. 이곳 너머에서는 어디에도 속하지 못할 거니까" 마티와 저는 그것에 저항했어요.

리처드 로마너스: 저는 1972년에 존 보이트를 통해 마티를 만났어요. 마티는 〈비열한 거리〉의 찰리 역을 제안하기 위해 존에게 다가갔어요. 하비가 조니 보이를 하고요. 하지만 존은 그 역을 고사하고 저를 소개했죠. 그러다가 로버트 드니로가 물망에 올랐어요.

존은 로스앤젤레스에서 함께 했던 수업에 마티를 데려왔어요. 테리 가*Teri Garr*와 데이빗 프로벌*David Proval*도 함께 했어요. 프로벌은 〈비열한 거리〉의 술집 사장 역을 맡게 된 배우였죠. 우리 12명 전부 다 또래였어요. 매주 한 사람씩 돌아가며 수업의 사회를 맡았어요. 마티가 수업에 온 그 주에는 존이 사회를 볼 차례였어요.

얼마 후 마티는 데이빗 프로벌과 저를 저녁 식사에 초대하더니 배역을 제안했어요. 우리는 기꺼이 하겠다고 말했죠. 어떤 배역인지는 아무것도 모른 채 말이에요. 그저 단발성 출연이었어요. 출연료는 최소 금액이었고, 배급사도 정해지지 않은 상태였죠. 그래서 별것 아닌 작품처럼 보였어요.

로버트 드니로: 어느 날 하비가 "네가 조니 보이를 하는 모습이 보여"라고

〈비열한 거리〉 촬영 중 스코세이지가 어머니의 부엌에서
로버트 드니로(조니 보이)와 하비 카이텔과 이야기를 나눈다.

말했어요. 저는 그 배역을 연기할 생각이 전혀 없었어요. 배역을 하나 골랐는데, 조니 보이는 아니었거든요. 저는 "난 이 배역을 할래"라고 말했어요. 하지만 하비는 저를 다른 방식으로 보게 만들었어요. 처음에는 조니 보이를 유심히 보지 못했는데, 어떤 점에서는 그게 좋은 일이었어요. 처음에는 눈에 들어오지 않았던 배역을 연기하게 될 때, 우리는 평소라면 결코 스스로 얻지 못할 것을 얻을 수 있어요. 저는 시나리오에 쓰여 있던 조니 보이는 제대로 보지 못했지만, 리허설에서 즉흥적으로 연기를 하면서 점차 배역이 발전해 나가는 걸 느꼈어요. 그러면서 즉흥 연기를 위한 구조를 발견하고, 그것을 어떻게 유지할지 가늠해 보았죠. 그냥 아무렇게나 연기하는 것이 아니었어요. 구조가 있어야만 해요. 그래서 우리가 하는 연기를 녹음하기 시작했어요. 배역을 발전시켜야 하니까요. 그런 방식의 작업에는 개인적인 것들이 많이 들어가요.

리처드 로마너스: 바비 드니로는 그쪽 동네 사람이었어요. 그리고 하비 카이텔은 브루클린 출신이었죠. 술집 주인을 연기한 데이빗 프로벌도 비슷한 동네 출신이에요. 하지만 저는 버몬트주의 숲 언저리에서 자랐어요. 그러니까, 자랄 때 숲에서 놀곤 했단 말이죠. 겨우 6천 명이 거주하는 마을에 살았으니 영화 속 캐릭터들이 어떤 사람들인지 전혀 알 수 없었고, 영화 초반부에 그들이 어디에 있는지 알려주는 낌새도 느끼지 못했어요.

저는 억양을 고치고 연기하는 것이 티가 나지 않을 정도로 그들을 흉내 내려고 노력했어요. 그리고 제 캐릭터를 느긋한 성격으로 정했죠. 왜냐하면 바비와 하비가 엄청난 활력을 지니고 있으니까요. 그들은 제가 이전에는 본 적 없는 에너지를 가지고 있었어요. 저와 데이빗 프로벌은 하비와 바비가 그런 활력을 가지고 있으니 상대적으로 낮은 활력 상태를 취해야 한다고 생각했어요. 그래야 우리와 그들이 대조될 수 있었죠. 그렇지 않으면 그저 뻔한 남자들의 모습처럼 꽤 단조로워 보일 거라고 생각했어요.

마틴 스코세이지: 로저 코먼 밑에서 수년간 일했던 폴 랩이 영화의 예산을 관리했어요. 어느 날 그가 저를 부르더니 "30만 달러로 이 영화를 찍으려면 로스앤젤레스에서 촬영해야 할 거야"라고 말했죠. 그래서 제가 "이 영화는 로스앤젤레스에서 못 찍어요"라고 답했어요. 그는 "그럼 영화 만들지 마"라고 했어요. 그래서 제가 "로스앤젤레스에서 찍으라는 게 무슨 뜻이에요? 우리가 뭘 해야 하는데요?"라고 물었어요. 그가 "뉴욕에 가서 4회차 동안 배경을 찍은 뒤 여기로 돌아와. 모든 실내 촬영은 여기서 할 거야. 그리고 뉴욕에서는 자동차를 충돌시킬 수 없어. 트럭 운전사에게 돈을 지불할 수도 없어. 그러니까 밤에 LA에서 찍을 적당한 촬영지를 찾을 거야"라고 답했어요. 저는 "좋아요. 캐릭터들이 브루클린으로 가는 것으로 시나리오를 수정할게요"라고 했어요. 그렇게 결국 캐릭터들은 브루클린으로 가게 됐죠.

자동차 충돌 장면은 LA 시내에서 촬영했어요. 외부 전경 숏은 전부 뉴욕이고 해변도 뉴욕이에요. LA의 물과 스태튼섬의 물이 다르게 보이거든요. 정말 그래요. 그래서 뉴욕에서 찍었어요. 그 대신 모든 실내 장면은 LA에요. 복도만 빼고요. 복도는 중요해요. 똑같은 복도를 찾을 수가 없었거든요. 그래서 영화 속의 바로 그 장소로 가서 찍어야 했어요. 사실 우리는 조니 보이의 모델이 된 남자의 어머니 집에서 촬영했어요. 그녀의 집과 제 어머니의 부엌에서 촬영했죠.

리처드 로마너스: 촬영 첫날이 선명하게 기억나요. 우리가 카메라 렌즈를 훔친 줄 알았는데 알고 보니 '일본 어댑터'였다는 대사예요. '일본 어댑

터'라고 말할 때 저는 떫은 표정을 하고 있어요. 하지만 그런 표정을 짓게 된 건 제가 그 대사를 제대로 치지 못한 것 같아서였어요. 그 순간에 들었던 진짜 생각은 그거였죠. 배우는 그런 것도 장면에 녹이게 돼요. 좋은 그림이 나왔죠. 제가 다른 동네 출신이라는 사실은 영화에 전혀 드러나지 않았어요. 마티가 저한테 지시한 건 그게 다였어요. 그것과 "말을 얼버무려"라는 거였죠.

마틴 스코세이지: 축제 장면은 우리가 사전 제작 단계에 들어가기도 전인 10월에 찍었어요. 원래는 존 보이트가 그 장면에 나오기로 했어요. 아직 뉴욕에 있던 날 밤에 존이 이 영화에 출연하지 않는 걸 알게 되었고, 저는 바로 하비 카이텔을 데리고 그 장면을 찍었어요. 제가 하비에게 주인공이라고 말했던 순간, 하비가 축제장을 거니는 모습을 찍은 거예요. 저는 바니스[Barney's]에서 그에게 코트 한 벌을 사줬어요. 그렇게 그냥 하비가 주인공이 된 거죠. 영화에는 그런 이상한 일들이 정말 많이 들어가 있어요.

하비 카이텔: 저는 〈비열한 거리〉의 찰리라는 캐릭터를 표현하기 위해 애쓰면서 직감적이고 근원적인 날것의 경험을 했어요. 저 자신을 캐릭터로 표현하는 것이 어떤 의미인지 알아내려고 노력한 경험이었죠. 저는 제가 하는 연기를 연마했고, 어떻게 적용하는지 배우고 있었어요. 마티와 저는 항상 장면을 어떻게 찍을지 이야기를 나누었고, 대체로 마티는 제가 마음먹은 것을 할 수 있도록 믿어 주었죠.

리처드 로마너스: 하비는 같이 작업하기 좋은 배우였어요. 잭 니콜슨이 저에게 말한 적 있어요. "하비 카이텔은 내가 함께 작업했던 배우 중에서 가장 훌륭한 배우야" 부정할 수 없었죠. 그는 천생 배우예요. 아주 과

소 평가된 배우라고 할 수 있죠. 그는 정말 유기적이고 판단이 빨랐어요. 머리를 많이 쓰는 사람이 아니거든요. 같이 앉아서 배역에 대한 이야기를 나눌 수 있는 사람은 아니었어요. 하지만 연기할 때와 연기하지 않을 때의 전환 속도가 전광석화 같아요. 정말 빠르고, 아주 본능적이에요. 그리고 아주 단단하죠. 그를 무너뜨리고 싶어도 그럴 수 없어요.

바비와 하비가 '조이 클램스, 조이 스컬러' 장면을 리허설할 때 저도 있었어요. 그들은 연기를 하고선, "오, 그거 좋아"라고 말해요. 거기에는 그들의 대사를 적는 사람이 있었어요. 바비는 대사를 던지면서 그것들을 이리저리 섞었어요. 기본적으로 시나리오에 쓰인 대사를 하긴 했지만 계속해서 생생한 느낌을 만들어 내기 위해 대사를 이리저리 바꿨죠.

마티와 제가 같이 출연하는 장면이 있었어요. 마티는 찰리와 조니보이에게 총을 쏘는 총잡이예요. 배우로 나오려다 보니 마티가 살짝 긴장하더라고요. 하지만 그가 배우들을 흠모하고 있다는 건 누구나 느꼈어요. 그는 같이 작업하기 참 좋은 사람이었어요. 훌륭한 관객이자 감독이었거든요. 그의 반응에 따라 우리는 어떻게 해야 할지 알았어요. 그는 말을 많이 하지도 않아요. 그저 "잘 믿기지 않는데, 다시 해봐"라고 말하죠. 감독으로서 그가 저에게 말한 건 그게 전부였어요. 다른 때는 그저 아주 멋진 관객이 되어주었죠.

제가 케이크를 온몸에 뒤집어쓰는 장면이 있었는데 그건 일종의 실수였어요. 컷이 된 뒤 저는 그냥 거기 앉아 마티를 향해 소리쳤어요. 그가 다가와서 저를 보고 웃기 시작했죠. 그는 달리 트랙을 설치하고는 저에게 그냥 거기 앉으라고 했어요. 그러더니 달리 위에 얹힌 카메라가 천천히 저를 지나가더군요. 그는 언제나 그런 식의 협업에 열려 있었어요.

대부분의 감독은 자신이 바라는 것을 배우가 하길 원해요. 하지만 마티는 그러지 않아서 좋아요. 그는 배우가 캐릭터를 더 구체화할 수 있도록 도와요. 장면을 찍는 와중에라도 자연스러운 무언가가 올라오면 무시하지 않았어요. 거기에 반응하고, 그것을 영화에 넣기도 했죠. 그가 가지고 있는 훌륭한 재능이라 생각해요. 그는 배우들의 감독이에요.

바비 드니로와 함께 일하는 것은 흥미로웠어요. 〈비열한 거리〉는 저의 첫 영화였고, 바비가 자기 작품을 책임지는 모습이 저에게 큰 배움이었거든요. "워, 워, 한 번 더 가자고. 한 번 더 했으면 해"라면서 주도적으로 책임을 지는 거예요. 그는 자기 연기를 책임질 줄 알아요. 그래서 촬영이 끝난 다음에 누군가를 탓하며 "그 사람이 없었으면 더 잘했을 거야"라는 말 따위는 하지 않았죠.

바비가 저를 모욕하는 장면이 있어요. 조니 보이에게 돈을 빌려준 것이 바보 같은 짓이었다고 말하는 장면이요. 그때 저는 웃었어요. 바비는 화를 냈죠. 그는 제가 화를 내야 한다고 생각했었나 봐요. 그런데 저는 그게 화가 난 거였어요. 웃음으로 체면을 세우려던 거였죠. 그는 제가 씩씩대며 화를 내야 한다고 생각했지만, 제 반응을 통제할 수 없었어요.

만약 당신이 제대로 일하고 있다면, 그 누구도 상대의 반응을 통제할 수 없어요. 때때로 상대 배우의 반응은 당신이 원하는 반응이 아니기도 할 거예요. 그때 당신은 그저 거기에 대응해야만 해요. 하지만 조니 보이의 모욕 장면에서 저는 웃음을 참기 힘들었어요. 그 말을 하는 바비가 아주 재밌다고 생각했거든요. 우스꽝스러워 보였어요.

한번은 필름이 유실된 적이 있어요. 여섯 번째인가 일곱 번째 필름이 사라진 거예요. 폭죽을 동네 아이들에게 파는 장면 직후, 저와 데이빗 프로벨이 하비 카이텔과 함께 42번가로 가서 영화를 보고 미친

듯이 웃었어요. 그런데 그 장면을 찍은 필름이 사라진 거예요. 결국 영화에 들어가지 못했죠.

그 장면을 찍을 때 저는 술집 바깥에서 데이빗 프로벌과 함께 차 안에 앉아 있었어요. 마티가 우리에게 오더니 말했어요. "잘 들어, 폭탄 위협이 있어. 12분 만에 여기 술집을 날려버릴 거래. 하지만 우리가 서두르면 이 숏을 찍을 수 있을 거야. 괜찮아?" 우리는 "괜찮은 것 같아. 빨리 하자고"라고 말했어요. 그래서 재빨리 움직였죠. 그런데 폭탄이 터지지 않는 거예요. 거기에 반응하는 것은 마티의 지시가 아니었어요. 그는 그런 부분에서 과민했어요.

마틴 스코세이지: 뉴욕에서는 겨우 6회차만 찍었어요. 최대한 뉴욕 같은 느낌을 담아내기 위해 노력했어요. 그게 우리 촬영에 제약이 되기도 했죠. 제가 할 수 있는 최선이라곤 사람들을 건물 사이에다 집어넣고는 건물 그 자체에서 뉴욕 분위기가 풍기도록 놔두는 일이었거든요. 드니로가 지붕 위에서 총을 갈길 때, 그 지붕은 뉴욕이었어요. 엠파이어 스테이트 빌딩이 보이잖아요. 그런데 창은 로스앤젤레스인 거예요. 데이빗 캐러딘이 술집에서 총격을 당할 때, 거리로 떨어지는 남자는 실제로 뉴욕에서 찍은 거예요. 그러니까, 대역이었어요. 그의 얼굴이 보이지 않게 잘 가린 뒤 그가 떨어지고 차에 부딪히는 모습을 담았어요. 그 장면의 나머지 숏은 전부 로스앤젤레스에서 찍었죠. 대역을 맡은 배우들은 전부 우리의 오랜 친구들이었어요. 캐러딘의 대역을 맡은 남자의 이름은 상자떼기 래리였죠. 금고 털이범이었거든요.

저는 계속 장면을 추가해 넣었어요. 술집 뒷방 장면을 추가했죠. 긴 즉흥 장면이었어요. 뉴욕의 총포점 앞 장면도 추가했어요. 찰리의 삼촌 가게 앞에서 빵을 훔치는 장면도 넣었어요. 그렇게 즉흥적으로 여러 장면들을 추가했죠. 예산의 한계점까지 밀어붙이고 모든 사람을 미치게 만들었어요. 하지만 우리가 할 수 있는 일은 그것뿐이었어요. 더 많이 촬영할수록 더 재미있는 장면을 건졌고, 우리가 원하는 뉴욕 분위기를 더욱더 현실화했으니까요. 저의 옛 친구들이 영화에 많이 나와요. 이제는 그저 노닥거리기만 하는 사내들이 엑스트라로 영화에 출연해 주었죠. 우리는 영화를 마무리해야 했고, 그게 전부였어요. 그래서 27회차 만에 촬영을 끝낼 수 있었어요.

리처드 로마너스 : 마티는 손톱을 물어뜯지 않으려고 촬영 중에 하얀 장갑을 꼈어요. 항상 편집자들이 끼는 하얀 장갑을 끼고 있었죠. 그리고 그는 산펠레그리노를 마셨어요. 저는 병째로 물을 마시는 사람을 처음 봤어요. 그만큼 제가 촌놈이었다는 거예요. 저에게 그는 정말 특이한 사람이었어요.

마이클 파웰 : 저는 항상 〈비열한 거리〉를 좋아했어요. 위대한 영화 중 하나라고 생각해요. 정말 멋진 작품이고, 그쪽 세계의 모습을 완벽하게 재현하고 있어요. 그 세계에 속한 것만 같았죠. 그 어떤 것도 작위적인 효과를 내면서 무대화되거나 만들어지지 않았어요. 스코세이지는 인정사정없이 솔직하게 그 세계를 견뎌요. 영화 내내 그랬어요.

영국 배급사는 그 영화를 무서워했어요. 제 영화 〈저주받은 카메라 *Peeping Tom*〉를 무서워한 것처럼요. 그들은 그 영화에 손대지 않으려고 했어요. 아무한테나 영화를 팔아 치우고 싶었을 거예요. 워너브러더스는 그 영화에 대한 반응을 알아보려고 하지도 않았어요. 그저 자신들이 본 것에 따라 반응했고, 영화는 그들을 까무라칠 정도로 놀라게 했죠. 종종 훌륭한 영화에서는 그런 일들이 일어나요. 그게 랭크 오

거니제이션*Rank Organization*[19]이 처음부터 〈분홍신〉에게 보였던 태도였어요. 마티가 〈비열한 거리〉를 만들었던 당시, 마티는 아직 유명하지 않았고, 배급사는 그 영화를 아무렇게나 다룰 수 있었거든요.

마틴 스코세이지 : 〈비열한 거리〉는 뉴욕영화제에서 상영되면서 뉴욕에서 성공을 거두었어요. 처음 2주간은 좋은 평가를 받았고, 생각보다 많은 수입을 올렸죠. 그래서 우리 제작자는 다른 25개 도시에서도 개봉하기를 바랐어요. 〈마지막 영화관*The Last Picture Show*〉과 〈잃어버린 전주곡*Five Easy Pieces*〉처럼 말이에요. 그는 버트 슈나이더*Bert Schneider*를 찾아가서 이야기를 나눴어요. 슈나이더가 "해봐. 10월에는 〈추억*The Way We Were*〉 말고는 개봉하는 작품이 없고, 어차피 잘 안될 테니까"라고 말하더군요. 얼마나 자신 있게 이야기하던지.

우리는 뉴욕영화제에서의 성과가 LA에서도 의미 있을 것이라고 생각했어요. 하지만 기대했던 것보다 아무도 우리 영화를 모르더라고요. 우리는 신문에 전면광고를 실었어요. 하지만 광고 효과가 좋지 않았죠. 영화를 어떻게 팔아야 하는지 전혀 몰랐어요. 대체 어떻게 파는 거죠? 〈똑바로 쏘지 못한 갱*The Gang That Couldn't Shoot Straight*〉처럼 하려면 뭘 어떻게 해야 하죠? 우리의 처음 광고 콘셉트는 이랬어요. 반바지를 입고 모자를 쓴 사내들이 총을 들고 돌아다니는 거예요. 조니 보이가 어떤 장면에서 바지를 벗거든요. 아마 코미디 영화 같았을 거예요. 사실 웃기긴 했지만 그럴 의도는 아니었어요. 그래도 그 광고를 뉴욕에서 보여달라는 조언을 받았어요. 어쩌면 그 방법이 맞았을지도 몰라요. 뉴욕에서 몇 달 동안 그렇게 할 걸 그랬어요.

19 J.아서 랭크(J. Arthur Rank)가 창립한 영국의 엔터테인먼트 재벌 기업.

하지만 어느샌가 영화가 LA에서 개봉하게 됐고, 나름 괜찮은 평을 받았어요. 우리는 2주간 영화를 상영할 수 있었죠. 하지만 그게 다였어요. 다른 도시에서도 똑같았어요. 워너브러더스가 우리 배급사였는데, 〈엑소시스트〉가 곧 개봉할 예정이었죠. 1,400만 달러짜리 영화였어요. 그 당시 워너의 운명이 〈엑소시스트〉에 달려 있었어요. 나중에 개봉할 〈메임*Mame*〉은 좀 불안했거든요.[20] 당연한 일이겠지만 그들은 75만 달러를 쓴 영화는 걱정하지 않았어요. 그런 영화를 만들지도 않죠. 그들은 필름 프린트에도 돈을 많이 쓰지 않을 것이고, 별다른 광고도 하지 않을 거예요. 대관절 왜 그러겠어요? 그들의 말마따나, "실패한 투자에 뭐 하러 애먼 돈을 낭비해요?"

리처드 로마너스: 〈비열한 거리〉가 개봉할 거라곤 생각지 못했어요. 개봉하지 못할 거라고 확신했거든요. 제가 읽어본 시나리오 중 가장 이상한 영화였어요. 각본은 영화와 사뭇 달라요. 대개 시나리오를 읽어보면 거기에는 좋은 부분과 별로인 부분이 보이거든요. 영화를 볼 때 거기서 좋았던 부분이 여전히 남아 있길 바라죠. 하지만 완성된 영화 대부분은 좋았던 부분을 잘 살리지 못한 경우가 많아요. 그런데 〈비열한 거리〉는 달랐어요. 정말 짜릿했죠. 시나리오에 있던 활력이 영화 안에 그대로 녹아 있었어요. 관객들은 영화를 보고 나와서 말했죠. "멋진데" 영화 만드는 사람들도 환장했죠. 젊은 영화감독이 놀라운 주목을 받았어요. 아직도 저에게 그 영화에 대해 말해요. 거기에 있는 대사를 흉내 내죠. 〈로스앤젤레스 타임스〉에서 스파이크 리는 끊임없이 자신에게 영감을 주는 두 영화가 있다고 말했어요. 바로 〈피쇼테*Pixote*〉와

20 〈메임〉의 제작비는 1,200만 달러였으며, 박스오피스에서 겨우 650만 달러를 벌었다.

〈비열한 거리〉였어요. 두 작품 모두에 거친 다큐멘터리 스타일이 녹아 있죠. 둘 다 정말 창의적이고 엄청난 힘을 지니고 있어요.

최종 사운드 작업을 하던 어느 날이었어요. 〈비열한 거리〉의 일부분을 본 사람마다 정말 놀라운 반응을 보여주었고, 우리는 그것에 대해 이야기했어요. 그때 하비가 마티에게 말했어요. "이건 아무것도 아니야. 넌 훨씬 더 훌륭한 영화를 만들게 될 거야" 그리고 제가 말했어요. "사실 어찌 될지 몰라. 어쩌면 마티 당신은 이 영화를 넘어서기 위해 평생 애를 쓰게 될지도 몰라"

마틴 스코세이지 : 뉴욕에서는 잘 됐어요. 웨스트사이드와 이스트사이드 같은 동네에서는 별다른 문제가 없다면 "자, 〈비열한 거리〉의 시간이야, 신사분들"이라는 말이 나왔어요. 정말 제대로 각인시켰죠.

*

〈앨리스는 이제 여기 살지 않는다〉(1974)

마틴 스코세이지는 그의 첫 번째 진짜 할리우드 영화를 시작하면서 과거 영화에 헌정을 보냈다. 〈앨리스는 이제 여기 살지 않는다〉의 프롤로그는 안개가 낀 붉은색 하늘과 1940년대 영화의 이미지들로 가득 채워진다. 농장은 〈오즈의 마법사〉를 떠올리게 했고, 통나무집은 〈에덴의 동쪽〉을 연상시킨다. 어린 앨리스는 스타들의 세계에 매혹되어 앨리스 페이*Alice Faye*처럼 유명한 가수가 되는 공상에 빠지고, 스코세이지는 〈백주의 결투*Duel in the Sun*〉와 〈바람과 함께 사라지다〉의 장대한 하늘을 만들어 낸 베테랑 감독 윌리엄 카메론 멘지스*William Cameron Menzies*의 조명 스타일을 오마주한다. 이 영화의 오프닝 장면에만 8

만 5천 달러가 들었다. 〈누가 내 문을 두드리는가?〉의 전체 예산보다 2.5배 많았다.

앨리스와 스코세이지 모두에게 프롤로그는 상상과 영화 이미지가 뒤섞이는 지점이다. 하지만 앨리스는 그런 꿈을 뒤로하고 평범한 삶에 정착한다. 그러다 트럭 운전사였던 남편의 죽음으로 길바닥으로 내몰린다.

앨리스(앨런 버스틴)와 아들 토미(알프레드 루터), 그들의 스테이션웨건이 모험을 찾아 고속도로에 쏜살같이 오를 때, 영화의 액션도 가속한다. 두 사람이 그렇게 앞으로 돌진하는 와중에 아들 토미는 계속해서 같은 농담을 던진다. 앨리스는 전혀 이해하지 못한다. 간접적으로 캐릭터를 드러내는 방식은 지극히 스코세이지스럽다.

앨리스는 안전했지만 숨이 막혔던 세계 속에 있다가 밖으로 나왔고, 그 바깥에 위험이 도사린다는 것을 깨닫는다. 매력적으로 보였던 카우보이(하비 카이텔)와 짧은 연애를 했지만 오래되지 않아 관계가 부서진다. 그 남자는 앨리스와 토미가 보는 앞에서 버젓이 자기 아내를 구타한다. 그 모습을 보고 모자는 도망친다. 앨리스는 어렵게 얻은 가수 일을 내팽개치고 떠난다. 살아 있는 것만으로도 충분히 승리한 삶인 듯 보인다.

앨리스는 멜스 다이너에서 웨이트리스로 일하게 된다. 입이 거친 플로(다이앤 래드*Diane Ladd*)와 어리바리한 베라(밸러리 커틴*Valerie Curtin*)가 그녀의 동료가 된다. 처음에 그녀의 꿈은 좌절되는 것처럼 보인다. 하지만 다른 여성과의 우정을 통해 강인한 앨리스가 그 모습을 드러낸다. 그러다 지역에서 목장을 운영하는 데이빗(크리스 크리스토퍼슨*Kris Kristofferson*)이 결혼과 함께 안정적인 삶을 살아보는 것이 어떠냐고 그녀에게 제안한다. 그때 그녀는 망설인다. 그 장면은 데이빗의 주방에서 진행되는데, 거기서 배우들의 즉흥 연기가 만들어 내는 다큐멘터리스러운 장면이 펼쳐진다. 거기서 앨리스는 자신이 왜 노래를 불러야만 하는지 데이빗에게 보여준다. 그렇게 그녀와 그녀의 오빠가 어린 시절 함께했던 보드빌 스타일의 공연을 앨리스가 다시 선보일 때, 그녀는 가슴 사무치게 현실을 살게 된다. 데이빗은 그녀의 꿈을 인정하고 받아들인다. 그들은 함께 몬테레이에 갈 것이고, 앨리스는 그곳에서 자신의 가수 경력을 좇을 기회를 얻을 것이다.

영화가 결말에 다다르면서, 앨리스, 데이빗, 토미는 프롤로그의 세계로 향하는 길 위에 오른다. 공상이 현실로 변하는 곳으로 향하는 것이다.

*

마이클 파월: 제가 처음 봤던 마티의 영화는 〈앨리스는 이제 여기 살지 않는다〉였어요. 정말 멋진 영화였죠. 요란 법석을 떠는 하비의 모습은 정말 좋았어요. 그는 요란한 배우예요. 딱 맞는 배역을 맡으면 미친 연기를 선보이죠.

마티의 영화를 볼 때 제 눈에 처음 띈 것은 흠잡을 데 없는 캐스팅이었어요. 상상력이 뛰어난 배역이었는데 정말로 존재하는 사람처럼 보였어요. 연출자에게는 그게 정말 중요하거든요. 도와주지 않으려는 사람과 함께 할 수 있는 것은 많지 않아요. 때로는 선교하는 일처럼 우리는 "내가 좋아하는 배우가 대체 왜 더 잘하지 못하는지 모르겠어. 아무래도 그와 함께 작업하면서 직접 알아봐야 하나 봐"라고 말하죠. 하지만 그건 좀처럼 통하지 않는 방식이긴 해요.

마티가 딱 맞는 배우를 고르는 건 운이 좋아서 가능했던 걸까요? 어떤 감독들은 모든 연기에 관여하려 해요. 보고 또 보죠. 하지만 그들은 자신이 무엇을 추구하는지 확신하지 못해요. 마티는 배우들을 자신의 궤도에 집어넣는 것처럼 보여요(그물에 집어넣는다고 하진 않겠어요. 그건 무례한 말이에요). 하지만 그는 결코 자신이 전부 다 관장하고 있다는 인상을 주지 않아요. 그는 마치 자석과 같은 역할을 해요. 단지 운이 아닌 거예요.

〈앨리스는 이제 여기 살지 않는다〉의 엘런 버스틴(앨리스 역)과 하비 카이텔(벤 역).

그는 원칙과 이상으로 사람들을 끌어당겨요. 배우들, 특히 좋은 배우들은 마티와 함께 일하는 것이 완전히 다르다는 걸 느끼죠.

아주 예전, 한 30년 전 즈음에, 우리(에머릭 프레스버거*Emeric Pressburger*와 마이클 파월)는 원칙으로 영화를 만들었어요. 우리에게는 그런 명성이 있었죠. 사람들이 당신에게 온다기보다, 그들이 자기 자신을 당신의 길에 집어넣는 거예요. 자기 자신을 비범한 존재로 구축하려면 20년가량 걸릴 수도 있어요. 그러기 전에는 그냥 엉망인 거죠. 자기 아이디어에 재정적 지원을 받기 위해 애쓰고, 돈을 위해 원치 않는 일을 수락하거나 그걸 가지고 무언가를 할 수 있다고 자신을 납득시키게 돼요. 하지만 마티는 좀처럼 그런 길로 들어서지 않았죠. 그는 매우 교활해요. 완전 여우죠.

앨런 버스틴: 저는 워너브러더스에서 〈엑소시스트〉를 찍고 있었어요. 제작진들이 데일리 필름을 확인하면서 그 와중에 저와 또 다른 영화를 같이 하고 싶어 했어요. 그때 저에게 시나리오 하나를 보내주더군요. 안타깝게도 전혀 구미가 당기지 않는 시나리오였어요. 너무 전형적이었거든요. 희생자로서의 여성, 조력자로서의 여성이 등장하죠. 그래서 워너사에 가져다줄 수 있을 만한 시나리오를 제 대리인이 찾기 시작했고, 밥 게첼*Bob Getchell*이 쓴 〈앨리스는 이제 여기 살지 않는다〉를 발견하게 된 거예요. 제 대리인에게 말했어요. "마음에 들어, 하지만 이게 좀 더…" 물론 대부분의 시나리오는 다듬어져야만 하지만 그 시나리오는 '거칠게' 손을 봐야 했어요. 좋긴 했지만 도리스 데이와 록 허드슨*Rock Hudson*이 출연할 법한 영화에나 어울릴 만한 것이었죠.

워너브러더스도 그 시나리오를 좋아했어요. 그리고 어떤 감독과 함께 하고 싶은지 저에게 물었죠. 저는 프랜시스 코폴라에게 전화했어요. 새롭고, 피가 들끓고, 잘 알려지지 않은 감독을 찾고 있다고 말했더니 그가 〈비열한 거리〉를 보라고 말해주었어요. 아직 개봉하지도 않은 그 영화를요.

정말 인상적이었어요. 그 당시 바비 드니로와 하비 카이텔이 무명 배우였다는 사실을 생각해 보세요. 그들이 만들어 내는 장면들은 너무나 놀라운 현실성을 가지고 있었고, 그것이 바로 우리가 필요한 것이라고 느꼈어요. 그래서 생각했죠. "바로 이 사람이야" 저는 그저 마티가 여성에 대해 얼마큼 알고 있는지, 그가 저에게 어떻게 반응할 것이지, 그리고 제가 이 시나리오로 무엇을 하고 싶은지 알고 싶었어요.

마티가 워너브러더스에 왔어요. 매우 긴장했더군요. 아마도 그때가 처음으로 대형 제작사의 부름을 받고 장편영화 연출을 위한 면접을 보는 자리였을 거예요.

우리는 존 칼리*John Calley*의 사무실에서 만났어요. 존은 당시 워너브러더스의 수장 중 한 명이었죠. 크고 화려한 사무실이어서 마티가 사시나무처럼 떨고 있었어요. 저는 그가 정말 인상적이었어요. 그는 어린 경주마처럼 힘이 넘쳤죠. 우리는 몇 분간 이야기를 나눴어요. 저는 그에게 제가 얼마나 〈비열한 거리〉를 좋아하는지 말했어요. 그리고 물었죠. "여자에 대해 무엇을 알고 계시죠?" 그리고 그가 말했어요. "아무것도 몰라요. 하지만 배우고 싶어요" 저는 정말 멋진 대답이라고 생각했어요.

그는 제가 원하는 방식으로 일했고, 필요한 방식으로 일했어요. 바로 배우들을 신뢰하는 방식 말이에요. 우리는 즉흥적으로 시나리오를 만들고, 리허설을 녹음하고, 다시 쓰고, 즉흥 연기를 편집하는 과정을 거쳤어요. 그것은 체계적이면서도 느슨한 방식이었고, 딱 저에게 필요하던 방법이었죠.

제가 함께 일했던 모든 감독 중에서 마티는 배우들이 최선을 다할 수 있는 분위기를 제공하는 일을 가장 잘하는 사람이었어요. 그는 개방적인 사람이에요. 그래서 그는 "좋아요, 우리는 이 장면이 어떤 이야기인지 알고 있어요. 그렇다면 이 장면은 어떻게 되어야 할까요?"라고 말해요. 그러면 배우들은 즉흥적으로 연기를 시작하죠. 함께 〈앨리스〉를 했던 배우들은 모두 즉흥 연기를 잘했어요. 훌륭한 배우라고 해서 그걸 다 잘하는 건 아니에요. 물론, 우리에게는 액터스 스튜디오 출신 배우가 7명이나 있었고, 모두 즉흥 연기를 훈련받은 사람들이었죠. 몇몇 장면은 시나리오에 쓰인 대로 찍혔어요. 하비가 모텔에 온 장면 같은 거요. 그때 하비는 너무 현실 속 인물 같아서 저를 겁먹게 했어요. 촬영 내내 매우 창의적인 분위기가 만들어졌죠.

부엌에서 크리스와 제가 함께 있는 장면이 있었어요. 그 장면은 마티가 배우들에게 자신만의 것을 녹여낼 수 있도록 허용하는 것을 잘 보여주는 예시예요. 그 장면에는 어떤 현실의 공기가 느껴져요. 대부분의 감독이 얻지 못하는 것이죠.

토미가 차 안에서 농담을 반복하는 장면이 들어갔는데, 그건 마티가 알프레드와 함께 버스를 타고 촬영장으로 가면서 만들어진 장면이었어요. 알프레드가 마티에게 이야기를 들려줬어요. "개를 쏴, 개를 쏴…" 마티는 그 이야기를 전혀 이해하지 못했지만, 알프레드는 그 말을 계속 반복했어요. 마티는 그저 그날의 촬영에 대해서만 생각하고 싶었지만, 아이의 입을 다물게 할 수 없어서 그냥 영화에 넣기로 한 거예요.

제가 〈앨리스〉에서 하고 싶었던 것은 — 그리고 그 당시에 아무도 하지 않았던 것은 — 여성의 관점에서 이야기하는 일이었어요. 한 가지 예가 떠올라요. 앨리스가 크리스의 캐릭터에 매력을 느끼는 순간, 저는 마티에게 크리스가 노동을 하게 해달라고 부탁했어요. 그의 몸으로 뭔가를 하게 해달라고 했죠. 그게 바로 제가 아름다움을 느끼는 것이었어요. 정력과 자연미, 근육질을 가지고 일하는 남자를 보는 것 말이에요. 마티는 그런 것에 열려 있었고 제 의견에 무척 흥분했어요. 왜냐하면 그것들은 여자 배우가 그전에는 한 번도 해 보지 못했던 것이었으니까요.

밥 게첼이 시나리오에 썼듯이 어머니와 아들의 관계는 영화의 핵심을 이루는 부분이었어요. 그래서 우리는 제가 아들과 함께 살면서 알게 된 많은 부분을 이용하면서 작업했죠. 제 아들은 그 당시 토미와 동갑이었고, 가정교사와 함께 촬영장에 있었어요.

마티와 제가 각본을 작업하고 존 칼리에게 수정본을 건네주었을 때만 해도, 앨리스는 데이빗과 함께하는 것으로 끝나지 않았어요. 결혼하지 않았거든요. 그런데 존은 "결말 빼고는 다 좋아. 앨리스는 결국 그 남자와 함께해야 해. 우리는 불행한 결말로 만들었는데, 그건 돈이 안 돼"라고 말했어요. 그래서 제가 물었죠. "그녀가 남자와 함께

해야만 해피 엔딩인 건가요?"

마티와 저는 역겨움을 느꼈어요. 그들이 원했던 것은 진짜 결말이 아니라 '영화 같은' 결말이었거든요. 그래서 마티가 촬영장에 있는 모든 사람에게 박수를 쳐달라고 했어요. 그것이 영화의 결말이란 점을 마티는 그만의 방식으로 인정했던 거예요. 그런데 크리스 크리스토퍼슨이 우리 모두를 구했죠. 앨리스가 크리스의 농장에 살기 위해 노래하는 꿈을 포기하는 게 우리에게는 정말 불만스러운 일이었거든요. 그러다가 크리스가 자기 대사에 대한 아이디어를 주었어요. "저기, 이것 봐. 몬테레이에 가고 싶어? 내가 데려다줄게, 가자!" 그는 리허설 중에 즉흥적으로 그 대사를 던졌어요. 제가 "그럴 거예요?"라고 말했고, 그렇게 사랑에 빠지고 무장해제 되어 버려요. 그 말이 곤경에서 벗어나게 했고, 모든 것이 해결되었죠. 그 순간 마티가 박수쳤고, 모두가 함께 박수를 쳤어요.

마티가 제 아카데미 상을 받아 주었어요. 그때 저는 브로드웨이에서 〈같은 시간, 내년에*Same Time Next Year*〉라는 작품을 하고 있었어요. 제작자들은 제가 캘리포니아로 가는 걸 허락했겠지만 그게 공정한 처사로 느껴지지는 않았어요. 관객들은 제 공연을 보기 위해 몇 달 전에 표를 사놓고는 아주 오래 기다렸으니까요. 제가 상을 받느라 정신없어서 그들이 오매불망 기다렸던 사람을 보지 못하게 하는 것은 제가 살아온 방식이 아니에요. 저는 마티에게 제가 상을 받으면 대신 상을 받아줄 수 있는지 물었어요. 하지만 우리 둘 다 수상 소감으로 무슨 말을 해야 할지 몰랐죠. 저는 상과 관련해서는 양가적 감정을 느꼈어요. 후보에 오르는 건 정말 좋은 일이지만, 한 명의 승자를 뽑고 네 명의 패자를 만드는 건 무례한 일처럼 느껴졌거든요. 무슨 말을 해야 할지 몰라서 마티에게 말했어요. "출연진과 제작진 모두에게 감사하고 저 자신에게 감사합니다" 그래서 마티가 저 대신 그렇게 소감을 말했어요.

우리가 어떤 일을 할 때, 우리는 그 일이 우리의 삶에서 무엇을 대변하는지 제대로 인식하지 못해요. 마티와 함께한 시간은 아마도 제가 감독과 함께 지낸 시간 중 가장 창의적인 경험이었을 거예요. 저는 그 시간과 더불어 제가 선사하고 고무할 수 있었던 것들을 정말 소중하게 생각하고 있어요.

마틴 스코세이지 : 저에게 〈앨리스〉는 서부를 보는 뉴요커의 시선과도 같았어요. 어렸을 때 저는 서부영화에 정말 집착했어요. 아마도 풍경과 말과 동물들 때문인 것 같아요. 전 그게 좋아요. 물론 동물 알레르기로 크게 고생했지만요. 동물을 전혀 만질 수 없었고, 기를 수도 없었어요. 그러면 그럴수록 시네컬러와 트루컬러로 만들어진 아름다운 서부극을 더 많이 보았어요. 물론 아름다운 테크니컬러로 만들어진 위대한 서부극도 보았죠. 하지만 B급 서부극 영화들, 〈북서로의 집결 *Northwest Stampede*〉 같은 작품도 많이 보고 좋아했어요. 그 당시엔 낯선 영화들이 만들어졌어요. 어떤 이유에서인지 말들에 대한 영화가 30년대에서 50년대 초반에 만들어졌어요. 〈캔터키의 블루그래스 *Bluegrass in Kentucky*〉가 그런 영화였죠. 바깥세상의 모습과 서부에서의 삶에 대한 감각적인 영화였는데, 저는 그런 영화를 좋아했어요. 물론 저는 그것과는 정반대 쪽에서 살았죠.

〈앨리스〉에서 제가 했던 실험은 우선 멋진 할리우드 영화처럼 보이게끔 하다가 갑자기 그 기대를 저버리는 것이었어요. 저는 이 영화가 관습적이지 않다고 생각해요. 연기 방식을 비롯해서 여러 아이디어를 가지고 정말 많은 실험을 했어요. 저는 사람들에게 영향을 줬던 과거의 영화들을 가져와서 클리셰들을 취한 뒤 그것들을 이해하려고 했어요.

그 영화를 하면서 저는 많은 여성과 작업했어요. 마샤 루카스*Marcia Lucas*가 〈앨리스〉의 편집자였고, 앨런도 있었죠. 조디 포스터가 어린 앨리스를 연기했어요. 저는 이 여성들이 무슨 생각을 하고 있는지 관심을 기울였어요. 물론 영화에서는 어머니와 아들의 관계가 중심이죠. 앨런의 아들이 촬영장에 있었고, 제 딸도 촬영장에 있었어요. 그 당시 제 딸은 12살이었는데, 앨런과 제가 서로 의지하는 관계를 맺었던 거죠.

우리는 장면들을 이리저리 다루면서 플롯과 이야기에 중요한 것이 무엇인지 발견했고, 클리셰를 식별한 뒤 그것들을 가지고 정말 재밌게 놀았어요. 아무런 정답이 없는 아이디어를 탐구하려고 노력했어요. 그 영화에는 두 사람이 아무런 말 없이 가만히 앉아 있는 장면이 나와요. 제가 뭘 해야 할까요? 카메라를 움직일까요? 저는 그럴 필요가 없다고 생각했어요. 이리저리 잔재주 부릴 수도 있었지만 그건 아무 의미 없어요. 저는 앨리스라는 캐릭터에 대해 생각해요. 그녀는 일자리를 구하러 왔고, 그녀의 아들은 학교에 가는 일을 걱정해요. 저는 그 장면을 어떻게 만들면 좋을까요? 고상하게 굴어야 할까요? 그건 현실이에요. 영화는 사람들이 어떻게 행동하는지 보여주죠. 영화는 사건 기록과도 같아요. 카메라는 목격자죠.

4장

방랑자의 신발

〈택시 드라이버〉(1976)

마틴 스코세이지는 〈택시 드라이버〉를 만들기 위해 1974년에 뉴욕으로 돌아왔다. 6월의 흐릿한 밤, 스코세이지가 거리로 나왔다. 뉴욕 기준으로도 견디기 힘든 더위와 습기, 악취가 엄습했다. 영화는 뉴욕시 내부에서 끊임없이 빠져나오는 미스터리한 증기를 뚫고 노란색 격자무늬 택시가 등장하면서 시작된다. 트래비스 비클(로버트 드니로)이 택시를 운전하고 있다. 시나리오 작가 폴 슈레이더는 토머스 울프의 말을 인용하면서 트래비스를 '신의 고독한 사람'이라고 묘사했다. 〈택시 드라이버〉는 바로 그의 이야기다.

마틴 스코세이지는 3년 동안 이 영화를 계획했다. 결국 컬럼비아 영화사와 일을 하게 되었지만, 예산은 턱없이 부족했다. 빡빡한 촬영 일정은 종종 도시를 찢어놓을 듯한 천둥과 번개로 인해 중단되었고, 출연진과 촬영진은 무더위를 식히지도 못한 채 바쁜 일정으로 흩어졌다. 숨 막힐 듯한 날씨가 트래비스 비클의 이야기에 딱 들어맞았다. 그는 택시 안에 갇힌 채 갑갑한 거리를 배회한다. 그리고 빗물이 쓰레기를 배수구로 밀어내듯이, 물이 범람하여 거리의 인간쓰레기들을 모두 청소할 수 있기를 바란다. 그는 포주, 매춘부, 마약상의 세계를 참고 지켜보지 못한다. 도시의 다른 사람들은 그저 잠자코 있을 뿐이다. 트래비스는 42번가를 경멸하지만 그곳에 얽매여 있다.

트래비스는 자신만의 인간성으로부터 소외되었고, 택시 안에 갇혀 산다. 그런 그는 그 누구와도 공통된 목적을 찾지 못한다. 그러다 두 명의 여성이 그가 두 개의 극단적인 세계에 살고 있다는 것을 보여준다. 한 명은 아이리스(조디 포스터)이며, 14살의 매춘부이다. 또 다른 한 명은 벳시(시빌 셰퍼드)이며, 팔란틴이라는 진보 성향 후보의 선거 운동에 참여하고 있는 선거 운동원이다. 트래비스에게 벳시는 추악한 세계를 아름답게 만들 수 있는 여신이다.

트래비스는 평범해지려고 노력하며 벳시와 데이트를 하게 된다. 하지만 그가 자신의 유일한 오락 장소인 지저분한 포르노 영화관에 그녀를 데려갔을 때, 벳시는 트래비스에게서 도망친다. 트래비스는 그녀를 되찾기 위해 노력하지만 그 노력은 파괴적인 행동이었다. 그는 머리를 모호크 스타일로 깎고 특공대 복장에 자동 무기를 장착한 뒤 팔란틴의 선거 집회에 나타난다. 팔란틴을 암살하려는 그의 계획은 잠복한 경호원들에 의해 좌절된다. 이후 트래비스는 아이리스를 구하기 위해 지옥으로 내려간다. 영화 클라이맥스에 벌어지는 총격전에서, 그는 아이리스의 포주(하비 케이텔)와 고객의 머리를 총으로 쏴버린다. 성인상 앞 촛불로 밝힌 아이리스의 공동 주택 침실은 그렇게 피로 물든다. 으스스한 정적 속에 경찰차가 도착하고, 시체들이 실려 나간다. 트래비스는 가십 신문에서 영웅 대접을 받는다. 그는 아이리스를 구했고, 아이리스는 다시 가족의 품으로 돌아갔다. 트래비스는 다시 예전 삶을 시작한다. 영화는 벳시가 플라자 호텔 앞 택시 대기 줄에서 트래비스를 발견하는 장면으로 끝을 맺는다. 두 사람은 각자 아무 일도 없었던 것처럼 행동한다. 도시는 잔혹한 폭력을 집어삼킬 수 있는 곳이다.

〈택시 드라이버〉는 1976년 칸 영화제에서 황금종려상을 받았다. 이로써 스코세이지는 다시금 주목받게 됐다. 그의 명성은 찬양하는 평론가들과 그의 초기 영화를 좋아했던 지지자들을 넘어서서 더 크게 확장되었다. 하지만 〈택시 드라이버〉는 조디 포스터에게 집착했던 존 힌클리*John Hinckley*의 비뚤어진 공상 세계의 일부가 되기도 했다. 1981년, 〈택시 드라이버〉가 개봉한 지 5년 후, 힌클리는 로널드 레이건 대통령을 살해하려고 했다. 조디 포스터와 영화에서 영감을 받아 암살 시도를 자행한 것이었다. 〈택시 드라이버〉는 관객들에게 우리 사회의 폭력을 볼 수 있게 만들었지만, 일부 사람들은 영화 너머를 보지 않으려고 했다.

*

폴 슈레이더 : 〈택시 드라이버〉의 각본에는 진심이 묻어 있어요. 그 이야기는 가슴 깊숙한 곳에서 나왔어요. 시나리오가 영화계 내부를 돌아다니는 동안, 작품을 읽은 사람들을 하나같이 그 이야기의 진정성을 알아챘어요. 진짜 물건이라는 것을 본 거죠. 시나리오가 무르익을 충분한 시간이 지난 후, 사람들은 누군가가 영화를 만들어야 한다고 말했고, 결국 누군가가 해냈어요.

1973년에 저는 로스앤젤레스에 있는 제 차 안에서 꽤 힘든 시간을 보내고 있었어요. 밤새 그 차를 타고 돌아다니면서 술을 퍼 마시고, 포르노 영화를 보러 갔죠. 밤새 문을 여는 곳은 거기밖에 없었거든요. 그리고 낮에는 아무 곳에서나 잠을 잤어요. 그러다 심각한 고통을 느끼며 응급실에 실려 갔죠. 궤양이 있었던 거예요. 저는 병원에 있는 동안 간호사와 이야기를 나누었어요. 그때 깨달은 사실은 제가 2~3주 동안 누구와도 말을 하지 않았다는 거예요. 그때 무언가가 머리를 탁 치고 지나갔어요. 제가 택시 운전사가 된 듯한 이미지가 떠올랐어요. 시신을 넣은 금속관과 같은 곳에 갇힌 채 도시를 떠돌아다니며, 겉보기에는 사람들 그 한가운데 있는 것처럼 보이지만, 전적으로 완전히 혼자인 사람의 이미지가 스친 거예요.

택시는 외로움에 대한 메타포였어요. 그런 메타포가 설정된 뒤에는 플롯만 짜면 되는 문제였죠. 그가 원하지만 품을 수 없는 여자, 품을 수 있어도 그가 원하지 않는 여자라는, 두 여자에 대한 플롯을 짜야 했던 거예요. 택시 운전사는 첫 번째 여자의 대리 아버지를 죽이려다가 실패하고, 이어서 두 번째 여자의 대리 아버지를 죽여요. 시나리오를 다 쓰는데 열흘정도 걸렸어요. 어쩌면 12일쯤일지도 몰라요. 저는 쉬지 않고 썼어요. 옛 여자친구의 집에 머물렀는데, 난방과 가스가 모두 꺼진 상태였어요. 저는 그저 글만 썼어요. 소파에서 잠자는 시간에만 글쓰기를 멈췄죠. 깨면 다시 타이핑을 시작했어요. 나이가 들수록 더 많은 일을 하게 돼요. 너무 고통스러워서 그 고통이 밖으로 드러날 수밖에 없었던 시절이 있었어요. 그랬던 시절에 대한 애틋함이 제 마음 한구석을 맴돌았죠.

저는 요즘 사람들이 시나리오를 쓰는 방식으로는 글을 쓰지 않아요. 판매를 염두에 두는 것 따위 말이에요. 〈택시 드라이버〉의 각본은 제가 쓰고 싶어서 쓴 것이었고, 제가 처음으로 쓴 작품이었어요. 그냥 이야기가 제 머리에서 뛰어내리는 기분이었죠.

〈택시 드라이버〉를 쓴 직후, 저는 6개월 동안 도시를 떠났어요. 정서적으로 더 강해졌다고 느낀 후에야 로스앤젤레스로 돌아올 수 있었고, 다시 한번 덤벼보기로 마음먹었어요. 그 당시 저는 프리랜서 평론가였어요. 〈자매들〉의 평을 쓰고 브라이언 드 팔마와 인터뷰하기 위해 해변 근처에 있는 그의 집을 방문했죠. 그날 오후 우리는 체스를 두었는데 실력은 거의 비등했어요. 그러다 제가 시나리오를 썼다는 사실을 털어놓았고, 그걸 드 팔마에게 주었죠. 엄청나게 좋아했고 그걸로 연출하고 싶다고 말해 주었어요. 드 팔마는 해변 아래 세 번째 집에 있던 영화제작자 마이클 필립스와 줄리아 필립스에게 그 시나리오를 보여주었고, 〈비열한 거리〉를 마치고 LA에 머물고 있던 마티에게도 보여주었죠. 마이클과 줄리아는 그 영화를 만들고 싶긴 했지만 마티가 더 좋은 감독이라고 말했어요. 줄리아와 제가 〈비열한 거리〉의 가편집본을 같이 보았고, 저도 그들의 의견에 동의하게 됐죠. 사실, 저는 마티와 밥 드니로가 이상적인 조합일 것거라 생각했어요. 그렇게 우리 — 드니로, 필립스 부부, 그리고 저 — 가 머리를 맞댔죠. 하지만 제작을 바로 진행시킬 힘은 부족했어요. 그 후 몇 년의 공백 기간이 있었고, 그사이에 우리는 각자의 성공을 거두고 있었죠. 저는 〈암흑가의 결투*The Yakuza*〉의 각본을 팔아 많은 돈을 벌었어요. 마티는 〈앨리스〉를 만들었고, 필립스 부부는 〈스팅〉을 만들었으며, 드니로는 〈대부 2〉를 했죠.

그때 제가 〈택시 드라이버〉의 트래비스를 일종의 방황하는 젊은이로 묘사했던 것이 기억나요. 그는 중서부의 눈 덮인 황무지를 떠나 열기로 가득한 뉴욕 대성당으로 온 청년이었어요. 제가 자랐던 성장 배경은 종교개혁과 명예혁명의 양식을 이어받은 반-가톨릭이었어요. 제가 자란 마을에서는 사람들의 3분의 1이 네덜란드 칼뱅주의자였고, 다른 3분의 1이 가톨릭 신자였거든요. 나머지 3분의 1은 왜 그들이 그곳에 있는지 알아내려고 노력하는 사람들이었죠. 마을은 평화로웠어요. 하지만 가톨릭과 칼뱅주의 양쪽 문화 모두에서는 죄의식, 피에 의한 구원, 그리고 도덕적 목적과 같은 것이 주입되었죠. 모든 행위는 도덕과 관련된 행위이며, 모두 어떤 결과를 초래해요. 비도덕적인 행동은 용납될 수 없어요. 하늘나라에는 신성한 눈 같은 것이 있어서 우리를 지켜보고 있고, 우리의 행동을 도덕적으로 판단해요. 그런 생각이 스며든 환경에서 자란 사람은 도덕을 뒤흔들 수 없어요. 성장 환경의 다른 많은 것을 뒤흔들지라도 도덕적 책임감, 죄책감, 그리고 구원은 우리가 영원히 짊어져야만 하는 것이에요. 스코세이지와 저는 그런 점을 공유했죠. 저는 본래 농촌 출신이자, 중서부 개신교와 네덜란드 칼뱅주의라는 배경을 가지고 있고, 마티는 도시 출신이자 이탈리아 가톨릭이에요. 그래서 어떤 면에서는 참 절묘하게 어울리는 결합이었어요. 기반이 같으니까요.

〈택시 드라이버〉는 다른 모든 것과 마찬가지로 행운과 타이밍의 산물이었어요. 세 사람의 감수성이 딱 맞는 시기에 함께 만나 시의적절한 일을 했으니까요. 저예산에, 성공 가능성이 낮은 영화였지만, 그렇게 만들어졌던 거죠. 제프 브리지스*Jeff Bridges*를 캐스팅하면 투자받을 수 있는 기회가 있긴 했어요. 하지만 우리는 드니로를 포기하지 않고도 투자를 받을 수 있을 때까지 기다리기로 했어요. 정말 딱 운과 타이밍의 문제라고 생각했어요. 마티는 영화를 만들 준비가 되어 있었고, 드니로도 채비를 갖췄죠. 그리고 미국도 그 영화를 볼 준비가 되어 있었어요. 그런 종류의 행운을 계획하거나 꾀하는 것은 불가능한 일이에요. 딱 맞는 시기에 딱 맞는 영화가 나오는 것은 그저 우연히 그렇게 되는 거예요.

마틴 스코세이지 : 〈택시 드라이버〉는 제가 작업한 영화 중에서도 처음부터 끝까지 계속 움직이는 첫 번째 시나리오였어요. 그 시나리오는 마치 제가 직접 쓴 것처럼 강렬한 느낌을 주었죠. 비록 주인공이 중서부 출신이긴 했지만, 밥 드니로와 저는 같은 느낌을 받았어요.

폴은 2주 반이라는 시간 동안 자신만의 직감과 마음으로 〈택시 드라이버〉를 썼어요. 도스토옙스키의 캐릭터와 가까운 느낌을 받았죠. 언제나 《지하생활자의 수기》를 영화로 만들고 싶었어요. 제가 폴에게 이 점을 언급하자, 그가 말했어요. "음, 저에게 〈택시 드라이버〉라는 게 있어요"라고 말했고, 저는 "좋아요, 바로 이거예요"라고 말했죠. 그러자 폴이 말했어요. "드니로는요? 〈비열한 거리〉에서 정말 훌륭했어요" 그런데 아니나 다를까 밥도 트래비스와 같은 인물에게 어떤 촉을 느끼고 있었더라고요. 〈택시 드라이버〉는 어떤 의미에서는 거의 임무수행단 같았어요. 밥은 배우였고, 저는 감독이었고, 폴은 시나리오를 썼죠. 슈레이더, 밥, 그리고 저, 이렇게 셋이 모였어요. 우리가 바라던 것이었지만 참 기묘한 느낌이었죠.

저희는 모든 숏을 스토리보드에 그렸어요. 클로즈업까지도요. 빠르게 촬영해야 했거든요. 촬영에 들어가면 "이 숏 찍어요" "오케이, 찍었어요" "계속해요, 다음 숏"이라고 하면서 속도감 있게 진행해야 했죠. 그렇게 가야만 했어요. 그러면서도 우리는 그 영화에 대한 강렬한 감정을 느꼈어요. 〈택시 드라이버〉는 저에게 굴러들어 온 첫 시나리오였어요. 저는 다른 사람이 쓴 시나리오는 좋아하지 않아요. 2달 정도 기다렸다가 시나리오 작가가 시나리오를 들고 돌아와야 완전히 끝나는 방식을 선호하지 않았어요. 그러면 저에게 입력되는 것이 부족하거든요. 주제와 관련된 내용을 바꿀 수 있고, 새로 넣을 수도 있지만 시각화하는 일은 정말 어려워요. 슈레이더의 시나리오는 저에게 다시금 시나리오의 문제로 돌아가 시각화할 수 있는 가능성을 줬어요.

슈레이더는 대체로 장면을 짧게 쓰면서도 시각적으로는 더 나은 발상을 가지고 있어요. 아마도 그가 쓴 글에 담긴 시각성은 제가 영화로 만든 판본으로 끝날 만한 건 아닐 거예요. 적어도 그는 관점을 지니고 있어요. 다른 작가들은 보통 전적으로 문학적인 관점을 취해요. 주로 대화를 집어넣고 장면을 길게 설명하려고 하죠. 그러면 감독이 정말 모든 것을 다 해야 해요. 가끔은 대화 장면만 찍다가 끝날 수도 있어요. 그게 꼭 나쁜 것만은 아니에요. 그저 문학적인 접근법을 취하는 거죠. 하지만 저는 영화적인 접근법을 선호해요. 슈레이더도 영화적 접근법을 취하죠.

로버트 드니로 : 삭제 컷을 모아서 영화 하나 만들어야 한다고 마티에게 말한 적이 있어요. 그러니까, 〈택시 드라이버〉의 삭제 컷에는 저라면 넣었을 것들이 많았어요. 우리가 그 영화를 찍을 때, 끔찍한 유혈 장면이

있었어요. 그런데 얄궂게도 재미난 일들이 일어났죠. 우리는 영화 후반부에 벌어지는 복도의 학살 장면을 네다섯 번 정도 찍었어요. 하지만 기술적으로 문제가 생겼죠. 특수 효과들이 많았는데, 그런 것들에 항상 문제가 발생하곤 하거든요. 매우 심각하고 극적인 대학살을 경험하고 있는데 갑자기 누군가가 물건을 떨어뜨리거나 기계가 고장 나는 거예요. 다 망쳐버리는 거죠. 근데 그런 것들이 너무 재밌었어요. 이상하게도 그런 장면은 너무 섬뜩하기 때문에 모두 웃을 준비가 되어 있는 것 같아요. 촬영 중간중간에 많이 웃으며 농담을 주고받았어요. 그런 게 기억나요. 우리가 다루는 소재는 아주 무거웠지만, 우리는 무겁지 않은 분위기로 촬영했거든요.

마틴 스코세이지 : 제가 꼭 따르려고 했던 기본 발상이 있었어요. 트래비스 비클을 찍을 때마다, 그가 차에 혼자 있거나 사람들이 그에게 말을 걸 때마다, 말을 건 사람이 카메라 프레임 안에 있으면, 그 사람들의 어깨를 걸고 촬영하는 거였어요. 트래비스는 다른 사람들의 눈에 띄긴 했지만, 혼자인 사람이에요. 그의 시각틀 안에는 그 누구도 없는 거죠. 저는 가능한 한 그 방식을 고수하려고 했어요. 하지만 큰 문제가 있었어요. 트래비스는 다른 사람들의 시각틀로부터 벗어날 수 없거든요. 그의 눈에는 남다른 면모가 있어요. 그의 얼굴을 클로즈업하게 만드는 어떤 부분이 있었던 거죠. 우리는 특정한 렌즈를 사용해 그 눈과 얼굴을 찍었어요. 미묘하게 전달하려고 했어요. 너무 넓게 보여주지 않았고, 그 모습을 훼손하지도 않으면서, 관객들에게 "여기 이 사람은 미친놈이야"라고 느낄 수 있게 강요하지도 않았어요. 우리는 차라리 트래비스의 남다른 면모가 관객들에게 슬그머니 다가가도록 내버려 두었어요. 트래비스가 그러는 것처럼요. 카메라는 그가 사물을 보는 방식대로 움직였어요. 모든 움직임이 그의 관점에서 비롯

〈택시 드라이버〉 촬영장에서 회의를 하고 있는
마틴 스코세이지와 로버트 드니로(트래비스 비클 역).

했어요. 오직 단 한 장면만 다른 관점에서 촬영했는데, 카이텔이 조디 포스터와 함께 춤을 추는 즉흥적인 장면이었어요.

밥 드니로는 놀랍도록 폭넓은 영역의 연기를 소화할 수 있는 사람이에요. 당시 저와 그의 에이전트였던 해리 우프랜드가 촬영장에 들렀던 날, 밥은 정장을 입고 있었어요. 촬영 중간에 〈마지막 거물*Last*

Tycoon〉의 의상을 한번 입고 확인하고 있던 거예요. 그런데 해리가 밥을 알아보지 못했어요. 20분 동안 밥은 트래비스가 아니라 먼로 스타로 있었죠. 정말 놀라웠어요.

하비 카이텔: 〈비열한 거리〉를 만들 때 저는 그리니치빌리지에 살았고, 〈택시 드라이버〉를 만들 때는 헬스 키친으로 이사했어요. 그 동네에서 저는 여러 명의 포주들을 봤어요. 저는 그들의 모습을 조합하여 스포트라는 인물을 만들었죠.

포주에게는 엄청난 인간성이 있어요. 자비롭다는 의미의 인간성이 아니라, 병적인 의미의 인간성 말이에요. 그들은 보통 가진 것 없이 가난한 곳에서, 망가진 가정에서, 기회가 전혀 없는 곳에서 나타나요. 그런 환경에서 살다보면 포주, 도둑, 마약 중독자, 강도가 종종 나오죠. 그런 사람들이 어떻게 사랑을 주고, 보살피고, 지지하고, 최선을 다해 사는 법을 알겠어요? 그들은 그저 먹고살기 위해 애쓰고, 쥐들이 그들의 음식에 손대지 못하게 할 뿐이에요.

저는 스포트라는 역을 만들기 위해 몇 주간 포주와 함께 지내기도 했어요. 저와 그 포주는 거의 모든 대사를 함께 썼죠. 저는 우리가 했던 즉흥 연기를 기록했어요. 그가 포주를 연기하면 저는 여자를 연기했죠. 그렇게 저는 그가 저를 대하는 방식을 지켜봤어요. 그런 뒤 제가 포주를 연기하고 그가 다시 여자를 연기했어요. 우리는 액터스 스튜디오에서 몇 주 동안 그 작업을 함께 했죠.

피터 보일: 우리는 벨모어 카페테리아라는 곳에서 제가 나오는 장면을 촬영했어요. 그 당시 그곳은 24시간 영업하던 가게였어요. 새벽 1시가 되면 인간의 본성을 관찰하기 딱 좋은 장소로 변하죠. 그곳은 택시 운전사들이 모여 시간을 보내는 곳이기도 해요. 촬영이 시작되기 전 마

티와 폴 슈레이더, 그리고 제가 벨모어에 있는 몇몇 택시 운전사들과 이야기를 나누었어요. 제가 맡은 역할인 위저드와 트래비스가 함께 나오는 장면이 대본에 있었거든요. 그런데 너무 평범한 거예요. 벨모어에 다녀온 후, 저는 마티에게 몇 가지 아이디어를 말해 주었어요. 저는 메모를 몇 개 적어서 세인트 레지스 호텔*St. Regis Hotel*에 있는 마티의 스위트룸으로 가져갔어요. 그는 거기에 묵는 걸 좋아했죠. 오슨 웰스가 좋아했던 호텔이었거든요. 거기서 이렇게 말했어요. "내가 하고 싶은 게 바로 이거예요" 저는 그 자리에서 바로 연기를 시작했어요. 그는 "다시 해 봐요"라고 말하더니 녹음기를 꺼내 녹음을 하더라고요. 그리고 비서에게 테이프를 보냈어요. 그렇게 제 아이디어가 하나의 장면으로 들어갔죠.

저는 트래비스가 다른 사람과 소통할 수 없는 상태라는 점을 전달하고 싶었어요. 어떤 명언도 그에게 닿지 못했죠. 저는 제 연기가 어떤 결과로 나올지 몰랐어요. 우리가 그 장면을 찍을 때, 바비가 저를 보고 말했어요. "있잖아, 위저드, 너는 개자식이야" 그 말을 듣는데 정말 즐겁더라고요. 그게 제가 바라던 바였으니까요.

제 생각에 〈택시 드라이버〉가 다루는 핵심적인 문제는 사람들이 보편적으로 나눌 수 있는 감정과 해방감을 느끼지 못한 채 결핍 상태에 있다는 거였어요. 그래서 어디에나 총이 있는 거예요. 마티가 연기한 승객은 택시 뒷좌석에 앉아 아내와 함께하고 싶은 일에 대해서 말하고, 그가 사용하고 싶은 매그넘 총에 대해 말해요. 그 장면은 감정의 흐름을 경험하지 못하는 무능력에 대한 이미지들이에요. 트래비스는 감정을 해소하지 못해 시체를 만들어 내요. 막힌 에너지가 생기 없는 삶을 만드는 거예요.

마틴 스코세이지 : 제가 연기했던 택시 안 장면은 촬영 마지막 주에 찍었어요.

〈택시 드라이버〉의 하비 카이텔(스포트 역)과 조디 포스터(아이리스 역).

그냥 그렇게 됐어요. 제가 뉴욕에서 보고 싶었던 사람들은 모두 영화에 나왔어요. 〈비열한 거리〉에서 "너는 무크야"라고 말하는 사내를 맡았던 조지 메몰리*George Memmoli*가 원래 그 역할을 하기로 되어 있었어요. 하지만 안타깝게도 조지는 남부 어딘가에서 〈농부*The Farmer*〉라는 영화를 찍다가 끔찍한 사고를 당하게 됐죠. 그로부터 10년 후에 그는 그 사고의 여파로 세상을 떠났어요. 버티지 못했고, 주위에는 아무도 없었어요. 그 역할을 맡길 만한 사람이 없었어요. 그래서 제가 택시 뒤에 타서 그 역할을 직접 연기한 거예요. 거기서 밥에게 많은 것을 배웠어요. 제 대사가 기억나요. "미터기 꺾어, 미터기 꺾어" 드니로가 말했죠. "마티, 그게 아냐. 내가 미터기를 꺾도록 만들어" 그래서 제가 진심이라는 것을 확신할 때까지 바비는 미터기를 꺾지 않았어요. 그 때 저는 이해했어요. 그의 행동은 특정한 방식으로 취해져야 했고, 감정이 전달되지 않으면 그 행동이 제대로 나오지 않는 거예요. 저로서는 해내기 겁나는 장면이었어요.

마이클 채프먼: 마티는 〈택시 드라이버〉의 촬영감독이 필요했고, 누군가가 나를 추천했어요. 그래서 마티를 만나서 이야기를 나누게 되었죠. 우리는 곧장 고전 영화의 숏들을 두고 이야기를 시작했어요. "그 영화 기억나요?"와 같은 이야기를 나누었던 거죠. 거기서부터 계속 이야기가 이어졌어요.

우리는 마티가 만든 스토리보드를 보면서 작업했어요. 정말 최고였죠. 그는 스토리보드를 예술로 가장하지 않아요. 스토리보드가 너무 정교하고 과도하게 그려져 있으면 스토리보드도 방해물이 될 수 있거든요. 스토리보드를 그대로 복제해 숏을 찍도록 강요할 수 있잖아요. 하지만 마티의 스토리보드는 훨씬 더 자유로워요. 그 그림들은 그가 무엇을 원하는지에 대한 아이디어를 제공하고, 그 아이디어가 실제로 실행될 수 있는지에 대한 현실적인 문제와 상호작용하도록 해요. 그는 누군가를 억압하지 않으면서도 그가 해야 할 말의 핵심을 전달해요.

영화 촬영을 뭐라 설명하기는 어려워요. 그 특유의 성질 때문에요. 거기서는 기술적인 부분과 이미지들이 구분되지 않아요. 영화 기법으로 통하는 것들은 대부분 기술적인 문제들에 대한 올바른 해결책이에요. 시의 보격과 각운처럼요.

마티는 영화를 찍으면서 종종 더 강도 높은 작업을 요구하는 복잡한 기계적인 문제에 부닥쳤어요. 마티의 영화처럼 그런 기술적 문제들을 잘 해결한 영화는 그저 배우들의 감정을 들추는 데 집중하는 영화들보다 정서적으로 더 나은 영화인 것 같아요. 마티가 눈에 불을

스코세이지가 〈택시 드라이버〉에서 트래비스 비클의 택시를 탄 승객을 연기한다.

켜고 문제를 해결할 때, 카메라 움직임과 구도는 진정으로 정서적인 내용을 담게 돼요.

마틴 스코세이지 : 우리는 좋은 팀이었어요. 마이클 채프먼은 함께 일하기에 아주 훌륭한 사람이었죠. 마이클은 〈마지막 지령*The Last Detail*〉을 촬영했는데 그게 마음에 들었어요. 거기에는 제가 좋아하는 시각적 스타일이 담겨 있어요.

뉴욕에서 제대로 영화를 촬영한 것은 그때가 처음이었어요. 하지만 일단 거리에 카메라를 가져다 놓으면, 더 이상 진짜가 아니었죠. 당신이 무슨 말을 하는지는 상관없이, 당신이 카메라로 찍을 무언가를 고르고 나면, 특정한 일들이 일어나요. 그건 결코 완전한 현실이 아니에요.

〈택시 드라이버〉를 위해 우리는 가먼트 지구에 있는 38번가와 7번 대로에서 정치 집회가 열리는 장면을 촬영했는데, 38도에 육박하는 무더위에도 수천 명이 거리에 운집했어요. 완전히 미친짓이었죠. 누군가와 이야기하기 위해 움직일 때마다, 저는 카메라로 다시 돌아갈 수 없는 상태였어요. 정말 대단한 경험이었죠.

저는 〈비열한 거리〉로 거리의 쓰레기들을 보여주었다는 혐의를 받았어요. 그런데 〈택시 드라이버〉를 찍을 때는 쓰레기 파업[21]이 일어나 정말로 거리가 엉망진창이 되어 있는 거예요. 카메라가 겨냥하는 곳마다 쓰레기 더미가 산처럼 쌓여 있었죠. 저는 "죽겠네! 쓰레기 좀 치워줘요"라고 말했어요. 거기서 저는 현실을 통제하려 했지만, 그게 바로 현실이었어요. 〈비열한 거리〉를 찍을 땐 LA를 뉴욕처럼 보이게 하기 위해 거리에 쓰레기를 버려야 했어요.

영화음악에 대해 말하자면, 저는 11살, 12살쯤에 버나드 허먼의 음악을 알게 되었어요. 너무 좋았죠! 그는 폭스사와 계약을 맺었고, 멋진 음악이 담긴 기묘한 영화들로 유명했어요. 나중에 TV로 그 영화들을 보았을 때 이렇게 말했어요. "어쩐지 마음에 들더라니. 버나드 허먼이면 당연한 거지" 그는 히치콕의 영화를 작업했어요. 특히 〈마니〉와 〈현기증〉이요. 흔히 〈싸이코〉를 많이 언급하긴 하지만, 〈마니〉의 음악이 저는 더 흥미로워요.

〈비열한 거리〉의 영화음악은 제가 살던 거리, 이웃, 공동 주택에서 들었던 음악이에요. 우리는 어느 집의 창문에서 흘러나오는 노래를 듣고, 또 다른 집에서 나오는 노래를 듣죠. 오페라, 로큰롤, 프랭크 시내트라의 음악들이요. 그런 음악들이 〈비열한 거리〉에 삽입된 거예

21 1975년 7월 2일에서 4일까지 3일 동안 일어난 뉴욕시 환경미화원들의 파업을 말한다.

요. 제가 간직하고 싶었던 음악이었죠. 〈앨리스는 이제 여기 살지 않는다〉에서도 마찬가지였어요. 관객이 듣는 음악은 그녀가 진짜 들었던 음악이에요. 바로 앨리스 페이의 음악 같은 거요.

하지만 〈택시 드라이버〉의 트래비스 비클은 아무것도 듣지 않아요! 이걸 집어낸 사람은 버나드 허먼이 유일했어요. 그는 매우 불평하듯이 말했어요. "택시 운전사와 관련된 건 못 하겠어요!" 하지만 시나리오를 읽고 나서 바로 수락했죠. 그러더니 그가 말했어요. "나는 그가 시리얼에 복숭아 브랜디를 부었을 때가 좋았어요. 마음에 들어요. 이 영화 할게요"

존 힌클리 총기 난사 사건과 관련해서 사람들은 저에게 어떻게 생각하냐고 물어요. 저는 가톨릭 신자예요. 죄책감을 느끼게 하는 건 쉬운 일이죠. 사실, 저는 아카데미 시상식이 있던 날 밤이자 대통령이 총에 맞은 다음 날이 되어서야 그 연관성을 알게 되었어요. 씻고 옷을 차려입고 있었어요. 〈분노의 주먹〉으로 감독상 후보에 오르긴 했지만, 상을 받지 못할 걸 알고 있었고, 그냥 그럴 것 같았어요. 상을 못 받을 걸 알았지만, 괜찮았어요. 어쨌든 계속 영화를 만들 거니까요. 전날 대통령이 총에 맞는 모습이 담긴 영상이 TV에서 흘러나왔지만, 저는 소리를 끄고 있었어요. 그래서 〈택시 드라이버〉와 그 사건이 연관되었는지도 까마득히 모르고 있었죠.

그날 밤 저는 해리 우프랜드, 제 아내, 드니로와 함께 아카데미 시상식에 도착했어요. 우리가 제일 먼저 입장하는 사람들이었어요. 저는 "굉장해, 훌륭해"라고 말했어요. 그런 뒤 볼일을 보기 위해 화장실을 갔는데 갑자기 덩친 큰 사내 셋이 저와 함께 화장실로 따라 들어온 거예요. 정장을 입은 덩치들이었고, 옷 안에는 금속들이 가득했죠. 농담이 아니에요! 무전기를 가지고 있는 것 같았어요. 귀에는 전선들과 장치들이 달려 있었죠. 저는 "이런, 오늘 밤 보안은 정말 철저하네.

놀라워"라고 말했어요.

몇 년 전에 조디 포스터와 제가 후보에 올랐을 때, 저는 〈택시 드라이버〉와 관련된 협박 편지를 받기도 했어요. "만약 당신이 조디 포스터에게 시킨 일로 그녀가 상을 받는다면, 당신은 목숨으로 그 대가를 치르게 될 거야" 그래서 우리는 FBI 요원의 보호를 받게 됐죠. 그날 밤 빌리 프리드킨[22]이 시상식을 감독하고 있을 때, 그는 저를 먼저 들여보내 줬어요. 관계자들이 저를 보호하는 FBI 요원들을 소개해 줬죠. 드레스를 입은 여성이었는데, 가방 속에 총을 가지고 있었어요. 조디는 상을 받지 못했고 그 일은 그렇게 끝났어요. 그래서 저는 "음, 보안이 지난번보다 훨씬 더 좋아졌네. 환상적이야"라고 말했어요. 심지어 화장실에도 요원들이 있어요. 그들이 저에게 물어요. "괜찮아요?" 그럼 제가 답해요. "네, 괜찮아요. 손 씻고 있어요. 괜찮아요"

릴리언 기쉬*Lillian Gish*가 최우수 작품상을 시상하기 위해 무대에 섰을 때, 누군가가 저에게 말했어요. "일어나, 레드포드의 영화(〈보통 사람들*Ordinary People*〉)가 상을 받을 거야. 나가자고" 저는 "안돼, 안돼, 안돼, 릴리언 기쉬가 무대에 있잖아. 릴리언 기쉬가 있는 데서 나갈 수 없어"라고 말했어요. 하지만 저는 나가야만 했죠, FBI가 시켜서!

저는 밥 드니로와 함께 무대 뒤로 올라가 소감문을 썼어요(드니로가 〈분노의 주먹〉으로 최우수 남우주연상을 받았어요). FBI는 제가 움직이기를 원하지 않았죠. 저만 빼고 모두 그 이유를 알고 있었어요. 밥이 저에게 대통령 총격 사건과 〈택시 드라이버〉가 관련되어 있다고 말해 주었어요. 저는 그 사건이 제 영화와 관련 있을 거라곤 꿈에서도 생각하지 못했죠. 알고 보니 리무진 운전사도 FBI였더라고요.

22 영화감독 윌리엄 프리드킨.

우리는 힌클리의 재판에서 영화를 계속해서 틀어주는 것이 부당하다고 생각했어요. 그 영화는 불편한 작품이긴 했지만 우리는 애정을 담아 그 영화를 만들었어요. 저는 정말 그 영화를 본 사람이 얼마 없을 거라고 생각했어요. 하지만 밥은 그 영화가 생각했던 것보다 더 크게 성공했을지도 모른다는 느낌을 받았죠. 그는 자신이 모호크 가발을 썼을 때부터 우리가 특별한 걸 이루었다는 걸 알았어요.

그래도 재판에서 그 영화를 보여주는 건 부당했죠. 그건 마치 〈화씨 451〉의 마지막 장면 같았어요. 거기서 사람들은 경찰에게 쫓기고, 경찰은 집에 있는 사람들에게 "괜찮아요. 우리가 잡았어요. 안심하세요"라고 말하기 위해서 아무나 닥치는 대로 잡아들여요. 그러니 힌클리의 법정에서도 그렇게 하는 거예요. 괜찮아요. 힌클리는 영화 때문에 총기 난사를 저질렀지만, 모두 안심하고 주무실 수 있어요.

*

〈뉴욕, 뉴욕〉(1977)

마틴 스코세이지는 할리우드 야외 촬영장에서 1945년 대일 전승 기념일(V-J Day)을 재창조하면서 〈뉴욕, 뉴욕〉을 시작했다. 그의 부모님 이야기에서 매우 중요한 날이 다시금 살아났던 것이다. 환희에 찬 타임스퀘어 군중 속에서 하와이안 셔츠를 입은 엉뚱한 전직 군인 한 명이 눈에 띈다. 바로 지미 도일(로버트 드니로)이다. 그가 보여주는 첫 이미지는 갈색 바탕에 흰색 코끝 모양을 한 '방랑자의 신발*vagabond shoes*'[23]이다.

23 유명 구두 브랜드 베가본드(Vagabond)의 신발을 뜻하기도 한다.

우리는 지미를 따라 사람들로 가득한 무도회장으로 들어간다. 15분 동안 그는 프랜신 에반스(라이자 미넬리)를 꼬드겨 함께 춤을 추려고 한다. 지미는 모든 접근법을 동원한다. 직설적으로 제안하고, 새침하게 말하고, 유머러스하다가도 불편하게 군다. 하지만 프랜신은 좀처럼 마음을 열지 않는다. 두 사람의 모든 움직임, 모든 찌르기와 막기의 타이밍은 코믹하면서도 애처로워 보이도록 맞춰져 있다. 그 장면은 영화의 핵심인 그들의 관계를 요약해서 보여준다.

지미는 매력적이고, 유혹적이며, 재미있고 위험하다. 프랜신은 마음이 따뜻하고, 관대하며, 분별력 있다. 그녀는 거절하려 하지만 그렇게 시도해 보아도 왠지 모르게 지미의 매력이 그녀를 머뭇거리게 한다. 두 사람 뒤로는 춤추는 커플들을 위해 연주하는 밴드가 있는데, 곧 그 밴드는 이 영화 이야기에 또 다른 요소를 들여온다. 프랜신과 지미는 둘 다 뮤지션이다. 지미는 마치 낡은 음악 패턴을 날려버릴 새로운 사운드를 만들기 위해 싸우듯 그의 색소폰을 전쟁 무기처럼 휘두른다. 그와 달리 프랜신은 관객에게 반기를 들지 않는다. 그녀는 전통의 자장 안에서 흥을 돋우고 즐기기를 원한다.

6일 동안 천 명의 엑스트라와 수십 명의 스태프들이 미넬리, 스코세이지, 드니로를 지켜보았다. 세 사람은 당대 최고의 가수가 될 운명의 여성과 색소폰 연주자가 어떤 관계를 만들어 내는지 지켜본다. 색소폰 연주자는 자신만의 '메이저 코드'를 찾는 것을 꿈꾸고 있다. 모든 대사가 즉흥적으로 만들어졌고, 그들은 함께 나아가면서 이야기를 만들었다.

함께 만든 이야기지만 거기에 참여한 이들은 제약 없는 행동이 그들에게 활력을 주면서도 두려움을 준다는 사실을 깨달았다. 마틴 스코세이지는 '할리우드에 대한 그의 애정'이 이 영화에 담겼다고 말했다. 그는 2차 세계대전 직후에 빅밴드의 삶이 어땠는지 보여주기 위해 그 당시 스타일을 사용했다. 영화가 전개되면서 동시대적 주제가 계속 이야기를 관통했고 그렇게 영화는 두 예술가의 결혼 이야기로 마무리 되었다. 〈뉴욕, 뉴욕〉은 복싱 장갑을 낀 〈분홍신〉과도 같다. 사랑이 모든 것을 정복하지 않는다. 지미는 블루스를 작곡하고,

프랜신은 가사를 덧붙인다. 두 사람은 함께 '뉴욕, 뉴욕'이라는 노래를 만들면서 서로의 재능을 인정하고 거기에 찬사를 보낸다. 하지만 둘은 달라도 너무 다른 사람이기에 결국 헤어짐을 택한다. 영화가 거의 끝날 무렵, 지미는 인기 신작 영화에 출연한 프랜신을 라디오 시티 뮤직홀 극장 스크린을 통해 지켜본다. 〈스타 탄생〉을 연상시키는 거대 프로덕션 뮤지컬 넘버에서 프랜신은 '해피 엔딩'을 노래한다. 지미가 지켜보는 그 순간, 바로 그 순간이 그들에게 허락된 유일한 해피 엔딩인 것처럼 보인다. 두 사람은 비록 헤어졌지만 각자 자신만의 예술을 추구하며 살아간다. 프랜신은 마음이 끌리긴 했지만 지미에게 돌아가지 않았다. 스코세이지의 '할리우드에 대한 애정'은 가장 할리우드적이지 않은 결말로 마무리됐다.

스코세이지 영화 중에서 진정한 할리우드 방식으로 홍보된 작품은 〈뉴욕, 뉴욕〉이 처음이었다. 영화에 거는 기대감이 치솟았다. 미넬리와 드니로는 유명 뉴스 잡지의 표지 모델로 등장했다. 평론가들은 스코세이지의 재능이 만개했음을 보여주는 첫 예시 작품이 될 것으로 기대했다. 하지만 개봉한 영화는 그들을 혼란스럽게 만들었다. 대체 〈택시 드라이버〉와 〈비열한 거리〉의 감독이 사치스러운 할리우드 뮤지컬을 선택한 이유가 무엇이었을까? 영화가 공개되었을 때, 어떤 이들은 이 영화가 뮤지컬로는 너무 어둡고, 진지한 드라마로는 너무 뮤지컬 영화 같다고 평가했다. 관객들은 열광했지만, 평단의 엇갈림이 영향력을 발휘했다. 영화가 흥행에 실패한 것이다. 스코세이지는 할리우드의 기득권층이 그것을 실패로 간주한다는 것을 감지했다.

그러나 〈뉴욕, 뉴욕〉의 순간들은 스코세이지가 그동안 만들어 낸 것만큼 강한 정서적 충격을 전달한다. 놀라운 첫 장면은 연기와 편집의 승리를 보여줬다. 한 해군 남자와 여자가 거리에서 추는 발레는 〈춤추는 대뉴욕〉에서 묘사된 과거를 간단히 떠올리게 하는 반면, 지미 도일의 음침한 존재는 좀 더 매서운 현실을 가리킨다. 프랜신과 지미가 눈 속을 걷는 모습은 40년대 고전 영화의 한 장면처럼 낭만적으로 느껴지지만 몇 초 후 지미는 그 목가적 분위기를 망가뜨린다. 그는 택시 타이어 아래에 누운 채 프랜신에게 당장 결혼해달라며 고집부린다. 시간이 흘러, 그들의 결혼 생활이 파탄에 이르고, 프랜신과 지미는 격렬하게 대립한다. 그 여파 탓에 프랜신은 진통을 느끼며 출산한다. 병원에서 아내이자 어머니인 프랜신은 곧 버려질 것을 알면서도 남편을 위로한다. 남편은 갓 태어난 아들의 얼굴조차 볼 수 없다. 프랜신은 만약 지미가 아기를 보면 떠날 수 없을 것이란 것을, 지미가 머물 수 없다는 것을 이해한다.

스코세이지가 그때 포착한 정서는 너무도 강력해서, 스코세이지 자신도 그 영화의 진정한 의미를 이해하기까지 몇 년이 걸렸다.

*

마틴 스코세이지: 1942년에 태어난 이래로 저는 빅밴드 음악과 함께 자랐어요. 그게 제가 처음 배운 음악이었죠. 〈뉴욕, 뉴욕〉은 저희 부모님께서 가지고 계셨던 장고 라인하르트의 음반에 제가 흠뻑 빠진 경험으로부터 나왔어요. 장고 라인하르트는 위대한 재즈 기타리스트였고, 그는 30년대 후반 스윙 그룹인 프랑스 핫 클럽의 일원이었죠. 재즈 바이올리니스트 스테파니 그라펠리*Stephane Grappelli*도 그 그룹의 일원이었어요. 저는 '내가 하는 일'이라는 노래와, '러브 레터'라는 노래에 흠뻑 빠져 있었어요. 그리고 제2차 세계 대전 때의 제복을 입은 삼촌들의 사진에 사로잡혔죠. 세피아톤 사진 속에서 삼촌들은 오래된 모턴의 범퍼 위에 발을 올려놓고 자세를 취하고 있었어요. 이런 것들이 영화를 만드는 데 도움을 주었어요.

미스터 스코세이지: 저는 마티와 프랭키를 데리고 빅밴드 음악을 들으러 다녔어요. 파라마운트, 캐피톨과 같은 밴드를 보러 갔죠.

미세스 스코세이지 : 스트랜드랑 캐피톨을 보러갔어요. 기억나, 찰리?

미스터 스코세이지 : 애들을 데리고 테드 루이스를 보러 가기도 했죠. 루이스 프리마를 보러 가기도 하고요. 함께 그들을 싹 다 보러 갔어요.

미세스 스코세이지 : 저는 루실 볼과 그녀의 남편 데시 아르나즈를 봤어요. 밴드 리더도 봤었는데, 이름이 뭐였죠?

미스터 스코세이지 : 자비에 쿠거?

미세스 스코세이지 : 자비에 쿠거를 보긴 했는데, 그 사람은 아니야.

미스터 스코세이지 : 그럼 누구지?

미세스 스코세이지 : '달과의 경주*Racing with the Moon*'를 불렀던 사람 말이야.

미스터 스코세이지 : 본 먼로*Vaughn Monroe* 말하는 거네.

미세스 스코세이지 : 본 먼로야. 그 사람을 봤어요.

미스터 스코세이지 : 나는 폴 화이트먼을 사랑했었지. 에디 듀친도 사랑했고. 아이들을 데려갔어.

마틴 스코세이지 : 빅밴드 시대를 다룬 〈뉴욕, 뉴욕〉이라는 영화를 누군가 제작할 예정이라는 기사를 〈할리우드 리포터〉에서 읽었어요. 저는 제 에이전트에게 전화를 걸어 물어봤죠. "제가 해도 될까요?"

저는 다른 영화를 만들고 싶었어요. 성공하기 위해 애쓰는 40년대 밴드에 대한 이야기를 하고 싶었어요. 전적으로 개인적인 관심사였어요. 저는 고군분투하는 40년대 밴드와, 모든 압력을 받으며 엔터테인먼트 비즈니스에서 성공하려고 하는 저 자신 사이에는 정말 아무런 차이가 없다고 생각했어요. 그 영화는 고군분투하는 두 명의 창의적인 사람에 대한 것이기도 해요. 그들은 어디서 어떻게 밥벌이를 해야 할지 몰라요. 길을 전전하는 신세라 더 처량하죠. 이 영화는 바로 그런 관계를 다루고, 그들이 어떻게 성장하고 파괴되며, 결국에 어떻게 희망적으로 해결하는지 이야기해요.

저는 이 영화를 진짜 할리우드 영화처럼 만들고 싶었어요. 저에게 할리우드 영화는 여전히 소중하니까요. 제가 처음 할리우드에 왔을 때, 스튜디오 시스템이 끝났다는 걸 알고 정말 실망했어요. 1960년대 초기에 모두 죽었죠. 위대한 감독들은 모두 죽었거나 더는 작품을 만들지 않았어요. 제가 그곳에 갔을 때 저는 "예전 할리우드 스타일로 영화를 만들 거야"라고 말하곤 했어요. 세트가 1945년에 시작된 뮤지컬 영화처럼 디자인될 예정이라 〈뉴욕, 뉴욕〉은 그 당시 작품처럼 보였을 거예요. 세트가 지어지고 시간이 지나면서 이 영화는 MGM과 유니버설에서 만들어진, 〈아이 러브 멜빈〉과 같은 영화들을 떠올리게 하죠.

이 영화는 라울 월쉬의 40년대 필름 누아르 음악 영화이자 거슈윈의 노래가 나오는 〈더 맨 아이 러브*The Man I Love*〉, 리처드 위드마크*Richard Widmark*가 나오는 폭스 영화사의 영화 〈로드 하우스*Road House*〉, 테크니컬러 영화들을 섞어놓은 작품이 될 예정이었어요. 저는 할리우드에 대한 애정을 드러내고 싶었죠. 그러면서도 할리우드를 쇄신하려고 했어요. 마치 오래된 할리우드 영화가 시간 경과에 따라 성장하는 것처럼 보이고 느껴질 수 있게 옛 할리우드 스타일을 새롭게 만들고 싶었어요. 영화에 나타나는 각각의 시간과 세월이 딱 거기에 해당하는 시대의 영화처럼 보이게 하려고 했죠. 그래서 이 영화는 1947년 영화처럼 보이면서도 1950년대 영화처럼도 보여요. 우리는 세트와 의상, 헤어와 메이크업을 통해 그런 변화를 만들었죠.

모든 것이 과장됐어요. 어깨 패드는 1인치 더 컸고, 타이는 더 넓게 만들어졌죠. 조르지오 아르마니는 의상을 공부하다가 "〈뉴욕, 뉴욕〉 같은" 옷을 만들기로 결심했다고 말하더라고요.

우리가 영화 제목을 〈뉴욕, 뉴욕〉이라고 짓긴 했지만, 영화에 대한 제 기본 구상은 뉴욕 안에서는 결코 촬영할 수 없었어요. 영화는 할리우드를 배경으로 촬영되어야 했죠. 어릴 때 저는 6번가와 2번 대로에 있는 로이스*Loew's*에 자주 가곤 했어요. 그곳은 60년대에 필모어 이스트가 되었죠. 로이스에서는 MGM과 컬럼비아, 파라마운트의 영화들을 틀어 줬어요. 그때 뉴욕을 배경으로 한 영화들을 보곤 했지만, 영화 속 길거리가 뉴욕과는 달라 보였어요. 도로의 연석도 크기가 달랐죠. 사람들은 이상해 보였고, 생기가 느껴지지도 않고 너무 공손했어요. 그들은 공립학교의 책에서나 나올 법한 사람 같았어요. "제인이 달리는 걸 보세요. 딕을 보세요"[24]

영화는 컬러로 촬영되고 할리우드를 배경으로 한 것처럼 보여야 했어요. 특정한 방식으로 보이고 특정한 방식으로 행동하는 할리우드 엑스트라 배우들도 있어야 했죠. 엑스트라는 구할 수 있었지만, 배경은 없었어요. 세트도 없었죠. 심지어 제가 좋아하는 뮤지컬 〈밴드 웨곤〉 도입부에 프레드 아스테어가 '나 홀로 내 길을 갈 테야'를

24 어린이용 '딕과 제인(Dick and Jane)' 시리즈를 가리킨다. 스코세이지가 인용하며 언급한 것은 '제인이 달리는 걸 보세요'라는 노래의 노랫말인데, 원래는 '제인이 달리는 걸 보세요. 딕이 우는 걸 보세요(See Jane run, see Dick cry)'이다.

부른 기차역도 사라졌어요. 아무것도 존재하지 않았어요.

저는 옛날 영화들을 많이 연구했어요. 도리스 데이와 잭 칼슨이 나오는 〈내 꿈은 너의 것My Dream Is Yours〉도 연구했는데, 거기서 도리스 데이는 사람들이 그녀의 문제에 간섭하는 말을 듣고선 "이건 제 인생이에요"라고 말해요. 그건 프랜신 에반스가 〈뉴욕, 뉴욕〉에서 겪은 일과 비슷하죠.

세트 디자인은 보리스 레벤Boris Leven이 맡았어요. 저는 그가 작업한 〈자이언트〉와 〈사운드 오브 뮤직〉이 마음에 들었어요. 제가 알기로 그가 처음 맡았던 일은 본 스텐버그 감독의 〈진홍의 여왕〉에서 마렌느 디트리히의 초상을 디자인하는 것이었어요. 그는 그 시절의 스타일을 이해하고 있었어요. 그래서 촬영이 매우 중요했죠. 저는 라슬로 코바치László Kovács와 함께 일했어요. 카메라 움직임은 평면적이어야 했어요. 사람들이 걷는 모습을 잡는 트래킹 숏이라고 하더라도 말이에요.

참 번거롭고 시간이 걸리는 일이었죠. 저는 어떤 새로운 시각 스타일도 원하지 않았어요. 사실, 영화의 결말은 빌모스 지그몬드Vilmos Zsigmond가 다시 찍었어요. 저는 빌모스에게 어떤 필터도 쓰지 말라고 요구했죠. 그런데 빌모스가 참을 수 없었나 봐요. 화면이 어딘가 좀 아름다웠거든요. 환상적이었죠. 마지막 장면에 엘리베이터를 기다리고 있는 라이자 미넬리의 클로즈업을 자세히 보면, 누구나 그 차이를 느낄 수 있을 거예요. 아마 조명 때문인지도 몰라요. 어쨌든 저는 빌모스가 무슨 술수를 부렸다는 걸 눈치챘죠.

저는 관객이 그 영화들을 기억하기를 바랐어요. 마치 정말로 그 시절에 만들어진 영화를 보는 것처럼 이 영화를 봐주기를 바랐죠. 모든 컷, 모든 프레임이 빈센트 미넬리, 조지 쿠커 등, 그 시절 여러 감독의 작품을 참조해서 만들었어요. 물론 그 영화들과 제 영화가 달랐던 점은 제가 동시대적인 무언가를 하고 싶었다는 것이에요.

어윈 윙클러 : 저는 〈뉴욕, 뉴욕〉의 각본이 무척 마음에 들었어요. 첫 번째 버전은 얼 맥 로크*Earl Mac Rauch*가 썼죠. 마티는 마르딕 마틴을 데려와 영화에 합류시켰어요. 영화를 만들 때, 사람들은 항상 같이 일하는 사람들이 자신들과 같은 열정을 가지고 있을 것이라고 생각해요. 하지만 안타깝게도 시나리오에는 허점이 있었고, 마티는 더 사실적으로 만들고 싶어했죠. 〈뉴욕, 뉴욕〉은 40년대 당시 영화들의 비현실적인 꿈나라 배경을 보여주려고 했고 그만큼 옛 MGM 뮤지컬에 대한 오마주처럼 보였어요. 마티는 동시대적인 이야기를 하고 싶어 했어요.

자신들의 직업과 삶에서 갈등을 겪게 되는 두 사람의 동시대적 이야기를 하고 싶었던 거예요. 하지만 어느 순간, 배우들과 마티 모두가 시나리오에 대한 자신감을 잃어버렸고, 이야기를 개선하려고 노력했어요. 뮤지컬을 만들 땐 여러 물리적 문제에 부닥치게 되어서 시작하기가 어려워요. 음악을 미리 녹음한 뒤 촬영장에서 재생해야 할 때는 문제가 더 복잡해지죠. 즉흥적으로 무언가를 하려고 하는데 그때마다 준비가 되어 있지 않다면 상황은 더 나빠져요.

마르딕 마틴 : 〈뉴욕, 뉴욕〉의 문제는 처음 8회차 동안은 아무런 문제가 없었다는 거예요. 촬영장에서는 지미가 프랜신를 꼬시는 도입부 장면을 찍었고, 즉흥 연기도 훌륭하게 돌아갔어요. 그것 자체만으로도 20분짜리 영화였으니까요. 그러다 다들 미쳐버린 거죠. 모든 것이 통제불능 상태가 되었어요. 모두 임기응변으로 문제를 개선하려 했지만, 항상 그런 방식이 통하는 것은 아니잖아요.

결말도 정해지지 않았죠. 저는 12개의 결말을 생각해 냈지만, 어떤 것도 먹히지 않았어요. 결말이라도 있었다면 그 목표 지점을 향해 어떻게든 나아갈 수 있었겠지만 어디로 가고 있는지 모르고 있다면… 그러니까, 이 이야기를 해소할 방법은 있었지만, 극적인 결말 같은 게 없었어요. 심지어 다시 그 영화를 봐도 무언가 빠져 있다는 게 느껴져요. 뮤지컬 넘버였던 '해피 엔딩'이 빠졌다가 지금은 다시 들어가 있어요. 그 넘버는 12분 동안 이어지는데 정말 멋졌어요. 저는 '해피 엔딩'이 다시 삽입된 버전을 본 적이 없어서 어떤 차이가 있는지 모르겠지만 말이에요.

〈뉴욕, 뉴욕〉은 저에게 고통스러운 작품이었어요. 정말 많은 것을 쏟아부었고, 그만큼 미치게 했던 작품이었죠. 촬영 전날 밤에 글을 쓰면서 영화를 구하기 위해 애썼어요.

로버트 드니로 : 〈뉴욕, 뉴욕〉에서 제작진은 처음부터 시나리오로 어려움을 겪었어요. 시나리오에 많은 시간을 할애했죠. 마티, 라이자, 그리고 저도 머리를 맞대고 작업했어요. 잘 굴러가지 않는 것들을 바로잡기 위해 모두 다 전력을 다해 덤볐죠. 우리는 이야기의 형태를 만들기 위해 애썼지만, 즉흥 연기로 인해 항상 이전에 촬영된 것을 기반으로 이야기를 다시 만들거나 순서에 맞지 않은 장면들을 끼워맞추어야 했어요. 그래서 이야기가 항상 위태로운 구조를 띠었어요. 마티도 제 말에 동의할 것 같아요. 일을 하기 전에는 문제를 해결해 놓아야 해요.

미리 시나리오 안에 있어야 하죠. 이야기를 구상하는 데 시간을 낭비하고 싶지 않잖아요. 영화 촬영은 많은 비용이 드는 일이니까요. 우리는 정해진 일정이 있었고, 끝내야 하는 시간이 서서히 가까워지고 있었죠. 그래서 시나리오가 채 완성되기도 전에 촬영을 시작해 버렸고, 그 바람에 배우들은 자주 즉흥 연기를 해야 했어요.

라이자 미넬리 : 〈뉴욕, 뉴욕〉을 찍으면서 저는 훌륭한 감독과 훌륭한 동료 배우 바비 드니로가 있어 그 모든 즉흥 연기를 할 수 있었어요. 두 사람은 계속 저를 격려했어요. "잘 할 거야. 괜찮아"라고 말해 주었죠. 댄

〈뉴욕, 뉴욕〉에서의 라이자 미넬리(프랜신 에반스 역)와 로버트 드니로(지미 도일 역).

스 넘버를 즉흥적으로 연기할 정도였죠. 그러면 저는 "좋아요, 이걸 바래요? 알겠어요!"라고 말하곤 했어요.

영화의 첫 장면에서 우리는 한 시간 동안 즉흥 연기를 했어요. 마티는 제가 "안 돼요"라고 말한 부분만 사용하기로 했어요. 저는 그것보다 더 많은 대사를 했지만, 마티는 그 말만 남겨 주었어요. 아마 저는 27개의 다른 느낌으로 27번의 '안 돼요'를 말한 것 같아요. 그게 마티의 방식이에요. 영화 전체가 즉흥적으로 만들어졌어요. 우리가 한 방에 모이면 마티가 시퀀스에 관해 설명해요. 그러면 우리는 상황에 맞추어 즉흥적으로 연기했죠. 우리는 영화 촬영이 시작되기 한 달 전부터 그렇게 했어요. 마티는 그 모든 즉흥 연기를 비디오로 찍은 뒤 집으로 가져가서 그걸 토대로 장면을 썼어요. 그가 장면을 다시 써서 가져오면 우리는 어디에 초점을 맞춰 연기해야 하는지 정확하게 알게 됐죠. 그러고 나서 마티는 우리에게 그것을 기반으로 즉흥 연기를 하게 했어요. 구조화된 즉흥 연기였죠.

바비가 밴드를 넘겨받는 장면에서 즉흥 연기가 빛을 발했어요. 마티나 바비 둘 다 무대 뮤지컬 경험이 없었기 때문에 마티가 저에게 물었어요. "좋아요, 밴드는 어디에 있을까요? 여기요? 좋아요. 그리고 당신은…" 그렇게 우리는 무대를 설정했어요. 그런 뒤 마티는 바비와 저를 따로 불러 이야기했어요. 상대방이 서로 무슨 생각을 하고 있는지 알지 못하도록 말이에요. 우리를 그냥 자유롭게 놓아주었던 거예요.

마티는 카메라 밑에 앉아서 제 연기를 지휘하곤 했어요. 저는 그를 보고 있지는 않았지만 그를 감지할 수 있었고, 그가 저를 지휘한다는 것을 느낄 수 있었죠. 그는 제가 언제 속도를 높이거나 낮추고, 감정을 가라앉혀야 하는지 알려주었어요.

진짜 중요한 것은 당신이 말하는 무언가보다 당신이 말하지 않는 무언가예요. 마티는 이걸 아는 것 같아요. 그는 강하게 반복해서 이야기하지 않아도 그 지점을 배우에게 전달할 수 있는 사람이에요. 그게 참 흥미로웠죠. 말하지 않는 무언가가 바로 미스터리한 거잖아요. 마티는 미스터리를 이해하는 사람이에요.

마틴 스코세이지 : 저는 영화를 만들 때 항상 매우 신중하게 계획을 세웠어요. 〈바바라 허시의 공황시대〉에서는 모든 숏이 정해져 있었고 500개의 숏이 그림으로 그려졌어요. 〈비열한 거리〉는 27회차 만에 촬영을 끝냈는데 그 영화의 모든 숏도 미리 정해진 상태였죠. 〈앨리스는 이제 여기 살지 않는다〉도 후반부는 즉흥적이긴 했지만 모든 숏이 문서화되었어요. 40회차 만에 촬영을 끝내야 했거든요. 〈택시 드라이버〉에서는 특수효과도 있고 배우들이 끔찍한 장면을 찍어야 했기

에 모든 숏을 그림으로 그렸어요. 우리가 〈뉴욕, 뉴욕〉을 시작할 즈음에 〈택시 드라이버〉가 개봉됐고, 〈비열한 거리〉가 좋은 평가를 받았으며, 〈앨리스〉도 괜찮은 평가를 받았어요. 앨런은 아카데미상을 받았고, 바비는 〈대부 2〉에 합류했죠, 〈택시 드라이버〉는 칸에서 황금종려상을 받았어요. 그러자 우리가 건방져지기 시작한거죠. '시나리오 따위 갖다 버려!'라는 태도가 생긴 거예요. 우리는 많은 것들을 즉흥적으로 만들었어요. 필름을 엄청나게 써댔죠.

V-J 데이 밤에 이루어지는 영화 도입부에서는 빅밴드의 음악과 댄스 시퀀스가 20분 동안 지속되었어요. 지미 도일은 프랜신 에반스를 유혹하려 하지만 그녀는 저항해요. 그때 모든 것이 산산조각 나는 동시에 합쳐졌어요. 그 순간 우리는 본능에 따라 즉흥적으로 가보기로 했어요. 아름다웠어요. 미넬리와 드니로는 모두 5일에서 6일 동안 함께 촬영을 진행하면서 아주 놀라운 즉흥 연기를 선보였어요. 그들 뒤에는 천여 명의 사람들이 계속 춤을 추고 있었죠.

어윈 윙클러 : 노심초사했어요! 우리는 예산을 초과하고 있었고, 매일 무슨 일이 일어날지 알 수 없었으니까요. 큰 문제가 있었죠. 저는 균형을 유지하려고 노력했고, 조직이 굴러가는 모습을 어떻게든 유지해야 했어요. 그러면서도 가능한 최고의 영화를 만들고 싶었죠. 그래서 한편으로는 시나리오를 더 잘 쓸 수 있도록 격려하고, 또 한편으로는 현실적인 문제를 처리하려고 했어요. 밤 11시에 촬영이 끝났다면 다음 날 아침 11시가 되어야 다시 촬영을 시작할 수 있는데 사람들을 아침 7시에 오도록 할 수는 없는 노릇이잖아요. 그러면 안 돼요. 그래서 저는 최고의 영화를 만드는 것과 현실의 재정적인 책임을 완수하는 것 사이의 균형을 유지하려고 노력했어요.

일화 하나가 생각나요. 마티와 저는 어느 날 밤 촬영을 진행하고 있었죠. 바비와 라이자도 함께 했는데, 그때가 9시쯤 되었을 거예요. 스물두 번째 테이크를 가던 중이었죠. 모두가 지친 상태였어요. 다음 날 야외 촬영지로 가야 하는 일정이었어요. 만약 우리가 다음 날 적당한 시간에 촬영을 시작하지 못하면, 그날 촬영을 끝낼 수 없었어요. 해가 져 버리니까 말이에요. 모든 문제가 겹치기 시작했어요. 그때 제가 마티에게 물었어요. "저기, 테이크가 스물두 번이나 갔는데, 어때? 그 정도 된 것 같지 않아?" 그러더니 마티가 말했어요. "있잖아 어윈, 마지막 테이크에서 라이자의 눈가에서 눈물이 맺히는 걸 본 것 같아. 두 번, 혹은 세 번만 더 가면 눈물이 떨어질 것 같은데, 눈물을 흘리면 좋을까, 아니면 그냥 여기서 중단할까?" 그리고 제가 말했죠. "눈물이지"

라이자 미넬리 : 저는 마티의 눈을 보면서 계속 연기했어요. 마티는 감정과 생각 사이에서 벌어지는 몸부림을 이해하는 것 같아요. 사람들은 지성과 감성의 전쟁을 치르게 되죠. 그는 그런 것을 꺼내서 표현할 수 있는 것 같아요.

〈뉴욕, 뉴욕〉의 시대, 그 시기에는 지금과 비교하면 가치관이 완전히 달랐어요. 여자는 경력을 우선적으로 고려하지 못했어요. 결혼해서 아이를 낳고 좋은 아내와 좋은 엄마가 되는 것이 여전히 모든 소녀의 꿈이던 시대였죠. 여자로서 노래를 부르는 것은 괜찮았지만, 모든 것을 포기하거나 아이를 잃을 위험을 감수하면서까지 밴드와 투어를 떠나지는 못했어요. 그건 말도 안 되는 일이었으니까요. 프랜신 에반스도 그러한 규칙의 산물이었어요. 그녀의 삶에는 분노나 고통이나 넘어야 할 장애물이 없었어요. 모든 것이 쉬웠죠. 그녀는 항상 노래를 잘 불렀고, 어디서든 일을 얻었으며, 광고 음악 가수로 꾸준히 활동했어요. 그녀는 그쪽 세계에서 인정받고 있었고 그 자리에서의 삶을 즐겼어요. 그런데 갑자기 회오리바람 같은 남자가 나타나서 그녀를 옴짝달싹 못 하게 만들었고 그녀도 그에게 푹 빠지고 말죠.

그녀는 언제나 자기 주변에 있던 가치관을 그 관계에 집어넣으려 했지만 이번엔 먹히지 않아요. 그래야 하는데, 쉽지 않죠. 당신도 그녀와 같은 고통과 버림받음을 느끼게 된다면 달라졌을 거예요. 윌리 로먼이 말한 것처럼 말이에요. 프랜신을 스타로 만든 것은 바로 그런 상처였어요. 그녀는 자신이 겪은 모든 것들을 노래에 담았어요. 지미 도일은 프랜신을 사랑했지만, 그는 음악가였고 그것이 그의 우선순위였어요. 그래서 그녀를 떠나죠.

하지만 저는 위대한 스타가 되기 위해서는 그러한 고립과 고통이 필요하다고 생각해요. 마티가 가지고 있는 재미난 구석은, 정서적으로 더 고통스러울수록 그 안에서 더 많은 유머를 발견한다는 거예요. 어떤 관점에서 보게 되면 인간의 본성이란 참으로 우스워요. 마티가 다른 사람보다 용기 있는 것은 유머가 많기 때문이에요.

로버트 드니로 : 라이자와 제가 차 안에서 싸우는 장면이 하나 있었어요. 저는 머리가 천장에 부딪힐 정도로 길길이 날뛰는 게 재밌다고 생각했어요. 그러다 보니 손이 부닥쳤어요. 제가 저를 제어하지 못할 만큼은 아니었지만, 조금 심하게 움직이긴 했어요. 그럴 수 있는 일이잖아요. 그러자 라이자가 다쳤고, 저도 손을 다쳤던 것 같아요. 하지만 우리는 뭐든지 했을 거예요. 결과는 예측할 수 없는 법이니까요.

라이자 미넬리 : 제 노래 연기는 이전에 했던 것과는 완전히 달랐어요. 저는 빅밴드 가수들이 노래하는 방식과 더불어 손잡는 방식까지도 연구했어요. 거기서는 누구도 '스타'가 아니에요. 그저 밴드 조합의 일부일

뿐이죠. 저는 그런 상황에 너무 심취한 나머지 지나치게 뒤로 물러설 뻔했어요. 그런데 마티가 "그럴 순 없어요. 무대로 나가면 달라질 거예요"라고 말했어요. 그는 음악적인 부분에서 전적으로 저를 신뢰했어요. 저는 많은 것을 준비했고, 그것들을 펼쳐 보였죠. 어릴 적부터 연구해 온 것들이 멋진 경험이 되었어요.[25] 마티는 과거 연기자의 연기에 맞게 제 연기를 지도했어요. 그래야 했어요. 그렇지 않으면 말이 안 될 테니까요.

저는 연기하면서 무대 위에 설 땐 동물과도 같아요. 저는 제 일이 관객들을 즐겁게 하고 그들의 시간을 차지하는 것이라고 느껴요. 밴드 일원이 되는 건 제가 생각지 못했던 일인데, 그래서 〈뉴욕, 뉴욕〉의 과거 스타일로 그런 일을 해 보는 게 무척 재밌었죠.

촬영하기 1년 전쯤, 마티가 저를 찾아왔어요. 저는 타호 호수에 있는 하라스 호텔에서 공연을 하고 있었어요. 제 주요 뮤지컬 넘버 중 하나가 끝났을 때, 사람들이 일어나서 사진을 찍기 시작했어요. 플래시가 마구 터졌죠. 마티가 저를 찾아와서 말했어요. "영화에 그걸 사용하고 싶어요. 정말 놀라워요" 그런 뒤 그가 어떻게 하는지 지켜봤어요. 그는 알루미늄판에 반사되는 구식 전구를 사용해서 현실성을 높였어요. 그런 종류의 카메라를 사용했기 때문만은 아니었지만, 어쨌든 그게 딱 장면을 고조시키는 역할을 했죠. 그는 현실성을 취하고 그것을 밀어붙여요.

제가 '뉴욕, 뉴욕'을 부르는 마지막 장면은 마치 영화 사운드의 일부인 것처럼 들려요. 일종의 에너지가 되죠. 다들 느낄 거예요. 관객들이 그 에너지를 다시 무대로 돌려줄 때, 그야말로 열광의 도가니가

25 라이자 미넬리는 〈오즈의 마법사〉로 유명한 배우이자 가수인 주디 갈란드와, 〈파리의 미국인〉으로 유명한 뮤지컬 영화감독 빈센트 미넬리 사이에서 태어나고 자랐으며, 어릴 적부터 가수이자 연기자로 살았다.

되는 거예요.

영화의 마지막 뮤지컬 넘버가 흐르는 동안, 저는 관객의 감정이 한층 더 고양된 것을 느꼈어요. 그건 마치 "이 여자는 괜찮을 거야. 그녀는 삶을 창조하고 있어. 자신만의 것을 찾았어. 그녀는 괜찮아"라고 말해주는 것만 같았어요. 그리고 그 감정은 프랜신이 영화 마지막에 엘리베이터 버튼을 누르는 그 순간 더 고무되었죠. 그건 그녀의 가장 용기 있는 행동이었어요. 프랜신이 말하죠. "저는 제가 너무 빠져버려서 저를 파괴할 어떤 것에 다시 걸어 들어가지 않을 거예요" 만약 삶과 재능이 신의 선물이고, 우리가 살면서 진실하게 가지게 되는 것은 우리 자신뿐이라면, 우리는 우리 자신을 스스로 보살펴야 해요. 저는 바로 그런 생각을 하며 그 버튼을 눌렀어요. 그게 프랜신 에반스였어요.

마틴 스코세이지 : 우리는 도입부에서 사용했던 세트를 그대로 사용했어요. 지미가 담배를 들고 걸어가고 그가 자리에 앉을 때 프랜신은 '세계가 돌아간다'라는 노래를 불러요. 그리고 프랜신이 지미를 봐요. 그리고 말해요. "여러분들에게 노래 하나를 불러 드릴게요" 바로 '뉴욕, 뉴욕'이에요.

원래는 '해피 엔딩'이라는 중요한 뮤지컬 넘버가 있었어요. 하지만 영화에 넣진 못했어요. 정확히는 제가 편집을 완료하기 2주 전까지만 해도 영화 안에 들어가 있었는데, 제가 들어낸 거예요. 빼지 말았어야 했어요. 그건 우리가 처음 촬영했던 거였죠. 정말 아름다움을 자아냈어요. 우리는 10일 동안 촬영을 진행하면서 그걸 만들었어요. 아름다운 시퀀스였어요. 우리는 영화에서 무언가 다른 것을 보고 싶어 하는 사람이 있으면 그걸 보여줬어요. 제작사 관계자들이 그 장면을 정말 좋아했죠. 하지만 영화를 끝내야 할 무렵에는 영화가 너무 길어진 나머지 어느 부분이든 편집해야 한다는 압박이 있었어요. 사람들은 "당신은 그 장면에 너무 애착을 갖고 있어. 그 넘버와 사랑에 빠진 거야. 자신에게 너무 빠져 있어. 그걸 들어내고 다시 영화를 봐 봐"라고 말했어요. 그래서 그렇게 했죠. 그런 뒤 저는 "좋아요, 당신이 맞아요. 제가 저에게 빠지지 않았다는 것을 보여드릴게요. 그 장면을 뺄게요. 될 대로 되라지!"라고 말했어요. 그렇게 내려놓았죠. 너무 피곤하고 지친 상태로 마감 시간에 이르자 판단력이 흐려진 거예요.

저에게는 세 명의 편집자가 있었고, 밤낮없이 편집했죠. 정말 나쁜 방식의 작업이었어요. 우리는 영화를 줄이려고 했지만, 영화가 그걸 원하지 않았고 떨어지려 하지 않았어요. 마치 괴물 같았어요. 난공불락이었죠. 우리는 혼신의 힘을 다해 장면을 만들었고, 덕분에 아름답게 구성된 장면들이 많았어요. 하지만 문제는 전체였어요. 보세요, 우리는 똑똑이들*wiseguys*이었어요. 칸에서 상도 탔잖아요. 우리는 시나리오도 필요하지 않았어요. 그래서 각각의 장면만 보면 먹힐 법했지만, 전체가 고통을 겪은 거예요. 하지만 그 모든 것에도 불구하고, 저는 원래 시나리오보다 영화가 더 좋다고 생각해요. 의심의 여지가 없어요. 하지만 만약 제가 그 시나리오와 이야기를 다시 구성하고, 처음부터 제가 무엇을 원하는지 알고 있었다면, 영화는 지금보다 훨씬 더 강력해졌을 거예요.

그래도 우리가 그런 고통을 겪지 않았다면, 결코 그 이야기를 얻지 못했을 거란 건 확신해요. 영화 속의 결혼 이야기 말이에요. 결론적으로, 〈뉴욕, 뉴욕〉은 결혼에 대해 솔직하게 이야기하는 영화이며, 어떤 면에서는 아름다운 영화예요. 계획을 세우고 제가 원하는 것을 고수했다면 결과가 더 좋았을지는 알 수 없죠. 우리가 그 모든 고통을 겪지 않았다면 어디쯤 도달했을지 알 수 없어요.

라이자 미넬리: 마티는 자기 일을 정말 사랑해요. 그리고 그는 훌륭한 관객이죠. 누구나 훌륭한 관객을 기쁘게 하고 싶잖아요. 편집실에 있는 그를 볼 때면 정말 장인을 보는 것 같았어요. 그는 제가 본 그 어떤 편집자보다도 빠르게 편집했죠. 그는 저에게 정말 잘해주었어요. 그는 "이 테이크 보여요? 이건 별로 좋지 않아요. 대신 이걸 보세요. 이게 좋아요"라고 말하곤 했어요. 하지만 그런 말은 촬영장에서는 절대 하지 않으려고 했죠. 그는 결코 나쁘다고 말하지 않는 대신 "다시 해 봐요"라고 말하면서 제가 변화를 만들 수 있는 여지를 줬어요. 그는 자신이 마음먹은 것을 화면에 새기는 방법을 알고 있어요.

저는 제 아버지와 어머니를 보면서 솔직한 연출 지시를 받는다는 게 어떤 것인지 이해하게 됐어요. 저는 평생 영화 주변에 있었거든요. 어떤 일을 어떻게 해야 하는지 지적받는 일은 저에게 별일이 아니었어요. 그리고 마티가 무얼 하고 있는지 지켜볼 필요도 없었어요. 저는 그의 눈을 보고 그에게 무엇을 주어야 할지 알았죠.

마티는 저희 아버지가 좋아하는 젊은 감독이었어요. 이건 칭찬이에요. 마티는 〈뉴욕, 뉴욕〉이 할리우드에 대한 자신의 애정이라고 표현했지만, 할리우드는 그 영화를 거절했어요. 하지만 저는 그 영화에 나오는 사람들로부터 가장 놀라운 감정을 느껴요. 사람들은 그 영화를 사랑해요.

어윈 윙클러: 〈뉴욕, 뉴욕〉에 대한 반응은 당혹스러웠어요. 우리는 우리가 훌륭한 영화를, 그것도 훌륭한 뮤지컬 영화를 만들고 있다고 생각했거든요. 평론가들이 관객보다 우리에게 조금 더 친절했어요. 하지만 처음 영화가 개봉했을 때 관객들이 그 영화를 보러 가지 않더라고요. 아무리 생각해 봐도 제대로 성공하지 않은 거였죠.

마티도 저만큼 실망한 것 같았어요. 우리는 어느 부문에도 후보에 오르지 못했죠. '뉴욕, 뉴욕'이란 주제곡이 아카데미 후보에 오른 적 없다는 게 믿어 지시나요? 그래서 마티가 그것을 두고 '할리우드의 거절'이라 생각한 것이 이해돼요. 하지만 저는 그렇게 느끼지 않았어요. 우리는 영화가 끝나고 곧장 다시 새로운 일을 시작했거든요.

〈뉴욕, 뉴욕〉을 끝내고서 2주 뒤, 마티는 〈라스트 왈츠〉 작업에 돌입했어요. 그러니 그는 거절당하지 않았던 거였어요. 〈라스트 왈츠〉가 끝나고 이어서 〈분노의 주먹〉을 했죠. 아무도 거절하지 않는 그 영화 말이에요. 우리는 우리가 원한 것을 했어요! 그래서 누군가가 '할리우드에게 거절당했다'고 말할 때면 저는 그 말이 무슨 뜻인지 이해가 가지 않아요. 그러니까, 누가 할리우드죠? 세상에 그런 사람은 없어요.

마틴 스코세이지 : 아마도 유럽 감독이었다면 하고 싶은 대로 했을 수도 있어요. 하지만 〈뉴욕, 뉴욕〉은 1940년대의 행복한 뮤지컬이 되어야만 했던 미국 영화였어요. 처음에는 그렇게 시작했다가 나중에 다른 방향으로 가버렸죠. 저는 두 예술가가 함께 일하면서 그들 사이에 피어오르는 질투심에 관심이 갔어요. 저는 그 영화가 흥미로웠다고 생각해요. 하지만 마음이 아프긴 했죠. 그 영화는 1981년에 재개봉되었고, 그때 더 좋은 평가를 받았어요. 본질적으로 첫 번째 버전과 같은 작품이긴 했지만 부가되거나 추가된 15분이 있었어요. 유럽에서는 제작사 유나이티드 아티스츠가 15분을 잘라내도록 강요했다는 혐의가 제기되기도 했죠. 하지만 그때 그들은 저에게 아무것도 강요하지 않았어요. 다만 에릭 플레스코우*Eric Pleskow*가 저에게 이런 말을 하기는 했죠. "전적으로 당신에게 맡길 거예요. 하지만 일반 개봉판에서 12

분 정도 잘라낼 수 있다면 이익을 낼 수 있을 거예요" 예산을 훨씬 초과한 상황이라 저는 책임감을 느끼고 있었어요. 그리고 정말로 이 영화를 원하는 사람, 정말로 이 영화를 봐야 했던 사람들은 이미 다 봤을 거라고 생각했죠. 그래서 불행하게도, 유럽 사람들은 15분 잘린 버전을 보게 된 거예요.

그리고 1981년 무렵에는 영화계가 많이 바뀌었기 때문에 평가가 더 좋아진 것 같아요. 1977년에 우리 영화가 개봉하고 나서 한 일주일쯤 뒤에 〈스타워즈〉가 개봉했어요. 그때부터 전체 영화계가 다른 길로 향했죠. 〈스타워즈〉는 엄청난 돈이 든 작품이잖아요. 저는 그 영화를 비난하거나 비판하려는 게 아니에요. 정말 멋진 영화고, 전혀 새로운 사고방식과 새로운 영화 감상의 문이 열렸어요. 어쨌든 사람들은 완전히 다른 것에 관심을 두게 되었고, 〈뉴욕, 뉴욕〉은 절망스럽게도 구식으로 느껴졌어요. 그리고 분명히 러닝타임이 너무 길었어요. 사람들이 그냥 저희 영화를 보고 싶어 하지 않은 거였어요. 그게 다였죠. 그 영화는 좀 우울한 느낌이 있었고, 언론과 할리우드에게 두들겨 맞기도 했어요. 영화를 만들 때 저 자신을 조금 더 통제했다면, 시나리오를 더 치밀하게 작업했다면 훨씬 더 간결한 영화가 되었을 거예요.

저는 다른 사람의 영향을 많이 받는 사람이에요. 제 영화는 나쁜 평가를 받았고, 할리우드에서도 좋지 않게 받아들여졌죠. 제 다른 세 편의 영화인 〈비열한 거리〉, 〈앨리스〉, 〈택시〉가 그들에게 사랑을 받았던 만큼, 사랑받지 못한 네 번째 영화로 심하게 얻어맞은 느낌이었어요. 가끔 저는 뉴욕에서 영화를 만드는 게 좋았을지도 모른다고 생각해요. 할리우드를 상대하기보다, 그저 우리가 정말로 믿는 것들을 하는 거예요.

시간이 흘러서야 저도 결국 그 영화를 이해했어요. 장 뤽 고다르가 어느 날 점심을 먹으러 와서는 〈뉴욕, 뉴욕〉을 얼마나 좋아했는지 말해 주더라고요. 그는 그 영화가 기본적으로 두 창의적인 사람들의 관계 맺음이 얼마나 불가능한 일인지 말하고 있다고 했어요. 질투와 시기심, 괴팍함 같은 것 말이에요. 저는 비로소 깨달았어요. 그 영화는 직접적으로 저와 닿아 있던 거예요. 그래서 영화를 만드는 동안에는 그것을 제대로 표현할 수 없었던 거죠.

하지만 저는 그 과정을 거쳐 가야만 했어요. 어떤 사람들은 그것을 거쳐 갔다가 다시 돌아오지 않아요. 하지만 저는 〈분노의 주먹〉과 함께 돌아왔어요. 정말 힘든 일이었죠. 〈뉴욕, 뉴욕〉 이후 한동안 저는 이탈리아로 가서 성인들의 삶에 대한 다큐멘터리 영화를 만드는 일에 대해 생각했어요. 그러다 〈라스트 왈츠〉가 튀어나왔고, 어려움을 이겨낼 수 있도록 도움을 주었죠.

*

〈라스트 왈츠〉(1978)

우드스톡을 연상시키는 분위기 속에서 마틴 스코세이지와 그의 촬영감독 친구들이 콘서트를 촬영하기 위해 모였다. 예전과 달리 이제 카메라를 든 이들은 학생이 아니었다. 그 대신, 프레드 슐러*Freddie Schuler*, 마이클 채프먼, 라슬로 코바치, 빌모스 지그몬드와 같이 유명한 촬영감독들이 함께 모였다. 더 밴드는 로비 로버트슨*Robbie Robertson*, 리처드 마누엘*Richard Manuel*, 릭 단코*Rick Danko*, 레본 헬름*Levon Helm*, 가스 허드슨*Garth Hudson*으로 구성된 밴드로 15년 동안 밥 딜런의 반주자로 뒤를 받치고, '뮤직 프롬 빅 핑크*Music from Big Pink*'와 같은 음반으로 로큰롤 역사를 만들었다. 그런 그들이 추수감사절에 샌프란시스코 윈터랜드에서 고별 공연을 열고 있었다. 그들은 밴 모리슨*Van Morrison*, 조니 미첼, 닐 영, 닐 다이아몬드, 머디 워터스, 밥 딜런, 링고 스타와 같은 친구들을 초대하여 자신들의 마지막 잼*Jam*인 '라스트 왈츠'에 함께하도록 했다. 기억할 만한 콘서트 영화를 만들 수 있는 기회였다.

〈뉴욕, 뉴욕〉에 엄청난 필름을 버린 것 때문에 여전히 마음 정리를 못 하고 있었던 스코세이지는 헤드폰을 쓴 채로 격렬하게 움직이는 이들의 행동을 진두지휘했다. 그의 앞에 놓인 수첩에는 모든 노래의 가사가 적혀 있었고, 가사는 카메라 움직임에 맞추어 나뉘어 있었다. 그가 현장에서 내리는 지시는 소리의 폭격을 맞아 전달되기 힘들었다. 그는 음악 너머로 몸짓, 발짓을 하면서 여러 카메라를 향해 비명을 지르듯 지시했다. 하지만 그의 진짜 초점은 무대 위에 있었다.

*

마틴 스코세이지 : 〈뉴욕, 뉴욕〉을 끝내고 나서 일어난 일 중 유일하게 좋았던 것이 〈라스트 왈츠〉였어요. 〈라스트 왈츠〉 프로젝트가 성사된 것은 〈뉴욕, 뉴욕〉의 촬영 막바지였어요. 〈뉴욕, 뉴욕〉은 원래 11주간 촬영으로 계획되었다가 20주로 늘어났는데, 촬영 19주 차에 〈비열한 거리〉의 프로듀서였던 조나단 타플린이 저에게 연락을 해왔어요. 당시 그는 더 밴드의 로드 매니저였거든요. 타플린은 고별 콘서트가 있을 거라고 말했어요. 그리고 그는 온갖 사람들을 모은 상태였죠. 밥 딜런, 머디 워터스, 밴 모리슨, 닐 영, 조니 미첼 등등 말이에요. 저는 "좋은데"라고 말했어요. 벌써 촬영에 들어간 기분이었어요. 촬영장 안에 들어가서 온갖 것을 다 찍는 거예요. 찍고, 찍고, 또 찍죠. 계속 찍고 싶었어요. 우리는 〈뉴욕, 뉴욕〉을 10월경에 마무리했고, 콘서트는 11월 추수감사절에 진행될 예정이었죠.

결국 저는 로비 로버트슨에게 연락을 취했어요. 그는 그저 콘서트

〈라스트 왈츠〉를 찍기 위해 마틴 스코세이지가
콘서트장에 있는 로비 로버트슨과 더 밴드에게 지시를 내린다.

를 필름에 담기를 원했어요. 〈우드스탁〉에서 우리가 했던 것처럼 16㎜ 필름으로 찍을 수도 있었죠.

하지만 얄궂게도 더 밴드는 카메라 스태프들이 무대 위에 있는 것을 원치 않았어요. 영상이 흐릿하게 나왔죠. 그래도 우리는 그들의 음악만큼은 사랑했어요. 그건 우리 문화였으니까요. 존 포드 영화 같은 거요. 하지만 그들의 공연에서 좋은 그림을 만들어 내는 게 생각보다 힘들었어요. 그래서 이 작업에 대해 저는 회의적이었죠.

로비 로버트슨: 저는 〈라스트 왈츠〉를 하기로 한 뒤 누가 음악에 대한 감수성이나 지식을 가지고 영화를 연출할 수 있는지 생각해 봤어요. 우선 할 수 있을만한 감독 목록을 만들었죠. 마티의 이름을 적었어요.

그랬더니 다른 사람들이 전혀 생각나지 않는 거예요. 저는 큰 종이에 딱 한 사람의 이름만 적어 놓았어요. 〈누가 내 문을 두드리는가?〉에서 남자들이 총을 던지고 노는 장면이 있는데 거기서 '엘 와투시EL Watusi'라는 음악이 흘러나와요. 레이 바레토가 스페인어로 부르는 노래죠. '엘 와투시'는 아프리카 음악처럼 들려요. 그런데 그 남자들은 다 이탈리아계란 말이에요. 정말 말도 안 되잖아요. 그런데도 그 음악이 흘러나오는 순간은 정말 훌륭해요.

저는 마티와 만나 이 아이디어에 대해 이야기를 나눴는데, 그때 마티는 최악의 상황을 겪고 있는 중이라 말 그대로 최악의 타이밍이었죠. 〈뉴욕, 뉴욕〉을 찍으면서 그의 삶은 엉망이 되었고, 되는 일이 없었죠. 그런데도 마티는 〈라스트 왈츠〉를 하기로 했죠. "완전히 미쳤네. 딱 내 취향인데. 만약 이 참호에 들어갈 만큼 그가 미친 거라면, 그야말로 딱 나랑 같이할 사람이야"라고 저는 생각했어요.

마틴 스코세이지 : 적어도 〈라스트 왈츠〉에서는 우리가 제대로 통제할 수 있을 거라고 생각했어요. 우리는 어떤 방식으로 촬영하면 좋을지 이야기를 나눴어요. 아카이빙 목적으로 콘서트를 기록하는 것으로 의견을 모았죠. 우리는 더 밴드 뒤에 카메라 두 대를 설치하고, 무대 가장자리에 카메라 한 대를 설치하기로 했어요. 전형적인 콘서트 영화가 아니었으면 했죠. 여러 카메라를 사용하고, 그만큼 통제력을 가지고 있다면, 16㎜가 아닌 35㎜ 필름을 사용해야 한다고 결정했어요. 저는 "진짜 일어날 수 있는 가장 최악의 상황이 뭐지? 최악은 그냥 35㎜ 필름으로 아카이빙 영상을 찍는다는 사실이야"라고 말했어요. 그런데 콘서트장 바닥이 아이스링크 위에 지어진 거예요. 그래서 사람들이 쿵쿵하고 뛸 때마다 바닥도 같이 튕겼죠. 흔들바위처럼 흔들릴 게 분명했어요. 그렇게 되면 기계 접합부도 덜컥거릴 거라 35㎜ 카메라를 고

정시키려면 콘크리트를 부어야 했어요. 그러고 나서 무대를 잡기 위해 큰 탑을 고정시켜야 했죠. 빌 그레이엄*Bill Graham*이 이 과정을 도와주었어요.

저는 보리스 레벤을 데려와서 세트 디자인을 맡겼어요. 그 시절에 그는 2달러짜리 영화와 2천만 달러 영화를 다 작업할 수 있는 사람이었죠. 미친 짓이었어요. 그는 70살이었고, 로큰롤에는 딱히 관심이 없었거든요. 하지만 그는 대단한 유머 감각을 가지고 있었어요. 그는 우리와 함께 거닐며 콘서트장을 올려다보더니 "샹들리에, 샹들리에로 뒤덮어야 해"라고 말했어요. "멋져요" 우리도 "샹들리에로 뒤덮어요"라고 말했고, 저는 "기필코!"라고 힘주었죠. 로비도 "그래, 그래, 멋져요!"라고 말했어요. 그런데 소품을 담당하던 윈터랜드 사람들이 "저기, 샹들리에가 두 개밖에 없어요"라고 말하더군요.

보리스가 "좋아요, 샹들리에 두 개로 갑시다"라고 말하더니 곧장 샹들리에 두 개를 떡하고 그 위에 달았어요. 우리는 〈라 트라비아타〉의 세트를 샌프랜시스코 오페라 축제에서 가져왔어요. 그런데 무대가 좀 작은 거예요. 나무로 된 큰 기둥과 샹들리에를 가져다 놓으니 무대가 꽉 찼죠.

가장 중요한 문제는 로비가 준 자료로 대본을 만들어야 했다는 거예요. 그는 제게 각 곡당 종이 한 장씩을 줬어요. 거기에는 제목과 보컬, 후렴구가 적혀 있었고, 누가 어떤 악기를 연주하는지, 누가 그 노래의 어떤 부분에서 가장 중요한 사람인지 적혀 있었죠. 저는 서로 다른 조명 효과가 점멸하는 방식으로 조명을 설계했어요. 구식 사이키델릭 쇼와는 달리, 아주 아주 단순하게, 각 색깔이 기묘한 방식으로 의미를 갖도록 했죠.

마이클 채프먼이 조명 조절 장치 앞에 있었는데, 제가 '무게*The Weight*'라는 곡에 보라색과 노란색 조명을 사용하려는 바람에 화가 났더라고요. 그는 "그 색깔은 가톨릭 색이고, 이 곡은 개신교 노래예요. 저는 당신이 그렇게 하도록 둘 수가 없어요"라고 말했죠. 정말 더 밴드의 음악을 사랑하는 것 같았어요. 그는 제가 가톨릭 신자라서 가스펠 음악에 영향받은 더 밴드의 음악을 이해할 수 없을 거라고 주장했어요. 우리는 종교 문제를 두고 엄청난 논쟁을 하며 싸웠는데, 그런 열정이 있어서 좋았어요.

로비 로버트슨: '무게'를 작곡하면서 저는 부뉴엘의 작품에서 영향을 많이 받았어요. 특히 〈나자린〉의 영향을 받았죠. 정의로워지고자 노력하면 그만큼 무언가가 우리를 다른 쪽으로 끌어당기는 것만 같아요. 그 노래의 종교적 함의는 정말 중요했어요. 마티와 채프먼이 '무게'의 분위기와 조명을 두고 격렬하게 논쟁했던 일이 기억나요. 마티는 노래가 가톨릭적 상상이며 그럴 수밖에 없다고 주장했어요. 그러자 마이클이 말했죠. "아니에요, 이건 매우 개신교적인 이야기에요. 침례교란 말이에요, 마티" 그는 마티에게 여기에 가스펠 음악이 함의되어 있다는 걸 설명했어요.

저는 그들이 주고받는 대화가 모두 마음에 들었어요. 가톨릭 신자로 자랐는데도 저는 그런 걸 생각해 본 적이 없었거든요. 정말 훌륭했어요. 그건 그들이 저를 인정해 주는 방식이었어요. 저에게 그 노래는 가톨릭과 가스펠 음악이 합쳐진 것이었어요. 노래의 이야기는 인간관계에서 느끼는 죄책감에 대한 것이에요. 당신이 무언가를 요구받았음에도 그것을 줄 수 없어서 느끼는 관계의 죄책감이 담겨 있어요. 우리는 비틀거리며 삶을 살아가요. 성격이 다른 사람들과 함께 이런저런 상황으로 넘어가면서 말이에요. 그렇게 지하 미로처럼 복잡하게 얽힌 경험을 통해 우리는 옳은 일을 하려고 노력하죠. 하지만 우리가 가야 하는 모든 곳에서 그렇게 행동하는 것은 불가능해요. 노래 속에서 그것은 모두 '짐'이에요.

마틴 스코세이지 : 200페이지 분량의 대본이 없었다면 해내지 못했을 거예요. 콘서트 내내 노심초사했어요. 이어폰을 끼고 있으면 음악을 들을 수도, 그것을 참고할 수도 없었어요. 그래서 우리는 계속해서 소리를 질러야 했죠. 촬영기사가 "뭐, 뭐? 잘 안 들려요"라고 말하면, 저는 "카메라 두 대 레본 클로즈업. 레본이 노래해요"라고 고함치는 거예요.

빌모스 지그몬드가 타워 카메라로 올라가게 됐어요. 그가 콘서트장에 도착하자마자 저는 "카메라 잡아요!"라고 소리 질렀죠. 그가 "같이 하게 되어 기뻐…"라고 말하려는데, 제가 "네, 네, 넓게 잡고 있다가 줌인 하세요"라고 말했어요. 우리가 200페이지 분량의 대본을 써온 덕분에 지그몬드는 타워 위에서 그걸 참고할 수 있었어요. 제가 어디에 줌인하고 줌아웃하고 싶은지 볼 수 있었을 거예요. 하지만 타워 아래에 있는 사람들은 대본에 의지할 수 없었어요. 이어폰을 껴야 했거든요. 저는 바비 번Bobby Byrne 뒤쪽에 있는 무대 옆에 있었어요. 바비 번은 촬영기사이면서도 라슬로 코바치의 카메라 오퍼레이터였어요. 제 200페이지 대본은 이리저리 뒤엉켜 있었고, 저는 소리를 지르며 제가 찍고 싶은 카메라 번호를 외쳤죠.

저는 음악 영화를 사랑해요. 〈라스트 왈츠〉를 만들면서 가장 중요하게 생각했던 부분은 콘서트 영화에서 관객들이 나오는 숏들에 지긋지긋해졌다는 거예요. 그래서 우리는 최대한 무대에 집중하기로 했죠. 그렇게 하면 연주자들이 서로 얼마나 끈끈하게 상호 관계를 맺고 있는지 지켜볼 수 있어요. 그들이 그룹을 어떻게 굴리고 있는지 알 수 있죠. 바로 그게 저희의 기본 발상이었어요. 노래 하나하나가 마치 온전한 사람 같았죠. 놀라울 정도의 물성을 갖고 있어요. 특히 밥 딜런이 나오는 시퀀스에서요. 거기서 더 밴드는 다른 노래로 들어가면서 서로에게 신호를 보내요. 아마 '당신을 따라가도록 해줘Baby,

Let Me Follow You Down'로 넘어가면서 그랬을 거예요. 서로 장난치고 있었던 건지도 몰라요. 누가 알겠어요? 어쨌든 그들은 멋져 보이고, 실제로 그 신호가 어떻게 오가는지 볼 수 있죠. 저는 〈마지막 왈츠〉에서 무대에 집중하는 법, 사람에 집중하는 법을 발견했어요.

로비 로버트슨: 저는 〈라스트 왈츠〉에 나오는 사람들이 우리가 연주하는 음악의 모든 바퀴살을 재현해 주기를 바랐어요. 뉴올리언스 검보 음악, 잉글리시 블루스, 시카고 블루스, 가스펠 음악, 컨트리 음악, 틴 팬 앨리*Tin Pan Alley*와 같은 모든 음악이요. 그래서 닐 다이아몬드가 끼어 있었던 거예요. 사람들이 말할 법하죠. "왜 닐 다이아몬드가 거기 있어?" 그러면 제가 "틴 팬 앨리라서"라고 말하겠죠. 마티는 그걸 이해했어요.

우리의 자존감이 달린 문제였어요. 그래서 우리는 정말 정말 열심히 했어요. 우리는 그때 영적인 경험을 하게 됐어요. 마치 "세상에, 이런 종류의 일은 아무에게나 일어나는 게 아니야"라는 듯한 느낌이었죠. 관객이나 평론가들을 위해 이 말을 하는 게 아니에요. 저는 그와 저에 대해 말하는 거예요! 그게 전부예요! 〈마지막 왈츠〉를 완성했을 때, 저는 누가 그것을 좋아하든, 누가 그것을 보든 신경 쓰지 않았어요. 저는 생각했어요. "내가 언제든 이 작품을 볼 수 있다는 것과, 이 작업을 했다는 것이 너무 자랑스러워"

마틴 스코세이지: 콘서트는 1978년 영화가 개봉되기 2년 전의 일이었어요. 우리는 하룻밤 콘서트를 촬영하고 난 후 다른 것들도 함께 찍었어요. 스튜디오에서 대략 5일 정도 촬영했고, 대화와 인터뷰 장면을 따로 찍었죠. 세상에서 가장 재밌는 인터뷰를 건질 수 있었어요. 아마도 그때 우리는 모두 딱 우리 자신처럼 보였을 거예요. 바로 기묘한 사

람들 말이죠.

저에게 이 영화는 진짜 장편영화 같은 게 아니었어요. 하지만 아주 특별했고, 제 심장과 아주 가까이 있는 느낌이었어요. 그 작품은 제가 만든 것 중 가장 완벽했어요. 〈라스트 왈츠〉는 정말 '나를 위한 것'이었죠. 하지만 저는 그 나머지 기간에는 극도로 불행했어요.

로비 로버트슨: 〈라스트 왈츠〉를 끝낸 뒤, 우리 둘 다 인생의 큰 문제에 부딪혔어요. 저는 우리가 오해받는 예술가들이었다고 주장하지만, 그 주장이 정말 통하고 있는 건지 잘 모르겠어요. 저는 제 삶을 어떻게 해야 할지 몰랐어요. 어디로 가야 할지 몰랐던 거죠. 그래서 마티에게 말했어요. "말할 게 있어. 길을 잃었어. 길바닥을 전전해서 그런가 봐!" 마티도 혼자 있는 것을 별로 좋아하지 않아서 "그럼 나랑 함께 살자. 그럼 되겠네!"라고 말했어요. 그가 저를 붙잡은 거예요. 그는 "정말 멋질 거야! 여기로 와서 나랑 지내면 되겠다"라고 말하더라고요. 우리 둘 다 엄청나게 안도했어요.

그래서 우리는 음악을 듣고 영화를 보는 것이 전부였던 그 집에서 함께 지내게 됐어요. 하루 종일, 밤새도록 말이에요. 그가 일하는 동안, 저는 스튜디오에서 녹음을 마치고 자정쯤 집으로 돌아와 마티와 함께 영화를 봤어요. 새벽까지 한두 편의 영화를 보았죠. 꽤 오랫동안 매일 밤 그 일상을 반복했어요.

우리는 부뉴엘의 영화들을 보고 "봐봐, 다른 사람들은 이해한다니까"라고 말하곤 했어요. 저는 시나리오를 강조했어요. 마티에게 더 중요했던 것은 그 영화들에 담긴 죄책감이었어요. 우리는 〈사막의 시몬〉 같은 기괴하고 초현실적이면서도 가톨릭적인 영화를 보기도 했어요. 정말 엄청났어요. 마치 영화가 "여기 이 남자를 봐, 거지들에게 음식을 먹이고 있어. 하지만 봐. 2분 안에 거지들이 그를 공격할 거야"라는 것만 같았어요. 그게 인생인 거죠. 부뉴엘의 영화는 정말 그런 걸 다루고 있었어요. 우리는 우리가 보고 싶은 영화 목록을 함께 만들었어요. 저는 구로사와 아키라나 루이스 부뉴엘 같은 감독의 작품들을 적었어요. 모두 고전들이었죠. 마티는 끔찍한 B급 영화들을 적었는데, 어떤 부분에서는 아주 빛나는 작품들이었어요. "이제 온다" 마티가 말해요. 빛나는 순간이 찾아오면, 그는 영화 제작의 관점에서 그 부분을 설명하곤 했어요. 그러면 저는 완전히 다른 방식으로 영화를 보게 되는 거죠. 그런 방식으로 영화를 보는 게 놀라운 일이었어요. 그렇게 영화를 보는 안목을 조율하니 무척 신나더라고요.

그 후에 우리는 세계 곳곳의 영화제에서 상을 받았어요. 우리는 대단한 시간을 보냈지만, 그와 함께 두려운 시간도 보냈어요. 정말 미친 것처럼 살았거든요. 잠도 자지 않고 여기저기 다녔죠. 하지만 우리는 살아남았어요. 비상구를 찾았으니까요.

한때 마티는 〈분노의 주먹〉을 할까 말까 망설였어요. 심신이 지쳐 있었죠. 미친 듯이 일하고, 세계 곳곳을 돌아다녔어요. 그는 탈진 상태로 살다가 병이 났어요. 〈분노의 주먹〉과 관련하여 제가 마티에게 한 말이 기억나요. "이제 더 이상 머뭇대지 말자. 이 영화를 꼭 해야만 하겠어? 만약 해야만 하는 것이 아니라면, 하지 말자고. 해야만 한다는 건 의무를 두고 하는 이야기가 아니야. 그걸 할 수 있는 열정이 있느냐 하는 문제야. 그 영화를 하지 않고 살 수 있어?"

그는 병실에서 몸을 비틀고 있었어요. 천식이 정말 심각해져서 피폐한 상태였어요. 영화사와 동료들은 시나리오를 작업하면서 "아니, 이건 아니야"라고 말하거나 "이건 어때?"라고 물었어요. 하지만 그건 부차적인 문제였어요. 진짜 문제는 마티가 그 영화에 얼마나 열정적이냐 하는 것이었죠. 그러다 마침내 그는 "이 영화를 하지 않고는 살 수 없어"라고 말하면서 언제나 그를 움직이게 한 분노를 되찾았어요.

그는 결정을 내렸죠. “맞아. 이 영화를 하지 않으면 살 이유가 없어” 모든 것이 간단하고 분명해졌어요. 그래서 제가 말했죠.

“그게 너지. 해야지. 그리고 아주 잘 만들어야지”

5장

로프에 흐르는 피

〈분노의 주먹〉(1980)

마틴 스코세이지는 혹독한 캘리포니아의 태양을 차단하기 위해 촬영장 입구를 가려둔 무거운 캔버스 천을 통과해 복싱 경기장 안으로 들어섰다. 1979년 4월, 수년간의 준비 끝에 〈분노의 주먹〉의 촬영이 시작되었다.

촬영장은 1946년의 매디슨 스퀘어 가든*Madison Square Garden*으로 변해 있었다. 그곳에서 제이크 라모타(로버트 드니로)가 미들급 세계챔피언 벨트를 놓고 슈거 레이 로빈슨(조니 반즈*Johnny Barnes*)과 다시 한번 격돌한다. 하지만 라모타는 로빈슨의 속도와 복싱 기술을 이기지 못해 그에게 손을 댈 수조차 없다. 그는 동생 조이(조 페시)에게 불평을 늘어놓지만, 그의 손이 너무 작다. 싸움꾼의 힘 있는 주먹이 아니라 마치 여자아이 손 같다. 그리고 제이크가 무엇을 하든, 얼마나 좋은 싸움꾼이 되든지 상관 없이 그는 세계에서 가장 위대한 선수인 헤비급 챔피언 조 루이스*Joe Louis*와는 겨루지 못한다. 제이크는 미들급이라 루이스의 체급에 들어가지 않기 때문이다. 하지만 제이크에게는 그 누구도 부정할 수 없는 장점이 있다. 바로 펀치를 받아낼 맷집이 있다는 것이다.

〈분노의 주먹〉의 제이크 라모타로 링 위에 선 로버트 드니로.
그는 이 영화로 아카데미 시상식 남우주연상을 받았다.

그는 링 위에 서서 로빈슨이 던지는 정교한 펀치를 맞아도 충격받지 않고 버텨낸다. 로빈슨은 그의 팬들이 그를 '슈거' 레이라고 부를 만큼 달콤하면서도 유연한 스타일을 구사한다. 반대로 제이크는 그의 별명인 '성난 황소'만큼이나 날것의 분노와 뚝심이 있다.

스코세이지와 드니로는 한 걸음 더 나아간다. 이 영화는 그들이 지금껏 만든 작품 중 가장 야심 찬 프로젝트였다. 영화를 만들면서 그들은 제이크 라모타를 해체했다. 현실의 싸움꾼이 아니라, 자신의 감정과 정서를 의식하지 못해 오직 폭력을 통해서만 말하는 남자의 형상을 재구성한 것이다. 스코세이지는 이 남자를 존재의 또 다른 질서로 봤다. 그는 성 토마스 아퀴나스를 언급한다. 아퀴나스는 동물이야말로 순수하게 그들의 본성에 맞는 삶을 살기 때문에 어쩌면 사람보다 더 신을 잘 섬길 것이라고 말했다. 스코세이지에게 제이크는 그런 원시적 자질을 가진 사람이다. 하지만 제이크는 자신이 '나쁜 짓'을 저질렀다는 사실을 알고 있었다. 자신의 패배를 일종의 처벌로 보기 때문이다. 그의 챔피언 벨트, 여자와의 관계는 까닭 없는 잔인함으로 얼룩진 것처럼 보인다. 그래서 그는 아내 비키가 좋아했던 미남 선수의 얼굴을 짓눌러 버리는 지경에 이른다. 영화가 끝날 무렵, 제이크는 마이애미의 감옥에 갇혀 그에게 중요했던 모든 일과 모든 사람들을 파괴한다. 그때 그는 "난 동물이 아니야!"라고 말하면서 울부짖는다. 그렇게 그가 자신과 마주하면서 어떻게든 구원이 시작된다. 구원의 표징은 작다. 그가 동생을 껴안는 순간이 바로 그 표징이다. 한 사람이 자신의 영혼을 인식하는 순간이기 때문이다.

마틴 스코세이지는 LA에서 〈분노의 주먹〉을 촬영하고, 1980년 11월에 뉴욕에서 편집을 마무리했다. 10년 전 떠난 도시, 바로 그 57번가 아파트로 다시 돌아간 것이다. 그는 그곳에 편집 공간을 마련했고, LA의 수평적 광활함을 뉴욕의 수직적 강렬함으로 맞바꾸었다. 집으로 돌아온 것이다.

*

마틴 스코세이지 : 영화를 만드는 동기는 중요해요. 그 영화를 왜 만드는지, 왜 그 과정을 거쳐야 하는지에 대한 분명한 이유가 있어야 해요. 영화를 만드는 일은 매번 끔찍한 여정이고, 정말 힘들어요. 그러니 분명한 동기가 있어야 하고, 타당한 동기여야 해요.

〈뉴욕, 뉴욕〉과 〈분노의 주먹〉 사이의 제 사적 삶과 경력은 실망투성이였어요. 사람들은 〈비열한 거리〉, 〈앨리스는 이제 여기 살지 않는다〉, 〈택시 드라이버〉를 좋아해줬어요. 〈앨리스〉와 〈택시 드라이버〉는 평단의 호평과 흥행이라는 두 마리 토끼를 한 번에 잡았죠. 하지만 아무도 〈뉴욕, 뉴욕〉을 좋아해주지 않았어요. 마치 우리가 끔찍한 짓을 저지른 것만 같았죠. 그러다 저는 말했어요. "잠깐만, 이 영화는 끔찍하지 않아. 그러니까, 좀 문제가 있긴 하지만…" 저는 그 모든 과정에 대한 환멸을 느끼고 말았어요.

모든 것이 파괴적이었고 저에게 좋지 않았어요. 그러다 1978년 가을, 모든 일이 척척 잘 맞아떨어지기 시작했어요. 저는 잠에서 깨어나 이렇게 말했죠. "이 영화는 만들어져야만 해. 나는 그런 방식으로 만들 거야. 그게 이 영화가 만들어져야 하는 이유야. 어쨌든 나를 위해서 말이야"

그래서 영화를 만드는 동기는 자기 파괴적 삶을 이해해 보는 것이 되었죠. 주변 사람들을 비롯해 그 자신에게 파괴적이었던 사람, 결국 자신과 다른 사람들에 대한 노여움을 풀고 삶과 평화를 이룬 사람을 이해해 보는 일 말이에요. 저는 〈분노의 주먹〉을 일종의 재활치료로 사용했어요. 이 작품이 LA 혹은 미국에서 찍는 마지막 영화라고 계속 생각했죠.

저에게 제이크 라모타에 대한 책인 《성난 황소》를 준 건 밥 드니로였어요. 제가 〈앨리스는 이제 여기 살지 않는다〉를 하고 있을 때, 밥이 몇 가지 다른 작업을 하고 있었거든요. 그때 그가 "정말 좋은 장면들이 들어 있고, 흥미로운 캐릭터야"라고 말했어요. 저는 "복서라고? 난 복싱 안 봐"라고 말했죠. 금요일 밤에 아버지가 보던 경기 이외에, 제가 알고 있는 복싱이라곤 어렸을 때 6번가와 2번 대로에서 본 영화가 다였으니까요. 챔피언 결정전이 있었던 주에 그 경기를 영화로 봤어요. 15라운드가 진행되는 동안, 카메라는 오직 하나의 구도로만 경기를 보여줬는데, 정말 그게 다였어요. 경기가 이미 일주일 전에 열렸으니 사람들은 경기 결과를 다 알고 있으면서도 막 소리치며 보는 거예요. 정말 지루했어요. 어렸던 우리들은 그저 다른 프로그램이 나오기만을 바랐어요.

제가 본 것 중 유일하게 논리적으로 납득되는 싸움은 버스턴 키튼 영화였어요. 그는 덩치 큰 남자와 함께 링 위에 올라요. 덩치가 주먹을 휘두르며 나오니 키튼이 코너로 가서 의자를 가지고 남자를 때려요. 그것이 제가 목격한 유일한 논리적 복싱 장면이었어요. '두 사람을 링에 올려놓고 서로 때리게 하자'라는 발상은, 제가 이해할 수 없는 — 이해하지 못하는 — 것이었어요.

그래도 그 책은 읽었어요. 공동 저자인 피터 새비지*Peter Savage*에 따르면, 제이크의 모든 삶은 그가 어릴 때 저지른 사건에 의해 형성되었어요. 그는 강도질을 저지르다가 피해자 중 한 명인 해리 고든*Harry Gordon*의 머리를 강타해요. 제이크는 자신이 고든을 죽였다고 생각하죠.

하지만 책 후반부에 제이크가 칵테일파티에 가게 되는데, 거기서 누굴 만났는지 아세요? 바로 해리 고든이었어요! 제이크가 그를 죽이지 않았던 거예요. 그는 일어나지도 않은 일 때문에 죗값을 치렀던 거죠.

로버트 드니로: 애초에 제가 그 책을 좋아했던 건 좋은 장면이 있기 때문이었어요. 여러 극적 가능성, 아이러니, 유머, 사람들이 공감할 수 있는

것, 마티와 제가 공감할 수 있는 것들이 좋은 장면으로 들어 있어요. 어떤 상황일 수도 있고, 어떤 순간의 캐릭터일 수도 있어요. 전부 다 예상치 못하게 전개되는 것들이죠. 그래서 그냥 "멋진 장면이야"라고 말하게 되는 거예요. 당신이 보지 않았던 것들, 보고 싶은 것들, 혹은 그런 걸 이전에 본 적 있다고 하더라도 이 영화만큼 잘 만들어지지는 않았던 것들이 여기 담겨 있어요. 당신은 그것이 어떤 방식으로 만들어졌는지 상상할 수 있는데, 정말 멋질 거예요. 하지만 아무리 멋진 장면이라도 영화의 스토리와 잘 연결되고 있는지 생각해야 하죠. 그 장면이 영화 전체와 맞는지 신경 써야 해요.

마르딕 마틴 : 〈분노의 주먹〉은 로버트 드니로의 아이디어였어요. 그는 그 책을 읽고 저에게 추천했어요. 우리는 약속했죠. 제가 초안 작업을 하기로 했는데, 그 당시 마티는 이 작업을 딱히 하고 싶어 하지 않았어요. 이야기에 충분히 설득되지 못했던 거죠. 제이크 라모타는 가공되지 않은 상징이에요. 도자기 가게에 있는 황소와도 같아요. 그는 서툰 구석도 많았는데, 여자를 대할 때면 너무 마초적이면서도 지나치게 연약한 사람이었죠.

저는 〈분노의 주먹〉의 초안을 쓰면서 마티가 그의 가족과 관련해서 넣으려던 것들, 스태튼섬에 있는 할아버지의 무화과나무와 관련된 것들, 그 외 다른 요소들을 제가 쓴 것과 함께 넣었어요. 로버트가 다 읽고 나서 말하더군요. "이게 뭐죠? 대체 무슨 일이에요?" 제가 마티의 입맛에 맞추려고 너무 애를 썼나 봐요. 그때 저는 다른 일도 하고 있었거든요. 어윈 윙클러가 제게 와서 "당신은 미쳐버릴 거예요. 다른 사람에게 넘겨요"라고 말했던 것을 잊을 수 없어요. 저는 "다행이야"라고 말하며 모든 초안을 비롯해 제가 연구했던 것들을 모조리 폴 슈레이더에게 넘겼어요. 제가 도저히 감당할 수 없는 지경에 이르렀던 거죠.

마틴 스코세이지 : 마르딕은 시나리오를 쓰는 데 2년이 걸렸어요. 우리는 그냥 그를 내버려 두었죠. 그러자 그가 연대기 서사를 들고 돌아왔어요. 대체로 책을 기반으로 하긴 했지만, 다양한 사람들의 기억을 바탕으로 하는 서사이기도 했어요. 마치 〈라쇼몽〉 같았죠. 모든 사람이 진실에 대한 자신만의 버전을 가지고 있었어요.

어느 순간 우리는 "바꿔 봅시다, 연극으로 해봅시다. 우선 연극으로 하고, 그다음에 영화로 만들어 봐요"라고 말하기도 했어요. 그러다 더 좋은 생각이 떠오른 거예요. "밤에는 연극처럼 하고, 낮에는 영화를 찍는 것처럼 해요" 그때 우리는 제정신이 아니었어요. 마르딕이 "좋은 생각이에요!"라고 말했어요. 완전히 미쳤던 거죠! 그는 시나리오 쓰는 걸 멈추고 희곡을 썼어요. 그러다 어떤 시점에 이르러 우리가 통제력을 잃었다는 걸 깨닫게 되었죠.

1977년에 드니로가 시나리오를 읽고 나서 말했어요. "무슨 일이야? 이건 우리가 생각한 영화가 아니잖아" 그래서 제가 말했어요. "글쎄, 달리 어떤 영화가 되어야 할지 모르겠어" 저는 그 이야기와 정면 대결하지 않았던 거예요. 하지만 정말 제가 직면하지 못한 것은 저 자신이었어요.

폴 슈레이더 : 〈분노의 주먹〉은 마티나 제가 만들고 싶었던 영화는 아니었어요. 드니로가 마티를 끌어들였고, 두 사람이 저를 끌어들였죠.

제이크 라모타의 진정한 재능은 타격을 견디는 능력이었어요. 그는 그 누구보다도 맷집이 강했어요. 정말로 그게 그의 전부에요. 저는 실존하는 제이크가 영화에서처럼 구원받았다고 생각하지 않지만, 마티와 제가 이 문제를 다룰 때는 현실의 제이크 라모타를 옆으로 제쳐두어야 했어요.

제 시나리오에서 마티가 가장 크게 바꾼 부분은 제가 쓴 최고의 독백 중 하나를 빼버린 거였어요. 제이크가 감옥에 있을 때 벌어지는 2~3페이지짜리 자위행위 독백이에요. 영화의 절정이 되는 순간이었죠. 라모타는 자기가 알고 있는 여자들의 이미지를 떠올리며 자위하고 혼잣말을 해요. 그는 겨우 발기하고선 자신이 사람들을 얼마나 끔찍하게 대했는지 기억하며 더는 자위를 할 수 없게 돼죠. 그러다 결국 자신의 손을 비난하면서 그의 손을 감옥 벽에 찧어 버려요.

밥과 마티 둘 다 너무 과한 장면이라고 느꼈어요. 하지만 저는 그게 마음에 들었어요. 밥이 좋아하지 않는 게 놀라웠죠.

데이비드 필드 : 어윈 윙클러는 57번가의 갤러리아 빌딩에 있는 마티의 아파트에서 회의를 주선했어요. 우리에게는 슈레이더의 시나리오가 있었어요. 하지만 아직 촬영용 시나리오가 나오지 않은 상태였죠. 슈레이더의 각본에서 제이크의 캐릭터는 영화보다 더 어두웠어요. 각본의 핵심은 6~8페이지로 구성된 제이크의 독방 장면이었어요. 거기서 그는 자신의 성기와 아주 긴 대화를 나눠요. 그가 발기된 남근을 물컵에 담그는 장면도 있었어요. 그래도 그 장면은 그가 싸움을 준비할 때 하는 일이었고, 괜찮아 보였어요. 하지만 감옥에서의 독백은 지나치게 어두운 느낌이었죠.

그 장면을 얼렁뚱땅 넘어갈 방도는 없었어요. 만약 그 장면이 시나리오에 있다면 그냥 찍어야 했어요. 조심스럽게 프레임에 담을 수 있을 만한 게 아니었고, 너무 강렬했거든요. 그냥 어쩔 도리가 없었어요. 더구나 유나이티드 아티스츠나 다른 대형 제작사가 X 등급을 받을 만한 영화를 배급할 수 있을 것 같지는 않았어요. 제작사가 그걸 원하지도 않았겠지만, 단지 X 등급이기 때문만은 아니었어요. 더 중요한 문제는 아무도 그 모습을 보고 싶어 하지 않을 거란 거예요. 저는 마티의 작품을 가능한 많은 사람이 봐야 한다고 생각했어요. 저는 유나이티드 아티스츠가 그 장면을 그대로 둔 채 영화를 만들 거라고 확신하지 못했어요. 그러지 않을 가능성이 더 높았죠. 저는 그 영화가 만들어지길 바랐어요.

바비 드니로와 마티는 영화가 위험에 처해 있다는 걸 몰랐어요. 그때 저는 어윈과 함께 총괄 프로듀서로서 다른 다섯 편의 영화를 책임지고 있었죠. 문제가 생길 때마다 어윈은 "음, 당신이 그에게 말해요"라고 말하곤 했어요. 그러면 제가 "어윈, 프로듀서는 당신이잖아요"라고 말하죠. 그 말을 어윈도 받아넘겨요. "네, 음, 총괄 프로듀서는 왔다 갔다 하지만 감독들은 계속 영화에 붙어 있잖아요. 그래서 말하지 않을 거예요"

마틴 스코세이지 : 어윈 윙클러는 저에게 이 영화에 자금을 대는 유나이티드 아티스츠 사람들과 만나보라고 했어요. "그냥 인사하고 시나리오에 대해 이야기하면 돼요" 저는 물었어요. "이 미팅은 뭐예요? 그 사람들은 뭘 알고 싶은 거죠? 무슨 이야기를 해야 해요?" "그냥 인사만 해요. 그냥 인사차 만나는 거예요. 그들이 영화에 참여하도록 하는 거예요" 우리는 그들 중 하나인 데이비드 필드를 알고 있었고, 그를 좋아했어요.

그렇게 그들이 제 아파트로 찾아왔어요. 저는 영화를 흑백으로 만들고 싶다고 했죠. 그들이 "흑백이요?"라면서 반문하더군요. 그렇다고 답했어요. 그때 당시 5편의 복싱 영화가 개봉하고 있었거든요. 〈록키 2〉 아니면 〈록키 3〉가 나왔었고, 〈메인 이벤트〉, 〈마틸다〉, 그 외 다른 두 편의 작품이 더 나왔어요. 전부다 컬러로 만들어졌죠. 그래서 저는 "이 영화는 달라야 해요"라고 말했어요. 그뿐 아니라, 컬러 필름은 색이 바랜다고 말해주었어요. 전부 다 살펴봤는데 코닥 컬러 필름에 색이 바래는 경향이 있어서 정말 속상했거든요. 상영 프린트는 5년이면 색이 바랬고, 네거티브 필름은 12년이면 색이 바랬어요. 저는 "특별한 영화를 만들고 싶어요. 게다가, 흑백으로 만들면 50년대 화면을 구현할 수 있어요"라고 말했어요. 우리는 이 영화를 데일리 뉴스와 같은 타블로이드 신문처럼, 사진가 위지Weegee의 범죄 사진처럼 만들려고 생각하고 있었어요. 바로 그게 우리가 구상하는 것이었죠.

유나이티드 아티스츠 관계자들이 그것에 대해 이야기를 나누더니 "좋아, 그렇게 해요"라더군요. 우리 말을 들어주었던 거예요. 그러다 그렇게 바퀴벌레 같은 남자에 대한 영화를 어떻게 만들 수 있냐고 말했던 것이 분명히 기억나요. 거기에 드니로가 아주 낮은 음성으로, "그는 바퀴벌레가 아니에요"라고 응수했죠. 그게 큰 논쟁으로 번졌던 건 아니에요. 사실은 아주 화기애애한 회의였어요. 그런데 알고 보니 그들은 이 회의를 통해 영화를 중단할지 말지 결정하기로 했던 거였어요. 전 몰랐다가 나중에야 알게 됐죠.

데이비드 필드 : 제가 '바퀴벌레'라는 말을 했는지 기억나지 않아요. 영화사 임원이 되어 투자자들이 우글거리는 곳과 창의적인 사람들이 우글거리는 곳 사이를 오가며 협상하다 보면 머리가 어지러워지기도 하거든요. 한쪽의 입장을 또 다른 쪽에게 잘 설명해야 하니까요. 그들은 철저하게 서로를 불신했어요. 저는 영화감독들과 동질감을 느꼈지만, 그렇다고 그들에게 속한 것은 아니었죠. 창의적인 사람들에게는 제가 투자자들과 똑같은 사람으로 여겨졌겠죠. 투자자들이 제 월급을 주니까요. 그러면 우리는 그저 미운 오리 새끼 신세가 되는 거예요. 영화감독들이 우리의 의견에 동의하더라도, 대체로 그들은 면전에 대고 그 말을 하지 않았어요. 뭐 하러 그러겠어요? 우리는 낙하산을 타고 서로의 적진에 몰래 침투하는 중인데 말이에요.

저는 예산 결재를 승인하여 마티와 바비를 세인트마틴섬St. Martin[26]으로 보냈어요. 그들은 거기서 4~5주 동안 머물렀죠. 그리고 자신들의 이름 첫 글자만 시나리오에 박은 채로 돌아왔어요. 그게 우리가 찍은 시나리오예요.

로버트 드니로 : 우리는 세인트마틴에서 거의 3주 동안 함께 시나리오 작업에 몰두했어요. 마티와 저는 슈레이더의 각본 중 일부는 좋아했지만, 나머지 부분은 마음에 들지 않았어요. 우리는 여전히 그것을 우리만의 것으로 만들어야 했어요. 그래서 함께 시나리오를 수정하면서 각 장면을 검토했고, 때때로 대사를 추가하기도 했어요.

마티와 저는 인간관계에 대한 히피적인 태도에 대해 이야기한 적이 있었어요. 다들 참 잘 수용하는 것 같아요. 그 당시 사람들은 "나는 그녀가 뭘 하든 신경 쓰지 않는다"라거나 "그 사람이 무얼 하든 상관없다"라고 말하며, "그 사람을 정말 사랑한다면, 그 어떤 것도 요구해선 안 돼"라고 말하곤 했어요. 하지만 저와 마티에게 그런 태도는 완전 개똥 같은 소리였죠. 그건 기본적인 감정을 무시하는 거잖아요. 마치 당신에게는 그런 것들을 느낄 권리가 없고, 만약 그것을 느낀다고 하더라도 당신은 바보에 불과할 뿐 힙스터가 아니라고 하는 것만 같았죠. 완전 개소리예요! 당신은 그런 감정을 가질 자격이 있어요.

어떤 사람들은 자신에게는 그런 감정이 없다고 생각할지도 몰라요. 그렇다면 그건 정말 별난 일일 거예요. 어떤 이들은 그런 감정을 표현하긴 하는데, 적대적인 방식으로 표현해요. 저는 사람들이 하레 크리슈나 교단 사람들처럼 웃고 말하는 걸 보곤 했어요. 그들은 저를

26 중앙 아메리카 카리브해에 위치한 섬으로, 남쪽은 네덜란드령, 북쪽은 프랑스령이다.

보고 웃고 있지만, 실제로는 공격적이에요. 돈을 내놓으라고 다그치죠.

우리는 제이크라는 인물로부터 정말 솔직한 것을 끄집어내고 싶었어요. 제이크는 그 자체로 원시적인 사람이라 특정 감정을 숨기지 못하죠. 그래서 저는 진짜 제이크 라모타를 생각하며 작업했어요. 그의 뇌를 파헤치려고 했죠. 거기서 정말 많은 일이 벌어지고 있었어요. 그가 자기 자신과 자기 행동에 대해 기꺼이 의문을 제기한다는 점에 감탄했어요. 하지만 그가 어떤 행동을 할까요? "글쎄요, 제가 그렇게 한 이유는…"이라면서 대학 교수처럼 굴어야 할까요? 그는 가끔 그런 식으로 말하곤 했지만, 그것보다 더 교활했죠. 그는 무표정한 얼굴로 당신을 쳐다보거나, 어떤 것을 보며 비웃기도 할 거예요. 때때로 자신을 보호하면서도, "아, 나 개새끼였네"라고 말하기도 해요. 그래도 저는 항상 그 안에 어딘가 괜찮은 구석이 있을 거라고 생각했어요.

마틴 스코세이지: 폴이 말한 적 있어요. "당신들은 당신들의 대사를 쓰세요" 그는 "대사를 압축적으로 쓰고 싶다면 캐릭터들을 조합할 수도 있어요"라고 알려주기도 했어요. 우리가 세인트마틴에서 했던 것이 바로 그런 작업이었어요. 슈레이더는 좋은 글을 써주었지만, 우리는 우리만의 것을 만들어야 했죠.

우리가 찾아낸 것 중 가장 중요한 지점은 제이크가 자신이 나온 신문 기사를 모두 스크랩해 두었다는 거였어요. 엄청났죠. 폴의 원래 각본에 없던 것들이 바로 그 스크랩에서 나왔어요. 예컨대, 제이크가 시합에서 일부러 진 후에 탈의실에서 울음을 터뜨려요. 그 이야기가 우리가 읽은 칼럼에 나왔어요. 그 기사의 칼럼니스트는 탈의실에서 그 모습을 보았다면서 만약 제이크가 연기를 하는 것이라면 자신이 본 것 중 가장 훌륭한 연기였다고 말했죠. 그는 "남자가 그렇게 우는 걸 본 적이 없다. 정말 지독했으며, 나는 그것이야말로 깨끗한 시합이었다고 생각한다"라고 썼어요. 제이크의 아버지도 그 방에 있었는데, 아버지는 "그만 됐어. 더는 싸울 생각 마라. 이제 싸우지 마!"라고 말했어요. 그래서 우리는 그 대사를 제이크의 트레이너에게 주었죠. 그리고 이 부분은 이해하고 넘어가야 해요. 제이크만이 유일하게 승부 조작을 인정했어요.

제이크라는 인물을 제대로 이해하게 된 것은 〈뉴욕, 뉴욕〉 이후 2년 반, 3년 동안 저 자신에 대해 알게 된 덕분이었어요. 그때와 달리 저는 준비가 되어 있었죠. 우리에게는 시나리오가 있었고, 저는 아홉 번의 시합 장면을 위한 스토리보드 작업에 돌입했어요. 각 장면을 다르게 접근해야 했죠.

저는 브라이언 드팔마를 비롯한 다른 친구들과 매디슨 스퀘어 가든에서 열리는 시합을 보러 간 적이 있었어요. 우리는 뒤쪽 좌석에 앉았고, 거기서 저는 스펀지가 양동이에 들어가는 모습을 보았어요. 트레이너는 선수의 등 위로 그 스펀지를 쥐어짰어요. 피가 흥건하게 흘러 나왔죠. 꽤 흥미로운 순간이었어요.

바비와 제가 세인트마틴에서 돌아온 후, 저는 다시 시합을 보러 갔어요. 그때 우리는 세 번째 줄에 앉아 있었는데, 그때 로프 위로 흐르는 피를 보았어요. 저는 그것을 영화의 절정에 이른 순간에 사용했어요. 슈거 레이 로빈슨과의 6차전에서 제이크가 패배했을 때 말이에요.

어윈 윙클러: 한때 저는 〈분노의 주먹〉 때문에 낙담했어요. 그 영화는 절대 하지 않을 심산이었죠. 하지만 시스 코먼이 저에게 꿋꿋이 이겨내라고 격려해 주었어요.

마티와 밥은 카리브해에서 돌아오자마자 바로 저에게 시나리오를 보냈어요. 정말 도발적이었죠. 분명 두 사람은 영화 크레딧에 시나리오 작가로 올라가지는 못했어요. 하지만 너무 좋았죠. 그러자 제가 더 열정적으로 변하더라고요! 그때 저는 〈록키〉 시리즈를 만들었고, 그것을 든든한 뒷배 삼아서 유나이티드 아티스츠를 설득했어요. 아무런 문제 없이 영화가 진행될 수 있게 도왔죠.

시스 코먼: 어윈 윙클러는 저를 캐스팅 디렉터로 데려왔어요. 저는 그와 함께 〈업 더 샌드박스*Up the Sandbox*〉와 〈더 갬블러*The Gambler*〉라는 두 작품을 함께 했어요. 제가 바비 드니로를 만났던 건 〈더 갬블러〉를 할 때였어요. 밥은 그 영화의 배역을 원하고 있었고 저 또한 그가 하기를 바랐죠. 하지만 감독이 결국 제임스 칸*Jimmy Caan*을 선택했어요. 어윈이 "밥 드니로를 만나봤으면 좋겠어요"라고 말했을 때 엄청 초조하고 긴장했죠. 밥은 처음 만나는 사람에게 먼저 다가가는 편이 아니었거든요. 그는 저보다 더 쑥스러워했어요. 그래도 그건 괜찮았어요. 그런데 그다음 마티를 만나야 했죠. 저는 사람 만나는 일에 재주가 있어요. 제가 알아서 할 수 있죠. 하지만 그와 이야기하는 내내 그가 하는 말 중 4분의 3을 이해하지 못했던 것 같아요. 저는 "저에게 설명해 주시겠어요? 다시 말씀해 주시겠어요? 조금만 천천히 말씀해 주시겠어요?"라는 말을 하지 않고 잠자코 있었어요. 그런 뒤 다음 3개월 동안 마티가 말하는 것의 절반 정도는 이해하게 됐죠. 하지만 어떻게든 저는 그의 말을 짜 맞추면서 그가 열정적인지 아닌지 확인하며 제가 제대로 하고 있는지 아닌지 가늠해야 했어요.

쉽지 않았어요. 마티 같은 사람은 처음이었으니까요. 온갖 일들이 벌어졌고, 변덕스러웠어요. 제가 알고 있거나 함께 일했던 다른 감독들을 상대하는 것과는 전혀 달랐죠. 저는 불편했고, 일이 잘되지 않을까 봐 너무 걱정됐어요. 마티는 사람들에게 곧장 다가가는 사람이 아니에요. 오랜 시간을 같이 보낸 뒤에야 그 사람에게 신뢰를 보내는 사람이죠.

저는 제가 그 영화에 적합한 사람인지 확신하지 못하고 있었어요. 마티는 저를 이상하게 쳐다봤죠. 처음에 저는 밥과 더 긴밀하게 일했어요. 영화가 아직 준비되지 않았고 한동안은 그럴 것이었기 때문이에요. 하지만 밥은 당장에라도 배우들을 섭외할 준비가 되어 있었죠. 우리는 마티가 채비를 마칠 때까지 몇 달 동안 가깝게 일했어요. 마티는 천식을 앓았고, 들뜬 성격을 가지고 있었으며, 변덕스러우면서도 감정적인 사람이에요. 그리고 이탈리아계 사람이죠. 그래서 저는 그를 재촉할 수 없을 거라고 판단했어요. 마티는 본인이 준비가 되어야만 시작할 사람이었죠. 이런 일들에도 불구하고 〈분노의 주먹〉은 제 최고의 경험이었어요.

시나리오를 읽었을 때 어쩔 수 없이 이런 생각이 들었어요. "제이크 라모타는 끔찍하고 사악한 사람이야. 도대체 왜 이런 영화를 찍으려고 하는 거지?" 그러면 바비 드니로가 "음, 사람들은 때로 그런 상태에 있지"라는 듯이 말했어요.

마티와 알게 된 지 얼마 되지 않았기 때문에 저는 마티가 그 시나리오를 가지고 무엇을 하고 있는지 이해하지 못했어요. 그가 얼마나 천재인지도 전혀 몰랐죠. 보통 저는 글로 된 시나리오를 읽어요. 우리가 얻을 결과물이 거기에 있으니까요. 우리 모두 시나리오가 시각화된다는 것을 알고, 음악이 이곳저곳에 배치될 거라는 것도 알고 있어요. 하지만 마티의 시나리오는 그저 글이 아니라 청사진 같았어요. 그는 자기 머리에 있는 이미지들을 꺼내서 영화에 적합한 것으로 만들 수 있는 천재성을 지녔어요. 정말 놀라운 사람이에요.

배우들에게 섭외 전화를 돌려 "마티의 영화에 나오고 싶은지 알고 싶어요"라고 물으면, 그들은 "오! 언제요? 언제 가면 될까요?"라고 말해요. 그러니까, 누구든지 자리를 박차고 나온다는 거예요.

저는 이 업계에서 일하면서 '상업적'이란 단어를 많이 듣고 쓰는

데, 아마도 마티는 그런 단어를 사용하지 않는 몇 안 되는 사람 중 하나일 거예요. 저는 모든 사람이 상업성에 대해 이야기하는 업계에서 일해요. 하지만 저는 마티가 "그 배우는 그다지 상업적이지 않아"라고 말하는 것을 들어본 적이 없어요. 저와 함께 일하는 사람들은 확실히 제작사의 눈치를 예민하게 살펴요. 그들은 자신들의 영화가 박스오피스에서 성공하기를 바라죠. 어느 날 저는 "이 영화가 상업적이라고 생각하나요?"라는 멍청한 말을 한 적이 있었는데, 바비가 그 말을 듣고는 "전혀 생각해 본 적 없어요. 저는 제가 뭘 하고 싶은지만 생각해요"라고 말했어요. 그건 마티도 마찬가지예요.

그는 배우들에게 정말 살갑게 대했어요. 그래서 제가 거기 있어야 해요. 왜냐하면 마티는 절대 배우에게 "우리 지금 촬영 들어가야 해"라고 말할 수 없기 때문이에요. 그는 배우의 기분을 상하게 하지 않으려고 배우와 함께 세 시간은 앉아 있었어요. 그러면 제가 끼어들어 말하는 거죠. "좋아요, 마티, 이제 그만. 시간 없어요. 미안해요" 악역은 제가 짊어지는 거예요. 마티가 짊어지게 하고 싶지 않아요.

마틴 스코세이지 : 제이크의 남동생을 연기한 조 페시는 정말 운 좋게 얻은 배우였어요. 그는 랄프 드 비토가 감독한 〈비정의 해결사〉라는 영화를 찍었어요. 밥은 어딘가에서 그가 나온 비디오테이프의 일부를 보고 "이 사람 진짜 흥미로워요"라고 말했어요. 같이 그 영화를 봤죠. 우리는 그가 불법 도박을 하는 장면이 마음에 들었고, 그렇게 페시를 만나게 됐어요. 그 당시 그는 연기 활동을 중단하기로 마음먹은 상태였어요. 그래서 그는 "난 이제 아무것도 필요하지 않아요"라는 듯한 태도를 취하고 있었어요. 그래서 우리는 일단 그를 자리에 앉혔죠. 저는 "좋아요, 일단 앉아서 얘기해 봐요. 별거 아니에요. 우리가 어떤 합의를 이룰 수 있는지 이야기해 보자고요. 아니면 그냥 시나리오만

읽어봐도 되고요"라고 말했어요. 그가 "저는 다른 사람을 위해 읽지 않아요"라고 말하더라고요. 우리는 그런 대화를 나눴어요. 그의 말을 듣고 이야기했어요. 밥과 저는 그가 말하는 방식이 좋았어요. 그는 멋진 즉흥 연기 방법을 알고 있는 사람이었죠.

조 페시 : 저는 배우가 되기 위해 애쓰느라 진이 빠져 있었고, 결국 포기할 마음을 먹고 있었어요. 저는 연기라는 일이 싫어서 다시는 연기에 뛰어들고 싶지 않았어요. 저는 예술로서의 연기를 좋아하는, 아역배우 출신이에요. 네다섯 살 때부터 무대에서 연기했죠. 1975년이 되어서야 영화를 찍었는데, 바비와 마티가 본 〈비정의 해결사〉였어요.

처음에는 전혀 안중에도 없었어요. 제이크의 남동생은 분량이나 비중이 작은 역할이었거든요. 저는 마티와 밥이 한창 활발히 일하면서도 그 배역을 간절하게 원하는 배우에게 그 역할을 주어야 한다고 생각했어요. 그때 저는 브롱크스에서 제 친구들이 소유한 레스토랑을 관리하고 있었죠. 할리우드에서 벗어나 있었어요. 항상 다른 사람들에게 좌지우지되어야 하고 겁쟁이가 되어야만 하는 그곳을 떠나 있던 거예요. 그때 저는 벽에 부딪혀 놓고도 '죄송합니다'하고 말하는 지경이었어요. 일을 구하려면 아무도 기분 나쁘게 해서는 안 됐으니까요. 저는 그곳에서 벗어나 모두가 저를 사람으로 대하는 위치로 돌아가고 싶었어요. 하지만 마티와 밥을 만났을 때, 저는 그들과 하는 작업이 뭔가 다를 거란 걸 눈치챘죠.

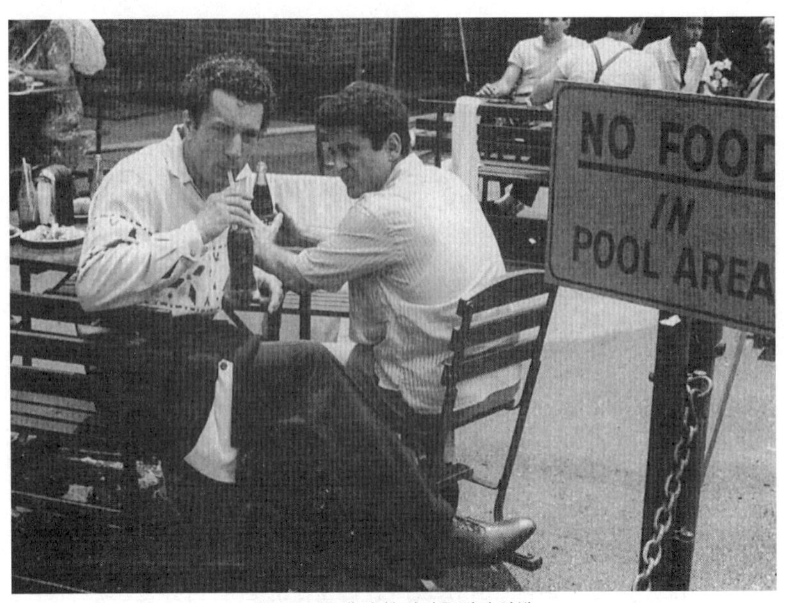

〈분노의 주먹〉의 한 장면을 찍기 위해
카민 스트리트 수영장에 있는 로버트 드니로와 조 페시(조이 라모타 역).

시스 코먼: 조 페시가 어느 클럽에서 캐시 모리아티*Cathy Moriarty*의 사진을 봤어요. 그는 저에게 전화를 걸어 이 여자를 만나야 한다고 말했죠. 비키 라모타 역에 딱 맞게 보인다면서요. 그녀는 한 번도 연기를 해본 적 없었어요. 그때까지 저는 100명이 넘는 여자들을 찾아보고 있었죠. 플레이보이 클럽은 다 뒤진 것 같아요. 심지어 플로리다 마을[27]을 탐문하기도 했어요. 그곳에 괜찮은 여자들이 많다고 생각했거든요. 거기에 여자들이 무리 지어 왔어요. 그러다가 캐시가 나타난 거예요. 그녀는 단단하고 밝으면서도 똑똑한 젊은 여성이었어요. 모든 것을

27 뉴욕주 오렌지카운티에 있는 마을.

갖추고 있었죠. 실제 비키처럼 보이기도 했어요. 비키라는 역할은 강인함과 예민함이 필요했고, 미인이어야 했거든요.

아시다시피, 비키 라모타는 특별한 무언가를 가지고 있어요. 그녀는 살집이 약간 있는 편이긴 했지만 몸에 딱 붙는 멜빵바지와 셔츠를 입고 풍성한 머리칼을 뽐내며 범상치 않은 모습을 보여줬어요. 마치 그 모습은 "나는 예뻐, 나는 행복해, 삶은 즐거워, 그리고 나에게는 어떤 슬픔도 없어"라고 말하는 것 같았어요. 그녀가 길을 걸어가면 사람들은 고개를 돌려 그녀를 봐요. 라모타와 결혼했던 시기에 그녀는 분명 고통스러웠을 거예요. 하지만 우리가 그녀를 만났을 즈음엔, 그녀는 자신의 삶을 받아들이고 매우 행복한 삶을 누리고 있었어요. 적어도 그렇게 말했어요.

그런데 캐시를 고용하려면 영화배우조합과 해결할 문제가 있었어요. 저는 솔직하게 이야기했고 결코 속이려고 하지 않았어요. 마티가 그녀를 원한다는 사실을 알았을 때, 저는 큰일 났다고 생각했죠. 그래서 영화배우조합으로 찾아 갔더니 그녀를 고용할 수 없다고 하더군요. 전문 여배우를 써야 한다고 했어요. 그래서 저는 비키의 사진 10장과 캐시의 사진 10장을 가져와서 책상 위에 펼쳐놓고 말했어요. "보여요?" 그러자 그들이 허락해 주었죠.

캐시 모리아티 : 조 페시를 만났을 때부터 저는 〈분노의 주먹〉과 얽혀 버렸어요. 그는 제가 비키 라모타와 닮았다고 말했어요. 그는 캐스팅을 위해 마티에게 보여줄 사진을 원했죠. 저는 "그래요, 당연히 드려야죠"라고 말했어요. 그때는 그냥 모델 일 중 하나라고 생각했거든요. 그저 제가 옷 벗기를 바라는 것뿐이라고 생각했죠. 어쨌든 저는 사진 한 장을 그에게 주었어요. 배우가 되고 싶었고, 매일 섭외 전화를 기

다리고 있었으니까요.

2월에 스크린 테스트를 받았어요. 수영장 장면부터 시작해서 시합 장면, 제이크가 문을 부수는 화장실 장면까지 연기했어요. 다음 날 시스 코먼이 전화를 걸어서 "축하해요. 배역을 따냈어요"라고 말해 주었죠. 그렇게 우리는 4월부터 촬영을 시작했어요.

시간이 꽤 지나서야 시나리오를 받았어요. 《성난 황소》라는 책을 먼저 읽었는데, 더도 말고 덜도 말고 제이크의 눈으로 본 이야기였어요. 저는 비키에 대해 아무것도 몰랐기에 때문에 본능적으로 연기해야 했어요. 한 번도 그녀를 만난 적 없었거든요. 마티는 우리가 만나는 걸 원치 않았어요. 그녀가 나에게 영향을 끼칠까 봐 걱정했던 것 같아요. 그녀가 LA에 방문했을 땐 마티는 며칠 동안 저를 촬영장에 오지 못하게 했어요. 한 번도 만난 적 없는 모르는 여자를 연기하는 일은 어려웠어요. 하지만 더 어려웠던 건 전적으로 제이크의 눈을 통해 보이는 캐릭터를 연기하는 일이었죠.

제이크가 비키를 자신의 아버지 집으로 데려가는 장면이 있어요. 마티는 침대 위의 십자가상 같은 작은 부분까지 신경 썼죠. 제가 사진을 보는 장면에서도 화장대 위에는 묵주와 작은 메달, 십자가, 성수통이 걸려 있어요. 그런 것들을 화면 안에 넣는 것은 마티에게 중요한 일이었죠. 그는 촬영장에서 자신이 무엇을 원하고 있는지 정확히 알고 있는 사람이었어요. 종교상이 거울에 비쳐 배경으로 자리한 장면은 의도적으로 만들어진 장면이에요. 저에겐 그 모든 것이 익숙했어요. 저도 가톨릭 신자로 자랐고, 어머니는 이웃 수녀원의 일을 돕곤 했거든요. 우리 가족은 수녀들과 친했죠.

마틴 스코세이지 : 〈분노의 주먹〉의 첫 촬영일이 기억나요. 폴 슈레이더가 전보를 보내왔어요. "나는 내 방식대로, 제이크는 제이크의 방식대로,

당신은 당신 방식대로" 그 말은 저에게 움직일 수 있는 자유로움을 주었죠.

〈분노의 주먹〉의 모든 시합 장면은 그림으로 그려졌어요. 그건 음악에 맞춰 춤을 무대화하는 일과 비슷해요. 12마디로 이루어진 음악의 악절 대신, 우리에게는 주먹질로 이루어진 4마디가 있었어요. 모든 동작이 안무처럼 합을 맞췄죠. 싸움 장면을 찍을 때 딱 한 가지는 명심해야 해요. 그냥 싸움 장면만 해야지 또 다른 걸 해버리면 안 돼요. 그냥 합을 짜고 펼치는 거예요. 예를 들어, 이런 식으로 15번 주먹을 날린 다음 트래킹 숏을 찍고, 그런 뒤 마지막 펀치를 향해 다가가는 거예요. 주먹을 맞으면 선수가 프레임 밖으로 나가요. 꽝, 하고 다음 숏으로 넘어가죠. 이러면 편집에 역동성이 부여돼요. 만약 누가 다른 것을 해버리면 상대방이 다칠 수도 있어요. 다행히 우리 중 누구도 다치지 않았죠.

마이클 채프먼: 카메라는 한 대만 썼어요. 그래서 각 숏은 매우 세밀하게 그림으로 그려졌죠. 마치 아서 머레이*Arthur Murray*의 스텝 같았어요. 그가 무대 위에 그려 놓곤 했던 기이한 춤 스텝 말이에요. 우리가 그걸 했던 거죠.

마티는 매우 시각적인 상상력을 가지고 있었고, 그것은 그에게 무한한 자유를 허락해요. 그는 대부분의 사람보다 자신의 정서와 본능에 더 충실했어요. 카메라는 단순히 움직이는 것이 아니라, 바로 정서를 보여주죠. 복잡하고 힘든 촬영을 하면서도 마티는 그러한 자신의 초점을 잃지 않았어요.

마틴 스코세이지: 시합 장면은 밥 드니로를 비롯해 그 장면에 관련된 모든 이들의 신체 지구력을 불가피하게 소모시켰어요. 계속해서 같은 숏

을 찍어야 했거든요. 인내심도 필요했어요. 왜냐하면 하루에 두세 개의 숏만 건질 수 있었으니까요. 그게 다였죠.

저는 관객이 선수인 것처럼, 관객의 인상이 선수의 인상인 것처럼 링 장면을 만들려고 했어요. 선수가 생각하거나 느낄 법한 것, 그가 들을 법한 것을 관객들도 느끼기를 바랐어요. 마치 계속 두들겨 맞는 것처럼요. 그리고 시합 장면에서 아주아주 중요한 부분은 관중이 화면에 보이지 않는다는 거였어요. "죽여, 죽여!"라고 외치는 남자의 숏이나, 사람들이 얻어맞고 피가 튀는데도 먹기를 멈추지 않는 비만 여성의 숏 같은 건 이 영화에선 볼 수 없을 거예요. 분명 당신은 그녀가 자리에 앉아 소시지와 팝콘을 먹어 치우고 있다는 걸 알아요. 그럼에도 불구하고 영화에는 나오지 않죠. 하나도 없어요. 카메라는 그냥 링 위에만 머물러요.

촬영감독 마이클 채프먼(오른쪽 상단), 로버트 드니로, 조니 반즈(슈거 레이 로빈슨 역)와 촬영 스태프가 〈분노의 주먹〉의 시합 장면을 위해 카메라를 설치한다.

정말 웃겼어요. 이틀 연속으로 밥과 똑같은 이야기를 나누었죠. 그는 "이 숏에서 나 뭐하면 돼?"라고 물었고, 저는 "넌 여기서 그냥 맞으면 돼"라고 대답해요. 그리고 다음 숏으로 넘어가요. 제가 준비를 다 마치면 또 그가 물어요. "이 숏은 어떻게 해?"라고 물으면, "이번엔, 그냥 맞아!"라고 제가 대답했죠.

저는 슬로우 모션으로 펀치를 찍어야 했어요. 그렇지 않으면 관객들이 볼 수 없으니까요. 슬로우 모션 그 자체의 리듬을 한번 만들어낸 뒤에는 계속 그 리듬으로 가야 해요. 저는 슈거 레이와의 두 번째 시합은 망원렌즈로 찍기로 마음먹었어요. 일단 액션이 계획되면, 저는 그것을 그냥 미디엄 클로즈업으로 찍어야 할지, 아니면 펀치가 10번 오가는 미디엄 클로즈업으로 찍어야 할지 정확하게 알고 있었어요. 로빈슨과의 시합은 대체로 편집으로 만들어냈지만 대부분의 액션은 아주 분명하게 설계되었죠. 시합이 진행되는 와중에 비키 라모타가 그 시합을 지켜보는 숏이 나와요. 처음엔 그녀가 손뼉을 쳐요. 저는 〈라이프〉지에 실제로 실린 사진을 참고해서 이 숏을 찍었어요. 그녀가 박수를 치고, 그다음 웃어요. 그런 뒤 손으로 머리를 부여잡고, 고개를 숙이죠. 그걸 몽타주로 볼 수 있어요. 〈라이프〉지에 딱 실려 있거든요.

슈거 레이와의 마지막 시합에서, 트레이너는 제이크의 입에서 스펀지를 떼어내요. 스펀지가 담긴 양동이는 피투성이죠. 스펀지가 제이크의 등으로 올라가면 트레이너가 힘껏 짜내요. 그러면 피가 뚝뚝 떨어져요. 처음에는 슬로우 모션으로 보였다가 다음에는 정상 속도로 보여요. 그러다 이제 스펀지가 그의 배를 닦아내고, 그다음은 등을 문지른 직후의 숏이 나와요. 우리는 양동이에서 제이크의 등으로 가는 이미지로 시퀀스를 열기로 했고, 그다음 다른 숏을 추가했어요. 우리는 카메라를 그의 얼굴에 가져다 댔어요. 트레이너가 제이크의 얼굴에 바셀린을 바르는 장면이 나오는데, 마치 신이 은총을 내리는 것처럼 보였어요. 이 남자가 제물로 바쳐지기 위해 성수를 바르는 것처럼 보이는 거예요. 저는 그 장면이 흥미롭다고 생각했어요. 우리는 그날 밤의 실제 시합이 담긴 TV 화면을 이용하기도 했어요. 우리는 아나운서의 목소리를 사용했는데 어떤 영화관에서는 그 소리가 잘 들리지 않더라고요. "그 누구도 이 형벌을 견딜 수 없습니다"라고 아나운서가 말해요. 그건 실제 시합에서 녹음된 현장음의 아나운서 목소리였어요. 우리는 바로 그 목소리를 활용했죠.

마지막 라운드에서 카메라가 제이크에게 빠르게 다가가요. 그런 뒤 로빈슨의 숏이 보이죠. 슈거 레이가 제이크를 로프로 몰아넣고선 그를 한참 때린 뒤 미끄러지듯 빠져나와요. 여기서 우리는 180도 가상선의 축 반대편으로 넘어가고, 액션이 카메라 축을 넘어 버려요. 그때의 몽타주 시퀀스는 모두 44개의 숏으로 이루어졌어요. 그것이 바로 제이크가 실제로 했던 마지막 주먹질이에요. 그는 거기에 자신의 모든 힘을 쏟아냈어요. 마지막 라운드가 시작될 때, 아나운서가 말해요. "라운드 13, 바로 불운의 숫자입니다" 우리는 이 대사를 실제 TV 녹화에서 가져왔어요. 다시 한번 말하건대, 저는 링 안의 선수가 받는 인상을 영화에 부여하고 싶었어요. 그가 무엇을 경험하게 되는지, 어떤 느낌을 받게 되는지 보여주고 싶었고, 그가 듣는 소리도 함께 들려주고 싶었어요.

물론 실제 시합 장면은 오직 하나의 구도로 찍혔어요. 제이크가 선 채로 20초 동안 두들겨 맞는 모습을 보는 건 정말 압도적이었어요. 무려 20초 동안 얻어맞았다고요! 온통 피로 얼룩지고 엉망이 되었죠. 그때 아나운서가 "그 누구도 이 형벌을 견딜 수 없습니다"라고 말해요. 저는 이 시합 장면의 복사본을 갖고 있었어요. 기본적으로 그것을 기반으로 몽타주 시퀀스를 만들고 스토리보드를 그렸죠.

스토리보드에는 '레프트 훅, 오른쪽'이라고 쓰여 있어요. 시합의 실제 펀치가 있으니 제 마음대로 그걸 만들어 낼 수는 없었어요. 지미 니커슨Jimmy Nickerson이 제이크 라모타와 바비 드니로를 14번가 체육관으로 데려가 펀치들의 합을 만들었어요. 어느 날은 저도 거기에 가서 시합을 지켜봤죠. 저는 그 모습을 단 하나의 구도로 비디오테이프에 담았어요. 앞서 제가 이야기한 것처럼 제가 어릴 때 로우스 극장 스크린에서 본 큰 시합의 구도와 같은 것이었어요. 저는 그 테이프를 반복 재생하면서 그 단조로운 구도 속에서 여러 숏을 상상했어요. 마치 댄스 비디오테이프를 지켜보는 것 같았어요. 저는 마이클 잭슨과 함께 했던 〈배드〉 뮤직비디오에서도 똑같은 방법으로 일했어요. 춤이 녹화된 VHS 비디오테이프를 가지고 세 악절마다 멈추면서 각기 다른 숏을 위한 각기 다른 아이디어를 구상했죠. 그렇게 합을 맞춘 안무 없이는 아무것도 할 수 없어요. 절대로요. 한 프레임에서 네 번째 레프트 훅이 제대로 나오지 않았다고 생각해 보세요. 정말 힘들어져요. 그 숏에는 오직 네 번의 레프트 훅만 있을 수 있어요. 왜냐하면 만약 다섯 번째 레프트 훅이 갑자기 들어오면, 누군가 다치게 되거든요!

로버트 드니로: 시합 장면의 펀치들은 모두 합을 맞춰 만든 것들이었어요. 당신이 상대를 가격하는 것과 상대가 머리를 움직여 피하는 게 동시에 이루어져야 하고, 카메라는 마치 상대가 맞고 있는 것처럼 보이는 구도를 잡아야 하니까요. 오프닝 장면에서처럼 제가 혼자 링 위에서 춤을 추는 것이라면 아무렇게나 해도 돼요. 제가 하고 싶은 건 뭐든지요. 몸도 풀고 섀도복싱 같은 것들을 해요. 하지만 다른 사람과 함께 있을 땐 누구도 사고로 다치지 않도록 철저하게 연습해야 하죠. 꽤 구체적인 연습이 필요해요. 그렇게 연습해 보면 합을 짜는 게 대사를 외우는 일처럼 느껴질 거예요. 방법을 배우고, 바로 실행해 보

는 거죠. 연습과 실행의 일부로요.

<u>**마틴 스코세이지**</u> : 드니로가 멋진 아이디어를 생각해 냈어요. 링에 샌드백을 놓게 했죠. 저쪽에서 샌드백에 펀치를 날리다가 촬영 지점으로 달려들면 몸이 미리 달아오른 상태에서 찍을 수 있게 돼요.

제이크와 다트휘Dauthuille의 시합 장면에서 우리는 스토리보드를 그대로 따라갔어요. 마치 미리 편집된 것만 같았죠. 우리는 모든 펀치를 짜고 설계했어요. 그리고 제이크가 링 바닥과 입맞춤하는 모습이 실린 신문 사진을 활용해 숏을 찍었어요. 제이크는 자신의 글로브와 입을 맞추고 쓰러지며 링 바닥과도 입을 맞춰요. 그 모습을 찍기 위해 저는 이 영화에서 가장 장대한 숏 중 하나를 트래킹 숏으로 찍었어요. 카메라가 천 명의 사람들 머리 위로 올라가는 거였어요. 하지만 편집하면서 대부분 들어냈고 그날 우리는 겨우 두 개의 숏만 건질 수 있었죠. 제이크가 올림피아 스타디움의 지하에서 나오는 모습을 스테디캠으로 찍었는데, 관중 2천 명이 운집한 장면이었어요. 그 숏은 살렸죠. 오후에 우리는 또 다른 숏을 찍었어요. 카메라가 경기장 위로 올라가서 경기장을 훑으면 관중들이 환호하는 숏이었는데, 찍고 보니 정말 지루하더라고요. 그래서 그 숏은 쓰지 않았어요.

그 시합 장면에서 정말 많은 트래킹 숏을 썼어요. 한번은 장내 아나운서인 돈 던피Don Dunphy도 찍어야 했죠. 그가 하는 대사는 수천 번 다시 만들어졌어요. 우리는 필요한 분량보다 더 많이 찍어두었고, 항상 여분도 만들어 놨죠. 우리는 쓰러진 척하던 제이크가 다트휘에게 달려들며 그를 놀라게 할 때 여분의 숏을 사용하기도 했어요.

저는 그 장면에서 아주 재밌는 클로즈업을 썼어요. 제이크가 일어나면 배경이 바뀌어요. 그 숏을 찍기 위해서 카메라와 선수들이 회전식 쟁반 같은 것에 올라탔죠. 우리는 그것을 빙빙 돌렸어요. 하지만 테이크가 계속 늘어나더라고요. 며칠이 지나서야 우리에게 필요한 숏을 건질 수 있었죠. 우리가 찍어야 하는 또 다른 숏이 있었어요. 펀치가 렌즈 쪽으로 날아오면 우리는 거기서 커팅하여 마우스피스가 날아가는 숏으로 넘어가려고 했어요. 딱 그런 숏이어야 했죠. 다른 숏으로 대체할 순 없었어요. 우리는 그 숏을 얻기 위해 계속 촬영했어요.

예상치 못한 일이 생겨서 화면의 방향을 바꿀 때가 있었어요. 펀치가 반대편에서 보는 게 더 보기 좋다거나, 선수가 왼쪽에 있다가 오른쪽으로 가 있는 상황이면 계속 그 방향을 이어가야 했죠. 가끔은 제가 스토리보드를 잘못 그리기도 했어요. 하지만 스태프들이 '180도 가상선을 넘은 것'에 대해 논의하기 시작하면, 대체로 저는 그냥 잠시 앉아 있었어요. 그리고 속으로 "걱정하지 마. 곧 저들이 해결책을 제시할 거야. 걱정하지 마. 그게 저들이 하는 일이니까"라면서 저 자신에게 말하곤 했어요. 사실 180도 가상선을 넘은 것에 대해 여러 논의가 오가긴 했지만 방법은 똑같아요. 이미지를 거울처럼 뒤집는 거죠.

어떤 때는 시퀀스 중간에 카메라 속도를 바꿀 때도 있었어요. 슈거 레이와의 두 번째 시합에서 제이크가 슈거 레이를 쓰러뜨리는 장면이요. 그는 슈거 레이를 지나치다가 그를 내려다봐요. 그런 밥의 모습이 미디엄 숏으로 담겨요. 심판이 그에게 코너로 가라고 말하면, 밥이 그의 트렁크를 올려요. 그때 우리는 오버크랭크*overcrank*했어요. 처음에는 정상 속도인 24프레임으로 찍다가 숏 중간에는 48프레임으로 바꿨어요. 그러면 숏 중간에 화면이 슬로우모션으로 바뀌죠. 그러다가 밥이 코너로 돌아 들어올 때, 대기하기 위해 중립 코너로 들어서면 카메라가 다시 24프레임으로 돌아가요. 그때 딱 커팅이 되면서 밥이 시합으로 돌아오죠. 우리는 그런 걸 촬영했어요.

우리는 펀치를 찍기 위해 아주 빠른 고속 촬영을 했어요. 러시 필름이 정말 재밌었죠. 거기에서는 몇 시간 동안 피를 흘리며 서 있는 남자의 모습이 보여요. 클로즈업이 되고, 갑자기 꽝 해요. 펀치는 딱 8프레임이었죠. 그게 다예요. 그걸 보고 사람들이 "오, 샘 페킨파 같아요. 페킨파 스타일 같아요"라고 말해요. 하지만 그렇게 고속촬영되지 않았다면 펀치는 전혀 카메라에 잡히지 않았을 거예요. 당신이 그걸 볼 수도 없고요.

시합 장면에서 카메라를 엄청나게 많이 움직이며 화려한 편집술을 구사했기에 저는 드라마 장면에서는 절제해야 한다고 생각했어요. 그래서 카메라의 움직임이 더 단순해졌죠. 우리는 기본적으로 밥이 그만의 방식으로 움직이거나 앉아도 어디에 카메라를 두어야 할지 알고 있었어요. 저는 드라마 장면들에 대한 스토리보드도 그려 놨어요. 하지만 배우들이 리허설한 후에는 실제 촬영지에서 숏들을 다시 배치해야 하는 경우가 생겼어요. 그래서 촬영할 숏을 너무 많이 정해 왔거나, 카메라 움직임이 필요 없다는 걸 깨닫기도 했죠.

조 페시: 저는 긴 대사가 질색이에요. 날카롭고 재치 있는 대사를 좋아하는데, 그건 마티도 마찬가지였죠. 우리는 즉흥 연기를 해 본 뒤에 한두 줄 정도가 될 때까지 대사를 계속 줄여나갔어요. 하지만 일단 대사가 정해지면, 마티는 그것을 그대로 연기하길 원했죠. 매우 구조적인 감독이거든요. 배우들이 말을 줄줄 늘어놓도록 마티가 내버려 둔다고 생각하는 사람이 많은데 그건 사실이 아니에요. 언젠가 한번은 마티에게 당신이야말로 최고의 연기 선생이라고 말한 적이 있어요.

마티는 우리 자신만의 경험을 영화에 가져오게 해요. 〈분노의 주먹〉에서 제이크가 저를 때리기 직전에 제가 부엌에서 제 아이들과 함께 있는 장면이 그 대표적인 예시예요. 제 아버지는 먹는 방식에 대해 매우 까다로운 분이었어요. 지금까지도 저는 손으로 먹는 걸 즐겨요. 하지만 아버지는 저를 때리면서 말하곤 했어요. "한 번만 더 접시에 손을 올리면 포크로 찔러버릴 거야" 〈분노의 주먹〉에서 우리는 그런 장면을 찍었어요. 제 가족들이 식탁에 앉아 밥을 먹고 있으면 저는 제 딸과 이야기를 나누고 아기는 울고 있어요. 완전 엉망진창이잖아요. 그리고 곧 로버트 드니로가 들어와서 저를 흠씬 두들겨 패요. 그때 저는 제 아들을 연기하고 있던 아이가 접시에 손을 얹는 모습을 발견해요. 바로 그때 "만약 한 번만 더 망할 접시에 손을 얹으면…"이라는 말이 절로 튀어나왔어요.

미세스 스코세이지 : 제이크 라모타의 결혼식 기억나세요? 마티는 우리의 결혼 피로연을 바탕으로 그 장면을 만들었어요. 우리는 6월 10일에 결혼했는데 정말 더운 날이었죠. 그때 4층에 살고 있었는데, 자주 옥상에 올라가곤 했어요. 정말 예쁜 곳이었거든요. 결혼식 날에는 정말 더워 죽을 것 같았어요. 너무 더워서 사람들이 저에게 던졌던 꽃가루 종이가 웨딩드레스 위에서 녹을 정도였죠. 그 정도로 더웠어요. 그래서 우리는 피로연 장소를 아파트 옥상으로 옮겼어요. 그래서 제이크가 옥상에서 결혼식을 치르는 거예요.

미스터 스코세이지 : 마티는 〈분노의 주먹〉의 결혼식 장면을 촬영하는 날 무척 아팠어요. 마티가 저에게 말했어요. "위에 올라가서 감독하세요. 옥상에서 무얼 해야 하는지 사람들에게 말해주세요" 그래서 제가 대신 올라갔죠. 거기서 저는 나뭇가지 모양의 촛대를 보았고, 한쪽에는 얇게 썬 빵이, 다른 쪽에는 콜드컷이 있는 걸 봤어요. 제가 말했죠. "이 촛대들은 뭐죠? 일단, 우리 결혼식에는 촛대가 없었어요. 그리고 햄, 치즈, 스위스 치즈 같은 것들로 만든 롤빵이 있었어요. 얇게 썬 빵이 아니라"

결국 전부 다 치워야 했죠. 촛대를 빼고, 롤빵으로 다시 준비했어요. 그리고 맥주와 탄산음료를 옥상에 두고, 꽃가루 풍선도 두었어요. 딱 보기 좋았죠. 그리고 쿠키도 있었어요. 우리 결혼 피로연에서는 옥상 한쪽 끝에서 누군가가 소리를 지르곤 했어요. "이봐, 찰리, 햄샌드위치 먹을래?" 제가 "그래"라고 하면 그는 옥상을 가로질러 저에게 던져주었어요.

바비는 딱 제이크 라모타처럼 행동했어요. 제이크 라모타는 거친 사람이었어요. 그는 링에 올라 주먹을 견디고 상대를 죽이고 모욕하고 압살해요. 제이크의 실제 삶이 딱 그랬죠. 바비는 제이크가 말하는 방식과 그가 걷는 모양 등 모든 것을 연구했어요. 바비는 사람들이 진정한 완벽주의자라고 부르는 그런 사람이에요. 하고 싶은 것이 있으면 그것을 정확하게 해내야만 하는 사람이죠.

캐시 모리아티 : 바비와 함께했던 몇몇 장면들은 저를 정말 긴장하게 만들었어요. 그는 난데없이 무언갈 생각해 내곤 했죠. 비키가 침대를 정돈하고 제이크가 그녀를 친절하게 대하는 장면이 있는데, 바비가 갑자기 저의 머리채를 잡아요. 예상하지 못한 순간이라 묘했어요.

제가 호텔에서 치즈버거를 주문할 때 바비가 저를 때리는 장면이 기억나요. 그런 일이 벌어질지 전혀 몰랐거든요. 그런 탓에 저는 맞지 않는 방법이나 주먹에 어떻게 대처해야 하는지 익히는 것에 너무 집중하기 시작했어요. 그러다 보니 "내 대사를 하지 못할 거야"라고 생각하는 지경이 되었죠. 그런 장면을 여러 번 하다 보면 실제로 멍이 들기도 했어요.

바비와 제가 침대에 누워 있다가 바비가 얼음물을 가지러 침대에서 일어나고 제가 문간에 서 있는 장면이 기억나요. 성모 마리아상이 제 바로 옆에 있었죠. 그 장면은 제 첫 러브신이었어요. 저는 완전히 경직되어 있었어요. 대본의 지문은 하나였는데, 촬영하다가 중간에 바뀐 것이 기억나요. 그때 저는 당황하고 긴장했어요. 하지만 마티와 바비가 저를 편안하게 해주었죠. 누군가가 저를 돌봐주는 것처럼 느껴져서 기분이 좋았어요. 바비와 마티는 그날 저에게 정말 잘해주었어요.

조 페시: 밥 드니로와 함께 작업하는 건 정말 즐거워요. 하지만 가끔 그가 자신만의 작은 기술을 구사하는 것 같아요. 만약 제가 화를 내야 하는 장면이 있으면, 그는 짜증 나는 행동을 조금씩 하면서 저를 진짜 화나게 만들거든요. 아마 자신이 그렇게 하고 있는지 모를지도 몰라요. 어떤 것이냐면, 갑자기 촬영하다 말고 멈춰요. 그리고 다시 시작하고 또 멈춰요. "제 손이 여기 있었나요?"라고 스크립터에게 물어요. "제가 샌드위치를 왼손에 들었나요, 아니면 오른손에 들었나요?" 그러다 다시 시작해요. "조이, 좋아, 좋아, 미안해. 제가 허리를 굽히고 있었나요, 아니면 일으켰나요?" 그러고 나면 마침내 제가 폭발하는 거죠. "제발, 빨리 좀 찍읍시다!" 그때쯤이면 저는 열불이 난 상태가 돼요. 촬영을 시작할 준비가 된 거예요.

조이가 아기를 안고 있는 부엌 장면에서 그가 "네가 이겨도 네가 이기는 거고, 네가 져도 네가 이기는 거야"라고 말해요. 많은 사람이 그 장면을 좋아했어요. 열세 번 정도 테이크가 간 것 같아요. 전혀 진도가 나가질 않았죠. 아귀가 들어맞지 않았어요. 제가 그 장면을 제대로 하지 못할까 봐 정말 두려워했던 게 기억나요. 그때 마티가 저를 사람들이 없는 쪽으로 데려가더니 이렇게 말했어요. "난 뭐가 문제인지 알아. 지금 넌 네가 무슨 말을 하는지 모르고 있어. 대사는 알지. 그런데 무슨 말을 하고 있는지 몰라. 그냥 대사만 읊는 거야. 넌 아무것도 이해하지 못하고 있어. 넌 그를 설득해야 해!" 저는 촬영장에 다시 들어갔고, 다음 테이크에서 마침내 해냈어요. 그러니까, 그전까지 저는 제이크를 이해시키는 데 열중하지 못했던 거였어요. 그때 저는 "뭐가 문제야? 몸무게?"라고 말하면서 시작했어요. 그다음 원래 대사를 쳤죠. 제이크를 이해시켰던 거예요.

제가 바비에게 아내와 좋은 곳에 가서 데이트하라고 제안하는 장면이 있어요. 그때 "우리 마누라한테는 아무 말 하지 마. 안 데려갈 거니까"라는 말이 제 입에서 즉흥적으로 튀어나왔어요. 우리는 그 대사를 따로 잘라서 사용했죠.

마틴 스코세이지 : 밥이 제이크 라모타를 연기하는 모습은 마치 돌로 쌓은 장벽 같았어요. 밥의 모든 컷이 아주 강렬했어요. 그냥 미디엄 숏으로만 나와도 그랬죠. 카메라가 움직이지 않고 그대로 있으면 그가 방을 가로질러 걸어가요. 덩치가 어마어마했어요. 심지어 나이 든 제이크를 연기하기 위해 살을 찌우기도 전에, 시합용 몸을 유지하던 영화 초반부에도, 그는 거기에 있는 것만으로 다른 이들을 압도해 버렸죠.

시합 장면을 찍는 와중에, 저는 제 요청대로 카메라 운용 장비를 만드는 스태프들에게 계속 이야기했어요. "걱정하지 마세요, 여러분. 드라마 장면에서는 카메라가 안 움직일 거예요. 그냥 패닝만 할 거예요" 그러고 나서 드라마 장면에서 복잡한 카메라 움직임을 구사해야 할 때마다, 스태프들이 저에게 손을 흔들며 "카메라가 참도 안 움직이네요!"라고 말하곤 했어요. 그래도 제이크가 보이는 코파카바나 장면을 보시면, 카메라의 유연한 움직임이 느껴질 거예요. 그게 이 영화에 멋들어진 특색을 부여해요. 저는 액션 장면에서뿐만 아니라 물 한 잔을 마시는 간단한 장면에서도 슬로우 모션으로 실험하는 것을 좋아해요.

제이크와 조이가 텔레비전을 고치는 장면에서 비키가 들어오더니 위층으로 올라가요. 그리고 카메라가 다시 패닝하면서 계단을 보여주죠. 그때의 패닝은 불안감을 조성해요. 왜냐하면 제이크의 태도로 보아 무언가 끔찍한 일이 벌어질 것이라고 짐작하게 만들거든요. 이 시퀀스는 제이크가 동생에게 "네가 내 아내와 잤지"라고 반복해서 말하는 것으로 시작했어요. 제이크가 위층으로 올라가 아내를 때려눕히고 동생마저 구타해요. 하지만 사건이 벌어지기 전, 이 장면의 시작부터 관객들은 이미 폭력으로 끝날 것을 알아차려요.

로버트 드니로: 제이크 라모타가 TV를 고치는 장면은 정말 대단했어요. 그냥 보통 가정집의 상황이잖아요. TV를 고치고, 그냥 별다르지 않은 이야기를 주고받죠. 그러다가 마침내 "내 아내랑 잤냐?"라는 지점까지 넘어가 버려요. 우리는 그 장면에 대한 아이디어를 촬영장에서 떠올렸어요. 우리는 "TV를 고치는 거 어때?"라고 말했어요. 바보 같고 사소한 집안일인데, 거기에서 터지길 기다리고 있는 사건이 있는 거잖아요. 가장 평범한 일상에서 무언가가 곧장 촉발되는 거예요. 그냥 그렇게 되는 거죠. 모두가 이상해진 채로 휘몰아치는 상황이요. 주변에 흔해 빠진 하찮은 일이 갑자기 드라마를 만드는 거예요. 그곳에 항상 머물러 있었던 무언가의 봉인을 풀어버려요. 표면 아래에 있고, 계속 함께 살고 있었던 바로 그런 것이요. 그렇게 갑자기 제이크가 동생에게 가지고 있었던 질투심이 폭발해요.

그는 동생과 아내에 대한 격한 감정을 가지고 있었어요. 그 감정은 표면으로 드러나기 일보 직전이에요. 그래서 그가 어떤 것 때문에 화가 나 있거나, 기분이 좋지 않거나, 아니면 어떤 것이 그를 짜증 나게 하고 잘못된 방식으로 건드리면, 동생이 무슨 말을 하거나 무슨 일을 하든 화를 낼 거예요. 제이크는 동생이 아내와 잠자리를 가졌다고 생각하기 때문에 동생을 때려요. 어쨌든 그의 생각은 맞아 떨어져요.

TV 장면의 핵심은 무엇이 맞고, 무엇이 진실이며, 무엇을 진실이라 생각하며, 무엇을 진실로 받아들이느냐 하는 거였어요. 어쩌면 모르는 편이 좋을지도 모르죠. 표면적으로는 아무도 실제로 어떤 것을 보거나, 어떤 것을 암시하거나, 어떤 일이 일어날 수 있다는 것을 보여주지 않았어요. 하지만 제이크는 조이와 비키를 질투해요. 아무것도 보지는 못했지만 무언가를 알고 있죠. 육감 같은 거예요. 아내가 집에 늦게 들어오는 남편에게 "어디 있다 왔어?"라고 물을 때, 이미 무슨 일이 있다는 걸 알고 있는 것처럼요. 하지만 증명할 수 없죠. 어쩌면 알고 싶지 않을지도 몰라요. 하지만 제이크는 알고 싶어 해요. 조와 비키가 거기 있고, 둘 사이에 무언가가 있을지도 모르죠. 확신은 없지만, 제이크는 자신의 믿음에 근거해서 둘을 질투해요. 그게 어떤 의미일까요? 그가 그럴 자격이 있을까요? 아마도 좀 더 중산층이고 교양 있는 사람이었다면, 제이크 같은 사람이 아니라면, 그냥 내버려두고 크게 문제 삼지 않았을지도 몰라요. 하지만 제이크는 동생의 덜미를 잡아요. 그리고 그의 생각이 맞았죠. 동생이 비키와 바람을 피우고 있었던 거예요.

조 페시 : 바비가 그렇게 말했어요? 그가 틀렸어요. 절대 아니에요. 제이크 라모타의 아내 비키는 제가 연기한 제이크의 남동생 조이와 절대 그런 사이가 아니었어요. 그건 바비가 제이크라는 인물로서 가지고 있는 피해망상이에요. 말도 안 돼요. 조이는 형의 아내를 건드리지 않았어요.

캐시 모리아티 : 비키는 결코 다른 사람과 놀아난 적 없어요. 특히 조이와는 더 아니었어요. 그건 모두 제이크의 망상에 불과해요. 어떤 장면에서 제가 "상관없어요"라고 말한 게 기억나요. 그러다가 그를 떠나려고 처음으로 짐을 싸는 장면에서 결국 그를 껴안고 말죠. 저는 듣고 있

던 물건을 떨어뜨려요. 하고 싶은 말들이 입 안을 맴돌았지만, 저는 한마디도 하지 않아요. 우리는 그 장면이 그렇게 끝나도록 두었어요. 그게 바로 마티가 원했던 것이죠.

제이크와 비키는 플로리다로 이사했을 때 약간의 평화를 찾았어요. 그때 수영장 옆에서 진행되는 인터뷰 장면이 나와요. 거기서 기자가 제게 질문을 던지자 제이크는 시가를 든 채 제가 하고 있는 말을 끊고 들어와요. 그는 사람들의 관심이 자신에게 집중된 경우에만, 비키에게 가는 관심을 허락했어요. 그렇지 않다면 아무도 그녀와 말을 나눌 수 없었죠. 그녀는 그저 보기만 할 수 있는 대상이었어요. 그의 소유물이었죠. 저는 비키의 그런 상황을 제 삶과 관련시킬 수 있었어요. 그런 남자들을 알고 있었거든요. 비키는 15살에 제이크와 결혼했고, 30살이 되어서야 한 사람으로 성장했어요. 제이크는 결코 그

스코세이지가 〈분노의 주먹〉의 캐시 모리아티(비키 라모타 역)에게 연기를 지시한다.

녀가 성장하도록 두지 않았죠.

그는 그녀가 떠날 거라고 생각하지 않았어요. 관계의 끝에 이르러서도 비키 역시 그를 떠나고 싶지 않았죠. 하지만 제이크가 술을 퍼마시기 시작하는 지경에 이르자 그녀는 아이들이 걱정되었고, 두려워졌어요.

항상 저를 신경 쓰이게 했던 것은 영화에서 비키가 웃거나 미소 짓는 모습이 거의 나오지 않는다는 거였어요. 그건 그녀가 실제로 느낀 감정과 상반됐거든요. 그녀는 제이크와 함께했던 시절이 가끔은 아주 행복했다고 저에게 말했어요. 비키가 등장하는 초반부의 미니 골프 장면을 비롯한 몇 장면만이 비키의 미소를 볼 수 있는 유일한 시간이죠.

마틴 스코세이지 : 시합 장면은 원래 5주 촬영으로 예정되어 있었는데 10주나 써버렸어요. 그러고 나서 나머지 10주 동안은 드라마 장면들을 찍었죠. 그 후 바비가 몸을 불리기 시작했어요. 드라마 장면을 찍은 첫 10주 동안 드니로는 날씬해요. 그러다 수영장 장면과 다른 몇 장면에서 좀 더 몸이 불어났죠.

우리는 잠시 휴지기를 가졌어요. 밥은 유럽으로 가서 이탈리아와 프랑스를 돌아다니며 열심히 먹었어요. "힘들어"라고 그가 말했어요. "많이 먹을수록 더 찐다고 생각하잖아. 하지만 이거 정말 힘들어. 하루에 세 번이나 그래야 하잖아. 일어나면 먹어야 해. 아침 먹고, 팬케이크 먹고, 점심 먹고, 저녁도 먹어야 해. 배고프지 않아도 먹어야 해. 완전 죽음이야"

10월인가 11월쯤에, 밥이 살을 찌우고 있는 와중에 그를 데리고 한 장면을 찍었어요. 기자와 인터뷰를 하면서 이제 더 이상 선수 활동을 하지 않을 거라고 말하는 장면이었죠. 그날 LA에서 지진이 일어났어요. 렌즈를 들여다보고 있는데 갑자기 주위가 흔들리기에 전누가 카메라를 밀었냐고 물었어요. 정말 무서웠어요. 제가 그곳을 떠나게 된 가장 큰 이유 중 하나이기도 했죠. 1970년에 일어난 대지진은 제가 그곳을 빠져나온 뒤 정확히 일주일 뒤에 강타했어요. 큰일 날 뻔했어요!

밥은 유럽으로 돌아가 계속 먹었어요. 우리는 12월 말에 다시 만났고, 그는 충분하게 몸을 불린 상태가 됐죠. 저는 캘리포니아의 산페드로에서 마이애미 장면을 찍었어요. 우리는 해군 조선소와 오래된 아르데코 스타일의 술집이 많은 산페드로에서 촬영하기로 했어요. 어쨌든 야자수는 야자수일 뿐이고, 사람들은 술집에서 시간을 죽칠 뿐이잖아요. 저는 가짜 야자수를 가져다가 창밖에 놓아두었어요. 그러고 나니 딱 플로리다처럼 보였죠. 촬영 일정을 2주 반 정도로 잡았는데 열흘 만에 촬영을 끝냈어요. 하지만 바비의 몸무게가 너무 많이 나가는 바람에 그의 숨소리가 제 숨소리처럼 들렸어요. 제가 천식 발작을 일으킬 때처럼요. 그렇게 그의 몸집이 커지니까 40테이크까지 갈 일이 없어졌어요. 3~4테이크면 충분했죠. 몸이 큰 역할을 했어요. 바비는 그 인물 자체가 되어 있었죠.

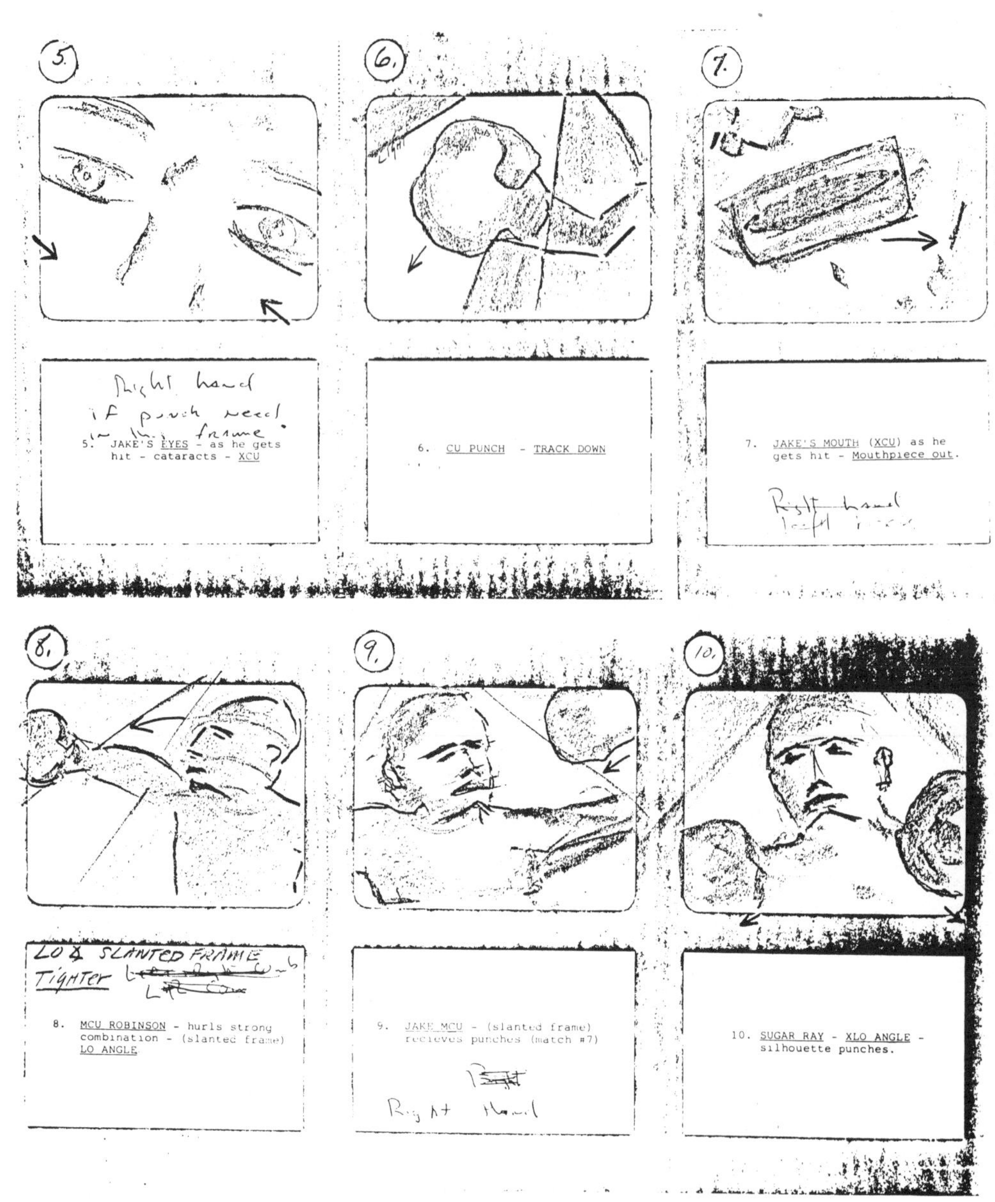

〈분노의 주먹〉 속 한 장면의 스토리보드.

11.
12.
13
Left Hook
11. HI ANGLE DOWN - shock effect angle.
12. XCU JAKE'S FACE - first special effect - BLOOD shoots from MOUTH
Right Hand
13. HI ANGLE DOWN - TIGHTER
14.
15.
16.
Left Hook
14. XCU FACE - PROFILE - second special effect BLOOD shoots from NOSE.
15. MED SHOT SUGAR RAY - punching - same.
Right Hand
16. XCU FACE - Profile opposite of #13.

로버트 드니로: 몸을 불리면 겉모습이 알아서 말을 해요. 그땐 내면도 바뀌어요. 느끼는 방식, 행동하는 방식은 물론 제가 캐릭터를 연기하는 방식도 바뀌어요. 제가 할 수 있는 최선을 다했던 거죠. 그저 몸을 불리는 것만으로도 제 몸은 제가 느끼는 방식, 제가 행동하는 방식에 영향을 주었어요.

제이크가 감옥에 있는 후반부 장면에서 우리는 폴의 시나리오보다 더 좋은 방법으로 영화를 만들었다는 걸 깨달았어요. 우리는 만들어진 세트장으로 들어갔어요. 벽은 고무로 만들어져 있어서 거기에 부닥쳐도 죽지 않을 것 같았어요. 제 기억엔 테이크를 많이 가지 않고 금방 찍었던 것 같아요.

저는 제이크가 그저 열심히 주먹을 날리고, 많은 잘못을 저지르고, 흠씬 두들겨 맞은 사람이라 생각해요. 그는 잘못된 선택을 했어요. 때로는 그럴듯한 이유도 있었겠지만, 때로는 그저 이래라저래라하는 말을 듣고 싶지 않아서 그랬을 거예요.

결말에 이르러서 제이크에게 많은 후회가 밀려왔겠죠. 그의 동생과 아내에 대한 후회 말이에요. 그는 그것을 받아들이면서 인고해요. 그가 자초한 일이니 감당하는 것도 그의 몫이었죠.

조 페시: 마지막 장면에서 조이와 제이크는 오랫동안 서로 보지 못한 상태였어요. 그건 밥과 저도 마찬가지였죠. 마지막 장면은 몇 년이 지난 시점이라 저는 살이 빠지고 나이 들어 보이도록 하기 위해 강도 높은 다이어트를 했어요. 마티는 제 트레일러와 밥의 트레일러 사이를 왔다 갔다 하면서, 우리가 서로 이야기를 나누지 못하게 했죠. 그는 아주 의도적으로 우리를 떼어 놓았어요. "촬영장에서 어떻게 되는지 두고 보자고. 해 보자, 해 보자. 그냥 느끼는 대로 말해 봐!"라고 그가 말했어요.

마지막 장면은 극적인 감동을 줄 기회였어요. 그러니까, 할리우드의 모든 배우는 마틴 스코세이지 영화에서 로버트 드니로의 상대역이 되길 원할 테고, 마지막에는 서로의 팔에 안겨 울면서 서로를 때리고 거창한 극적 결말로 향하기를 원할 거예요. 그건 모든 배우가 원하는 결말이죠. 누군가의 품에서 죽거나 슬피 우는, 그런 장면이 만들어지길 간절하게 기다려요.

하지만 바비는 저에게 말하는 것처럼 마티에게 말했어요. "그러지 말자고. 그런 함정에 빠지지 말자고. 우리가 진짜 그런 감정을 느끼는 게 아니라면 하지 말자" 그 장면은 제가 안기고 싶지 않을 때 제이크가 저를 안도록 쓰여 있었어요. 제 손에는 커피가 들려 있죠. 그 바람에 커피가 쏟아지고 제가 화를 내야 하는 장면이었어요. 저는 그를 밀어내고 때리려고 해요. 그러면 그가 자기 손을 풀어요. 그리고 "해 봐, 조이. 쳐 봐. 난 맞아도 싸. 쳐 봐. 난 맞아도 싸"라고 말하도록 예정되어 있었어요. 저는 그를 때리기 시작하다가, 주먹질을 멈추고 그를 쳐다봐요. 우리는 서로의 팔에 안겨서 울부짖어요. "우리 형. 우리 형" 하지만 그 장면은 그런 식으로 가지 않았어요.

밥이 저를 잡았을 때 그는 마치 곰 같았어요. 저는 그의 품 안에서 벗어날 수 없었죠. 그는 어마어마한 덩치로 저를 붙잡고 있을 뿐이었어요. 커피가 떨어질 턱이 없죠. 그래서 제가 화를 낼 이유조차 없었어요. 저는 그저 "형, 이러지 말자"라고 말하는 수밖에 없었어요. 울음이 벅차올랐던 게 기억나요. 영화를 자세히 보면서 제 목소리를 들으면 울음을 터뜨리려다 참는 것을 알 수 있을 거예요. 저는 목이 메어 "알아, 알아, 다 알아"라고만 말해요. 그냥 그걸로 괜찮았어요. 그들은 형제였으니까요. 그게 우리의 첫 테이크였어요. 그 뒤로도 여러 번 다른 테이크를 갔는데, 그 감정에 다시 도달하기 힘들었어요. 마티는 바로 그 첫 테이크를 사용했죠.

셀마 슈메이커: 〈분노의 주먹〉은 제 첫 번째 장편영화였어요. 저는 마티와 함께 일하러 왔을 때, "알다시피 전 장편을 편집해 본 적이 없어요"라고 말했어요. 그리고 그는 "걱정하지 마세요. 같이 할 거예요. 괜찮을 거예요"라고 말했죠. 제 편집 조수인 소냐 폴론스키*Sonya Polonsky*가 장편영화를 위한 편집실을 어떻게 꾸리는지 알려줬어요. 이전에도 마티는 같이 작업하자고 연락해 주었죠. 하지만 그때는 제가 어려서 편집자 조합에 들어가지 않은 상태였어요. 영화 편집자가 되기 위해서는 8년 동안 조수로 일해야 한다는 조항이 있었기 때문에 저는 그 제안을 거절해야 했죠. 하지만 〈분노의 주먹〉을 위해 어윈 윙클러의 도움을 받고 변호사와 예비 편집자도 고용하면서 조합에 들어가게 됐어요.

우리는 밤새 함께 작업했어요. 저는 올빼미족이 아니라 아직도 밤에 일하는 게 힘들어요. 하지만 그 고요함 속에서 우리는 놀라운 집중력을 발휘했어요. 많은 사람이 그 작품을 잔인한 영화라고 생각하지만, 작업은 정말 즐거웠어요. 〈분노의 주먹〉을 작업한 시간은 마티와 제가 함께한 좋은 시절 중 하나였어요. 우리는 마티의 아파트에서 함께 편집을 했어요. 방은 정말 작았고, 작품은 독특했으며, 마티는 기모노를 입고서 우리가 작업하는 동안 비디오로 영화를 계속 돌려보았죠. 그 모든 것이 그곳의 시간을 특별하게 만들었어요. 마티는 마이클 파월의 영화를 연구하면서 영화를 멈추고 말하곤 했죠. "이것 봐요. 이 대단한 숏을 봐요. 이들이 어떻게 했는지 봐봐요. 카메라 구도도 봐요. 이것도 보고요" 그는 항상 그 안에서 독특한 무언가를 찾곤 했어요. 단지 하나의 숏, 혹은 하나의 컷에 불과하지만, 거기서 감탄할 만한 무언가를 발견하려 했죠. 마이클 파월이 편집실을 찾곤 했는데 제작사 사람으로서 그는 우리가 그렇게 작은 공간에서 작업하고 있다는 사실을 믿지 못했어요.

마티는 〈분노의 주먹〉을 작업하는 내내 마이클 파월의 〈호프만 이야기Tales of Hoffmann〉를 보았어요. 바로 영화 속 움직임 때문에요. 그는 마이클 파월이 그에게 신체와 얼굴 움직임에 대해 많은 것을 알려줬다고 말했어요. 그는 그 영화를 보고 또 보았죠. 영화를 멈추고, 뒤로 돌렸다가 앞으로 감고, 다시 앞뒤로 돌려 보는 걸 반복했어요. 박물관에서 몇 번이고 16㎜ 필름 프린트를 빌리기도 했죠. 어느 날 그 프린트를 빌리러 갔는데 없다는 거예요. 박물관 사람들이 계속 마티에게 "영화가 나갔어요. 나갔다고요"라고 말하면서 거듭 알려주었어요. 그리고 한번은 그가 이렇게 말했던 게 기억나요. "누가 그런 거예요? 우리 말고 누가 또 그 영화를 계속 빌리는 거예요? 누군지 좀 알고 싶어요" 나중에 알고 보니, 바로 조지 로메로 감독이었어요. 〈호프만 이야기〉의 세계를 가장 좋아한 사람 중 하나였죠.

화가들은 다른 화가들의 작품을 보기 위해 미술관으로 가요. 배움을 얻거나 영감을 받기 위해서 말이에요. 마티가 다른 감독과 다른 점은 자신이 본 것을 모방하지 않는다는 거예요. 영화는 그에게로 들어가서 전혀 다른 무언가로 나와요. 그것은 작업을 흐트러뜨리는 일이라기보다는 작업에 영양분을 공급하는 일 같았죠. 언젠가 마이클 파월이 말한 바 있죠. "영화 이미지들은 마티에게 아침밥이에요"

마티는 그런 작가auteur예요. 〈분노의 주먹〉의 모든 프레임에 그의 인장이 찍혀 있어요. 그는 다른 사람의 생각을 듣고 자기만의 방법으로 활용하는 것을 두려워하지 않아요. 어떤 감독이든 찍은 영상을 가지고 먼저 자신만의 길을 가야 마땅해요. 그는 저보다 훨씬 더 오래 그것에 대해 생각해 왔어요. 자다가 한밤중에 일어나 그것에 대해 걱정해요. 저는 항상 그가 원하는 숏을 보여주어야 한다고 생각했어요. 심지어 어느 시퀀스가 제대로 굴러가지 않는다고 생각될 때도 저는 항상 마티가 처음 원했던 방식으로 숏을 맞추었죠. 왜냐하면 누구보다 마티야말로 그 시퀀스가 제대로 굴러가지 않는다는 것을 판단해야 하는 사람이니까요.

마틴 스코세이지: 저는 촬영하는 와중에 셀마와 작업하기 시작했어요. 우리는 러시 필름을 함께 보며 메모를 하고 각 장면에 대해 이야기를 나누었어요. 저는 "이 테이크가 마음에 들어요. 이걸 사용하고 다른 건 버리자고요"라는 식으로 말하곤 했어요.

편집은 정말 다시 쓰는 과정이에요. 그래서 항상 제가 편집자의 도움을 받는 거예요. 그런데 〈분노의 주먹〉을 편집하는 일이 너무 오래 걸렸어요. 기본적으로 캐릭터들이 어떤 방식으로 말하는지 이해할 수 있도록 사운드트랙을 손보는 데만 10주가량이 걸렸죠.

셀마 슈메이커: 사운드 구성과 믹싱 작업이 너무 어려웠어요. 사운드 편집자인 프랭크 워너*Frank Warner*가 그 모든 레이어를 쌓는 작업에 도움을 주었죠. 마치 테피스트리 같았어요. 마티가 거기에다가 실 하나하나, 작은 부분 하나하나를 계속 내려놓았어요. 어윈 윙클러가 우리를 밖으로 데리고 나가 했던 말이 기억나요. "그렇게 한 땀 한 땀 영화를 짜 넣을 순 없어요" 그 말에 마티가 응수했죠. "바로 그런 방식으로 만들어질 거예요" 영화는 정말 그렇게 만들어졌죠.

마틴 스코세이지: 사운드는 미리 계획되지 않았어요. 하지만 사운드가 제이크의 입장에서 들리기를 바란다는 것은 알고 있었죠. 그의 귀에는 펀치가 어떻게 들릴까? 그에게는 관중들의 소리가 어떻게 들릴까? 저는 사운드 믹싱에 대략 7주 정도가 걸릴 거라고 예상했지만 그보다 더한 16주가 걸렸어요! 우리는 캘리포니아에서 밤낮으로 일했어요. 정말 밤낮 가리지 않았죠. 오전 9시에 믹싱실에 도착해서 저녁 10시 30분이나 11시까지 일하다가, 야식을 먹고 새벽 2시까지 계속 작업했어요.

셔츠가 찢어지는 사운드에만 반나절 정도가 걸렸던 걸로 기억해요. 저는 복도에서 사람들을 붙잡아 "이 소리 어떻게 들려요?"라고 묻곤 했어요. 그들은 좋다고 말했지만 저에게는 옷 찢어지는 소리로 들리지 않더라고요. 그러면 저는 또 "당신은 어때요?"라고 물어요. "아, 한 남자가 의자에서 떨어지고 사람들이 그를 때리는 것처럼 들려요" "옷 찢기는 소리 들려요?" 아니래요. 그래서 제가 그랬죠. "봤죠? 셔츠 찢기는 게 안 들린다고 그러잖아요"

저는 말했어요. "프레임마다 작업해야 해요. 왜 지금 멈추려고 해요? 우리는 이 영화를 만들기 위해 정말 오랫동안 준비했어요. 촬영도 엄청나게 오래 걸렸죠. 바비는 살을 찌웠고요. 편집도 많은 시간을 소모했어요. 그런데 지금 우리가 대체 왜 사운드 믹싱을 서둘러야 하죠?" 바비의 연기는 정말 좋았고, 우리의 협업은 정점에 올라 있었어요. 그래서 정말 제대로 하고 싶었죠.

6개월 만에 드디어 모든 작업이 끝났어요. 그때 어윈 윙클러가 다가와 말했어요. "뭔갈 보여줘야 해요. 투자자들에게 계속 돈을 달라고 요구하고 있지만, 정작 그들은 아무것도 보지 못했다고요" 바짝 긴장하게 되더군요. 그렇다고 그것 때문에 영화의 모습이 바뀌게 된다는 건 아니었어요. 언젠가 한번은 어윈이 엄청 흥분한 상태로 들어왔어요. 개봉 날짜를 걱정하더군요. 그때 우리의 역할이 바뀌었어요! 저는 어윈에게 좀 진정하라고 말하면서 알려주었어요. "벌어질 만한 최악의 상황이 뭘까요? 그냥 개봉하지 않는 거예요" "맞아요. 끔찍하죠"라고 그가 말하자, "그게 심장마비를 일으킬 만한 일은 아니잖아요"라고 제가 말했어요.

어윈 윙클러 : 이 영화는 오래 찍기도 했지만 편집은 더 오래 걸렸어요. 마티는 밤새워 편집하는 시간을 보내고 있었어요. 제가 LA에서 뉴욕으로

날아갔던 게 기억나요. 그때 우리는 모두 낙담하고 있었죠. 편집이 순조롭게 진행되지 않았거든요. 모두 가슴앓이를 했어요. 분명 시나리오는 좋았지만, 가편집본을 보니 숏의 연속성이 우리가 원하는 대로 나오질 않았거든요. 그건 결말과도 관련 있었어요. 저는 캘리포니아로 다시 돌아갔고 거기서 마티의 전화를 받았어요. 이제 된 것 같으니 다시 와달라는 말이었죠. 며칠 후 뉴욕으로 돌아가자 마티는 마지막 장면을 영화 제일 앞부분으로 옮겨 넣었어요. 그렇게 갑자기 마법 같은 그림이 나왔죠!

저는 UA 임원들을 위한 상영회를 열었어요. 당시 CEO였던 앤디 알벡Andy Albeck은 매우 사무적인 사람이었어요. 우리는 노심초사했죠. 아무도 〈분노의 주먹〉 같은 작품은 본 적 없었거든요. 상영이 끝나고 앤디 알벡이 마티에게 다가갔어요. 그는 아주 흥분되는 일이 벌어진 것처럼 말했어요. "스코세이지 씨, 당신은 천재예요"

영화는 금요일에 뉴욕에서 개봉될 예정이었어요. 문제는 일요일 밤 자정이었죠. 현상소에서는 우리가 일요일 밤까지 필름을 보내야 월요일에 상영 프린트 작업을 할 수 있다고 알려주었어요. 그래서 일요일 밤에 제가 마티에게 말했죠. "필름을 현상소에 보내려면 자정까지 영화를 마무리해야만 해요. 그게 최종기한이에요. 자정이 되면 전기를 끊어버릴 거예요"

그는 자신의 아버지가 연기한 단역이 나이트클럽에서 술을 주문하는 장면을 아쉬워했어요. 마티 말로는 '커티 삭'이란 말이 안 들린대요. 저는 잘만 들렸는데, 그는 안 들린다고 하더라고요! 자정이 되자 제가 말했죠. "마티, 그만해요. 영화는 끝났어요. 그만 내려놔요. '커티 삭'이 들리지 않는다면, 참 안된 일일 뿐이에요" 그러자 그가 저를 쳐다보면서 말했어요. "영화에서 제 이름 뺄 거예요"

제가 말했죠. "사람들은 지금부터 100년 동안 이 영화를 보면서 대단하고 또 대단한 영화라고 말할 거예요. 그런데 남들은 다 들린다는 '커티 삭'이 들리지 않는다는 이유만으로 영화에서 이름을 빼겠다고요?" 그러자 그가 "맞아요. 영화에서 제 이름 뺄 거예요"라고 말하더라고요. 그래서 제가 "알았어요. 이름을 빼고 싶다면 그렇게 하세요. 하지만 어쨌든 영화는 현상소로 갈 거예요"라고 말했죠. 그렇게 일단락되었어요. 그때 마티는 분명 조금은 감정적이었어요. 마티에게는 매몰찬 프로듀서가 필요하다는 걸 그때 깨달았죠.

마틴 스코세이지 : 마침내 최종 편집본이 완성되자, 우리는 두 개의 프린트를 만들었어요. 어윈 윙클러의 아들이 하나를 토론토에 가져갔고, 다른 하나는 제가 뉴욕으로 가져갔죠. 이틀 후 제가 살고 있는 곳에서 두 블록 떨어진 영화관에서 〈분노의 주먹〉이 개봉했어요.

영화를 만드는 최선의 방법은 아니었지만 우리는 어떤 타협도 하고 싶지 않았어요. 그건 이 영화를 가능한 한 숨김없이 솔직하게 만들고, 흥행과 관객을 위해 양보하지 않기로 한 생각이었어요. 저는 "이걸로 끝이군. 여기서 내 경력이 끝나겠어. 여기까지야. 여기가 마지막이야"라고 말했어요. 그래서 영화의 반응이 좋았을 때 정말 놀랐죠.

셀마 슈메이커 : 아카데미상을 받았을 때, 저는 그것이 마티의 것이라고 생각했어요. 그는 감독으로서 상을 받아야 했어요. 저의 상이 그의 상인 것만 같았죠. 왜냐하면 제가 상을 받은 건 시합 시퀀스들 덕분이란 걸 알고 있거든요. 시합 장면은 정말 눈부신데, 그건 모두 마티가 철저하게 고민한 결과였어요.

제가 숏을 짜 맞추는 것에 일조하긴 했지만, 영화를 그렇게 좋게 보이게 한 것은 제 편집 기술이 아니었어요. 어떻게 보면 이제 막 조합에 가입한 저를 아카데미가 선택한 것은 마티에 대한 찬사와 다름

〈분노의 주먹〉을 촬영하는 복싱 링 안의 스코세이지와 드니로.

없었어요. 드니로야 당연히 상 받을 자격이 있었지만, 마티도 상을 받았어야 했어요.

〈분노의 주먹〉은 흠결 없이 아주 완벽했어요. 우리 모두 영화에 어느 정도 기여하긴 했지만, 마치 전지전능한 손이 우리를 안내하는 것만 같았어요.

*

〈코미디의 왕〉(1983)

스코세이지는 제이크 라모타를 이해하는 방법을 찾았다. 시간이 지나 그가 말했다. “제이크 라모타는 자신과 주변 사람들에게 좀 더 너그러워질 수 있었고, 자기 삶과 화해할 수 있었어요. 그는 모든 것을 잃은 뒤에야 영적으로 자신의 것을 되찾은 사람이에요. 저는 5년이 지나고서야 이 영화를 진정으로 이해하게 되었죠” 하지만 ‘코미디의 왕’이 되려는 루퍼트 펍킨은 스코세이지에게 또 다른 도전을 제시했다.

로버트 드니로가 연기한 루퍼트는 제리 랭포드에게 집착한다. 제리는 자니 카슨*Johnny Carson*과 같은 인물로, 제리 루이스가 연기했다. 루퍼트는 만약 자신이 제리의 쇼에 출연해 스탠드업 코미디 루틴을 선보일 수 있다면 자신에게 쇼 비즈니스의 문이 열리고 명성과 부가 따를 것이라고 확신한다. 하지만 루퍼트는 쇼의 스태프들에게 여러 차례 무시당하고, 급기야 제리를 납치하기에 이른다. 그는 제리의 몸값으로서 자신을 쇼에 출연시켜 달라고 요구한다. 자신의 첫 스크린 연기를 선보인 코미디언 샌드라 버나드*Sandra Bernhard*는 루퍼트와 한 패를 이루는 마샤라는 인물을 소화하는데, 마샤 또한 제리와 개인적인 관계를 맺고 싶어 한다. 그렇게 이 영화는 유명인 숭배에 대한 양면성을 복잡한 시선으로 드러낸다. 루퍼트는 명성을 갈망하지만, 그의 영웅에 대한 적대적 감정을 함께 가지고 있다.

그 당시 이미 꽤 많은 연기 경력을 쌓은 드니로는 유명인이긴 했지만 좀처럼 자기 이야기를 하지 않는 사람이었다. 그런 그가 자신만의 루퍼트를 만나게 되었다. 유명인 쫓기에만 열중하는 사냥개들과 마주하게 된 것이었다. 그들은 자신들에게 공인의 관심을 받을 만한 권리가 있다고 생각했다. 그런 일을 겪고도 로버트 드니로는 루퍼트 펍킨을 연기하기로 마음먹었다. 사실 그 프로젝트를 제안한 것도 그였다. 그는 시나리오를 구입하고 스코세이지의 관심을 불러일으켰다. 드니로는 자기 자신에게 집중하는 것을 꺼렸지만, 그런 만큼 다른 사람에게 관심을 가지기도 했다. 그는 루퍼트 같은 인물에게도 인간성을 부여할 수 있었다.

어쩌면 드니로는 유명인으로서 새로운 위치에 서게 되면서 루퍼트라는 인물에게 끌리게 되었는지도 모른다. 마틴 스코세이지는 카메라 뒤에 있는 사람이니 길거리에서 시선을 끌거나 사인받으려는 사람들을 상대하거나 기자들에게 포위당할 일이 없었다. 하지만 〈택시 드라이버〉와 〈대부 2〉에 이어 〈분노의 주먹〉으로 드니로는 스타 대열에 합류하게 되었다. 그런 그는 폴 짐머맨이 쓴 〈코미디의 왕〉의 각본을 몇 년간이나 가지고 있었다. 그런데 당시 존 레넌의 팬이었던 마크 채프먼이 존 레넌에게 총격을 가하는 등 여러 사건들이 연이어 일어나면서, 루퍼트 펍킨과 같은 사람을 추동하는 힘이 무엇인지 식별하는 일이 더욱더 중요해졌다.

1980년대에 이르러 스타에 대한 집착이 폭발적으로 증가했다. 이전에는 슈퍼마켓에서 파는 타블로이드 신문만이 팬들의 갈증을 채워주었지만, 이제는 〈피플〉 같은 주류 출판물, 〈엔터테인먼트 투나잇〉과 같은 텔레비전 쇼들이 연예인의 개인 정보에 대한 갈망을 정당화시켰다. 애초에 스코세이지는 루퍼트 펍킨이 보여주는 극단주의적 행동에 대한 경험이 별로 없는 상태에서 〈코미디의 왕〉을 시작했다. 하지만 영화를 제작하는 와중에, 조디 포스터에 대한 존 힌클리의 집착이 로널드 레이건을 향한 총기 난사로 이어지는 사건이 벌어졌다. 이처럼 〈코미디의 왕〉은 살인자가 될지라도 어떻게든 우상의 삶에 끼어들려고 결심한 팬들의 극단주의를 섬뜩하게 반향한다.

〈코미디의 왕〉에서 루퍼트의 망상은 〈분노의 주먹〉의 제이크 라모타의 것과 닮았다. 그의 비뚤어진 인생관은 〈택시 드라이버〉의 트래비스 비클을 떠올리게 한다. 루퍼트가 "그저 사람들을 웃게 하고 싶을 뿐"이라며 온순함을 드러내도, 그를 몰아붙이는 억누를 수 없는 분노가 분명하게 느껴진다. 셸리 해크*Shelley Hack*는 멋들어지게 차려입은 TV 제작진을 연기하면서 위선적인 내부자의 번지르르한 친절함으로 루퍼트를 내쫓는다. 해크의 모습은 대중에 대한 연예계의 시선을 반영하며 자신의 가치가 텔레비전에 있다고 믿는 사람의 위험을 과소평가한다.

뉴욕에서 유명인들이 거리를 거니는 순간은 오직 택시나 리무진을 타러 가는 길뿐이다. 베벌리힐스나 LA와 달리 뉴욕의 스타들은 외부와 차단된 채 보호 받으며 살 수 없다. 〈코미디의 왕〉에서 한 노파가 거리에서 제리를 발견하지만, 그녀의 환희는 곧 욕설로 바뀐다. 팬이라는 그녀의 말을 제리가 받아들이지 않자, "암이나 걸려라!"라고 소리치는 것이다. 이처럼 질투, 분노가 뒤섞인 감정이 〈코미디의 왕〉의 중심에 자리한다.

폴 짐머맨: 60년대 후반인가 70년대 초반에 데이비드 서스킨드 쇼*David Suskind show*에서 사인 사냥꾼에 대한 이야기를 봤던 게 기억나요. 그들이 사적으로 스타와 자신을 연관시키는 방식에 놀랐어요. 어떤 사람은 바브라 스트라이샌드에게 "같이 있기 어려운 사람이군"이라고 말해요. 바브라는 그 사람에게 자신을 괴롭히지 말라고 부탁했지만, 그는 그것을 "바브라는 같이 있기 어려운 사람이군"이라는 말로 바꿔버리죠. 언어를 사용해 자기 경험을 변형시키는 거예요. 그런 점은 루퍼트 펍킨이라는 캐릭터에게 중요한 부분이 되었어요. 그는 언어를 통해 경험을 변형시켜요. 어느 한 장면에서, 경비원들이 그에게 나가라고 말하면서 제리 랭포드를 기다리는 건 시간 낭비일 뿐이라고 하죠. 하지만 루퍼트 펍킨은 시간 낭비가 아니라고 말해요. 그렇게 하는 게 즐겁다고 하죠. 루퍼트는 거절당한 경험을 제리에게 개인적인 호의를 베풀 기회로 바꾸어 버려요.

저는 〈에스콰이어〉에서 한 남자에 대한 글을 읽은 적이 있어요. 그는 자니 카슨 쇼의 모든 에피소드를 평가하는 일지를 쓰는 사람이었는데, 거기다 "자니가 오늘 밤 나를 실망시켰다"라고 쓰는 거예요. 그 토크쇼는 당시 텔레비전 쇼 중에서도 가장 규모가 컸어요. 그 글을 읽고서 저는 사인 사냥꾼들과 암살자들 사이의 연관성에 대해 생각하기 시작했어요. 둘 다 유명인을 스토킹하죠. 하나는 펜으로, 다른 하나는 총으로. 저는 우선 트리트먼트를 쓰고 나서 밀로시 포르만*Milos Forman*과 함께 시나리오 작업을 했어요. 하지만 결국 우리는 두 개의 버전을 만들게 되었죠. 하나는 그가 좋아하는 것, 다른 하나는 제가 좋아하는 것. 몇 년 후 밀로시가 이 프로젝트를 그만두었고, 저는 제가 좋아하는 버전을 마티 스코세이지에게 보냈어요. 그가 〈라스트 왈츠〉를 만들었을 즈음이었어요. 마티는 읽고서 좋아했어요. 하지만 이미 어떤 코미디언에 대한 시나리오를 제이 콕스와 함께 작업하고 있다고 말했죠.

훗날 마티는 처음에 그 시나리오를 제대로 이해하지 못했다고 말했어요. 그래도 그걸 바비 드니로에게 보내주었죠. 다행히 바비가 그 이야기를 좋아했기에 우리가 만날 수 있었어요. 다행히 그는 시나리오를 제대로 이해했더라고요. 그는 루퍼트 펍킨의 호기와, 그의 막무가내와 동기의 단순함을 이해했어요. 바비는 한 가지에 꽂혀 있는 목적의식이 마음에 든다고 말했죠. 사람들은 드니로를 보고 본능적인 배우라고 말하지만, 그는 이런 캐릭터를 지적인 수준에서 이해하기도 해요. 바비가 루퍼트를 이해할 수 있었던 것은 그도 강박적인 사람이어서라고 생각해요. 저는 바비가 연기 생활을 막 시작했을 때부터 그를 알고 있었어요. 저는 〈뉴스위크〉의 영화 평론가이자 마티 스코세이지와 바비의 지지자였죠. 바비는 항상 품위가 넘치고 야망이 넘치는 사람이었어요. 그때나 지금이나, 그는 상상의 세계와 같은 더 넓은 세계를 짊어지고 있는 것 같아요. 가끔 그와 함께 있을 때면 그의 일부가 더 크고 본능적인 세계에 살고 있다고 느끼게 돼요. 말런 브랜도에게도 그런 자질이 있었어요. 바비는 익명으로 살기보다 차라리 죽기를 바라는 인물로 루퍼트를 볼 수 있는 사람이었어요.

결국 마티는 〈코미디의 왕〉을 감독하기로 했죠. 그와 바비는 제가 쓴 시나리오와 그것이 소설화된 버전을 가지고 롱아일랜드로 향했어요. 어떻게 될지 몰랐지만 그들이 작업한 시나리오를 읽었을 때, 전율이 느껴졌어요. 두 사람은 시나리오와 소설을 합쳐 놓았는데 정말 대단했어요. 저는 시나리오 작업에서 배제되었다기 보다 그들과 협업했다고 느꼈어요. 제가 쓴 것을 대체하기보다 그것을 기반으로 이야기를 구축한 거였죠.

마틴 스코세이지 : 〈코미디의 왕〉은 저에게 힘겨운 싸움이었어요. 그 영화는 제 프로젝트라기보다 밥의 것이었죠. 저는 그 당시 큰 도움이 되지 못했어요. 저에게는 영화를 만드는 동기가 제일 중요해요. 타당한 동기여야 하죠. 하지만 그 영화를 시작할 때까지 제 동기는 분명하지 못했어요.

하지만 〈코미디의 왕〉에는 놀라운 힘이 있었어요! 어느 한 장면에서 저희 어머니가 드니로와 즉흥 연기를 펼쳤는데, 바로 드니로가 지하에 있는 장면이었죠. 거기서 그는 종이를 오려낸 인형을 관객 삼아 상상 속의 토크쇼를 펼쳐요. 어머니가 계단에서 소리 좀 낮추라고 소리를 질렀는데, 그때 바비가 처음으로 촬영장에서 배꼽을 잡고 웃었어요. 〈분노의 주먹〉에서도 비슷한 상황이 있었죠 한 이웃이 제이크에게 소리를 질러요. "당신은 짐승이야. 이 짐승아" 그러면 밥이 말하죠. "죽여 버린다. 너희 개의 머리를 잘라 복도에 던져 버릴 거야" 그 숏에서 제이크는 웃고 있어요. 골목에서 어떤 남자가 고함을 질러대는 게 들렸거든요. 그 장면의 제이크를 보면 웃고 있다는 게 보이는데, 그 목소리 때문이에요. 그건 우리가 어릴 적부터 들었던 목소리, 우리 동네 길거리에서 들렸던 목소리였어요.

로버트 드니로 : 〈코미디의 왕〉의 각본이 정말 좋았어요. 캐릭터가 재밌었죠. 우리는 뉴욕 길거리에서 촬영을 진행했어요. 마티와 저는 그곳에서

어떤 일들이 벌어지는지 알고 있었고, 그런 경험을 이용해서 영화를 만들었죠. 〈분노의 주먹〉에서 모든 사람이 고함치는 장면이 나와요. 저는 아내에게 고함치고, 아내는 저에게 고함쳐요. 건물과 골목에서 사람들이 소리를 질렀고, 온 동네가 시끌벅적했어요. 그때 누군가가 길거리에서 소리치면 제가 제이크를 연기하는 채로 대답했어요. 스태프들이 껄껄대며 웃었고, 우리는 그 장면을 영화에 넣었죠. 우리는 〈코미디의 왕〉에서도 그 비슷한 광란을 활용할 수 있었어요. 어느 날 평범한 노부인이 다가왔어요. 그때 저는 빌딩 바깥에서 제리 루이스가 나오길 기다리고 있었죠. 노부인이 저에게 다가와 저에게 뭐라고 말을 걸었어요. 정말 귀엽고 재밌는 해프닝이었죠. 모두가 웃었어요. 우리는 그런 즉흥적인 일들이 벌어지면 흔쾌히 활용하곤 했어요.

마틴 스코세이지: 루퍼트가 리타(다이안 애봇)를 꼬시려고 술집을 찾는 장면에서도 코미디 시퀀스가 있었어요. 술집에는 켄터키 출신의 터프가이가 있는데, 댄 존슨이 그를 연기해요. 댄은 베트남전 참전 용사였고, 우리에게 요리도 해주었어요. 39세의 나이로 세상을 떠났는데, 우리는 그 영화를 댄에게 바쳤죠. 루퍼트가 리타에게 말을 걸 때 댄은 술집 한쪽에 앉아 있었죠. 그러다 댄과 밥이 서로에게 맥주잔을 미끄러뜨려요. 아주 재밌는 코미디 발레가 되었죠. 그러고 나서 댄이 루퍼트의 주머니에 맥주를 부었어요. 밥은 침착하려고 애쓰면서 "쓸데없는 짓이야. 그럴 필요 없었어"라고 말해요. 하지만 결국 그 장면은 모두 편집되어 날아갔어요.

폴 짐머맨: 루퍼트와 리타가 잘린 그 장면은 처음부터 좀 괴상했어요. 저는 시나리오로 그 장면을 읽으면서 다른 것과는 어울리지 않는다고 생각했어요. 그런데도 어떻게든 끈질기게 이야기 안에 붙어 있더라고

요. 그 장면을 잘라내니 이야기 전개가 더 빨라졌어요. 하지만 루퍼트가 좀 불쌍해 보이는 순간을 잃게 되었죠. 처음에 저는 루퍼트를 대니 케이*Danny Kaye* 같은 인물로, 그의 이야기를 판타지로 봤어요. 하지만 마티와 바비는 현실주의자에요. 그들은 그 이야기를 더 좋게, 더 깊게, 더 거칠게, 더 중요하게 만들었어요. 마샤라는 캐릭터가 아주 좋은 예시예요. 저는 그녀가 눈물 많고 감상적인 캐릭터로만 보였어요. 전혀 위협적이지 않은 사람인 거죠. 하지만 마티는 그녀에게 약탈자의 성질을 부여했어요. 아주 위험해 보이게 만들었죠. 샌드라 버나드가 그걸 아주 잘 해냈어요.

샌드라 버나드: 스탠드업 코미디를 했던 제 친구들은 모두 그 역할에 지원했어요. 저는 시스 코먼 앞에서 시나리오를 읽어 보였죠. 그녀가 "꽤 잘하네요. 마티와 바비를 만나보면 좋겠어요"라고 말했어요.

제 첫 오디션은 일주일 뒤로 잡혔어요. 저는 전혀 꾸미지 않고 오디션장으로 들어갔어요. 지금은 절대 그렇게 하지 않죠. 그때처럼 청바지와 티셔츠 차림으로 절대 오디션을 보지 않아요. 그때 저는 청바지와 티셔츠 차림이었어요. 그들 앞에서 대사를 읊었고, 즉흥 연기를 했어요. 그때 당시 제 에너지는 광기 그 자체였어요. 25살이었거든요. 제 인생 전체가 좀 절망적이고 기이했는데 영화 캐릭터와 비슷한 구석이 많았어요.

제리 루이스를 만나는 일은 마티와 바비를 만나는 일보다 저를 더 초조하게 했어요. 마티와 바비는 모든 사람을 기분 좋게 만드는 편안한 분위기의 사람들이었지만, 제리 루이스는 흔히 볼 수 있는 아버지상에 가까웠어요. 저희 아버지 같았죠. 저와는 다른 세대의 사람이에요. 그는 코믹한 사람이지만, 제가 하는 코미디를 백만 년 동안은 이

〈코미디의 왕〉을 찍는 도중에 뉴욕 거리에 앉아 있는
로버트 드니로(루퍼트 펍킨 역)와 스코세이지.

해하지 못할 거예요. 저는 그와 연기를 했고, 실제로도 잘 진행되었어요. 나중에 마티가 말하길, 제가 제리 루이스를 정말 무섭게 만들었대요. 아마 키스 장면이 그랬던 것 같아요. 그 장면이었을 거예요.

프레드 슐러 : 촬영은 느리게 진행됐어요. 뉴욕에서 촬영한 탓에 그곳의 환경과 여건에 의존해야 했죠. 마티는 내면에 추진력과 강렬한 기세를 가지고 있는 사람이에요. 어쩌면 내면에 있는 창조적 갈등일지도 모르겠어요. 마티는 분노를 표출하는 성격이 아니라, 갈등이 있어도 마음속에 품고 있어요. 그런데 그 갈등이 창조적인 과정에 필수적일 법한 긴장감으로 바뀌어요. 존 카사베츠도 비슷한 감각이 있어요. 갈등과

긴장을 창작 과정의 일부로 삼는 거예요. 저는 존과 함께 〈글로리아〉를 작업했는데, 그는 공황에 가까운 상태를 영화 속 분위기의 일부로 삼는 걸 즐겼어요. 물론 카사베츠는 배우이기도 해서 좀 더 직관적이에요. 마티는 그보다 더 많은 계획을 세우죠.

마틴 스코세이지 : 우리는 어떤 리듬을 타게 되었는데, 거기서 22번의 테이크를 가거나, 더 많이 가기도 했어요. 몇몇 장면에서는 40테이크까지 찍었던 게 기억나요. 그런데 그건 밥과 샌드라 버나드의 연기 스타일 때문이었어요. 어느새 제리 루이스도 그런 리듬에 들어왔죠. 그가 납치된 상황에서 벗어나려고 할 때, 그는 즉흥적으로 연기했어요. 드니로와 제가 도달하려고 한 것은 우리가 그 인물들을 얼마나 멀리 밀어낼 수 있는지, 루퍼트가 여전히 현실적인 틀 안에 머물러 있으면서 와중에 어느 정도로 한계를 뛰어넘을 수 있는지 보는 일이었어요. 그런 캐릭터를 연기하는 배우로서의 바비가 얼마나 해낼 수 있는지 보고 싶었죠.

샌드라 버나드 : 촬영하는 동안, 저와 드니로 사이의 합은 자연스럽게 맞춰졌어요. 루퍼트로서의 드니로는 아주 괴짜 같았죠. 드니로는 그 어느 때보다 취약한 상태였어요. 그는 폐쇄적이고, 자기에게 빠져 있으면서 좌절하고 분노하는 사람들을 연기했지만, 이상하게도 그런 캐릭터에게 언제나 보호받아 왔어요.

하지만 루퍼트를 연기하던 드니로는 보호받지 못했죠. 그를 보호할 헬멧도, 방패도 없었어요. 그 정도로 격앙되어 있으면서 절박한 사람은 스스로를 보호할 생각조차 하지 않거든요. 그들에게는 그게 전혀 문제가 아닌 거예요. 그래서 그와 저의 캐릭터가 만나는 것은 마치 두 미친 사람들의 충돌처럼 느껴졌어요. 길거리에서 촬영한 날은 미친 듯이 더웠는데, 30도를 훌쩍 넘은 날씨였어요. 7월이었고, 거리는 펄펄 끓는 냄비 속 같았죠. 사람들로 득실한 그 여름의 뉴욕은 통제되지 않는 곳 같았어요. 마티에게도 그런 광기의 감각 같은 게 있는 것 같아요. 그래도 그는 자신만의 방식으로 그것을 통제했어요. 하지만 제리 루이스에게는 좀 어려웠나 봐요. 그는 불편함을 느끼고, 프로페셔널하지 못하다고 생각한 것 같아요. 그는 자신의 연기를 스스로 지도했어요. 촬영 현장이 너무 자유분방하고 즉흥적이라고 느낀 것 같아요.

〈코미디의 왕〉은 흥미로운 논평을 제시했어요. 우리 문화 전체에 동기를 부여하는 것이 무엇인지 선제적으로 폭로했죠. 사람들은 불

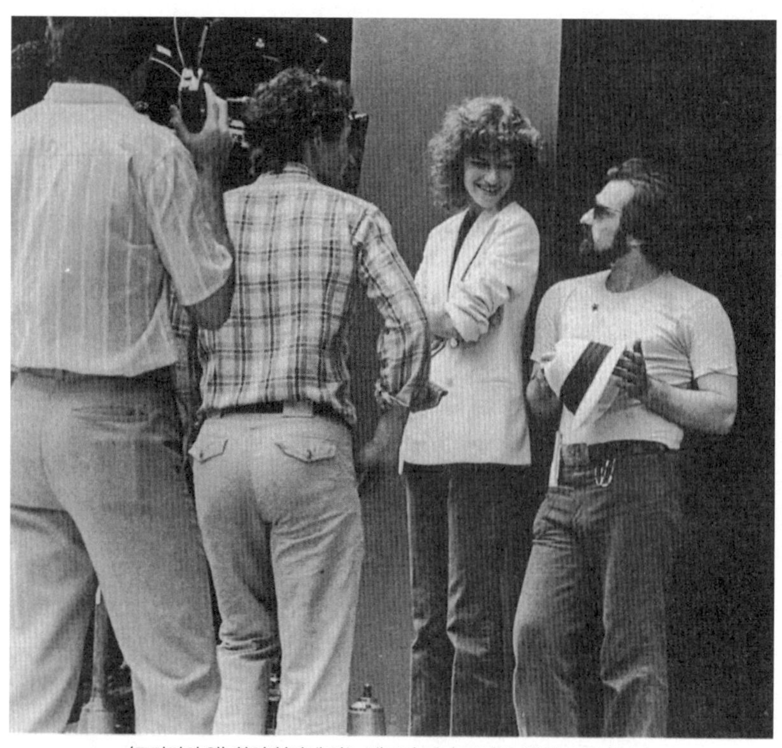

〈코미디의 왕〉 촬영 현장에 있는 샌드라 버나드(마샤 역)와 스코세이지.

20년간 스코세이지를 대표해 온 M/S 빌링스 홍보사의
매리언 빌링스가 뉴욕에서 촬영 중인 스코세이지를 만난다.

멸하는 사람들 곁에 있기를 원해요. 오늘날에는 스타들이 바로 그런 불멸자들이죠. 정말 오싹해요. 제가 배우로서 더 성공할수록 스타의 양면성을 더 많이 보게 돼요. 〈코미디의 왕〉을 찍으면서 저는 스타의 정반대편에 서 있었어요. 대중의 한 사람이 되는 것과 스타의 일부가 되는 것 사이에서 아슬아슬한 선을 타는 것 같았죠. 그런데 그것 자체가 배우로서의 제 일이기도 하잖아요. 항상 저는 사람들의 충동과 욕구, 대중이 유명인에게 접근하면서 느끼게 되는 힘에 끌렸어요. 사람들은 자신이 유명인만큼 부와 명성, 아름다움을 가질 수 없다는 것에 분노를 느끼기도 해요. 저는 그런 분노가 힌클리 같은 사람들, 많은 팬에게 동기를 부여한다고 생각해요. "사랑해, 미워해"라고 하는 양날의 검처럼요.

마티는 여러 면에서 상당히 자의식이 강한 사람이었기 때문에, 사람들의 불안과 두려움을 이용하기보다 그것에 진심으로 공감했어요. 그는 "야, 괜찮아. 우리는 모두 엉망이고 모두 길을 찾는 중이야"라고 말하는 것처럼 부드러운 공기를 만들 수 있어요.

그가 하는 모든 일은 가톨릭과 맺은 진득한 관계에 기반하고 있는 것 같아요. 그것이 그에게 어떤 영향을 끼치고 있을지는 모르지만요. 그가 가톨릭에 화가 났든, 상처받았든, 사랑에 빠졌든 간에, 가톨릭의 다양한 요소가 그의 작품 안에서 작용했어요.

우리 모두에게는 우리만의 기반과 우리만의 근간이 있어요. 그것은 가족, 종교, 또는 무엇이든 될 수 있죠. 때로는 긍정적인 것이기도 하고, 때로는 정말 파괴적인 것이기도 할 거예요. 하지만 창의적인 사람에게는 궁극적으로 모두 그런 것들이 작동하죠.

폴 짐머맨: 저는 좀 다른 결말을 생각했어요. 루퍼트가 제리 랭포드 쇼에서 '코미디의 납치 왕'을 공연하는 거였죠. 진짜인지 환상인지 구별이 안 되는 결말이었어요. 하지만 마티는 그런 애매한 결말을 불편하게 생각했어요. 어느 날 그가 자신의 트레일러로 저를 부르더니 결말에 대한 제리 루이스의 아이디어를 듣게 했어요. 마티가 제게 말했죠. "들어보세요. 그냥 들어보세요" 저는 루이스가 제리 랭포드 역으로 훌륭한 선택이라고 생각했어요. 하지만 그가 자기 아이디어를 설명할 때 저는 머리를 저었죠. 그런데 그때 마티가 저를 막았어요. "누군가 당신에게 말할 때 절대 고개를 젓지 마세요. 그렇게 하면 그 사람이 어떤 말을 하고 있는지 제대로 이해할 수 없을 거예요" 그가 옳았어요.

그래서 그는 촬영장에서 한 테이크를 찍은 후에 "좋아요. 다시 해봐요"라고만 말하는 거예요. 결코 "틀렸어"라고 하거나 "별로야"라고 말하지 않았죠. 항상 "좋아, 다시 해 보자"라고 말해요. 그게 그의 천재성이에요. 그렇게 그는 모든 사람에게서 100%를 끌어내요. 그 또한 100%를 주고요. 매우 협력적이죠. 전혀 고압적이지 않지만 모든 것이 그의 통찰로 나아가요. 마법 같아요.

데이비드 필드 : 저는 트라이베카에 있는 마티의 소호 로프트에서 〈코미디의 왕〉을 편집하고 있는 그와 회의한 적이 있어요. 그때 저는 6일 동안 6개 도시를 오갔어요 심장이 금방이라도 터질 것처럼 피곤한 상태였죠. 지칠 대로 지친 상태였는데, 때로 그런 상태에서 더 흥미로운 깨달음을 얻을 수도 있어요. 우리가 무슨 이야기를 했는지, 회의 주제가 뭐였는지 기억도 나지 않아요. 그런데 마티가 어느 순간부터 뉴욕의 거리에서 보냈던 어린 시절의 삶을 이야기하기 시작했어요. 저는 미주리주와 테네시주 농촌 지역에서 자란 탓에 그런 도회지 감성은 가지고 있지 않았죠. 하지만 그가 말하는 동안 저는 거리를 느끼고 그곳의 냄새를 맡으며 그곳의 음악을 들을 수 있었어요. 그때 저는 마티가 자신을 보호할 만한 충분한 거죽 없이 태어난 사람이라는 걸 분명하게 깨닫게 되었어요. 그가 살아온 삶은 저를 울고 싶게 만들었어요. 온 우주가 그를 괴롭혔음에도 그가 주어진 하루를 단순히 살아내기 위해서 용기 냈던 것이 저를 울고 싶게 했죠. 저는 비범한 영웅 앞에 있었던 거예요.

〈코미디의 왕〉은 자극제였어요. 우리는 루퍼트 펍킨을 사랑했지만, 시사회 관객들은 그를 좋아하지 않았어요. 그를 병든 테러리스트로 보았죠. 캔자스 시티의 흥행 성적도 좋지 못했어요. 참 이상한 일이었어요.

저는 마티의 마흔 살 생일 파티에 참석한 적 있어요. 감독들, 스타들, 그의 오랜 친구들, 어머니와 아버지까지 정말 비범한 사람들이 다 모였죠. 저는 마티가 만들고 싶은 영화를 만들 수 있도록 제작사가 돈을 확보해야 한다고 생각했어요. 그는 드문 재능을 가진 사람이니, 그 재능을 펼칠 수 있게 도와야 해요. 물론 제작 회의에서 그런 말을 했다간 사람들이 당신을 임원으로서 자격이 없다고 말할지도 모르죠. 하지만 저는 마티에게는 그래야 한다고 생각해요.

폴 짐머맨 : 사람들은 그 영화를 재밌어했을 거예요. 하지만 웃을 만큼 안전한 느낌을 받지는 못했어요. 웃을 때 우리는 무방비 상태가 되잖아요. 그래서 우리가 안전하다는 것을 다시 보증해 줄 맥락이 필요해요. 그런데 〈코미디의 왕〉에는 위험스러운 분위기가 있어서 사람들이 편하게 웃질 못해요. 그게 제작사를 혼란스럽게 했죠. 그들은 홍보할 수 있는 방도를 몰랐어요. 뉴욕에서는 만원사례를 이루었고, 다른 대도시에서도 잘 됐지만 좀 지지부진한 느낌이었거든요. 저는 그 영화로 영국 아카데미 시상식 각본상을 받았어요. 그 영화에 매우 만족해요. 마치 아이를 낳은 것만 같았죠. 내 아이이긴 했는데, 마티와 똑 닮은 아이였죠.

마틴 스코세이지 : 말런 브랜도가 〈코미디와 왕〉을 정말 좋아했어요. 영화가 개봉하고 나서 그가 밥 드니로와 저를 그의 섬에 초대해 주었죠.

하지만 마음이 편하지는 않았아요. 저는 거기서 5일 동안 머무르면서 브랜도의 프로젝트를 상의하게 될 거라고 생각했죠. 하지만 그 5일 동안 브랜도는 거기 없었어요. 5일 동안 우리는 그냥 섬을 배회하며 지냈어요. 말해두지만, 저는 낙원으로 돌아가자는 부류의 사람이 아니에요. 그딴 거 필요 없어요. 저는 도시 사람이에요.

저는 그가 같이 일하자고 할 것만 같았어요. 말런 브랜도잖아요. 길바닥에 널린 그런 사람이 아니에요. 브랜도라고요! 어느 날 그가 우리에게 들르더니 섬을 둘러보라고 제안했어요. 그래서 제가 "방금 하고 왔어요"라고 말했죠. 그러더니 그가 "그래서 지금 뭐 할 거예요? 독서?"라고 말했어요. 제가 "네, 그냥 책을 읽고 있었어요"라고 말했죠. 그가 "그럼 책 읽고 난 뒤에 섬의 다른 쪽도 둘러보세요"라고 말하더군요. 할 일이 전혀 없었어요. 전혀요.

그로부터 5일이 더 지나고 저는 두손 두발 다 들었죠. 짜증이 나더라고요. 그런데 그때부터 브랜도가 여러 가지 일들을 논의하기 시작했어요. 결국 3주 동안이나 이야기를 나누게 됐어요. 그때 살면서 처음으로 휴식이 어떤 면에서 좋다는 걸 깨달았어요. 하지만 젊을 때는 별로예요. 젊을 때는 그냥 움직여야 해요. 계속해야죠. 에너지가 있을 때 사용해야 해요.

6장

최후의 유혹

〈그리스도 최후의 유혹〉(1983, 제작 취소됨)

스코세이지는 〈코미디의 왕〉을 만들기 위해 자신을 설득해야 했으나 〈그리스도 최후의 유혹〉을 만들 때는 스스로 불타올랐다. 그는 10살 무렵 예수의 삶을 담은 영화를 만들고 싶어 스토리보드까지 그렸다. 30년이 지났어도 그 욕망은 흐릿해지지 않았다. 그리고 니코스 카잔차키스의 소설 《그리스도 최후의 유혹》이 그 욕망을 실현할 매개체라는 것을 알게 되었다. 1977년에 스코세이지는 그 소설을 영화화할 수 있는 권리를 얻었고, 폴 슈레이더에게 각색 작업을 맡겼다. 슈레이더는 1982년에 각색을 완료했으며 1983년 초에 파라마운트 영화사가 영화 자금을 조달하는 것에 동의했다. 어윈 윙클러가 프로듀서로 참여할 예정이었다.

1983년 가을, 마틴 스코세이지는 베벌리힐스의 알렉산드르에서 엘레니 카잔차키스와 점심을 먹었다. 그곳은 유럽식 다이닝룸이었는데 깨끗한 리넨 테이블보가 덮여 있었고 커다란 은 식기와 이탈리아어와 프랑스어를 모두 구사하는 직원들이 있었다. 세련된 구대륙 사람인 마티의 손님에게는 보통의 LA 레스토랑보다 훨씬 더 안성맞춤인 곳이었다. 고故 니코스 카잔차키스의 아내는 파트로클로스 스타브로우와 동행했는데, 스타브로우는 키프로스 정부의 고위 관리이자, 카잔차키스의 유저 관리자였다. 그런 그들이 카잔차키스 탄생 100주년을 기념하기 위해 몇몇 대학에서 열리는 기념식에 참석하고자 미국에 머물고 있었다.

80년이 지나도 남편의 사상에 대한 엘레니 카잔차키스의 열정은 식지 않았다. 그녀의 우아한 아름다움과 지성은 나이를 먹어도 흐려지지 않았다. 그녀는 스코세이지에게 남편이 수줍음 많은 사람이었다고 말했다. 그는 평생 잠깐의 활동적이고 대중적인 삶과, 사적인 사색으로 물러나는 삶을 오갔다. 그는 마케도니아의 아토스산에 있는 매우 엄격한 수도원에서 6개월가량 시간을 보냈다. 그때 알버트 슈바이처와 토마스 만이 그의 이름을 노벨상 수상자로 올렸지만, 카잔차키스는 결코 문학으로 세상의 관심을 갈구하지 않았다. 《그리스인 조르바》는 많은 찬사와 대중의 인정을 받았다. 《오디세이아: 근대 속편》은 호메로스의 《오디세이아》를 재구성하여 학술적으로도 많은 인정을 받았다. 하지만 이후 그의 이름은 논란의 동의어가 되었다. 동시대적 방식으로 기독교를 이해하고 재해석하려 했기 때문이었다. 그는 죽기 직전의 9년 동안 모두 8권의 책을 쓰며 창의성을 쏟아부었다. 그의 소설 《예수, 다시 십자가에 못 박히다*The Greek Passion*》는 너무 적나라한 나머지 쉽게 받아들이기 힘든 어느 마을의 삶을 보여주었다. 그리스 정교회는 그를 파문하겠다고 위협했다. 하지만 가장 큰 논란은 《그리스도 최후의 유혹》이 출판된 후에 일어났다.

《그리스도 최후의 유혹》의 서문에서 니코스 카잔차키스는 이렇게 말했다. "그리스도의 이중적인 실체, 즉 너무도 인간적이면서 초인간적인 그는 신에게 도달하거나 신에게 귀의하기를 갈망하면서도 신과 자신을 동일시한다. 이 점이 나에게는 항상 헤아리기 힘든 미스터리였다. 신에 대한 이 향수는 미스터리하면서도 너무나 현실적이라, 내 안의 큰 상처를 열어젖혔고 장대하게 흐르는 샘물을 열어주었다. 나의 가장 중요한 번민과, 내 젊은 시절 이래의 모든 기쁨과 슬픔의 근원은 영혼과 육체가 끊임없이 벌이는 무자비한 투쟁이었다" 카잔차키스는 그러한 갈등을 완전히 초월하기 위한 노력으로 불교를 받아들이기까지 했다. 결국엔 기독교로 다시 돌아갔지만 말이다.

"육체와 영혼, 저항과 적대, 화해와 복종 사이의 투쟁, 그리고 마지막으로 그러한 투쟁의 지고한 목적인 신과의 결합, 이것이 그리스도가 취한 승천이었다. 그리스도는 자신의 피 묻은 흔적을 따라 우리 또한 그렇게 승천에 이를 수 있게 우리를 인도한다" 카잔차키스는 이렇게 썼다. 그러므로 《그리스도 최후의 유혹》은 그 인도에 대한 그의 응답이었다. 그는 다음과 같이 썼다.

> ...나는 공포와 함께 골고다로 가는 그리스도의 피 묻은 노정을 따라간 적이 없다. 나는 그리스도만큼의 일심전력과 이해심, 사랑을 가지고 그의 삶과 수난을 겪어 본 적이 없다. 《그리스도 최후의 유혹》을 쓰던 낮과 밤 동안 그랬던 적이 없다.
>
> ...나는 투쟁하는 사람에게 지고한 범형을 제시하고 싶어 이 책을 썼다. 고통과 유혹, 죽음을 두려워해서는 안 된다는 것을 그 사람에게 보여주고 싶었다. 세 가지 모두 정복될 수 있기 때문이다. 그리스도께서 고통을 받으신 이래로, 고통은 거룩해졌다. 유혹은 그리스도가 길을 잃게 되던 직전까지 그와 겨뤘지만, 결국 유혹이 패배하고야 말았다. 그리스도는 십자가 위에서 죽었고, 그 순간 죽음이 영원히 정복되었다.

많은 이가 그의 책에서 영감을 받았다고 했지만, 어떤 이들은 "신성 모독!"이라고 소리치기도 했다. 카잔차키스가 묘사한 그리스도는 세속적인 행복을 위해 십자가를 지지 않도록 유혹받았으며, 막달라 마리아의 성적 매력에 이끌렸고, 자신의 사명에 대해 의심하며 괴로워했다. 카잔차키스의 그리스도에 대한 그리스 정교회의 반응은 1957년에 작가가 사망했을 때 가장 잔인하게 나타났다. 번역가 P.A 비엔*P. A. Bien*은 다음과 같이 기억한다. "아테네의 대주교는 정상적인 방식으로 그의 시신이 교회에 안치되는 것을 허락하지 않았습니다. 그러나 크레타에서 카잔차키스는 기독교 방식의 매장을 허락받았습니다. 그렇게 카잔차키스의 책에서 나온 것만 같은 거한 한 사람이 홀로 관을 움켜쥐고 무덤에 내려놓았습니다"

1983년에 스코세이지는 《그리스도 최후의 유혹》을 대중의 의식 속에 다시 불러들이기를 제안했다. 영화화를 시도한 감독들은 많았지만 하나같이 실패했다. 그들 중 스코세이지만큼의 결단력과 열정을 갖춘 사람은 없었다. 엘레니 카잔차키스는 남편의 영적 변화를 스코세이지에게 전하면서 그에게 앞으로 닥칠 위험에 대해 경고하려 했다. 많은 사람이 자신만의 방식으로 그리스도를 바라보고, 그것에 의문을 품으면 불쾌해한다. "기억해요" 그녀가 말했다. "처음에는 남편의 어머니조차도 예수의 사명을 오해했어요"

*

<u>**파트로클로스 스타브로우**</u>: 스코세이지가 이 영화를 만들고 싶어 했어요. 그의 요청이 엘레니 카잔차키스 부인에게 전달되었죠. 우리는 그 책에 대해 항상 조심스러웠어요. 그때 그곳의 점심은 우리가 결단을 내릴 수 있는 자리가 됐죠. 결국 승낙했어요. 우리가 이전에 만난 적 있는지는 기억나지 않지만, 마틴 스코세이지를 만나고 싶긴 했어요. 그는 키가 크지 않았어요. 저와 비슷했죠. 그래서 우리는 서로의 눈을 마주 보면서 말했어요. 그리고 저는 그에게서 영화를 만들고자 하는 열망과 더불어, 맡아야 하는 과제에 대한 뛰어난 의식과 책임감을 느꼈어요. 저는 그에게서 정직하게 책을 대하려는 마음, 책 자체뿐만 아니라 책의 정신에 솔직하게 접근하려는 마음을 보았어요. 저는 그것이 카잔차키스가 묘사한 것처럼 그리스도의 신에 대한 솔직한 접근이라고 말하게 돼요.

스코세이지는 솔직한 영화, 책과 작가의 정신에 최대한 부합하는 영화를 만들고 싶어 했고, 그 점이 정말 설득력 있었어요. 그는 돈을 위해서나 다른 이기적이고 물질적인 목적을 위해 영화를 만들지 않았어요. 그러지 않는다는 게 와닿았죠. 그리고 우리는 그의 카리스마 있는 접근법이 마음에 들었어요. 그는 개방적이면서도 진심을 담아 말했어요. 우리가 서로 소통했다고 말하고 싶네요. 그게 저의 느낌이

었어요. 엘레니 카잔차키스도 저와 같이 그렇게 느꼈어요.

"어떻게 생각하세요?" 그녀가 물었어요. "전 좋아요" 제가 이렇게 말하자 그녀가 "우리의 도움이 필요하다면 우리는 그를 도와야 해요"라고 말했어요. 우리는 스코세이지가 정직한 작품을 만들 것이라고 확신했죠. 그래서 나중에 누군가가 우리와 협상하고 싶어 하면 스코세이지가 영화를 만들 것이라고 말하고 싶었어요. 오직 스코세이지가 사망한 경우에만 다른 누군가가 영화화할 수 있다고 이야기하고 싶었죠. 그래서 우리는 계약서에 "만약 스코세이지가 사망한다면…"이라는 조약을 넣을 수 있는지 알아봤어요. 엘레니 카잔차키스는 그렇게 젊은 사람의 죽음을 입에 담는 것을 꺼려했죠. 하지만 후속 계약서에는 마틴 스코세이지가 어떤 이유로든 영화를 찍을 수 없게 된 경우에만 다른 사람에게 영화화 권리가 양도된다는 조건이 포함되었어요. 그것은 그가 우리에게 불어넣은 신뢰의 증거예요!

엘레니 카잔차키스: 스코세이지는 마음이 깊고 신앙심이 깊은 가톨릭 신자예요. 그는 성직자가 되길 원했고, 신학을 공부했죠. 그는 오직 어떻게 예수 그리스도의 인간적 면모를 그려낼 것인가 하는 문제로 고민했어요. 그리스도가 되기 전의 예수 말이에요. 예수께서는 갈보리에 오를 때 매우 인간적인 두려움과 고통을 겪었어요. 물론, 이건 접근법의 문제이긴 해요. 예수 그리스도는 "어찌하여 나를 버렸느냐"와 같은 말을 하지 않으셨나요? 그는 사람이자 신이었어요. 만약 사람이 아니었다면, 어떻게 고통을 느낄 수 있었을까요? 만약 신이 아니라면, 어떻게 그가 "나는 신이고, 그들이 나를 십자가에 못 박는다면 300번은 그리하게 해주어라"라고 생각할 수 있었을까요? 만약 당신이 사람이고 신께 다가가고자 했다면, 당신은 몸에 박힌 못 하나하나에 고통을 느낄 것이고, 사막으로 걸어가며 고통을 느낄 거예요. 바

로 그게 예수 그리스도가 말씀하신 바이죠.

파트로클로스 스타브로우: 카잔차키스는 1883년에 태어났어요. 여권에 쓰여 있기로 엘레니는 1904년생인데, 그녀 자신은 1903년에 태어났다고 말해요. 카잔차키스보다 20살이나 19살 어린 셈이었죠. 두 사람은 1924년에 만났어요. 당시 카잔차키스는 이미 결혼한 상태였는데, 아내와 별거 중이었고, 오랫동안 아내와 함께 살지 않고 있었죠.

엘레나 카잔차키스가 20살 연상인 남자와 사랑에 빠진 것은 용기 있는 일이었어요. 카잔차키스는 처음 만났을 때부터 말했어요. "나와 함께 간다면, 당신은 가난과 근심과 큰 고욕을 겪으며 살 거예요. 하지만 나와 함께라면 결코 지루한 날을 보내지 않을 거예요"

1945년에 그리스가 독일로부터 해방된 후, 니코스 카잔차키스는 경력이 없음에도 불구하고 장관으로 임명됐어요. 그는 전쟁 희생자를 위한 원조를 얻기 위해 미국과 멕시코로 파견될 예정이었어요. 주로 미국에 가게 될 예정이었는데, 자신의 동반자인 엘레니 사미우와 동행하려 했죠. 결혼한 상태가 아니라면 함께 갈 수 없었기 때문에 1945년에 두 사람은 결혼식을 올리게 돼요.

엘레니 카잔차키스: 저는 1928년부터 카잔차키스와 함께 살았어요. 그의 몸과 영혼이 하나가 된 러시아로 함께 떠났던 이래로 저는 그에 대해 단 한 가지만은 확실하게 이해할 수 있었어요. 그의 모든 고뇌는 어떻게 인간이 자신을 정화하고, 세계의 비열한 것들은 잊으면서도 육체가 영혼이 될 가능성은 잊지 않을 수 있는지에 관한 것이었어요. 그것은 신을 찾기 위해서, 우리 안에 있는 신을 찾기 위해서였어요. 니코스는 말했죠. "우리 안에서 신을 구하기 위해서는 모든 것이 신의 가치와 맞아야 해"

그는 《그리스도 최후의 유혹》이 그의 작품 중 최고라고 말했어요. 저도 동의해요. 언어는 훌륭하고, 팔레스타인에 대한 묘사도 엄청나요. 그가 저를 칸에 있는 도서관에 보냈던 것이 기억나요. 그때 우리는 앙티브에 살고 있었는데, 저는 그에게 예수 그리스도와 관련된 모든 책을 가져다줬어요. 몇몇 책들은 플루타르크 같은 초기 역사가들이 아무런 말을 하지 않았기 때문에 예수 그리스도는 절대 존재하지 않았다고 말해요. 그들은 기독교도에 대해서는 이야기하지만 정작 예수 그리스도에 대해서는 아무런 말도 하지 않죠.

하지만 니코스는 그리스도에 대해 한 치의 의심도 하지 않았어요. 제가 그를 알기 몇 년 전에 그는 《그리스도》라는 제목으로 첫 번째 비극을 썼어요. 그 책이 발간되었을 때, 교회에서, 특히 그리스 정교회에서 그를 파문하려고 했다는 것이 기억나요. 하지만 몇몇 사람들의 개입에 의해 우리 교회는 결국 그를 파문하지 않았어요. 많은 사람이 카잔차키스가 기독교식 장례를 치르지 않았다고 말하지만 그건 사실이 아니에요.

파트로클로스 스타브로우 : 니코스는 독일이 그리스를 점령한 1942년에 이 책을 구상했어요. 상상이 가시나요? 우리는 1942년 5월 16일에 쓰인 그의 편지를 가지고 있어요. 그때 그는 아이기나섬에 살고 있었고, 그의 친구에게 편지를 썼죠. "나는 《그리스도의 회상록》이라는 책을 쓰기로 했네. 그리고 필요한 모든 자료들을 모으기 시작했어" 그러니까, 그는 《그리스도의 회상록》이라는 제목으로 책을 쓸 계획이었던 거였죠.

1951년 1월, 우리는 니코스가 자신의 새 소설 《최후의 유혹》을 쓰기 시작했다는 소식이 담긴 편지를 받았어요. 그는 1년 내내 글을 썼어요. 다른 편지에서는 《최후의 유혹》에 대한 기쁨과 고뇌에 깊이 빠져 있다고 적혀 있죠. 한 편지에서는 이렇게 말하기도 해요. "여기 고독 속에서, 나는 열심히 잘 쓰고 있네. 나는 유대인의 이야기를 다룬 책 《최후의 유혹》을 쓰고 있어. 이야기는 팔레스타인에서 전개되는데, 거룩한 땅을 다시 보는 일이 나에게 얼마나 흥미로운지 너는 이해할 수 있을 거야. 하지만 다시 보는 건 불가능한 일이겠지"

그는 1951년 11월 16일에도 편지를 써요. "《최후의 유혹》의 기쁨과 고뇌에 빠져 고개를 들 수 없을 정도로 시간이 빠르게 흐르네. 달이 밝았다가 번개처럼 사라져. 아내는 집을 비웠어. 다시 한번 내가 나만의 거대한 고독, 나만의 진정한 처소로 물러나는 것을 그 무엇도 막을 수 없네. 아내는 내가 분방하게 사는 것을 허락하지 않고 나를 여전히 인간 사회에 있게 하네. 언젠가 시나이산에 갔을 때, 수도사들이 나에게 외딴 암자를 내어주려고 했어. 작은 방과 안뜰로 구성된 곳이었고, 두 그루의 올리브나무와 한 그루의 오렌지 나무, 작은 우물이 있었지. 성 카타리나 수도원에는 내가 읽을 만한 성경 사본이 많았어. 출판될 만한 사본도 있었지. 그곳에 다녀온 뒤로는 계속 눈앞에 어른거려. 아내만 아니었다면 진작에 다시 갔을 거야. 내 인생 통틀어 아라비아 사막만큼 매혹적인 곳은 없는 것 같네"

저는 1954년 5월 1일에 스웨덴에 있는 친구 앞으로 보낸 카잔차키스의 편지도 가지고 있어요. "어제, 나는 독일의 한 출판사로부터 전보를 받았네. '《최후의 유혹》이 금서 목록*Papal Index*에 오름'이라고 적혀 있었어. 인간의 편협한 정신과 옹졸한 마음은 항상 놀라워. 나는 그리스도를 열렬히 흠모하는 마음으로 깊은 종교적 고양 상태에서 이 책을 썼는데, 그리스도의 대리인인 교황이 이 책을 전혀 이해하지 못하고 있어. 그는 거기에 쓰인 기독교적 사랑을 감지하지 못하고 유죄 판정을 내렸네. 내가 비난받아야 할 것이 있다면 현대 세계의 비참함과 굴종을 내가 견디며 살아가야 한다는 점일 거네"

니코스 카잔차키스는 금지 도서 색인 위원회에 전보를 보내면서 테르툴리아누스의 말을 인용했어요. 더 상급의 재판, 신의 심판에 호소했던 거예요. "오 주여, 당신의 법정을 향해 호소합니다" 그리스 정교회를 향해 그는 이렇게 덧붙였다. "교황 성하, 당신은 저를 저주했지만, 저는 당신을 축복합니다. 저는 당신의 욕망이 제 것처럼 깨끗하기를, 당신이 저처럼 도덕적이고 종교적이기를 기도합니다. 감격스러운 마음으로 저의 작품을 당신께 보냅니다. 인내심을 가지고 읽어 보시길, 살펴 주시길 바랍니다. 그렇다면 이 책이 조금씩 당신을 지배할 것입니다. 그리고 제가 이 책을 쓰는 동안 제 깊은 곳에서 느꼈던 감정이 조금씩 당신을 지배할 것입니다. 저는 기독교 문명의 근간이 되는 성스러운 전설을 되살리려고 했습니다. 그것은 단순히 그리스도의 삶이 아닙니다. 교회와 그리스도교의 모든 성직자는 그리스도의 형태를 바꾸어 놓았습니다. 종종 제가 글을 쓰는 동안 제 원고는 참을 수 없는 눈물로 얼룩집니다"

그래서 그는 울었고, 눈물이 원고 위에 떨어졌으며, 원고는 눈물로 번졌어요. 책 곳곳에는 시가 적혀 있어요. 동물과 식물에 대한 사랑, 사람에게 보내는 사랑, 사람의 영혼에 대한 믿음, 삶이 지배하고 쟁취할 신념이 있어요.

엘레니 카잔차키스 : 카잔차키스의 고뇌는 기독교적 접근법을 넘어섰어요. 그는 저에게 항상 이렇게 말했어요. "내가 어떻게 이 세상에 왔는지 찾고자 하는 게 아니야. 나는 우리가 왜 왔는지 찾고 있어. 우리의 목적이 무엇인지 말이야" 책을 보면 카잔차키스가 그의 작품 안에서 몰두했던 것은 단 한 가지였어요. 바로 인간의 필멸적 측면을 불멸로 바꾸는 것이었어요. 신에게 가까이 다가가는 일이죠. 더 나아가, 그는 항상 무언가를 믿는 투사였기에, 언제나 마지막까지 똑바로 서 있

었어요. 그는 인간의 영혼에 관심이 많았어요. 그는 최후까지 똑바로 서기를 바랐죠. 인간이 더 나아질 수 있다고 믿었어요.

이 책의 뿌리는 인간이 예수 그리스도의 인고와 그 희생의 정점에 도달하기 위해서는 사랑과 엄청난 인내와 믿음이 있어야 한다는 것이에요. 희생의 정점에 섰을 때 인간은 비로소 신과 하나가 돼요. 이게 신이에요. 내가 인류를 위해 희생할 때, 나는 내 정점에 도달하고, 그리하여 신께 닿아요.

이 책이 말하는 것은 매우 구체적이에요. 자기 자신에게로 도달하기 위해서 있는 힘껏 싸워야 한다고 말하죠. 자기 자신을 알고, 자신이 가지고 있는 최고의 것을 성취하는 일에 도달하기 위해서, 어떻게 인류에게 유용하고 더 나은 인간이 될 수 있는지 알기 위해서 말이에요. 자신을 희생하게 될지라도 그것을 위해 싸워야 한다고 말해요. 바로 그게 책이 가지고 있는 메시지예요. 다른 건 없어요.

카잔차키스는 아주 검소한 사람이었고, 작은 것들에 만족했어요. 그는 종종 우리가 가난해서 다행이라고 말하곤 했죠. 만약 우리가 부자라면 전 세계를 돌아다녔을 것이고 그러면 그가 아무것도 쓸 수 없을 것이기 때문이에요. 한번은 제가 그에게 "이등석을 탈 순 없을까?"라고 물었어요. 그 당시 우리는 일반석을 타고 여행했거든요. 저는 "좋은 호텔에 묵으면 안 될까?"라고 묻기도 했어요. 그러면 그가 저에게 말했어요. "간디라면 어떻게 하셨을까? 만약 간디가 살아 계셨다면 4등석을 타셨을 거야. 제일 낮은 곳에 계셨을 거야!"

저는 남편이 글을 쓰면서 눈물을 훔치는 모습을 여러 번 봤어요. 그는 매우 어렸을 때부터, 역사의 위대한 영웅이 되고 싶어 했죠. 성직자의 역사에서 말이에요. 그는 진정한 학자가 되고 싶어 했는데, 연구자가 하는 일을 하기 위해서였어요. 언젠가 그가 저에게 물었어요. "그리스도가 한 일을 내가 할 수 있을까? 슈바이처가 했던 것처럼 할 수 있을까? 슈바이처가 될 수 있을까? 아니, 난 그럴 수 없어" 그는 자신이 얼마큼 나아갈 수 있는지 알고 있었어요. 그는 진실하지 않은 역할은 맡지 않았죠. 그는 슈바이처를 흠모했고, 슈바이처도 제 남편을 좋아했어요.

제 남편은 그리스도가 무언가를 믿으며 죽었기에 그를 흠모했어요. 남편은 그런 믿음을 갖는 것이 놀랍다고 생각했어요. "나는 이것을 믿어. 나는 이것을 위해 고통받을 거야"라고 말할 수 있다면 충만한 행운이라 여겼어요. 그리고 제 남편에게도 그런 믿음이 있었죠. 그는 그리스도를 믿었어요. 하지만 그리스도가 될 수는 없었죠.

파트로클로스 스타브로우 : 몇 년 전, 런던에 있는 큰 서점에 갈 일이 있었어요. 카잔차키스의 책이 있는지 둘러보았죠. 그런데 그곳에선 책을 발견하지 못했어요. 저는 소설 부문으로 향했어요. 역시 찾을 수 없었죠. 시 부문에도 갔지만 찾을 수 없었어요. 여행책 부문에도 없었어요. 기분이 끔찍했죠. 그래서 거기 점원에게 말을 걸었어요. "카잔차키스의 책은 없나요?" "있어요" "소설, 시, 여러 코너를 둘러봐도 없었어요" "아, 맞아요. 그 책들은 고전 책 판매대에 있어요"

처음 《그리스도 최후의 유혹》을 읽었을 때, 저는 그리스도가 그런 방식으로 성격화된 것, 그리스도의 거룩한 이야기를 카잔차키스가 대하는 방식에 아주 치를 떨며 강하게 반발했어요. 하지만 세월이 지나면서 저는 거듭 생각하게 됐고, 그 책의 모든 점에 대해 숙고했어요. 그렇게 지난 20년 동안 저는 카잔차키스에 대한 더 확고한 믿음을 가지게 됐어요. 그의 감정과 사상에 더 깊이 들어가기 위해 노력했죠. 그러다 10여 년 전, 저는 《그리스도 최후의 유혹》을 다시 출판해야 했어요. 그러면서 제가 바라던 대로 책을 교열하기 위해 《그리스도 최후의 유혹》을 적어도 5번은 더 읽어야 했죠. 오탈자가 없어야 했거든요. 《최후의 유혹》을 읽고 또 읽으면서, 저는 제 인생 그 어느 때보다 그리스도를 더 사랑하게 되었어요.

마틴 스코세이지 : 1961년에 그리스 친구 존 마브로스*John Mabros*가 《최후의 유혹》에 대한 이야기를 해 주었어요. 저는 그를 NYU에서 만났어요. 나중에 그는 〈분노의 주먹〉에 스태프로 참여하기도 했죠. 하지만 본격적으로 관심을 가지기 시작한 건 1972년에 바바라 허시가 저에게 그 책을 주었을 때였어요. 처음 그 책을 읽자마자 마음에 들긴 했어요. 하지만 그때 저는 로버트 그레이브스*Robert Graves*가 쓴 책 《왕이신 예수*King Jesus*》의 영화화를 생각하던 중이었어요. 《최후의 유혹》이 마음에 들었던 것은 그 책이 영혼과 육체 사이의 투쟁을 다루고 있기 때문이에요. 제가 이해할 수 있을 만한 것이었죠.

1981년에 폴 슈레이더가 《최후의 유혹》의 첫 번째 버전 시나리오를 썼어요. 그의 초안을 보면서 이 책을 충분히 영화로 만들 수 있겠다는 확신이 생겼죠. 슈레이더가 책의 핵심을 추려냈거든요. 다시 써야 할 부분은 있었지만, 구조가 어떤지는 볼 수 있었어요.

폴 슈레이더 : 《최후의 유혹》 각색 작업을 하면서 저는 책 속 모든 내용을 목록화했어요. 거기 나오는 모든 내용을 장면별로 나열했는데 3~4백 개 정도의 항목들이 나왔어요. 그런 뒤 극적인 범주를 만들었어요. 예수의 성격 변화, 제자들, 희극적 전환, 막달라 마리아와 성모 마리아에 대한 다양한 주제로 범주를 만들었어요. 그리고 각 장면에 체크 표시를 하면서 어떤 것이 중요하고 얼마만큼 중요한지 정리했죠. 그런 다음 모든 장면을 훑어보면서 중요하지 않은 내용들은 빼버렸어요. 쥐도 새도 모르게 600페이지였던 책이 단출해졌어요.

저는 각 주제를 생각했어요. 예를 들어, 저는 신이 예수에게 나타나는 장면을 분석해야 했어요. 신이 그에게 무엇을 원하며, 어떤 방식으로 원할까? 예수는 이렇게 묻죠. "제가 무엇을 해야 합니까?" 두 번째 주제는 막달라 마리아와의 관계, 유다와의 관계였어요.

〈최후의 유혹〉의 줄거리는 시나리오가 나오기 전에 만들어졌어요. 두 장면만 빼고는 7~8년 뒤에 만들어진 영화와 동일해요. 저는 시나리오가 106쪽 정도 될 것으로 예상했어요. 마티는 영화의 윤곽을 파악하면서 영화를 만들 준비를 했죠. 마티는 제 집필 과정에 개입할 여지가 없었어요. 그는 제가 무엇을 하고 있는지 정확히 알고 있었죠. 단계마다 제가 어떻게 하는지 알았어요. 그가 해야 하는 일은 오직 시각적인 윤곽을 검토하는 것이었죠. 그런 방식으로 그는 제가 집필 중일 때 개입하지 않았고, 저는 그가 감독 중일 때 개입하지 않았어요. 시나리오를 넘기고 나면 저는 다른 일에 몰두해요. 우리 두 명의 큰 자아가 함께 작업할 수 있는 여지가 없었어요. 마티는 제가 글을 쓸 때 한발 물러나야 하고, 저는 그가 감독할 때 한발 물러나야 하죠. 그게 나아요.

데이비드 커크패트릭 : 파라마운트사는 마틴 스코세이지가 그리스도의 삶을 영화로 만드는 것에 매료되었어요. 그리스도를 주제로 한 강렬한 영화가 없었기 때문에 참 독특한 아이디어였던 것 같아요.

저는 그 책을 정말 사랑했어요. 책은 그리스도의 인간적인 측면을 보여주었어요. 저는 책에서 예수가 묘사되는 방식에 감동하면서 그가 미쳤는지, 아니면 특별히 선택받은 것은 아닌지 궁금해하며 읽었어요. 정말 놀라운 책이었어요.

저는 책과 시나리오를 읽은 뒤 "이 영화를 만들어. 제값을 치르고, 좋은 배우를 섭외해. 많은 관심과 주의와 지원이 필요한 작업이니 마티와 긴밀하게 협력해"라면서 출격 명령을 내렸어요. 저는 이 프로젝트와 관련된 역사를 최대한 많이 찾아보면서 제가 할 수 있는 만큼 참여하기로 마음먹었죠. 마티의 영역을 건드리지 않는 선에서 말이에요. 우리는 고귀한 의도를 가지고 영화를 시작했고, 그 의도가 우리를 지탱해줬어요.

마틴 스코세이지 : 〈그리스도 최후의 유혹〉이 현실이 되었을 때, 그것을 만들 수 있는 곳은 파라마운트 영화사밖에 없었어요. 이 영화는 1983년에 1,100만 달러로 시작했어요. 그 당시 평균 제작비가 1,500만 달러였죠. 그러다 프로젝트 예산이 1,400만 달러까지 오르더니 계속 증가했어요. 영화는 이스라엘에서 촬영될 예정이었고, 1983년 1월에 우리는 이스라엘, 모로코, 파리로 향했어요. 2년 동안 뉴욕을 떠난 적이 없었기 때문에 저에게는 무척 큰일이었죠.

저는 성지에서 놀라운 시간을 보냈어요. 삶의 가치가 고양되어서 좋았어요. 그곳에서는 살아 숨 쉬는 본질적인 문제를 다루었는데, 저는 그게 중요하다고 생각했어요. 예루살렘에 도착했을 때, 그리스도의 신성함을 비롯해 그 모든 세월 동안 지속된 믿음과 예배의 흔적을 강하게 느꼈어요. 특히 예수님의 무덤이 있는 성묘聖墓 교회[28]에서 그것을 강렬하게 느꼈죠. 저는 성지에서 〈최후의 유혹〉을 촬영하게 된다는 생각에 정말 들떴어요. 그 장소는 신성한 곳이었고, 여러 종교가 모두 진지하게 생각하는 곳이었으니까요.

1983년 2월 9일에 저는 뉴욕으로 돌아왔어요. 〈코미디의 왕〉이 개봉했을 때였죠. 그리고 존 휴스턴*John Huston* 감독과 저녁을 먹기 위해 3월 4일에 LA로 돌아가야 했던 것이 기억나요. 그 직전 주말에 저

28 그리스도가 부활할 때까지 안치되었던 묘지로, 구 예루살렘 북서쪽 골고다 언덕에 자리 잡고 있다.

는 바비 드니로를 보러 파리에 갔어요. 업계 사람들은 우리가 지난 4편의 영화를 함께 만들었기 때문에 드니로가 그리스도 역을 맡을 것이라 추측했죠. 하지만 드니로는 전혀 관심이 없었어요. 저는 콩코드 비행기를 타고 파리로 날아가서 그를 만났어요. 그곳에서 시간을 보낸 뒤 주말에 돌아왔죠. 드니로는 〈최후의 유혹〉 프로젝트를 하고 싶지 않다고 분명히 밝혔어요. 바비는 제가 어떤 시나리오를 가지고 있든지 간에 제가 바꿀 것이란 걸 알아요. 그러니 시나리오 문제가 아니었던 거예요. 그는 길게 늘어진 옷을 입고 있는 자신을 볼 수 없다고 말했어요. 폴 뉴먼의 초기작인 〈은배〉가 계속 생각난다고 하더군요. 제가 좋아하는 영화이긴 했지만 끔찍한 영화이기도 했어요. 드니로는 "이번에는 같이 하지 못하는 것뿐이야"라고 말했어요. 그를 십자가에 오르도록 설득하는 일은 어려울 것 같았어요. 정말 그 역할을 하고 싶어 해야 거기에 올라 연기할 수 있잖아요. 드니로는 종교에 관심 없었죠.

드니로는 정말로 관심 있는 영화만 찍어요. 심지어 촬영하기 3년 전부터 미리 준비하기 시작하죠. 우리가 〈뉴욕, 뉴욕〉을 찍고 있을 때 그는 점심시간만 되면 일찌감치 〈분노의 주먹〉을 연습하고 있었어요. 〈분노의 주먹〉이 실제 촬영에 들어가기까지 그로부터 몇 년이나 걸렸지만 말이에요. 그 정도로 드니로는 무언가에 정말 관심이 있다면 옆에서 바로 알아차릴 수 있죠. 우리는 서로 연락을 주고받으며 대화해요. 하지만 종교 영화에 대해서는 한 번도 이야기한 적 없었죠. 만나서 논의해 본 적도 없어요. 제가 시나리오를 줬을 때 그가 관심을 가지면 같이 하는 것으로 서로를 이해했어요.

로버트 드니로 : 저는 그리스도를 연기하는 것에는 전혀 관심이 없었어요. 그건 마치 햄릿을 연기하는 것과 같아요. 그냥 하기 싫었죠. 마티와 저

는 그것에 대해 이야기했어요. 우리는 함께 일하는 것이 좋아서 오래 함께 일했지만, 우리에게도 각자 나름의 이유가 있어요. 저는 배우로서의 이유가 있고, 그는 감독으로서의 이유가 있죠. 그게 가장 좋은 이유에요.

〈최후의 유혹〉은 제가 정말 하고 싶지 않은 영화였어요. 그래도 마티에게 말했죠. "만약 문제가 있다면, 정말 그 영화를 해야 하는데 내가 필요하다면, 내가 할게. 만약 네가 벽에 부닥치고 있는데 다른 방법이 없다면, 내가 할게. 친구니까"

폴 슈레이더 : 처음에는 〈택시 드라이버〉와 〈분노의 주먹〉의 드니로를 생각하며 〈최후의 유혹〉을 썼어요. 하지만 그와 마티 사이에 자동적인 연결고리가 있는 건 아니에요. 저와도 마찬가지죠. 실제로 저는 마티의 사람이 아니에요. 우린 자주 만나고 사이좋게 지내긴 하지만, 그건 감수성의 협업이지 개인성들의 협업은 아니거든요. 우리는 서로에게서 창조적인 힘을 느껴요. 저는 제 개인성을 침몰시키면서까지 그와 친구가 되는 것에는 관심 없어요. 친구가 되는 것보다는 저를 고무시키는 영화를 만드는 일에 더 관심 있죠.

마틴 스코세이지 : 예수를 주제로 한 과거 영화를 찾아본 뒤 저는 예수를 연기할 수 있는 배우가 한 명이 아니라 여럿이라는 걸 깨달았어요. 예수는 여러 면모, 여러 측면을 가지고 있기 때문이에요. 하지만 제가 누구를 염두에 두고 있는지는 제작사에 말하지 않았어요. 그냥 혼자만 생각하며 알고 있으려고 했죠. 그러나 9월 중순에 이르러 우리는 크리스토퍼 월켄을 선택하기로 정했어요.

제작사 사람들은 힘겨운 논의를 거쳤어요. 크리스토퍼 월켄을 그리스도로 두는 건 어렵다고 생각하면서 우리가 좀 더 찾아보길 바랐죠. 우리는 에이든 퀸이 나오는 〈레크리스Reckless〉라는 영화의 몇 장면을 편집해 두었어요. 예전에는 그가 마음에 들었지만 너무 젊다고 생각했거든요. 그러다 〈레크리스〉에 나오는 그를 보니 조금 더 나이 들어 보이더라고요. 그에게서 강렬한 기세가 느껴졌어요. 저는 그의 외모와 배짱이 마음에 들었고, 그도 기꺼이 그리스도를 연기하기로 했죠. 제작사도 그를 좋아했기에 즉각 승인했어요. 그러던 와중 어윈 윙클러가 그 프로젝트에서 발을 빼려고 하더라고요.

어윈 윙클러 : 저는 책을 시나리오로 각색하는 단계까지만 그 영화 제작에 참여했어요. 〈필사의 도전*The Right Stuff*〉에 전념하기 위해서 물러나게 되었죠. 그 영화의 규모가 점점 커졌거든요. 저는 〈최후의 유혹〉을 촬영할 네게브 사막과 〈필사의 도전〉을 찍고 있는 캘리포니아 모하비 사막을 오갈 자신이 없었어요. 통근하기엔 너무 먼 거리잖아요. 두 영화의 예산도 점점 더 불어나는 바람에 모두 세심한 통제가 필요한 상황이었어요. 저는 몸을 둘로 나눌 수도 없었고, 제 아이들과 6개월간 떨어지고 싶지도 않았죠.

데이비드 커크패트릭 : 영화사 사람들이 영화 제작을 더 면밀하게 검토하기 시작했어요. 그들은 애초의 취지에 의문을 품기 시작했죠. 다들 악몽을 꾼 것 같아요. 평범하지 않은 영화라서 그렇다기보다는, 영화가 많은 대립을 야기할 수 있기 때문이었어요.

바바라 허시 : 마티가 〈그리스도 최후의 유혹〉을 작업하고 있다는 업계 소식을 들었을 때, 저는 정말 소리를 질렀어요. 손을 떨면서 바로 제 에이전트에게 전화를 걸어 "막달라 마리아 역할에 지원해야겠어요"라고 말했죠. 마티는 3개월간 저를 데리고 이런저런 테스트를 진행했어

요. 제가 카잔차키스의 책을 줬기 때문에 의무감으로 저에게 그 역할을 맡긴다고 생각하고 싶지 않다고 하더군요. 이해했어요. 저도 그런 이유로 그 역할을 맡고 싶지 않았거든요.

케이스 아디스: 제가 처음으로 참여한 영화는 〈택시 드라이버〉였어요. 이후 마티가 〈최후의 유혹〉을 만든다는 소식을 듣고서 책을 찾아 읽어 보았죠. 다 읽은 뒤 그에게 말했어요. "마티, 전 당신을 위해 살면서 해볼 온갖 잡일을 다 해 봤어요. 1년간 촬영장에서 마실 차를 대령했고, 당신이 배탈로 고생할 때 위장약을 가져다줬어요. 그동안 한 번도 당신에게 부탁한 적 없는데, 이번 한 번만 부탁해야겠어요. 저랑 스팅과 밥 같이 먹어요" 저는 그들을 데리고 로스앤젤레스에 있는 트럼프라는 식당에서 함께 점심을 먹었어요. 딱히 말할 필요가 없었죠. 두 사람은 자리에 앉더니 자신들이 사랑에 빠진 그 책에 대해서 2시간 동안 이야기를 나누었어요. 그때 우리는 스팅이 예수 그리스도를 연기하는 것에 대해선 일언반구도 하지 않았어요. 그때만 해도 에이든 퀸으로 정해져 있었으니까요. 우리는 그가 본디오 빌라도를 연기하는 것에 대해 이야기를 나눴죠.

마티는 에이든 퀸 옆에 스팅을 놓고서 테스트를 했어요. 스팅은 런던에서 날아왔죠. 그들은 정말 멋진 시간을 보냈어요. 그런 뒤 제작사 쪽에서 "스팅이 배역을 따냈어요"라고 연락을 주었어요. 우리는 출연료 같은 건 신경 쓰지 않고 그냥 합의했어요. 그저 출연 분량에 대해서만 이야기를 나눴죠. 스팅은 돈을 일절 받지 않고도 출연했을 거예요. 그 역할을 맡기 위해서라면 마티에게 사비로 1,000달러를 주었을지도 몰라요. 그러다가 여러 이유로 인해 모든 것이 무너졌어요. 우리가 통제할 수 없는 이유와 원인 때문이었죠. 우리는 정말 크게 낙담했어요.

스팅: 무엇보다 먼저, 저는 항상 스코세이지와 일하고 싶었고, 카잔차키스의 소설은 제가 좋아하는 소설 중 하나였어요. 우리가 보통 읽도록 권유받는 책과 비교해 보면 그 시나리오는 마음을 흔들 만큼 좋았어요. 저는 지옥에 던져진 악당 중에서 빌라도가 가장 흥미로웠어요. 빌라도는 단순한 2차원적인 악당이 아니었고, 그저 손을 털고 가버리는 사람도 아니었죠. 그는 복잡한 인간이었어요. 저는 소설 《거장과 마르가리타》에서 미하일 불가코프가 묘사해 놓은 빌라도에게 흠뻑 빠졌어요.

어릴 때 저는 본디오 빌라도가 각운이 딱 떨어지는 이름이라 생각했어요. 어린아이들에게 기도하는 법을 처음 가르칠 때 본디오 빌라도를 언급하는 가톨릭 기도가 있어요. "본디오 빌라도 아래에서 고난을 겪는다"라는 말이에요. 저는 그 기도가 '빌라'라고 생각했고 "빌라에서 뭘 하지?"하고 의문을 가지기도 했어요. 저는 집 근처 베네딕트 수도회에서 열리는 미사를 돕곤 했는데, 신학교 같은 곳에 간 적은 없었어요. 하지만 그때 우리는 성직자와 같은 사명감을 느끼고 있지 않으면 자격 미달인 사람이 되는 것처럼 자랐어요.

저는 '방벽의 끝'[29]이라고 불리는 잉글랜드 북부 지역 출신이에요. 거대 조선소 근처에 살았는데 조선소 안에는 로마군의 유적이 있었죠. 그래서 주변 거리의 이름이 로마식으로 지어졌어요. 로마 같은 느낌이 나죠. 그게 빌라도에 관심을 가진 또 다른 이유였나 봐요. 본디오 빌라도가 얼마나 멍청한 사람인지 알게 되었죠.

영화 제작의 정치학 같은 건 잘 모르지만, 예수가 여자와 얽히는 걸

29 월젠드(Wallsend)를 가리킨다. 도시 이름이 벽(walls)과 끝(end)을 합성한 말이다. 서기 1세기쯤 북쪽으로부터의 공격을 방어하기 위해 로마인들이 잉글랜드 북부에 하드리아누스 방벽을 세웠으며, 월젠드는 그 방벽의 동쪽 끝에 위치한다.

보여주는 것에 반대하는 강력한 이익 집단의 로비가 있다는 소문은 들었어요. 사람들은 예수를 회반죽 조각 같은 것으로 생각하나 봐요. 중산층에 백인이고, 앵글로-색슨계 기독교라고 생각하는 거죠. 그런데 그렇지 않거든요.

마틴 스코세이지 : 팜 스프링스에서 제이 콕스와 저는 슈레이더의 시나리오를 처음으로 수정했어요. 제작사의 피드백을 받았으면 했죠. 그런데 비난받기 시작했어요. 피드백과 비난은 차이가 커요. 피드백은 "이해가 안 돼요"라는 말 같은 거예요. 이해가 안 돼요? 그러면 알려주세요. 제가 이해될 만한 건지 아닌지 판단해서 시나리오에 넣거나 바꿀게요. 하지만 비난은 "이건 좋지 않아요"라고 말하는 거잖아요. 그러면 창조적인 과정이 중단되고 말아요.

제작사는 시나리오를 보면서 뭔가 걸리는 문제가 있었나 봐요. 시나리오가 이해하기 어렵고 너무 예술 지향적이라고 느끼게 된 거예요. 그들은 걱정했어요. 그들 말에 따르면 "처음엔 파란불이었다가 지금은 깜빡이는 노란불로 바뀌는 중"이라고 했죠. 저는 그들에게 이 영화를 만드는 건 저에게 기도하는 일과 같다고 설명했어요. 그만큼 저에게 중요한 일이었어요. 제가 무슨 말을 했는지 정확하게 기억할 수는 없어요. 하지만 우리가 그 방을 나왔을 때, 여전히 그들은 영화를 찍을 심산이긴 했어요.

데이비드 커크패트릭 : 저는 영화 뒤에 있는 사람이었어요. 영화가 만들어지는 걸 보고 싶은 사람이었죠. 우리는 열심히 오랫동안 일했고, 그 일을 끝까지 지켜보는 것은 마티의 꿈이었어요.

하지만 고위 경영진은 그리스도와 관련해 영화 안에서 오가는 신학적인 대화에 익숙하지 않았어요. 그래서 시나리오가 실제보다 훨씬 더 선동적으로 느껴진 거예요. 저는 그게 문제의 일부였다고 생각해요. 그러다 11월에 사건들이 터지기 시작했어요. '기독교 자매회'라고 불리는 개신교 여성 단체가 이 영화의 제작 소식을 듣게 된거죠. 그들은 영화 제작을 저지하면서 사람들에게 항의에 동조해달라는 전단을 뿌렸어요. 파라마운트를 소유한 걸프 + 웨스턴은 하루에 500통가량의 관련 편지를 받게 되었죠. 파라마운트의 고위 경영진은 극도로 조심스러워했어요. 당연히 그랬죠. 공부를 많이 한 사람들이니 합리적인 방법으로 항의에 대응할 수 있기를 바랐어요. 하지만 그들은 모든 사실을 알지 못했고, 그런 분야에 익숙하지 않았어요. 그때 우리는 신학 세미나를 진행했어요. 저는 파라마운트의 경영진이 그들 앞에 놓인 기회를 깨닫고 프로젝트에 제기된 부정적인 목소리를 넘어서야 한다고 생각했어요.

*

제작사는 데이비드 커크패트릭을 통해 신학 토론을 후원하기로 동의했다. 나는 이미 그 프로젝트에 대한 신학 연구를 하고 있었기 때문에 세미나를 조직해 달라는 요청을 받았다. 저명한 성서학자인 존 매켄지*John McKenzie* 신부가 참여하기로 했다. 가톨릭 신학자와 개신교 신학자가 포함되었고 서너 명의 다른 신학자가 세미나에 초대될 예정이었다. 스코세이지는 그 발상을 좋아했다. 영화를 만드는 데 도움이 되는 것이라면 뭐든지 좋아했을 것이다. 어쩌면 처음으로, 그렇게 영화 제작사에서 신학 세미나를 열게 되었다.

마틴 스코세이지와 나는 20년간 서로 알고 지냈고, 종교에 대한 관심은 우리 둘 사이에 말이 필요 없는 유대감을 형성했다. 우리 둘 다 종교적인 삶에 소명이 있다는 신념으로 유년기와 청소년기 대부분을 보냈기 때문이다. 존 매켄지 신부가 LA에서 불과 60㎞ 떨어진 캘리포니아 클레어몬트에 살고 있다는 사실을 알았을 때, 나는 그와 스코세이지가 꼭 만나야 한다고 생각했다. 그래서 우리는 클레어몬트로 향했다.

매켄지 신부가 기거하는 집의 중심부에는 성지의 유물로 가득 찬 커다란 유리 진열장이 있었다. 그곳에는 동전, 램프, 도기가 있었는데, 모두 예수가 살아 있을 때부터 있던 것들이었다. 우리는 그 앞에 꼼짝하지 않고 섰다. 사도나 예수를 아는 사람, 혹은 예수 그 자신도 이 램프 중 하나에 기름을 붓거나 동전을 들고 다녔을지 모른다.

매켄지 신부와 스코세이지는 곧장 공통점을 찾았다. 매켄지 신부는 70세로, 최근 여러 차례 병을 앓았다. 하지만 여전히 독립적인 사상가이자 신학의 최첨단에 서 있는 인물이었다. 그는 영화 애호가이기도 해서 글로리아 스완슨*Gloria Swanson*이 그의 젊은 시절에 미국 전역에 끼친 영향을 열정적으로 이야기하기도 했다. 그는 어떤 스타도 그녀에게 범접할 수 없다고 말했다.

어떤 사람들은 스코세이지의 생략 많은 대화 스타일을 힘들어했지만, 매켄지 신부는 금방 적응했다. 그는 스코세이지의 질문 뒤에 있는 함의도 이해했다. 대화를 나누던 중 어느 시점에 매켄지 신부가 "문제는 언제나 부활에 있어요"라고 말했다. "부활이요?"라고 스코세이지가 물었다. 거기에 매켄지 신부가 답했다. "네, 맞아요. 인문학 사상가는 예수의 실존, 그의 추종자, 그의 사상, 심지어 그의 고난과 죽음까지, 예수의 모든 것을 수용할 수 있어요. 하지만 추론에서 믿음으로 넘어가는 지점은 부활과 관련되어 있어요" 스코세이지는 고개를 끄덕였다. 동시대 신학 논쟁의 핵심이 바로 그곳에 있었다.

1983년 11월 5일, 존 매켄지 신부는 〈선셋 대로〉에서 글로리아 스완슨이 그랬던 것처럼 스튜디오의 차를 타고 파라마운트 정문을 지나갔다. 그는 그 공교로움을 즐겼다. 스코세이지, 제이 콕스, 데이비드 커크패트릭, 그리고 내가 읽고 있던 책들을 쓴, 세 명의 저명하고 존경받는 신학자들도 속속 세미나에 도착했다.

클레어몬트 대학의 존 코브*John Cobb*는 자유주의 개신교적 관점을 대표했고,

에반스턴 개릿 신학교의 로즈메리 래드퍼드 루터*Rosemary Radford Ruether*는 저명한 가톨릭 페미니스트이자 신학자였으며, 샌프랜시스코 주립 대학교의 존 엘리엇*John Elliot*은 루터교 학자이자 선생이었다. 그런 그들이 매켄지 신부와 함께 파라마운트 중역 식당의 원탁에 모여 앉았다. 파라마운트사의 영화제작 부문 책임자 제프리 캐천버그가 세미나를 주재했다. 세미나의 의사록은 스튜디오 회장 마이클 아이스너와 배리 딜러*Barry Diller*, 그리고 스코세이지를 위해 녹음되었다.

세미나는 브런치를 먹는 3시간 동안 이어졌고, 대화는 그리스도의 이중적인 본성부터 최후의 만찬에 놓인 빵과 포도주의 중요성, 예수와 성모 마리아의 관계까지 이르렀다. 카잔차키스의 책은 논의를 촉발했지만, 거기서 실제로 이루어진 대화는 현대 기독교 신학 사상을 살피는 일이었다. 스코세이지에게 깊은 인상을 남긴 《세계 바꾸기*To Change the World*》의 저자 로즈메리 래드퍼드 루터는 예수의 메시지에 담긴 정치적 의미와 내면과 영적 차원 사이의 상호작용에 대해 말했다. 예수는 지배하려는 충동을 물리치라고 그를 따르는 사람들에게 요구하기 때문이다. 매켄지는 과거 영화에서 묘사된 것처럼 그가 다시는 '경건한 약골'로 보이지 않기를 바랐다. 엘리엇은 동시대 사회의 선입견을 고려할 때 섹슈얼리티에 초점을 맞추는 것이 정당화되었다는 것을 인정했다. 존 코브는 예수 자신이 하지 않은 신성에 대한 주장을 예수가 했다고 여기는 카잔차키스를 '과잉 정통파'로 생각했다. 거기에 참석한 신학자들은 모두 선생이었고, 예수와 예수의 사명에 대한 의문을 갖는 것은 그들의 정당한 업무 중 하나였다. 하지만 영화관은 그들의 교실이 아니었다. 매켄지 신부가 말했다. "이것은 위험한 일이에요. 예수를 주제로 한 모든 것은 위험해요"

*

데이비드 커크패트릭 : 파라마운트의 세미나에 참석한 신학자들의 도량과 그들이 보여준 예리하고 역사적인 상호작용이 모두를 감명시킨 것 같았어요. 유머가 넘쳤고, 사려 깊은 고찰이 가득했죠. "좋아, 훌륭해! 그 어느 때보다도 이 영화를 만들 용기가 생기는군"이라는 기분이 들었어요. 예수에 관해 이렇게 지적인 토론이 이루어질 수 있다는 점이 매우 흥미로웠죠. 하지만 배리 딜러는 그렇지 못했어요. 걸프 + 웨스턴의 이사회 의장인 그는 처음으로 파라마운트가 만드는 영화에 관심을 보였어요. 걸프 + 웨스턴의 이전 수장인 찰리 블루돈*Charlie Bludhorn*이 사망한 이래로 누군가가 "왜 내가 하루에 500통이나 넘는 편지를 받아야 하죠? 여기서 무슨 일이 벌어지고 있는 거예요?"라고 말하는 것은 그때가 처음이었어요.

마틴 스코세이지 : 신학 세미나는 좋았어요. 하지만 어려움이 있을 수 있다는 걸 보여주었어요. 우리는 신학자들이 제기한 쟁점을 두고 회의를 진행했어요. 그러나 전혀 진척이 없었죠. 정말 민감한 이야기잖아요. 2천 년이 지난 지금도 사람들이 이 이야기를 둘러싸고 서로를 죽이고 있어요.

〈최후의 유혹〉은 〈왕중왕*King of Kings*〉이 될 수 없었어요. 〈왕중왕〉은 거짓말이에요. 많은 사람이 그 영화에 대해 불평해요. 살아가면서 사랑하려고 애쓸 필요가 없다는 쉬운 생각을 하게끔 사람들을 구슬리기 때문이죠. 제가 하고 싶은 말은 그게 아니거든요.

예수가 십자가를 만드는 오프닝 장면은 제임스 딘의 〈이유 없는 반항〉을 떠올리게 해요. 그 영화의 초반 장면, 특히 오프닝 숏에서 제임스 딘이 취한 채로 사람들에게 끌려서 경찰서로 가요. 그는 너무 화가 나서 그 분노를 어떻게 다루어야 하는지 알지 못했어요. 바로 그게 〈이유 없는 반항〉의 캐릭터예요. 십자가를 만드는 장면에도 그런 게 있어야 해요.

저는 주관성을 담으려 했어요. 〈분노의 주먹〉에서 선수는 자기 내면의 무언가를 두려워하거나 느끼는데, 바로 그게 제가 담으려고 했던 주관성이었어요. 15라운드가 지나면 이 펀치들이 어떤 소리처럼 들릴까? 이런 질문을 했죠. 그리고 〈최후의 유혹〉에서 그러한 주관성은 예수가 사막에서 밤낮으로 40일을 앉아 있을 때 나타나요. 그때 뱀이 지나가는데 '네가 누군지 상관없어'라면서 뱀이 말을 걸어요! 사자도 말을 걸어오죠. 그건 진짜 뱀이었는데, 화려한 특수 효과로 만들어진 게 아니었어요. 모든 기적과 모든 기묘한 최면 같은 암시들이 실제 사물로부터 나타나요. 당신은 땅에서 나무가 점차 자라고 있는 그 순간을 볼 수 없어요. 그건 그냥 거기에 나타나는 거예요.

당신은 예수가 골짜기에 있는 모습을 봐요. 거기에는 흥분한 사람들이 있죠. 그 모습은 현실을 넘어선 현실처럼 보여야 해요. 사실 그 꿈, 그 최후의 유혹은 매우 현실적인 모습이어야 했어요. 영화가 마지막에 이르기 직전까지 사람들이 "이 미친 감독이 말도 안 되게 예수가 십자가 형벌을 면하고 늙어 죽었다고 암시하네! 믿을 수 없어"라고 말할 만큼 현실적이어야 해요. 그게 바로 영화의 아름다움이 되는 거죠.

예수와 그 어머니의 관계를 생각해 보면, 한 번쯤은 그가 어머니에게 상처를 줄 수밖에 없어요. 우리가 모두 자기 어머니에게 상처를 주는 것처럼 말이에요. 그게 참 아름다워요. 예수는 자신이 하늘에 있는 아버지만 상대할 수 있고, 어머니는 상대할 수 없다고 말해야만 해요. 아무도 예수를 이해하지 못하는 거죠. 엘리니 카잔차키스와 만났을 때 그녀도 이렇게 말했어요. 아무도 예수를 이해하지 못하고 심지어 그의 어머니도 그렇다고요. 마치 "어머니, 당신이 이해할 수 있기를 바랍니다. 하지만 저는 결국 당신을 알지 못합니다. 제가 아는 건 하나밖에 없습니다. 제 아버지가 하늘에 계신다는 것 말이에요"라는 뜻인 것 같아요. 물론 마지막에 이르러 예수는 세속적인 방식으로 말해요. "용서하세요, 저는 불효자입니다" 정말 아름답지 않나요?

저는 심장 장면이 걱정거리라고 생각했어요. 이탈리아에서 온 특수효과 스태프가 그 장면에 쓰일 모형을 가져와 예수가 어떻게 자기 몸 안에 이르는지 보여주었죠. 피는 없어야 했어요. 제가 그냥 분홍색으로 안쪽을 칠하자고 제안했더니 그는 이탈리아어로 저에게 말했어요. "피가 없다면, 기적인 거네요!" 그래요 기적이에요. 그가 잘 이해했죠. 피는 없어야 해요. 예수가 심장을 꺼내 들면, 그것은 단지 심장이 아니라 정말 불꽃이 피어나고 검이 꽂혀 있는 예수의 신성한 심장에 대한 상징인 거예요. 핏방울들이 웅덩이로 떨어지고, 물이 빨갛게 물들어요. 예수가 제자들에게 사랑의 표징으로 자신의 심장을 바치며 유대감을 만들죠. 사도들은 예수가 사막에서 나오기를 기다리고 있어요. 그들이 투덜거릴 때, 예수가 자기 심장을 주는 거예요.

영화에 대한 대중의 반응 이외에도 또 다른 걱정거리가 있었어요. 배리 딜러는 이스라엘에서 촬영하는 게 마치 영화를 도망쳐서 만드는 것처럼 보인다고 말했어요. 그는 잠자코 있지 않고 6개월 전에 이 문제를 제기하지 못한 것에 대해 사과했죠. 그래서 제가 배리에게 말했어요. "이러한 소재에 안타까움을 느낄 수밖에 없다는 걸 이해해요" 그러자 그가 말했어요. "맞아요. 저는 당신이 느끼는 것처럼 느끼지 못해요. 제가 겪어야 할 모든 문제들을 기꺼이 겪을 만큼 열정적이지도 않아요" "만약 마티가 돈을 받지 않고 두 달 동안 촬영해야 한다면 관심이 생길까요?"라고 해리 우프랜드가 물었어요. 배리는 아니라고 했죠. 그때 모두 끝났다는 생각이 들었어요. 영화가 끝난 거예요. 〈그리스도 최후의 유혹〉은 그렇게 엎어졌어요.

제가 말했어요. "이 영화는 할리우드 시스템을 통해 진행되지 말았어야 했어요. 차라리 파졸리니의 영화 〈마태복음〉처럼 만들어져야 했죠. 이탈리아 어딘가에서 3백만 달러나 4백만 달러로 촬영하는 거예요" "그게 맞죠"라고 배리 딜러가 말했어요. 오히려 그래서 약간 기운이 나더라고요. 저는 제작자들을 설득하려 하지 않았고 그냥 영화가 어떻게 만들어져야 하는지를 말했을 뿐이에요. 그러더니 마이클 아이스너가 "영화가 다른 곳에서 착수될 수 있게 도와드릴게요. 우선 뒤집기*Turnaround*를 하지 않는 척하는 거예요"하고 말했어요. 뒤집기라는 것은 제작사가 프로젝트를 진행하지 않기로 하고 그걸 대신해서 진행할 다른 누군가를 찾는 것을 말해요. 저는 추수감사절에 브라이언 드 팔마의 집에 저녁을 먹으러 갔는데, 그가 저를 보자마자 "이미 뒤집기 중이라면서요"라고 말했죠.

추수감사절부터 12월 21일까지, 저는 집에 머물면서 숏을 구상하고 영화와 관련된 회의에 참석했어요. 아이즈너와 캐천버그는 모두 영화 제작을 원했죠. 그래서 우리는 촬영일을 55회차로 줄였어요. 55회차 동안 이스라엘에서 재빨리 촬영할 계획이었어요. 예산이 780만 달러로 줄었다가 나중에는 600만 달러까지 줄어들었죠. 우리가 이미 써버린 400만 달러를 포함해서 말이에요. 제 감독 개런티는 없었어요. 저는 캐천버그에게 그가 원한다면 〈플래시 댄스 2〉라도 찍겠다고 말했어요. 그리고 유다와 예수를 연기할 카이텔과 에이든 퀸의 출연료도 없었죠. 12월 21일 회의에서는 제가 배리 딜러에게 이렇게 물었어요. "영화의 위험성과 균형을 맞추는 예산을 우리가 맞출 수 있을까요?" 다들 쥐 죽은 듯 조용했어요. "지금 이게 여기서 영화를 만들 수 없다는 걸 의미하는 거 맞죠?"라고 제가 물었더니 다들 웃더라고요. '안 돼'라는 신호였죠. 끝내 안 된다는 결과가 나온 거예요!

배리는 이미 몇 달 전에 이랬어야 한다고 말했고, 사과하면서 자리를 떴어요. 데이비드 커크패트릭이 저를 껴안았고, 제프리 캐천버그가 "15년 동안 이 업계에 몸담았던 경험에 의하면, 이건 안 되는 게 맞아요"라고 말했어요. 저도 말했죠. "저도 그렇게 느꼈어요"

해리 우프랜드는 영화를 착수시키기 위해 여러 제작사를 분주하게 오가며 사람들을 만났어요. 하지만 계속 벽에 부닥쳤죠. 우리는 미국에서 두 번째로 큰 영화 체인인 유나이티드 아티스츠의 대표 살라 하사나인*Salah Hassanein*이 영화 상영을 거부할 것이란 이야기를 들었어요. 그리고 한 달 후에 롱아일랜드의 그레이트넥에서 그를 만났죠. 그는 불과 며칠 전에야 시나리오를 읽었는데, 제게 왜 이 영화를 만들고 싶은지 묻더라고요. 저는 신이 교회의 손에만 있을 수 없다고 말했어요. 우리와 영적 존재 사이에는 많은 장애물이 있어요. 이 영화를 만든다는 것은 어떤 의미에서는 교회에게 소외감을 느끼는 관객들이 신을 쉽게 접할 수 있도록 하기 위한 시도였어요.

저는 "이혼을 세 번 했는데, 교회가 이혼을 반대한다고 해서 제가 신에게 말을 걸 수 없는 것일까요? 아니요! 저는 저이기 때문에 저를 위해 말할 수 있어요" 그는 저와 같은 것을 느꼈다고 대답했어요. 그의 어머니는 기독교인이었고, 아버지는 이슬람교도라고 했죠. 그는 대학에서나 고등학교에서 저와 같은 방식으로 신에 대해 생각하고 고민했어요. 하지만 그는 다른 사람의 심기를 건드리지 않는 선에서 혼자서만 그 생각을 했다고 해요.

그러더니 〈마르틴 루터〉라는 영화에 대해 이야기했어요. 그 영화로 고역을 겪었다고 말하더군요. 그리고 〈최고의 이야기*The Greatest Story Ever Told*〉와 〈라이프 오브 브라이언*Life of Brian*〉도 좋지 않았대요. 그중에서도 최악은 〈무하마드 : 신의 예언자*Mohammed, Messenger of God*〉였다고 해요. 그 영화 때문에 영화관이 난리 났었거든요. 그는 "당신들은 영화를 제작할 수 있어요. 거기서 연기를 할 수도 있고, 감독을 할 수도 있으며, 배급도 할 수 있죠. 하지만 관객이 무언가를 좋아하지 않거나 그들의 종교적 신념이 공격받는 것 같을 때, 관객은 당신들이 있는 곳으로 가지 않아요. 대신 그 영화를 본 마지막 장소, 극장으로 오죠. 제 극장에서 그런 일이 일어나지 않기를 원해요. 종교 영화는 너무

버거운 골칫거리예요”

해리 우프랜드 : 마이클 아이스너는 이 영화의 제작을 지지했어요. 하지만 배리 딜러에게는 힘든 일이었죠. 마티에게 영화가 곤경에 처했다고 말하는 일이 쉽지 않았을 거예요. 추수감사절의 회의는 정말 뜻밖의 일이었죠.

살라 하사나인의 반대에 대한 소식을 듣고서 회의를 주선했어요. 추수감사절 회의 이후 몇 달이 지난 시점이었어요. 우리는 롱아일랜드로 갔고, 하사나인은 3시간 동안이나 장황하게 이야기했어요. 우리는 회의 초반부터 그가 책이나 시나리오를 읽지 않았다는 사실을 눈치챘어요. 그는 심지어 우리에게 이렇게 말했죠, “영화를 만드는 건 바로 당신들이에요. 하지만 관객들이 일부러 좌석을 망가뜨리거나 팝콘 사기를 거부하면서 생기는 피해는 당신들이 입는 게 아니죠”

그는 영화가 완성된 뒤에야 상영할지 말지 결정하겠다고만 말하더라고요. 그는 국내의 중요한 극장업자 중 한 사람이에요. 대중의 믿음과는 반대로 극장업자들은 자기네들끼리 이야기를 주고받아요. 예를 들어, 정말 진짜인지 아닌지는 모르겠지만, 어떤 극장업자가 다른 업자에게 “이거 틀지 마세요”라고 말하는 거예요. 그들이 정말로 상영을 안 하지는 않겠지만 그게 결코 좋은 일은 아니죠. 우리 영화는 마치 뜨거운 석탄 같았어요. 사람들이 그냥 손대기 싫어하는 것 같았죠.

파트로클로스 스타브로우 : 카잔차키스가 태어나고 자란 크레타섬의 바바리*Varvari*에는 그의 삶과 작품을 전시한 박물관이 있었어요. 그의 친척인 티티키 사클라바미*Titiki Saclabami* 부인이 책임자로 있죠. 영화에 대한 모든 서신이 그곳에 모여 있었어요. 얼마간 우리는 영화가 문서로만 존재할까 봐 걱정했죠.

7장

살아남기

〈특근〉(1985)

그곳은 1984년 9월 어느 늦은 밤의 맨해튼 남부 허드슨 스트리트였다. 홀랜드터널의 입으로 들어가는 마지막 트럭 행렬이 털털거리며 저지로 돌아갔다. 노동자들은 작은 공장과 도매상인, 예술가들의 로프트들이 있는 이곳을 낮 동안 채웠다가 모두 각자의 집으로 돌아갔다. 그렇게 밤은 동네를 평범한 도시가 또 다른 세계와 마주하는 경계로 바꾸어 놓았다. 바로 이것이 〈특근〉이 비추는 뉴욕의 모습이다. 스코세이지는 〈그리스도 최후의 유혹〉이 취소된 이후 살아남기 위해 그 영화의 감독직을 수락했다.

촬영 첫날 밤, 스코세이지는 감독 의자에 앉아 영화의 공동 제작자인 그리핀 던*Griffin Dunne*과 에이미 로빈슨*Amy Robinson*과 무언가를 상의했다. 던은 무색무취의 컴퓨터 프로그래머 폴 헤켓을 연기한 배우기도 했다. 폴 헤켓은 맨해튼 미드타운 커피숍에서 기묘하면서도 아름다운 여자 마시(로재나 아켓)를 만난다. 마시의 전화번호를 받은 폴은 그녀에게 연락해 소호에 있는 그녀의 집으로 초대된다. 그곳은 예술가들의 로프트와 기이한 나이트클럽, 이상야릇한 행동이 판치는 곳이었다.

번화가로 가는 길에 폴은 마치 성난 듯 곡예 운전을 하는 택시 운전사와 운명의 장난으로 인해 수중에 남은 20달러를 날려 버린다. 그의 모험은 곧 악몽으로 바뀐다. 무엇보다 마시가 폴에게 열쇠를 던져주지 않으면 폴은 마시에게

갈 수조차 없다(소호의 건물에는 인터폰이 없다). 그 숏은 열쇠의 시점으로 찍혔다. 폴이 얼굴을 들어 위를 쳐다보면 열쇠가 위협적인 미사일처럼 그 얼굴을 향해 돌진한다. 경고나 마찬가지다. 그는 위험을 무릅쓰고 그 세계로 들어간다. 좁은 계단을 따라 마시의 로프트로 오른다. 마시는 조각가 키키와 함께 살고 있는데, 키키는 가죽과 채찍을 좋아하는 특이한 취미를 가지고 있었다. 마시는 악몽 같은 데이트 상대의 끝판왕이다. 폴을 기다리게 하더니 급기야 스스로 목숨을 끊어버리기 때문이다. 폴은 그녀의 아파트에서 탈출하지만, 밤거리가 그를 붙잡고 놓아주지 않는다. 폴은 낯선 여성들과 적대적인 주민들을 연이어 만나며 끔찍한 경험을 하고 난 후 리넨 덮개에 덮인, 살아 있는 조각상이 되어 버린다. 두 명의 도둑이 그를 훔쳐서 환한 부유층의 세계로 다시 돌려보낸다. 스코세이지와 동료들은 적절한 결말을 찾기 위해 고군분투했다. "우리는 부활이 필요해요"라고 스코세이지가 말했다. 그리하여 폴은 자신의 사무실 앞에서 눈을 뜨도록 허락받는다.

〈특근〉은 불안한 꿈이다. 폴 헤켓은 맨해튼 남부의 낯설고 이질적인 영토에서 그 꿈을 해킹하지 못한다. 그는 이성을 끌어들여 비합리적인 것들을 다스리려는 시도를 포기해야만 구원받을 수 있다. 질서 잡힌 삶을 대변하는 폴이 예술의 영역에 발을 들인 것이다. 그는 그저 집으로 안전하게 돌아가기만을 원한다. 하지만 그런 간단한 목표조차도 불가능해 보인다. 그의 역경은 너무 과장되어서 농담처럼 느껴질 지경이다.

스코세이지의 영화에서는 나쁜 상황이 발생할 때, 〈비열한 거리〉의 조니 보이, 〈분노의 주먹〉의 조이 라모타, 〈택시 드라이버〉에서 피터 보일이 연기한 위저드처럼 캐릭터들이 그 모든 터무니없는 상황에 웃음을 터뜨린다. 이번에는 스코세이지가 바로 그런 사람이 됐다. 그는 자신에게 가장 중요했던 영화 〈그리스도 최후의 유혹〉을 만들지 못한 상태로 여전히 좌절감을 느끼고 있었지만, 그런 상황에서도 〈특근〉을 만들며 웃었다. 마치 그가 "이 불쌍한 남자에게 일어난 일을 믿을 수 있나요? 너무 지독해서 웃겨요"라고 말하는 것만 같다.

〈특근〉의 시나리오와 기획은 스코세이지가 시작하지 않았다. 하지만 영화에는 그가 천착하는 문제가 분명하게 나타난다. 그는 구원이라는 주제를 새롭고 더 해학적인 방식으로 탐구하려고 한다. 거기에 더해, 열쇠나 20달러 지폐처럼 사물들을 인물의 정서 상태를 드러내는 상징으로 사용한다. 스코세이지는 젠트리피케이션이 발생하기 이전의 소호와 트라이베카의 고요한 밤과 정적을 좋아했다. 〈비열한 거리〉의 러시아인 공동묘지, 트래비스 비클의 택시라는 성역, 그리고 소리 지르는 관중에게서 떨어진 채 로프에 매여있는 〈분노의 주먹〉의 복싱 링처럼, 소호는 어딘가 외딴곳이다. 특히 모든 사람이 퇴근한 뒤 '특근'해야 하는 시간에는 더욱 그렇다.

*

마틴 스코세이지 : 묘책은 살아남고자 하는 것이었어요. 그게 〈특근〉의 기본 발상이었죠. 1983년에 파라마운트가 〈그리스도 최후의 유혹〉를 철회한 이후에 살아남고자 하는 묘책이었던 거예요. 촬영 시작 4주 전에 그런 일이 터졌던 거죠. 모든 것이 준비된 상태였기에 정말 치명적이었어요. 그때 저는 히스테리를 일으키며 사람들을 해치기보다 뒤로 물러서야겠다고 생각했어요. 다 망쳐버리기보다 침착하려고 애썼죠. "좋아… 진짜 차분해져야 해" 그렇게 저는 아주 차분하게, 아주 차분하게 있었어요. 왜냐하면 재밌게도 저는 그 영화가 너무 커져 버렸기 때문에 오히려 안심하기도 했어요. 어쩌면 우리는 100일 동안 촬영을 진행하면서 영화를 파멸시키는 길을 걸었을지도 몰라요. 감당하기 힘든 상황에 빠질 뻔했죠.

묘책은 무언가를 찾는 것이었어요. 일단 제가 말했죠. "뭐든 주세요. 제가 할게요. 전 일을 해야 해요. 뭔가 해야 해요" 그래서 시나리오를 받았어요. 하지만 도저히 할 수 없었죠. 영화 만들기는 게임과 비슷한 점이 많아요. 만약 당신이 그 게임을 원하지 않으면, 관둬요. 아침 6시까지 촬영장에 가는 게 싫다면, 관둬요. 그렇게 일찍 일어나서 배우들을 비롯해 온갖 문제와 부닥치면서도 그게 즐겁지 않다면, 그게 당신의 첫 영화나 두 번째 영화가 아니라면, 그냥 관둬요!

결국 에이미 로빈슨과 그리핀 던을 대리하던 변호사에게 시나리오를 받았어요. 〈거짓말〉이란 제목의 시나리오였는데 나중에 〈특근〉으로 제목이 확정되었죠. 처음 65쪽가량은 정말 재밌었고, 대사도 아주 익살스러웠어요. 제가 그것으로 뭔가를 할 수 있겠다는 걸 깨달았죠. 에이미 로빈슨은 〈비열한 거리〉에서 찰리의 여자친구 역을 맡았고, 그리핀 던도 굉장히 멋진 배우였어요. 그리고 두 사람은 〈베이비 온리 유〉, 〈차가운 겨울 풍경*Chilly Scenes of Winter*〉처럼 흥미로운 독립 영화를 제작했죠. 저는 〈특근〉이 맨해튼을 배경으로 하면 4백만 달러 정도로 만들어질 것이라 짐작했죠. 그래서 "합시다"라고 말했어요. 다

마틴 스코세이지가 〈특근〉을 찍으며 그리핀 던(폴 헤켓 역)과 이야기를 나눈다.

시 감독의 자리로 돌아가서 신속하게 영화를 찍을 수 있는지 확인할 수 있을 거란 생각에 신이 났어요. 온갖 스타일을 시도해 보는 거예요. 스타일을 철저히 익히는 거죠. 사람들이 제 영혼을 죽이지 못했다는 것을 보여주기 위해서 말이에요.

에이미 로빈슨 : 〈특근〉을 하면서 정말 좋았던 것은 마티가 〈비열한 거리〉를 찍으며 보여주었던 자극과 열정을 오랜만에 다시 회복했다는 거예요. 그만큼 강렬한 재미가 있었죠.

〈코미디의 왕〉을 만들고 나서 마티는 지치고, 진이 빠졌으며, 환멸도 느꼈어요. 〈특근〉은 조금 더 신경증적인 데다가 적은 예산으로 만든 영화여서 마티를 예전에 그가 있던 곳으로 다시 데려다 놓았어요. 우리가 함께 〈비열한 거리〉를 만들 때 그는 정말 활기차고 창의적인 상태였거든요.

저는 선댄스 영화제에서 〈특근〉의 각본을 봤어요. 너무 뉴욕스러운 이야기였죠. 어떤 면에서는 영화보다 더 어두웠어요. 저는 바로 그리핀 던에게 전화를 걸어 "블랙 유머로 가득 찬 재밌는 시나리오를 발견했어요. 당신에게 딱 맞는 배역도 있어요"라고 말했어요. 그래서 바로 영화화 권리를 사들였어요.

〈특근〉을 작업하면서 마티는 현실적으로 초현실적인 영화를 하고 싶어 했어요. 저에게도 그 시나리오는 그렇게 다가왔어요. 사실적이면서도 초현실적으로 세심하게 쓰여 있었죠.

마틴 스코세이지 : 〈특근〉은 완벽했어요. 최소한의 규모로 만들 수 있었죠. 그건 밤거리를 돌아다니는 한 남자에 대한 이야기였어요. 그래서 모두 밤에 촬영했죠. 8주간의 밤이었는데 정말 좋았어요. 저도 밤에 편집하곤 했거든요. 〈뉴욕, 뉴욕〉은 대부분 밤에 편집했고, 〈분노의 주먹〉

도 그랬어요. 저는 밤이 더 좋아요. 전화가 울릴 일이 없으니까요.

그때 트라이베카에 살고 있었는데, 제 계획은 시나리오 속 그 한 남자를 밤거리로 데려가서 처리하는 일이었어요. 그러니까, 그게 뭐가 어렵겠어요? 저는 〈뉴욕, 뉴욕〉, 〈분노의 주먹〉, 〈코미디의 왕〉을 거치면서 100회차 정도를 촬영했기에 영화 현장에 익숙했어요. 99회차 일정으로 〈그리스도 최후의 유혹〉을 찍을 계획이기도 했었죠. 저는 〈특근〉을 40회차 만에 끝낼 수 있었어요. 그래서 그렇게 했어요. 40일간의 밤 동안 아주 신속하게 말이에요. 모든 숏을 다 설계해 두었거든요.

스타일을 찾아낼 계획이었어요. 저는 〈특근〉이 필름 누아르뿐만 아니라 스릴러를 패러디하는 작품이 될 수 있을거라고 생각했어요. 우선 카메라 구도 자체가 패러디예요. 그 구도와 컷, 숏들이 프리츠 랑과 히치콕의 스타일을 패러디했죠. 그리핀이 방으로 들어가면서 커팅이 되고, 다음 컷에서 카메라가 전등 스위치를 아주 크게 클로즈업해요. 딱 전등 스위치만 잡는 거예요. 그런 뒤 불이 켜지는데 아무 일도 일어나지 않아요. 일종의 심리적 반전이자 농담이에요. 당신은 그 불이 켜지면 그가 가지고 있는 문제가 해결되고 그가 그날 밤에 집으로 돌아갈 수 있을 거라고 생각해요. 하지만 터무니없는 거죠.

저는 편집증과 불안이 드러나는 완전한 불안증을 만들어 내기 위해 별다른 이유 없이 계속해서 극단적인 클로즈업을 넣었어요. 카메라 움직임만으로 간단하게 할 수 있는 작업이었죠. 아주 간단했어요. 마치 연습 같았죠. 그리고 저는 잭 베니*Jack Benny*가 움직이는 방식처럼 그리핀도 그런 타이밍으로 움직였으면 했어요. 잠깐 멈추었다가 다시 시작하는 그런 연기 말이에요. 마이클 볼하우스*Michael Ballhaus*의 조명도 연습 같았어요. 독일 표현주의를 모방한 것처럼 계단에 벽 그림자가 비치고, 벽에는 또 다른 그림자가 비쳤어요. 하지만 필름 누아르 영화 같은 상황이나 심리적인 공포는 실제로 발생하지 않아요. 모든 것이 그의 머리 속에서 벌어지는 일이죠.

마이클 볼하우스: 마틴 스코세이지를 처음 보았을 때 그는 베를린에서 필름 보존과 색바램을 방지하는 법에 대해 이야기하고 있었어요. 저는 거기에 앉아서 "언젠가 이 감독과 함께 영화를 찍을 거야"라고 혼자 중얼거렸죠. 그런 날이 이렇게 빨리 찾아올 줄은 몰랐어요.

마티가 사람들에게 이야기하는 방식은 제가 응당 그리해야 한다고 생각하는 방식과 같았어요. 그가 말하는 방식처럼 카메라를 움직이고 장면을 연출해야 하는 거죠. 뭐든 의미 없는 것은 없어요. 모든 것이 계획됐고 구체적이에요. 마티는 자기 두뇌를 이미지로, 그리고 영화로 채워 넣고 있었어요. 그의 작품을 보면 그걸 느낄 수 있죠.

저는 파스빈더 감독과 9년 동안 같이 일했어요. 파스빈더는 정말 매력적인 감독이자 동료이며, 마티와 비슷한 통찰력을 가지고 있는 사람이에요. 파스빈더는 자신이 무엇을 원하는지, 어떻게 하기를 원하는지 알고 있었죠. 하지만 그는 항상 싸우려고 했어요. 제가 어떤 아이디어를 제시할 때마다 그는 그것을 더 극단적으로 만들곤 했죠. 저는 그것이 영화의 맥락에 적합하기만 하다면 누구도 그걸 수상하거나 이상하게 생각하지 않으리란 것을 배웠어요.

마티도 어떤 면에선 위험을 감수해요. 예를 들어, 〈특근〉에서는 카메라가 때때로 이질적인 방식이나 이상한 구도로 사람을 쳐다봐요. 영화 초반부에, 카메라는 커피숍에서 로재나 아켓을 뛰어넘어 그리핀에게로 가죠. 마치 사나운 매가 그 남자를 낚아채는 것처럼 말이에요. 화면상으로는 쉬워 보이는 장면일지 몰라요. 하지만 그걸 어떻게 만들지 고안하는 일은 그리 쉽지 않았어요. 카메라는 정말로 움직이고 진짜 도약해야 했으니까요. 저는 그것을 지브 암jib arm[30]으로 해냈어요. 카메라가 13피트 암에 달려 빠르게 아래위로 움직이는 거예요. 그 당시 우리에게는 제약이 많았어요. 4백만 달러가 채 되지 않는 예산으로 완성해야 한다는 걸 알고 있었죠. 그래서 우리는 독자적인 방법으로 장치를 고안해야 했어요. 마티에게 그것은 처음 영화를 만들던 뿌리로 돌아가는 일과 같았어요.

그리핀 던: 마티와 저는 일주일 정도를 촬영하고 들어오곤 했어요. 거의 눈이 감기고 피곤함에 녹초가 된 상태에서 어떻게든 활력을 회복하기 위해 애썼죠. 그런데 두어 시간 정도 다시 촬영하고 나면 마티의 활력이 모든 장애물을 극복했어요. 그러면 온갖 아이디어들이 홍수처럼 밀려 들어오면서 갑자기 마티처럼 아주 빠르게 말하게 되죠. 문장을 제대로 끝내지 못했다는 건 말을 뱉은 후에나 알 수 있었어요. 마티도 그랬어요. 하지만 우리는 서로를 완벽하게 이해했고, 정말 즐거웠어요.

촬영을 시작하는 것만으로도 지치는 일이었는데 더 힘든 일이 찾아왔어요. 촬영 막바지에 이를수록 저는 점점 더 늦게 잠이 들었죠. 처음에는 〈더 투데이 쇼The Today Show〉나 다른 아침 방송이 시작하기 전에 잠을 잘 수 있었어요. 그러다 나중에는 그 방송들을 보게 되는 시점에 이르렀고, 나중에는 9시에 방영되는 리지스 필빈Regis Philbin의 방송을 봤고, 그렇게 하다가 11시가 되어버리는 거죠. 기운이 한층 올라간 상태가 되면 바로 잠을 잘 수가 없었어요.

영화의 불안감은 우리 모두에게 유쾌할 정도의 재미를 심어주었

30 카메라를 들어 올려 이동시키는 기중기와 같은 장치.

어요. 우리는 항상 그것을 악몽으로 생각했죠. 그런데 너무 무서워서 오히려 웃겼어요. 우리가 폴 해킷의 사건을 보고 있을 때 마티가 짓는 얼굴 표정을 보면 마치 "안돼! 이런, 오!"라는 것만 같았거든요. 촬영이 진행되는 와중에는 "이런, 끔찍하네"라고 말하는 마티의 말이 제 귓가를 스쳐 가기도 했어요. 그는 촬영 현장을 보지 않기 위해 얼굴을 돌리기도 했죠. 보면 웃음보가 터지기 때문이었어요. 웃음을 참는 그의 등이 오르락내리락하는 실루엣을 볼 수 있었어요. "오, 세상에, 우리가 뭘 해야 하지, 참 안됐네. 최악이야" 그러면서도 그는 계속 웃곤 했어요.

마티는 극소수의 사람만이 이해하는 걸 이해해요. 작품을 비난하는 것과 작품에 대해 말하는 것의 차이를 이해하는 거예요. 작업을 하고 있을 때 의심하는 건 쉬워요. 모두가 취약한 상태에 있죠. 똑똑한 척하면서 모든 사람을 얼어붙게 하는 딱 그런 문구를 생각해 내기는 쉬운 일이에요. 사람들은 대개 그런 식의 접근이 똑똑하다고 생각하지만 그건 정말 파괴적인 일이에요.

에이미 로빈슨: 마티가 고안한 숏이 있었어요. 그 유명한 열쇠 떨구기 숏이죠. 폴이 위층으로 올라가기 전에, 키키가 열쇠를 떨어뜨려요. 마티는 계속해서 "이 영화의 결정적 숏이에요"라고 말했어요. 그는 그 숏이 열쇠의 관점에서 찍히길 원했어요. 키키가 열쇠를 던지면, 열쇠가 아래로 떨어지고, 폴이 자신을 향해 내려오는 그 무기를 올려다봐요. 마티에게 그 숏은 영화에 담겨 있는 불길함을 재현하는 거였어요.

그래서 우리 스태프가 루브 골드버그*Rube Goldberg*의 기계 장치[31] 같은 것을 고안해 냈죠. 구멍 달린 판자 같은 거였는데, 거기에 카메라를 단단히 부착시켰어요. 스태프들은 그 판자를 등산용 밧줄로 묶고 나서 통째로 건물 4층 아래로 떨어뜨렸고 그리핀의 머리 바로 위에서 멈췄어요.

한밤중에 우리는 그 장면을 몇 번이나 반복해서 찍었죠. 그 판자가 그리핀의 머리로 곧장 떨어지는 모습을 보는 것은 정말 무서운 일이었어요. 그것은 멈추었다가 달려들고, 또 달려들어요. 그렇게 건물을 오르내렸죠. 밧줄이 점차 닳았고, 마티는 엉망이었으며, 우리는 세 번째 테이크 만에 촬영을 끝낼 수 있었어요. 나중에 데일리 필름을 확인해 보니 죄다 초점이 맞지 않더라고요. 당연하게도 마티는 "음, 다시 찍어야지!"라고 말했어요. 그때 처음으로 마티와 싸웠어요. 그때 좀 흥분하면서 "안 돼요. 그리핀이 죽지 않은 것만으로도 다행이에요. 다시 못해요"라고 생각했지만 절대 마티에게 안 된다고 말할 수는 없었어요. "나한테 그런 식으로 안 된다고 하지 말아요, 에이미" 결국 우리는 다시 찍어야 했죠. 대신 다음은 크레인을 사용해 찍었어요. 아주 간단하게 말이에요. 진작에 그랬어야 했죠.

마틴 스코세이지 : 그리핀 던과 로재나 아켓이 나오는 장면 하나가 정말 강렬했어요. 로재나는 침대에 누워 그리핀에게 이야기를 들려주고, 그리핀은 그녀를 만지려고 해요. 그때 로재나가 일어나 "곧 돌아올게요.

31 루브 골드버그(1883 - 1970)는 미국의 풍자만화가이자, 조각가, 기자, 엔지니어, 발명가였다. 그는 자신의 만화 속에서 '루브 골드버그 기계'라는 것을 선보인다. 루브 골드버그 기계 장치는 연속 동작을 하게끔 고안된 것이었는데, 매우 복잡한 방식으로 아주 간단한 일(식사하는 사람의 머리에 달린 자동 작동 냅킨이 입을 닦아 주는 것)을 수행한다.

오늘 밤 당신에게 무슨 일이 생길 거예요!"라고 말하죠. 그러고 나서 그리핀이 발기부전에 대한 책을 집어 들어요. 그 모든 일들이 그날의 데이트가 심리적으로 잘못될 수도 있다는 걸 가리켜요.

저는 재밌는 방식으로 찍고 싶었어요. 저는 이야기하고 사람들을 웃게 만드는 것을 즐겨요. 혹은 이야기하고 사람들을 슬프게 하는 것도 즐기죠. 관객을 염두에 두지 않으면서도 동시에 항상 관객을 생각하고 있어요. 오늘날 관객을 보장하는 스타는 없어요. 10년 전이나 15년 전과는 많이 달라졌죠. 영화 자체가 좋아야만 해요. 영화 자체가 스타가 되어야만 하고요.

로재나 아켓: 저는 마시를 완전히 신경과민인 사람이라고 생각했어요. 그래서 살을 많이 뺐죠. 그녀의 성장 배경을 전부 지어내기도 했어요. 불운한 어린 시절을 보낸 거예요. 그게 배역과 잘 어울렸어요. 그때 마티가 계속 저에게 말했어요. "살 좀 찌워요. 지금 너무 말랐어요" 하지만 나중에는 살을 뺀 것이 오히려 그 캐릭터에 잘 맞는다는 걸 그도 알게 됐죠. 마시는 미치광이였어요. 그녀는 그냥 정신이 나간 사람이에요.

저는 즉흥 연기가 무척 편해요. 제 아버지가 세컨드 시티*Second City*[32] 출신이어서 그런가 봐요. 마티는 연기자가 즉흥 연기하는 걸 좋아했어요. 그건 저의 제2의 천성이라 대본에서 벗어나는 것이 좋았죠. 작가들은 싫어하겠지만, 저는 정말 사랑해요. 마티는 토론하는 것에 엄청나게 열려 있는 사람이었어요. 좀체 안 된다고 하는 법이 없었죠. 안 된다고 말하느니 차라리 탐구하려고 해요. 만약 즉흥 연기가 영화

32 세컨드 시티는 즉흥 코미디 무대를 만드는 기업이다. 시카고에 있는 즉흥 연기 극장에 기반을 두고 1959년에 처음 문을 열었다.

에 먹히지 않는다면, 그건 그냥 안 먹히는 것뿐이죠.

셀마 슈메이커: 〈코미디의 왕〉과 〈특근〉 사이에 제 삶이 바뀌었어요. 1984년에 저는 마이클 파월과 결혼했어요. 사실 우리는 〈분노의 주먹〉을 편집하면서 서로 알게 되었는데, 그때는 마티와 제가 밤새워 편집을 하면 마이클이 새벽 3시에 전화를 걸었죠. 우리 둘 다 밤에만 연락하기로 했었어요. 하지만 〈특근〉을 작업하면서 우리는 밤이 아니라 낮

〈그리스도 최후의 유혹〉 프로젝트가 엎어지자 캐리커쳐 만화가 캐시 힐이 그 참화를 통과하는 스코세이지를 담았다.

에 편집을 시작했고, 그게 꽤 큰 변화를 가져왔어요. 우리는 훨씬 더 열심히, 훨씬 더 빨리 작업했죠.

〈특근〉을 작업하면서 우리는 돈이나 시간을 낭비하지 않고 매우 절제된 방식으로 일을 시작했어요. 마티는 자신의 영화가 반드시 엄청난 상업적 가치를 가지고 있지 않아도 된다는 걸 깨달았어요. 그래도 계속 영화를 만들기를 바랐어요. 그러니 그는 제작비를 더 줄여서 만들어야 했어요.

우리는 예술에 매우 심취한 세대였어요. 예술은 우리의 전부였죠. 마티는 할리우드를 사랑했지만, 사랑한다고 해서 그곳에서 사는 것까지 좋아한다는 뜻은 아니었어요. 저를 비롯한 다른 NYU 출신들과 마티가 서로 달랐던 점은, 자신이 할리우드에 가야 하고, 그곳에서 무언가를 이루어야 한다는 것을 어떻게든 알고 있었다는 거예요. 우리는 전부 "뉴욕에 머물러야 해"라고 생각했어요. 하지만 우리가 틀렸죠. 먼저 밖으로 나가서 자신을 증명해야 해요. 마티는 몇 년간 그 고난들을 직접 겪었어요. 하지만 그곳에 있으면 죽을지도 모른다는 걸 깨닫게 되자 손을 놓았죠.

마티가 〈특근〉을 만든 것은 다른 것들이 그의 관심을 끌지 못했기 때문이었어요. 그에게 들어온 제안 중에서 그 시나리오만 그의 구미를 당겼죠. 물론 코미디 영화이니 특정 방식으로 편집되어야만 했어요. 우리는 영화를 코미디로 만들기 위해 우리가 좋아하는 것들을 들어내어야만 했어요. 그리고 그 영화는 정말 적은 제작비로 만들어졌어요! 그래서 〈특근〉이 마티에게는 더 좋은 기회였어요. 그는 자신이 영화를 매우 적은 제작비로 빠르게 만들면서도 여전히 예술을 창조할 수 있다는 걸 증명하고 싶어 했죠.

에이미 로빈슨: 인터뷰를 할 때마다 마티는 항상 〈최후의 유혹〉을 만들려고

하는 것은 그에게는 '특근'과 같다고, 그 악몽과 같은 일이라고 말해요. 그러니 〈특근〉을 만드는 일은 그 악몽을 털어내는 시도였어요. 자기 마음속 번뇌를 쫓아내는 창의적인 방법이었던 거죠.

*

〈컬러 오브 머니〉(1987)

〈특근〉은 제작 가치가 높고 효율성 높은 영화를 만들 수 있다는걸 스코세이지 자신과 할리우드에 증명한 사례였다. 스코세이지가 살아남은 것이다. 하지만 〈그리스도 최후의 유혹〉은 여전히 그의 아픈 손가락으로 남아 있었다. 제작사는 하나의 프로젝트에 집착하는 영화감독을 그리 좋아하지 않는다. 하지만 스코세이지는 균형감을 보여주었다. 그는 〈최후의 유혹〉을 만들기 위해 애쓰는 와중에도 기꺼이 다른 영화들을 찍으려고 했다.

그때 마이클 오비츠가 등장한다. 크레이티브 아티스트 에이전시 CAA의 회장인 그는 할리우드에서 대단한 권력을 휘둘렀다. 그의 고객 목록에는 주류 스타 배우들과 감독들이 있었다. 폴 뉴먼, 더스틴 호프만, 빌 머레이 등 알만한 인사들이 수두룩했다. 그 누구도 그의 전화를 거절하지 않았다. 그의 에이전시는 패키징을 선호했는데, 어떤 스타와 감독, 시나리오 작가를 함께 묶어서 영화 제작사에 보내 영화를 만들도록 하는 것이었다. 그런 방식은 그 당시 영화 산업 성장에서 큰 이목을 끌었다. 오비츠는 언론의 관심을 피하려고 했지만, 어쩔 수 없이 〈뉴욕 타임즈 매거진〉과 〈로스앤젤레스 타임즈〉의 커버스토리의 주제가 되었으며, 〈로스앤젤레스 타임즈〉와 〈타임〉에서는 할리우드에서 가장 영향력 있는 사람으로 그를 꼽기도 했다.

1985년, 스코세이지의 오랜 대리인이었던 해리 우프랜드가 대리인 일을 그만두고 영화 제작업으로 옮겨 갔다. 그렇게 스코세이지의 이후 경력은 대리인 마이클 오비츠와 함께하게 된다. 스코세이지의 삶에서 여러 번 일어난 일이었듯이, 이번에도 고전 영화가 촉매 역할을 했다.

로버트 로센*Robert Rossen* 감독이 만든 〈허슬러〉(1961)의 속편을 제작하려는 시도는 수년간 진행되고 있었다. 그 영화에서 에디 펠슨 역할을 맡았던 폴 뉴먼은 그 역할을 다시 맡고 싶어 했다. 하지만 여러 가지 상황들이 좀처럼 들어맞지 않았다. 그러다 뉴먼은 〈분노의 주먹〉을 본 뒤 영화를 상찬하는 편지를 스코세이지에게 보냈다. 스코세이지도 그 편지에 답장했다. 두 사람은 그렇게 연락을 주고받았고, 스코세이지가 속편 제작에 합류할 가능성을 함께 타진했다. 그리고 뉴먼의 대리인이였던 마이클 오비츠가 그 프로젝트를 성사시켰다.

파라마운트에서 스코세이지의 지지자였던 마이클 아이스너와 제프리 캐천버그는 그 당시 월트디즈니 스튜디오를 운영하고 있었다. 두 사람은 월트디즈니 스튜디오의 이사회 회장이었으며, 아이즈너는 대표이사직을 역임했다. 두 사람은 원하는 건 뭐든지 할 수 있었다. 문제는 여러 제작사가 〈허슬러〉의 속

스코세이지와 촬영감독 마이클 볼하우스(왼쪽에서 두 번째)가
폴 뉴먼과 함께 〈컬러 오브 머니〉의 숏을 준비한다.

편 제작 권리를 소유하고 있었다는 사실이다. 그것들을 정리하고 처리하는 일이 무척 복잡한 계약이었다.

아이즈너와 캐천버그는 스코세이지가 감독을 한다면 영화 제작에 뛰어들 것이라고 말했다. 하지만 스코세이지가 자신에게서 비롯하지 않은, 적어도 그가 몇 년간 몰두하지 않고 직접 발전시키지도 않은 영화를 찍으려고 할까? 그는 다른 사람의 시나리오로 〈특근〉을 만들긴 했다. 하지만 그 작품은 겨우 4백만 달러의 저예산과 짧은 일정으로 만들어졌다. 그와 달리 〈허슬러〉의 속편은 규모가 거대했고, 스타인 폴 뉴먼이 출연하기로 했다. 물론, 스코세이지가 가장 좋아하는 영화를 만든 존 포드, 하워드 혹스, 존 휴스턴도 제작사가 지정하는 작품을 만들었다. 스코세이지는 〈허슬러〉를 높이 평가했기에 그 영화도 자신에게 영향을 준 작품에 넣을 만했다. 결국 스코세이지가 함께하기를 승낙했다. 그렇게 영화가 개봉되었고, 개봉할 때쯤에 CAA가 스코세이지를 대리하는 역할을 맡았다. 스코세이지에게 그런 결정을 내리게 한 결정적 요인은 마이클 오비츠가 〈그리스도 최후의 유혹〉의 가치를 인정했다는 점이었다. 그 영화를 만들 수 있게 도와줄 사람은 단연코 마이클 오비츠였다. 그런 연유로 스코세이지는 1986년 3월에 〈컬러 오브 머니〉를 찍기 시작했다.

이 영화는 '날쌘돌이' 에디 펠슨이 위대한 당구 선수 미네소타 팻(잭키 글리슨), 그리고 가학적인 매니저 버트 고든(조지 C. 스콧)과 함께 어마어마한 승부를 치르고 25년이 지난 후의 이야기다. 그 당시 〈허슬러〉에서는 파이퍼 로리Piper Laurie가 소아마비로 고통받는 알코올 중독자이면서 결국은 자살하고 마는 사라 패커드 역을 맡았으며, 제이크 라모타가 로버트 로센의 최고작인 그 작품에서 바텐더로 출연하며 앞날에 대한 얄궂은 전조를 드러냈다.

〈컬러 오브 머니〉는 단계적으로 그 모습을 드러냈다. 우선 소설의 원작자인 월터 테비스Walter Tevis가 〈허슬러〉를 기반으로 속편을 썼다. 속편은 달콤 쌉싸름한 이야기였는데, 거기서 에디 펠슨은 대학 선생과 사랑에 빠진다. 하지만 스코세이지는 에디를 제이크 라모타, 지미 도일, 조니 보이의 정신적인 형제로 보았다. 패배를 받아들이지 못하는 우둔한 자이면서도, 자신의 가장 괴로운 부분을 포용하면서 어떻게든 구원의 길을 찾으려는 사람인 것이다.

스코세이지는 소설가이자 각본가이면서, 《원더러스》와 《피의 형제들*Blood Brothers*》을 쓴 작가인 리처드 프라이스와 함께 각색 작업에 돌입했다. 두 사람은 에디 펠슨을 자신이 가지고 있는 재능을 믿지 못하는 비도덕적 주류 판매원으로 만들었다. 그런 에디가 빈센트(톰 크루즈)와 만난다. 빈센트는 젊은 괴짜였지만 당구만큼은 기가 막히게 잘쳤다. 에디는 빈센트의 능력을 이용해 돈을 만지고 싶어 했고 빈센트의 물주로 나선다. 그렇게 에디는 빈센트를 데리고 중서부의 타락한 당구장들을 거쳐 절정의 순간에 애틀랜틱 시티의 토너먼트 시합에 도착한다.

스코세이지는 그 이야기에서 자신을 매혹하는 몇 가지 주제를 발견했다. 그중 하나가 도박꾼과 세상 물정 밝은 사람들의 역설이었다. 그들에게는 영혼이나 내적 삶이 없어 보인다. 하지만 그런 그들도 자신에게 정신적 충족이 필요하다는 것을 발견한다. 에디는 빈센트에게 자신의 재능을 배신하고 돈을 좇으라고 가르치지만, 빈센트가 만들어 내는 공허함은 에디를 깨우고 자신의 구원을 강구하도록 한다.

〈컬러 오브 머니〉에서 당구장은 캐릭터들을 평범한 사회로부터 격리시키는 강박으로 자리한다. 에디와 빈센트, 카르멘(메리 엘리자베스 마스트란토니오)은 한탕을 노리며 길을 나선다. 하지만 다른 스코세이지의 영화처럼, 특히 〈앨리스는 이제 여기 살지 않는다〉와 〈라스트 왈츠〉, 어떤 점에서는 〈분노의 주먹〉처럼, 반복되는 삶에서 도피하여 호텔 방과 술집을 전전하는 것 그 자체가 목적이 되어버린다. 분명 〈컬러 오브 머니〉는 도시를 배경으로 하는 영화였지만 뉴욕이 아닌 미국 중부 마을의 노화된 중심지들을 연속으로 보여준다. 그곳의 낡은 당구장들이 과거의 억눌린 사악함을 상기시킨다. 그와 대조적으로, 오늘날의 합법적 도박은 건전한 가족 놀이가 되었고, 당구장의 도박꾼들은 관광객들로 붐비는 애틀랜틱 시티에서 한탕을 노린다. 바로 거기서 에디와 빈센트가 플라스틱 샹들리에와 무자크*Muzak* 사이에서 마지막 대결을 펼친다.

*

마틴 스코세이지 : 〈컬러 오브 머니〉를 작업하면서 월터 테비스의 소설과 그가 각색한 시나리오를 읽었어요. 시나리오는 꽤 괜찮았지만, 내가 아무것도 하지 않은 시나리오를 바탕으로 폴 뉴먼과 같은 스타 배우를 상대하고 싶지는 않았어요. 저에게는 제 시나리오와 함께 보내는 시간이 필요해요. 거기에 녹아들어야 하죠. 그러다 결국 소설에서 일어나는 일들을 믿지 않기로 했어요. 시나리오에서 일어나는 일도 믿지 않았기에 다른 아이디어를 생각해야 했죠. 전작 〈허슬러〉의 마지막 부분에서 에디 펠슨은 더 이상 당구를 치지 못한다는 이야기를 듣게 돼요. 버트 고든에게 진 빚 때문이죠. 책에서 그는 더 이상 당구를 치지 않아요. 그는 작은 당구장을 운영하다가 어느 영문학 교수와 사랑에 빠지게 되죠. 그래서 그 시나리오는 그냥 사랑 이야기에요.

하지만 저는 믿지 않았어요. 저는 에디 펠슨 같은 도박꾼이, 자기파괴적이며, 우둔한 사람이 과거의 행동을 멈출 거라고 믿지 않았어요. 뉴욕을 떠났을지는 몰라요. 하지만 멈추지 않았을 거예요. 차라리 그는 이렇게 말하겠죠. “내가 얼마나 더 타락하는지 보고 싶어? 버트 당신보다 더 나쁜 놈이 될 수 있어” 그렇게 스스로 버트 고든 같은 사람이 되는 거예요. 그는 사업을 하며 25년 동안 꽤 많은 돈을 벌었어요. 그러다 놀랍도록 재능 있는 젊은 녀석을 발견하게 돼요. 미끼를 꽉 물어버린 것이죠. 하지만 큐대를 다시 잡을 정도까지는 아니였어요. 당구 경기 무대가 25년 전과는 판이하게 바뀌었거든요. 그래서 도리어 더 심각할 지경으로 그 게임에 연루되어 버려요. 그는 그 젊은 녀석을 데리고 나가 자신이 가지고 있던 모든 것을 가르쳐요. 하지만 부정적인 것만 가르치죠. 그리고 그 과정에서 그는 인간으로서의 자기 자신과 담판 지어야만 했어요. 죽은 채로 있을 것인지, 아니면 다시 살아 움직일 것인지 결정해야 하는 순간이 온 거죠. 자신을 직시해야 하는 거예요. 이길 필요까진 없지만, 시합은 치러야 했죠. 그렇게 그는 자기 자신을 걸고 공을 당구대 위에 올려요.

폴 뉴먼 : 〈컬러 오브 머니〉는 한때의 재능을 잃은 사람이 다른 누군가에게서 같은 재능을 목격하면서 다시 자신의 재능을 되찾는 이야기에요. 에디 펠슨은 자기 자신을 재교육하면서 이전의 탁월함을 되찾아요. 마티는 〈컬러 오브 머니〉의 에디 펠슨이 그냥 희생자로만 살지는 않았을 거라고 봤어요. 그는 성공적인 사업가가 됐을 거예요. 존경할 만한 사업일 필요까진 없지만 어쨌든 성공할 만한 사람이죠. 우리는 바로 거기서 시작했어요. 그래서 위스키 세일즈맨이라는 설정을 구상하게 된 거죠. 바로 그런 전제로 시작해서 전체 이야기를 발전시켰어요. 리처드 프라이스는 영화 시나리오를 처음 쓴 사람인데, 그가 쓴 두 번째 버전을 읽고서 우리는 무언가가 더 필요하다는 걸 알게 됐어요. 그래도 거기에는 꽤 훌륭한 점이 있었죠. 마티는 캐릭터들을 마음에 들어 했어요. 그들이 말하는 스타일을 좋아했어요. 그래서 우리는 그걸 바탕으로 시나리오 수정에 전념했죠.

마틴 스코세이지 : 스타 배우와 함께 일하는 것은 그때가 처음이었어요. 저에게 스타란 제가 어릴 적 커다란 스크린으로 봤던 사람이에요. 드니로를 비롯한 다른 사람들은 좀 다른 경우였어요. 우리는 친구였으니까요. 우리는 창의적이어야 하는 곳에서 함께 성장했어요. 그러려고 그랬던 건 아닌데 그냥 그렇게 됐죠. 하지만 폴을 볼 때면 저는 그의 얼굴에서 수많은 다른 영화들을 봐요. 제가 12살 때 큰 스크린으로 봤

던 이미지들이죠. 그게 폴에 대한 인상으로 남아 있어요.

뉴먼은 멋진 사람이에요. 그는 독특한 화법을 구사하는데 특히 스포츠와 관련된 비유를 자주 들어요. 스포츠라니요! 그래서 저는 그가 무슨 말을 하는지 한 번에 알 수는 없었어요. 저는 평생 천식을 앓은 탓에 스포츠와는 거리가 먼 삶을 살았거든요. 그래서 "이 남자와 어떻게 소통하지?"라고 묻게 되었어요. 그러다 어느 순간, 우리는 경쟁하고 경쟁하고 경쟁하듯 이야기하기 시작했어요. 그래서 제가 "이길 수 없는데 왜 경쟁하는 거죠? 그건 정말 위험한 일이에요"라고 물었어요. 폴은 여기에 답하지 못했어요. 그때 깨달았죠. 바로 그것이 우리 영화의 이야기라고 말이에요.

리처드는 저처럼 말해요. 심지어 더 빨리 말하죠. 저와 리처드 프라이스, 폴 뉴먼이 같은 방에 있다고 상상해 보세요. 폴은 세 번째 회의까지 리처드와 제가 무슨 말을 하는지 이해하지 못했어요. 우리는 너무 빨리 말을 뱉어냈어요. 폴이 그러더라고요. "당신들은 미쳤어"

리처드 프라이스: 저는 〈밤 그리고 도시〉라는 영화의 시나리오를 쓰고 있었고, 마티는 〈컬러 오브 머니〉를 맡을 만한 시나리오 작가를 구하고 있었어요. 그때 그는 제 책 《원더러스》를 읽고 저를 알고 있었고, 저도 그를 알고 있었죠. 저는 구두로 오디션을 보았어요. "제가 당신이 찾는 사람이에요!"라고 말했죠. 그때 마티는 폴 뉴먼과 함께 시나리오 작업을 하고 있었고, 잘 진척되지 않는 상태였어요. 프로젝트가 물속에서 허우적대고 있었죠. 그래서 마지막 시도 삼아 저에게 연락했어요. 마티가 〈밤 그리고 도시〉에서 제가 한 작업을 보고는 "여기 와서 뉴먼과 만나보시겠어요?"라고 물었어요. 저는 그곳에서 30분 동안 이야기를 나누었고, 뉴먼이 "합시다"라고 말해주었죠.

저는 남부로 내려갔어요. 그곳에서 당구 도박꾼들이 소위 토너먼트라고 말하는 회동을 진행 중이었거든요. 사실 토너먼트라는 건 핑곗거리에 불과했어요. 그냥 모여서 도박판을 거대하게 벌이기 위한 구실이었죠. 그 광경을 보고 저는 8쪽가량의 분량을 썼어요. 그런데 그게 실수였죠. 그 글은 우리 자신을 위한 글이었거든요. 우리는 무엇보다 뉴먼을 위한 글을 써야 했어요. 뉴욕 사람이 아닌 뉴먼, 드니로나 파치노가 아닌 뉴먼을 위한 글이어야 했어요. 그는 미국 사람이에요. 뉴욕이 아니라 미국 사람인 거예요.

뉴먼이 시나리오를 보고 말했어요. "이보게, 이건 내가 아니야. 난 이런 건 할 수 없어. 이건 너무 어둡고, 음산하고, 우울해" 음산함은 저에게 아무런 문제가 아니었어요. 하지만 제가 폴 뉴먼을 위해 글을 써야 한다는 건 현실이었죠. 그가 연기하지 않는다면 영화도 없는 거잖아요. 그래서 저는 아무도 원하지 않는 각본을 쓰거나 아니면 뉴먼에게 맞는 훌륭한 각본을 쓰거나 둘 중 선택을 해야 했어요. 저는 재단사이지 패션 디자이너가 아니에요. 옷을 입는 건 그의 몸이니까요. 그러니 저는 뉴먼의 몸에 맞게 옷을 잘라야 했어요.

뉴먼을 알아가는 데 1년 정도 걸렸어요. 마티와 저는 그에게로 가 10~20쪽가량을 읽고 의견을 주고받았어요. 만약 제가 제 뜻대로만 했다면 그 영화는 그렇게 매력적이지 않았을 거예요. 훨씬 더 어둡고 음산하며, 더 우울했을지도 몰라요. 중미 어디에서 1분 정도 상영되면 다행일 정도였을 거예요.

마틴 스코세이지 : 저희가 작업할 때만 해도 그 시나리오는 이미 여러 번의 수정을 거친 상태였어요. 이런저런 제작사를 전전하면서 수백만 달러를 소진시키고 있었죠. 그래서 우리가 쓸 수 있는 돈이 한정적이었어요. 우리는 9개월 동안 시나리오를 작업했고, 그 과정에서 폴을 위한 영화를 만들어 나갔어요. 우리는 스타가 탑승한 영화를 만들고 있

다는 사실을 깨달았죠.

폴 뉴먼, 리처드 프라이스, 그리고 저 이렇게 세 사람은 모두 폴의 최고 페르소나인 '날쌘돌이' 에디 펠슨을 두고 고민해야 했어요. 만약 폴이 "이 남자가 절대 당구를 치지 않았으면 좋겠어요"라고 말했다면 저는 "와, 재밌겠네요. 그게 먹힐 것 같아요"라고 말했을 거예요. 사실 처음부터 리처드와 저는 에디 펠슨이 절대 당구를 치지 말아야 한다고 생각했어요. 하지만 폴은 "들어봐요, 관객들은 날쌘돌이 에디 펠슨을 보러 올 거예요. 결국 그가 큐대를 잡는 모습을 보고 싶어 할 거라고요"라고 말했어요. 그리고 우리가 말했죠. "당신의 말이 전적으로 옳아요"

연구하는 것에 너무 빠지게 되면 영화가 무엇에 대한 이야기인지 놓치게 되버려요. 너무 세세한 부분에만 매달리게 되는 거죠. 〈컬러 오브 머니〉를 하면서 그런 상황에 빠져버렸어요. 당구 경기에서 빠져나오지 못하다 보니 너무 우스꽝스러워졌죠.

이 영화 속 모든 당구 게임은 스토리보드의 그림으로 사전에 다 설계되었어요. 당구공의 모든 숏, 그 공이 어떻게 부딪혀서 포켓에 들어가는지, 그리고 큐대는 어떻게 움직이는지 처음부터 다 계획되었죠. 폴 뉴먼이 술집에서 "쟤 완전 기운 넘치는데"라고 말하는 모습도 있었으니, 우리는 카메라가 움직이는 와중에 커팅하고, 카메라가 쉬지 않고 움직이도록 했어요. 그게 기본 발상이었고, 모든 것이 미리 계획되어 있었죠.

어떤 날은 숏을 구상하느라 온종일 방에 틀어박혀 있었어요. 하지만 또 어떤 날은 그냥 음악을 듣거나 다른 영화를 보거나, 누군가와 저녁을 먹기도 했죠. 그러다 보면 착상을 얻게 돼요. 거기서 가장 중요한 건 포스트잇이에요. 포스트잇에 글을 쓸 수 있고, 집 안 이곳저곳에 붙일 수 있고, 아침에 집을 돌아다니면서 수거할 수 있거든요.

저는 정말 진지하게 그걸 다 붙여 놓았어요.

〈컬러 오브 머니〉의 나머지 장면들도 거의 같은 방식으로 설계되었죠. 어느 날 오후, 제가 있는 곳에 큰 허리케인이 온다는 예보가 있었어요. 저는 아무것도 하지 않았죠. 그 대신 시나리오를 집어 들었어요. 저에게 있어서 가장 무서운 것은 허리케인보다 숏을 구상해야 하는 그 시간들이었거든요. 정말 무서운 날들이었죠. 아무런 결과물을 만들지 못할 수도 있었어요. 그래서 그날 저는 허리케인이 아니라 숏을 생각했어요. 예를 들어, 폴이 게임을 하기 위해 당구장에 들어가면 거기에는 젊은이들이 모여있고 로큰롤이 흘러나와요. 그리고 카메라가 그의 얼굴을 향해 빠르게 움직여요. 바로 그게 그날 제가 거기에 앉아 생각해 낸 거예요. 허리케인이 다가오기를 기다리면서 말이에요.

리처드 프라이스: 〈컬러 오브 머니〉에서 저는 도박하는 것, 신속하게 판단하는 것, 비도덕성, 세상 물정에 밝은 영악함, 승부조작, 야바위, 이런 것들이 좋았어요. 제 고향과 매우 가깝게 느껴졌거든요. 그래서 뉴먼이 톰 크루즈의 캐릭터를 보고 시기심을 느꼈는지도 몰라요. 톰을 다독여야 할지 죽여야 할지 모르는 거예요. 저는 그런 복합적인 감정이 무언지 알아요.

그래서 우리는 이 캐릭터들을 중서부 억양을 지닌 브롱크스 출신의 사내들이라고 생각하기로 했어요. 만약 일이 잘 안 풀리면, 우리는 다른 이야기를 지어내기도 했죠. 언젠가 한번은 마티가 세기의 전환기 시절의 모딜리아니와 그의 파리 친구들에 대해 써 보라고 했어요. 그래서 제가 "전 그 사람에 대해 아는 게 없어요"라고 말했어요. 그러더니 "그냥 그 사내놈들을 지어내 봐요"라고 말했어요. "그들은 그냥 사내놈들이에요. 돈을 밝히면서도 예술가가 되길 원해요.

저는 영화감독이 되고 싶었고, 당신은 작가가 되고 싶었죠. 그런 것처럼 그들도 그냥 사내놈들이에요" 그건 마치 모든 것을 축소시키는 것 같았어요. 우리의 작은 브롱크스를 가지고 온 뒤 새장의 문을 열어 사내들과 함께 나와 놀게 하고, 우리는 그들이 벌이는 짓들을 보는 거예요.

뉴먼의 캐릭터는 냉소주의적인 인조인간을 창조했어요. 프랑켄슈타인의 괴물 같은 존재, 톰 크루즈가 연기하는 그 캐릭터를 만들어 내는 거죠. 그러다 갑자기 그 괴물이 혼자 움직여요! 그는 미쳐버리고, 혼란을 야기하죠. 마치 마법사의 제자[33]처럼 말이에요. 그리고 이윽고 에디가 말해요. "지금 난 더 현명해졌어" 그래서 결국 그가 직접 게임에 참여하게 되는 거예요. 정말 순수한 게임으로 말이에요. 그는 자신이 만든 것과 맞서야 해요. 그가 만들어 낸 것은 그 자신이 얼마나 끔찍한 사람인지 보여주는 살아 있는 증거물이거든요. 그는 크루즈를 예전으로 돌려놓아야 해요. 그래야 자기 자신을 존중하면서 살아갈 수 있으니까요. 〈분노의 주먹〉의 제이크 라모타와 같은 거죠. 그게 바로 스코세이지가 생각하는 구원의 의미예요.

폴 뉴먼: 모든 것이 철저하게 준비됐어요. 저는 생각했죠. "이런, 얼마나 남았지? 10주?" 우리에게는 392개의 카메라 셋업이 있었어요. 모든 것이 다 계획된 상태라 해낼 수 있었죠. 그리고 그러한 셋업들은 모두 리허설을 통해 우연히 나왔어요. 어떤 셋업은 분명 마티가 사전에 생각했던 것이었지만, 대부분은 리허설의 도움을 받았어요. 우리는 배우

33 '마법사의 제자'는 괴테가 1797년에 발표한 발라드 시이다. 어느 날 스승 마법사가 집을 비운 사이 마법사의 제자가 빗자루를 움직이게 만들어 방을 청소한다. 처음에는 빗자루를 잘 통제하다가 나중에는 마법을 멈출 수가 없게 되고, 빗자루는 통제되지 않은 상태로 집안을 엉망으로 만든다. 결국 스승이 돌아와 문제를 해결한다.

들과 2주 동안 밀착하며 리허설을 진행했어요. 그건 마치 아주 오래 전 생방송 TV 프로그램에서 연기하는 것 같았죠.

촬영 중간에 제가 마티에게 그랬어요. "있잖아요, 어젯밤 조앤[34]과 이야기를 했는데, 아침에 일어나는 게 즐거워서 정말 긴장된다고 말했어요. 모든 일이 잘 돌아가고 있을 때, 저는 정말 긴장해요" 그러더니 마티가 "좋아요! 그 긴장감을 영화에 사용하세요"라고 말하더군요. 그래서 저는 영화에 제 여자친구로 출연한 헬렌 쉐이버*Helen Shaver*에게 전화를 걸어서 말했어요. 일이 다 잘 풀리고 있고, 내 다리도 건강하고 내 기분도 좋으니 당신이 와서 나를 좀 들볶아 달라고 말이에요!

마이클 볼하우스: 우리는 배우들에게 조심스럽게 접근해야 했어요. 폴 뉴먼은 촬영장에 오면 찍을 장면에 대한 자기 아이디어를 이야기했는데, 우리의 생각과는 달랐어요. 마티는 자신이 원하는 것을 정확히 알고 있었고, 저는 그가 무엇을 원하는지 알고 있었죠. 그래서 우리는 천천히 그리고 부드럽게 우리의 방향으로 그를 움직여야 했어요. 한 번은 저의 관점으로부터, 또 한 번은 마티의 관점으로부터, 그렇게 두 가지 관점에서 움직이게 해서 우리가 원하는 걸 하고자 했어요. 폴은 모든 걸 다 해냈고, 정말 훌륭했어요. 그는 절대 "아니, 이거 하고 싶지 않아"라고 말하지 않았어요.

어느 날 폴이 촬영을 시작하며 말했어요. "마티, 이 장면에서 제가 뭘 좀 먹어야 할 것 같아요" 그러면 20여 분 동안 마티는 찍을 숏들에 대해 설명하면서 자신이 무엇을 원하는지, 왜 폴이 이 장면에서 먹으면 안 되는지 설명했죠. 그런 일은 영화에서 자주 일어나요. 배

34 폴 뉴먼의 아내이자 영화배우인 조앤 우드워드(Joanne Woodward)를 말한다.

우들이 자기 아이디어를 가지고 오는데 어떨 땐 도움이 되고 어떨 땐 그렇지 않거든요.

〈컬러 오브 머니〉에서 폴이 애틀랜틱 시티의 큰 당구장 안으로 들어갈 때 찍었던 숏이 기억나요. 그가 당구장으로 걸어 들어오면, 카메라가 그의 머리 위에서 당구장 전경을 보여줘요. 그러다 카메라가 그의 등까지 빠르게 내려가면 숏이 거기서 커팅되어 폴의 앞모습으로 넘어가요. 원래 숏 리스트에서 마티는 카메라가 12m 정도 높이에서 시작해 빠르게 아래로 내려온 뒤 회전하면서 당구장을 쳐다보는 폴을 잡으려고 했어요. 우리는 거기에 맞춰 모든 동선을 준비했죠. 아주 복잡한 숏이었어요. 준비를 마치고 찍은 숏을 보니 생각보다 생생해 보이지 않더라고요. 영화에 맞지 않는 숏이었던 거예요.

해 보기 전까지는 정확히 알 수 없는 것들이 있어요. 그럴 땐 준비한 게 그저 효과가 없었던 거예요. 그래서 우리는 바꿔야 했어요. 마티는 크레인을 다시 설치하는 건 어려운 작업이라 포기하려고 했어요. 늦은 저녁 시간이기도 했고요. 저는 새벽 1시까지 거기에 있다가 다음 날 촬영에 들어갔어요.

조 리디: 〈컬러 오브 머니〉로 마티와 처음 같이 일하게 되었을 때 저는 꽤 긴장하고 있었어요. NYU 영화학교를 졸업한 이후에, 미국 감독 협회의 수습생으로 들어가 조감독으로 일하던 때였어요. 학교를 졸업하면서 우리는 모두 감독이 되고 싶었죠. 저는 조감독 교육 프로그램이 저를 어떤 방향으로든 이끌어 줄 것이라 생각했고, 운 좋게 그 영화에 합류하게 된 거예요. 그렇게 해서 저는 제2조감독이 되었고, 제1조감독인 지금의 자리까지 올라올 수 있었어요.

마티는 저에게 영웅과 같은 존재예요. 저는 〈컬러 오브 머니〉의 일을 잘 해내고 싶었어요. 마티는 제가 조금 더 수월하게 일할 수 있게 해주었고, 그 점이 정말 감동적이었어요. 그는 과해 보일 정도로 철저하게 준비해요. 그는 자기 영화의 이상적 이미지를 가지고 있었고, 어떤 것이 어떤 방식으로 완료되어야 하는지 매우 명확하게 알고 있었어요. 그 모든 것이 그와의 관계를 더 쉽게 만들었죠. 실질적으로 그에게는 숏 리스트와 촬영감독 마이클 볼하우스의 방대한 메모가 있었어요. 그런 것들에 도움을 얻어 저는 촬영 일정을 적절하게 짤 수 있었죠. 그리고 그렇게 잘 짜인 일정 덕분에 마티도 더 수월하게 일했고, 배우와 함께 작업하거나 특수한 숏을 찍을 때 더 필요한 시간을 확보할 수 있었어요.

몇몇 장면에는 묘기 당구 숏이나 복잡한 게임들이 포함되어 있었어요. 그래서 우리는 당구 선수들이 어디에 있어야 하는지 철저하게 계획해야 했어요. 당구장의 분위기와 그 게임의 역동성은 우리에게 실험을 허락하지 않았어요. 하지만 마티는 게임을 잘 보여주는 흥미로운 구도를 고안해 냈죠. 촬영 현장에는 배우들을 도와주는 당구 기술 고문이 있었는데, 마티는 그런 도움과 상관 없이 자신이 어디에 카메라를 놓아야 하는지 이미 알고 있었어요. 그저 단순히 극적인 효과만을 노린 게 아니라 물리적인 운동을 포착하는 거였어요. 그러한 숏들이 카메라에 전혀 다른 에너지를 주었죠. 공을 따라가고, 큐대를 따라가요. 그렇게 당구대가 무대로 변했어요.

마틴 스코세이지 : 제 기억에 가장 극적인 장면은 톰 크루즈가 들어와서 돈을 내려놓고 폴 뉴먼에게 게임을 포기한다고 말하는 순간이에요. 그때 그 안에서는 아무것도 움직이지 않아요. 모든 것이 정지되어 있고, 팽팽한 긴장감이 감돌죠. 움직이는 것보다 더 흥미롭고 강력한 장면이라고 생각했어요. 그 모든 게 촬영장에서 결정되었죠.

저는 어렵고 복잡한 촬영들을 시도하려고 했어요. 특히 당구장 장면이 그랬죠. 톰과 폴이 직접 당구를 친 탓에 당구 게임 촬영이 정말 힘들었어요. 그때 톰이 직접 치지 않은 유일한 숏이 있어요. 토너먼트가 거의 끝날 무렵의 숏이었는데, 거기서 톰의 공이 큐대에 맞아 다른 공 위로 날아가요. 톰은 그 숏만 직접 하지 않았죠. 배워서 해 볼 수도 있었지만, 그랬다면 톰에게 일주일은 더 필요했을 거예요.

폴 뉴먼: 헬렌 쉐이버를 제 여자친구 역할로 데려오는 건 제 생각이었어요. 술집 주인은 원래 남자였거든요. 하지만 저는 "에디가 만나는 사람은 누구인가요? 어떤 여자인가요?"라고 물었어요. 그래서 우리는 에디와 사랑을 나눌 수 있는 캐릭터를 만들어 내기로 했죠. 영화를 찍으면서 고정된 역할 같은 건 두지 않았어요. 서로 자존심을 내세우지도 않았죠. 톰 크루즈와 저는 서로에게 개방적이었어요. 촬영을 위해 먼 거리를 오가는 배우들은 쉽게 친해지기 마련이에요. 그래서 톰과 저도 좋은 친구 사이로 지내요. 그렇게 함께 작업한 경험이 쌓이면 자존심을 내세울 필요가 없어지죠.

저는 마티의 엄청난 팬이에요. 그가 만든 영화들을 정말 좋아해요. 특히 〈분노의 주먹〉의 스타일, 그 규모, 유흥가의 장엄함이 좋았어요. 〈컬러 오브 머니〉를 찍으면서 우리 세 사람은 정말 많이 배운 것 같아요. 창의적인 경험이었죠.

스코세이지는 놀라운 안목을 가졌어요. 당신은 그에게서 달아날 수 없어요. 그가 매처럼 당신을 주시하고 있거든요. 당신은 받아들이기 어려운 매너리즘에 의존할 수도 없어요. 그는 망설이고 있지만 마치 게처럼 살금살금 다가와요. 그러면 제가 "털어놔요!"라고 말하죠. 하지만 저는 그와 싸울 수 없어요. 결국 그가 하는 말이 다 맞을 테니까요.

결국 에디 펠슨은 자기 자신을 재교육하고 자신의 재능을 되찾아요. 어떤 사람들은 더 '결말 같은' 결말을 원했어요. 하지만 우리는 정말 당구를 치는 게 지긋지긋해졌죠. 우리가 내린 결말은 두 사람 다 서로를 배신했다는 걸 인정하는 거였어요. 어느 한쪽 편을 들 수 없는 노릇이었죠.

마이클 아이스너: 마틴 스코세이지는 오랫동안 우리에게 가장 중요한 감독이었어요. 디즈니가 그와 함께할 수 있어서 정말 기뻤고, 우리는 〈컬러 오브 머니〉를 예술적이면서도 상업적으로 성공시키기 위해 지원을 아끼지 않겠다고 결심했어요.

제가 촬영장에 찾아갔을 때 마티는 정말 조직적인 모습을 보여줬고, 저는 그 점이 항상 인상적이었어요. 마티는 그러한 조직화를 통해 엄청난 효력을 거둬요. 하지만 그러면서도 모든 것이 자연스럽게 흘러가죠. 매우 유동적이면서도 절제되어 있어요. 그리고 거창한 촬영장보다 더 큰 효과를 거두어요. 〈컬러 오브 머니〉는 우리에게 정말 성공적인 작품이었어요.

마이클 오비츠: 저는 마티의 초기작부터 쭉 봐왔어요. 젊었을 때는 윌리엄 모리스 에이전시의 한 사무실을 해리 우프랜드와 나눠 썼죠. 그때 우프랜드는 스코세이지와 드니로의 대리인이었어요. 그는 그들을 엄청나게 지지하고 있었고, 저는 그가 초대한 시사회에 자주 갔죠. 마티가 훌륭한 미국 스타일리스트 감독이란 건 초기작부터 분명하게 보였어요. 영화계에 종사하는 사람이라면 마티를 주시해야 하죠. 그는 누구나 가지길 희망하는 비범한 시선을 가지고 있어요. 그의 그런 비범한 시선과 영화에 대한 엄청난 지식은 삶에 대한 그의 태도와 어우러져 매우 독특한 작품을 만들어 내거든요.

8장
열정

〈그리스도 최후의 유혹〉(1988)

〈컬러 오브 머니〉로 스코세이지는 처음으로 엄청난 흥행을 거두었다. 평단의 반응도 좋았다. 리처드 프라이스는 아카데미 각본상 후보에 올랐다. 이전에 다섯 번이나 연기상 후보에 오른 적 있었던 폴 뉴먼은 이 영화로 그의 첫 아카데미 남우주연상을 받았다. 그렇게 마이클 오비츠가 〈그리스도 최후의 유혹〉을 진행시킬 적절한 때가 찾아왔고, 그는 톰 폴락을 불렀다.

톰 폴락은 존경받는 연예계 변호사였으며, 수년간 작가, 배우, 감독들을 위해 영화 제작사와 협상을 타결했다. 1986년, 그는 그동안의 행보와는 반대되는 제작사의 일원이 되었으며, 유니버설 영화사의 대표를 맡게 되었다. 그렇게 그는 할리우드의 유니버설 시티에 있는 MCA의 높고 검은 빌딩에 자리한 이사진의 사무실로 옮겨갔다. 하지만 마음은 여전히 창의적인 재능을 가진 사람들 곁에 머물러 있었다.

톰 폴락: 저는 스탠퍼드 대학으로 편입하기 전에 포모나 칼리지 1학년 철학 수업에서 《그리스도 최후의 유혹》을 처음 읽었어요. 제가 그 책에 매료되었던 것은 그 책이 상상에 대한 이야기였기 때문이에요. 만약 예수가 죽음을 택하지 않았다면 어떻게 되었을까? 이런 상상이었죠. 저의 종교적 배경은 부분적으로는 유대인이고 부분적으로는 신지神智

론자예요. 저는 종교에 관심이 많았죠. 그래서 마이클 오비츠가 저에게 전화를 걸어 마틴 스코세이지와 〈그리스도 최후의 유혹〉에 대해 이야기해 볼 생각이 있냐고 물었을 때, 고민도 없이 바로 그렇다고 대답할 수 있었어요. 저는 마티의 열렬한 지지자예요. 저와 같은 위치에 있는 사람이라면 누구나 그럴 거예요. 마티는 정말 훌륭한 영화감독이죠.

회의는 잘 진행되었어요. 파라마운트와 문제가 있다는 사실을 알았지만, 저는 그 영화가 사람들의 영혼을 눈뜨게 할 수 있다고 느꼈어요. 저는 상업적인 관점에서도 그것이 사실이라고 생각했죠. 우리는 세속적인 휴머니즘의 시대에 살고 있어요. 사람들이 종교를 경시하고 믿음이 그들을 행복하게 할 수 있다고 진심으로 느끼지 않죠. 그리고 저는 이 영화를 만들 때 어떤 면에서는 이 영화가 사람들의 마음을 울릴 것이라고 생각했어요. 믿음은 믿어야지 하고 생각한다고 해서 생기는 게 아니라는 걸 알거든요. 믿기면 믿는 거고, 아니면 아닌 거예요. 하지만 이 영화는 상상으로만 있을 수 있던 일들을 탐구함으로써 사람들을 믿음으로 이끌어요. 그 상상은 강력하게 사람들의 감정을 움직이죠. 그것은 인간으로서의 예수가 신적 존재로서의 예수와 불화하는 것에 대한 상상, 인간의 죄를 대신해 죽기로 선택한 것에 대한 상상이에요. 그의 선택이야말로 희생을 의미 있게 만들어요. 그렇지 않다면 그건 그냥 미리 정해진 일에 불과해요.

그 후 저는 시네플렉스 오데온의 가스 드라빈스키*Garth Drabinsky*와 이야기를 나누었어요. 그는 매우 열정적인 사람이었죠. 우리가 시네플렉스와 파트너 계약을 맺지 못했다면 영화가 만들어지기 힘들었을 거예요. 시네플렉스는 북미에서 두 번째로 큰 극장 체인이니까요. 그들이 우리와 함께 영화에 공동으로 투자했다는 사실은 확실한 개봉을 보장해 주었어요. 개봉 첫 주에는 시네플렉스에서만 개봉했어요.

그런 뒤 2~3주 차에 영화가 확대 개봉되었고, 별다른 소요 사태가 없어서 다른 영화관에서도 앞다투어 개봉하게 됐죠. 그렇게 주요 극장 체인들이 마침내 이 영화를 모두 상영했어요. 딱 두 군데만 제외하고요. 하나는 제너럴 시네마였는데, 그곳은 나중에 자신들이 잘못된 결정을 내렸다면서 사과했어요. 다른 곳은 주로 남부에 있는 카마이크 시네마였는데, 절대 사과하지 않더라고요. 유나이티드 아티스츠 영화관도 결국 영화를 올렸어요. 파라마운트에서 그 프로젝트가 진행될 때 제작을 중단시켰던 살라 하사나인이 더 이상 그곳에 없었거든요.

한때 저는 그 모든 논란이 일어나기 전에 그 영화가 기본적으로 믿음이 있지만 그것이 옅어져 가는 사람들의 마음에 닿을 거라고 생각했어요. 그들이 우리 관객이 될 수 있다고 보았죠. 그런데 마티가 7백만 달러만 가지고 영화를 만들 수 있다고 밝혔어요. 지금 생각해 보면 성서적 대서사를 만드는 데 고작 7백만 달러를 썼다는 건 정말 쥐꼬리만큼 지출했다는 거잖아요. 하지만 영화를 완성할 수 있는 유일한 방법이기도 했어요. 촬영 및 제작의 모든 단계에서 엄청난 자제력이 필요했으니까요. 그런데도 마티는 결연했죠.

마틴 스코세이지 : 우리에게는 촬영 기간이 58일밖에 없었어요. 120쪽 분량의 시나리오를 가지고 말이에요. 그 영화는 물리적으로 엄청난 규모였어요. 보통 저는 술집, 당구장, 길거리에서 촬영했고, 가끔 교회에서 찍기도 했어요. 그게 다였죠. 저는 법정에서도 찍어본 적 없어요. 너무 거대한 곳이거든요. 그래서 저는 그 영화가 우리에게 부과하는 물리적인 요구 사항에 대해 준비가 되지 않았어요.

그래도 결론적으론 저에게 좋은 경험이 되었죠. 정말 멋진 일이었어요. 왜냐하면 하루 촬영을 해치우기 위해 정말 신속하게 일했고, 엄청난 에너지를 쏟아야 했거든요. 하지만 정말 고통스러운 촬영이긴 했어요. 어려운 길에 나서서 영화를 만들어야 했죠.

저는 그 영화를 더 작은 규모로 만들기 위해 많은 것을 내려놓았어요. 하지만 아무리 작은 영화를 만든다고 해도, 촬영장에 도착하면 저는 제가 어마어마한 영화를 만들고 있다는 걸 느꼈어요. 그래서 그 규모 때문에 꼼짝할 수 없게 되죠. 프레임에 걸어 들어오는 존재가 다른 누구도 아닌 바로 예수잖아요. 이 영화에 등장하는 예수를 구상하면서 우리는 그를 우리 주변 사람처럼 보이도록 하는 것을 관건으로 삼았어요. 만약 다른 영화에서 그러는 것처럼 예수가 등장할 때마다 번쩍이는 빛이 그를 감쌌다면, 왜 모든 사람이 자동으로 그를 따르지 않았던 것일까요? 그래서 우리는 무엇보다 먼저 예수를 연기할 수 있는 배우를 찾아야 했어요. 저는 에이든 퀸을 다시 원했지만, 그가 할 수 없는 상황이었죠.

에이든 퀸 : 저는 예수를 연기하지 못했어요. 마티가 저에게 전화했을 때 저는 세이셸 섬에서 〈로빈슨 크루소〉 촬영을 마무리하던 중이었거든요. 정말, 정말 힘든 촬영이었어요. 저는 완전히 지칠 대로 지쳐 있었고, 결국 마티에게 예수를 연기하는 데 필요한 에너지를 쓸 수 없을 것 같아 걱정된다고 말했어요. 곧장 그 영화에 합류하면 체력이 따라 주지 않을 것 같아 두려웠어요. 정말 불운하게도 함께 작업하기 불가능한 타이밍이었어요.

마틴 스코세이지 : 그래서 예수를 연기할 다른 사람을 찾았어요. 저는 〈러브 앤 다이〉에서 윌럼 더포가 연기하는 모습을 본 적이 있었어요. 연기가 좋았지만, 악당 역할이었죠. 그를 처음 봤을 때 마음에 들었어요. 그도 〈최후의 유혹〉을 정말로 하고 싶어 했어요. 그는 별다른 두려움이나 신체적인 문제도 없었어요. 그 영화는 신체적으로도 많은 것을

요구하거든요. 〈분노의 주먹〉의 제이크만큼 요구하죠. 저는 〈플래툰〉에서 그를 보고 확신했어요.

윌럼은 종교 관련 그림들을 통해 우리가 알고 있는 예수처럼 보였어요. 그들은 모두 파란 눈을 가지고 있었죠. 그건 실제 역사와 아주 다른 것 같긴 해요. 하지만 모로코 현지 엑스트라들의 얼굴을 보면, 누군가는 하얗고, 또 어떤 사람은 검고, 어떤 사람은 갈색 눈을, 또 다른 사람은 파란 눈을 가지고 있었어요. 모두 다 달랐죠. 예수의 시대에도 고대 유대 지역과 이스라엘에서는 서로 동화되는 일들이 벌어졌어요. 서로 엄청나게 뒤섞였죠. 유대인들은 그들만의 독특한 문화를 지키기 위해 그러한 뒤섞임을 막는 법을 제정하려 했어요. 그래서 우리는 예수가 파란 눈일 수 있다고 생각하게 됐죠. 그리고 윌럼은 우리가 오랫동안 알고 지냈던 예수의 모습과 닮아 있었어요. 그건 좀 재미난 방식으로 흡족한 일이었어요. 그가 사막에서 나와 그의 심장을 꺼내는 장면을 관객이 더 편하게 받아들이게 했죠. 그때부터 우리는 의도적으로 그를 과거 예술 작품에서 우리가 봐왔던 예수와 더 닮아보이게 만들었어요.

윌럼 더포: 수년 전 스코세이지가 〈최후의 유혹〉을 만들 계획이라는 소식을 들었을 때만 해도 제가 예수를 연기하게 되리라고는 전혀 생각하지 못했어요. 나중에 마티가 캐릭터의 주요 윤곽을 잡은 뒤 시나리오를 읽게 되었어요. 저는 그가 결말에 대해 이야기하는 방식, 그 비애와 승리에 대해 이야기하는 방식에 정말 감명받았어요. 이해하지 못한 게 많았지만 마티의 열정은 저에게 큰 영향을 주었어요. 예수라는 역할은 정말 어려웠어요. 연기를 할 때는 자기 자신을 어느 쪽도 아닌 상태에 놓아야 해요. 그래서 그 프로젝트 자체에서 느끼는 어려움에서 시작하는 게 중요하죠. 저는 그 역할과 정면으로 마주한

배우였기에 인간적인 방식으로만 그 역할을 처리할 수 있었어요. 저는 그 영화가 예수의 심장과 정신을 끌어낸다고 생각해요. 모든 면에서 어려운 영화였죠. 우리는 많은 시간을 쏟아부으며 매우 빠르게 촬영했어요. 많은 에너지를 소모하게 하는 작업이었죠. 하지만 저는 대단한 사람들과 함께 대단한 역할을 연기하고 있었어요.

〈그리스도 최후의 유혹〉을 위해 모로코에 있는 마틴 스코세이지와 윌럼 더포(예수 역).

바바라 허시 : 영화가 엎어졌을 때, 그리고 〈최후의 유혹〉을 둘러싼 논란을 들을 때마다, 마티를 지키고 싶은 마음이 가장 먼저 들었어요. 그래서 영화가 취소되었을 때 마티가 가장 마음에 걸렸죠. 마티는 저에게 "그 영화를 만들 때까지 포기하지 않을 거예요"라고 말했어요. 그리고 제가 그와 같은 마음인지 알고 싶어 했죠. 그래서 저는 "저는 그 역할을 하기 위해 태어났어요"라고 말해주었죠. 그도 "저도 같아요. 이 영화를 감독하기 위해 태어났어요"라고 말했어요. 하지만 나중에 제가 너무 나이가 많이 들어 막달라 마리아를 연기하지 못할 수도 있을 거라는 내적인 두려움이 생기기도 했어요.

영화를 기다리며 저는 여러 책을 보며 공부했는데, 그중에서 영지주의 복음서에 나오는 도마복음을 읽었어요. 예수 시대의 사회는 매우 가부장적이었어요. 하지만 예전 그곳의 고대 사회는 모계 중심적이었죠. 그래서 가부장제는 여성이 권력을 가진 오래된 종교들을 억압하기 위해 반여성적인 제도가 되었어요. 이와 달리 그리스도는 여자들도 제자로 받아들였는데, 이 사실은 중요한 것을 알려줘요. 다른 사람들이 모두 도망쳤을 때 십자가에 못 박힌 예수 곁을 지킨 건 여성들이 있어요. 카잔차키스도 그 여성들의 시선에 대해 말해요. 그들은 알았던 거예요. 마티는 예수와 제자들이 있는 여러 장면에 저도 있게 했어요. 제가 등장할 수 없었던 유일한 장면은 여성들의 출입이 허락되지 않은 사원 장면뿐이었죠. 마티는 그리스도가 최후의 만찬에 여성을 배석시킨다는 생각도 받아들였어요.

저는 마티와 뉴욕에서 만날 때 막달라 마리아가 어떤 모습이어야 하는지에 대해 질문 목록을 가지고 갔어요. 그도 그만의 목록을 가지고 있었고, 우리는 앉아서 이야기를 나눴죠. 우리의 목록에는 모두 문신이 적혀 있었어요. 그 당시 마티는 모로코에 갔다 왔는데, 거기서 여성들이 하고 있는 문신을 보았던 거죠. 그들의 발에 있는 헤나도 보았어요. 그래서 우리는 빨간색 문신을 하기로 했죠. 더 아름답고 더 눈에 띄며, 더 매춘부가 할 것 같은 색이었죠. 그 당시 문신에 대한 연구들은 서로 모순되는 점이 있었는데, 오히려 그 점이 우리가 원하는 것을 할 수 있게 해주었어요.

제 오른쪽 팔에는 마티가 오래된 〈내셔널 지오그래픽〉 표지에서 발견한 도안이 새겨졌어요. 아프가니스탄 느낌이 나는 도안이었어요. 그리고 왼손과 발에는 모로코 여성처럼 문신을 넣었죠. 저는 문신을 새긴다는 발상을 사랑했어요. 유대인 여성들에게는 문신이 허락되지 않았던 반면, 막달라는 자신을 일부러 천하게 만들려고 해요. 자신을 낮은 자 중에서도 낮은 자로 만들려고 하죠. 만약 그녀가 자신의 운명이라고 느끼는 예수의 신부가 될 수 없다면, 진흙이라도 되려 했을 거예요. 카잔차키스는 수천 민족의 땀이 그녀의 몸 위에 떨어졌다고 말했어요. 그녀는 가장 유명한 매춘부였죠. 그녀에게 선물을 주려는 사람들이 전 세계에서 와요. 그러면서도 그녀는 자기 민족이 뱉은 침을 맞았죠. 저에게 그녀의 문신은 여성이 스스로에게 낙인을 찍는다는 느낌을 주는 것이었어요. 그러면서도 아름다웠죠.

마틴 스코세이지 : 모로코에 도착해서 이런 생각이 들었어요. "우와, 아름답네. 엑스트라 만 명을 촬영할 수 있다면 어마어마할 거야" 하지만 엑스트라 배우를 충분히 구할 예산이 부족했어요. 하지만 당연하게도 그 풍경에 모든 것이 있다는 것을 깨달았어요. 마을에는 아무것도 없었어요. 전기도 없었죠. 우리는 이 마을에서 저 마을로 옮겨 다녔는데, 처음 5, 6주간은 마라케시에서 20분 정도 떨어진 마을 하나에서 촬영했어요.

그곳엔 아무도 없었죠. 영화에서 누군가 물을 길으러 가고 있다면, 그 사람들은 정말 물을 길으러 가는 사람이에요. 재밌는 것은 사람들이 좀체 돌아다니지 않는다는 거였어요. 만약 마을 광장이 있다면 사람들이 모일 법도 하고, 마을에 우물이 있다면 우물 근처에 모일 수도 있잖아요. 그래서 우리는 마을 중 한 곳에 우물을 만들기도 했어요. 하지만 그 풍경의 모습은 엄청 척박하고 아주 아주 빈약했어요. 그래서 우리는 천명의 사람들을 다 모으지 못하고 스물다섯 사람으로만 산상수훈 장면을 찍었어요. 하지만 어찌 보면 그게 적당해 보였죠.

우리는 10월 21일부터 촬영을 시작했어요. 동이 트는 모습을 찍기 위해 아직 어두울 때 호텔을 나섰어요. 여명이 비치는 첫 30분 동안은 그렇게 좋지 않았어요. 우리는 '매직 아워'라고 불리는 숏을 원했어요. 그걸 찍고 나서 저녁 6시까지 촬영하면 된다고 생각했죠. 하지만 오후 4시쯤이 되자 벌써 햇빛이 사라지기 시작했어요. 우리는 엑스트라를 분장시키고 옷을 입혔어요. 그들이 입은 로브는 정해진 방식대로 보여야 했어요. 너무 깨끗해 보여선 안 됐죠. 그들은 모래 한가운데서 사는 사람들이였어요. 지저분해 보여야 했죠. 하지만 그들이 촬영 준비를 겨우 끝내고 나면 해가 넘어가 버렸어요.

마이클 볼하우스: 〈최후의 유혹〉은 첫날부터 악전고투였어요. 우리에게 주어진 촬영 시간은 60일이었죠. 하지만 비가 오는 날도 많았고, 그 외의 날씨 문제도 불거졌어요. 우리는 산상수훈 장면에서부터 촬영을 시작했는데, 5분이나 10분이면 된다고 생각했던 게 이틀인가 사흘인가 걸려 버렸어요. 대부분의 영화에서는 광량이 좋을 때 두 시간 정도 촬영하고 나서 햇빛이 적당하게 비치기를 기다리기도 해요. 하지만 우리에게 그건 불가능한 일이었어요. 우리는 그냥 계속 가야 했어요. 가끔 저는 절망적인 기분마저 들었어요. 해가 떴을 때 촬영을 시작했다가 해가 완전히 질 때까지 촬영을 계속해야 했죠. 하지만 그러면서도 같은 장면의 같은 빛처럼 보여야 했어요. 장면의 모든 숏이

일치해야 했지만, 어떤 것은 그러지 못했어요. 광량의 균형을 맞추기 위해 계속 발버둥 쳤어요. 게다가 현지 촬영 스태프들은 저와 같이 일했던 스태프들만큼의 경험이 없었어요. 다행스럽게도 제 아들 플로리안이 카메라 조수로 일해 주었죠. 그와 그의 아내 팸이 이 영화에 함께 참여해 큰 도움을 주었어요.

때로 우리는 빨리 움직여야 해서 의사소통을 할 시간조차 없었어요. 마티가 원하는 테이크를 얻었을 때도 엄청난 압박 때문에 "좋아요, 보험 삼아, 혹은 재미 삼아 다른 것도 해봅시다"라고 말할 겨를도 없이 바로 다른 숏으로 넘어가야 했으니까요.

촬영 장소의 색감은 모두 따뜻한 노란색, 갈색, 베이지색이라 정말 보기 좋았어요. 그 빛은 2천 년 전의 빛이라고 상상할 수 있을 만큼 매우 선명하고 맑아서 정말 매혹적으로 느껴졌어요. 대기 오염이 전혀 없는 곳이었고 그저 가난한 소작인들과 농부들만이 거기 살고 있었어요. 그들은 지금도 그곳에서 2천 년 전과 같은 방식으로 살고 있어요. 마라케시에서 차로 30분 정도 걸리는 거리였지만, 그곳에 사는 사람들은 우리를 마치 달에서 온 사람들처럼 쳐다봤죠. 그들은 플라스틱 뚜껑이나 플라스틱병 같은 것들에 매료되었어요. 그것들을 신기하게 생각하며 가지고 다녔죠. 그들은 엑스트라 배우로서 활약해 주었고, 세트를 짓는 작업도 도왔어요. 마티는 우리가 이스라엘에서 촬영하게 될 것으로 생각하면서 스토리보드를 구상했는데, 우리는 그것을 모로코에서 활용했어요. 돌이켜 생각하면 이스라엘에서 찍지 않은 것이 다행이었어요. 예산이 부족한 악조건 속에서 찍어야 하는 '가난한' 영화였기에 그편이 더 맞는 방식인 것 같아요. 우리가 찍어야 하는 피사체와 딱 맞기도 해서 영화에 더 좋은 일이었어요.

마틴 스코세이지 : 현장에서 결정해야 할 사항이 많았어요. 사도 한 명이 어

떻게 걸어 올라와 간청할까요? 저도 몰라요. 그래서 저는 그 모든 것을 고민해야 했어요. 숏들을 구상하긴 했지만 쉽지 않았죠. 러쉬 필름이 없는 상태였거든요. 필름을 받을 수가 없는 상황이었죠. 마침내 필름을 보게 되었을 때 스태프들이 첫 번째 릴을 틀어 주는데, 떠오르는 달과 해처럼 별로 중요하지 않은 숏들이 먼저 나왔어요. 현장 기록 영상에는 제가 마이클 볼하우스에게 "좋네요. 보기 좋아요"라고 말하는 게 담겼더라고요. 그러면 마이클이 "아니요, 위아래가 뒤집혀 있네요. 아니요, 이건 멋져요. 잠깐만, 이건 아니에요. 아니, 아니, 저건 달처럼 보여요"라고 말해요. 스태프들이 필름을 바로 잡았을 즈음에는 벌써 밤 8시가 되었고, 저는 9시 30분에는 잠을 자야 했어요. 새벽 4시에 일어나서 나가야 했거든요.

결국 볼하우스가 촬영 영상을 먼저 확인하고 몇 장면들을 골라 살펴보았어요. 그가 가진 비디오 장치의 도움을 받아 저는 중요한 대화 장면 4개 정도를 확인할 수 있었어요. 촬영할 때 저는 비디오 모니터를 봐요. 카메라에 뭐가 찍히는지, 연기가 어떤지 알 수 있죠. 저는 배우들의 연기를 최대한 잘 뽑아내려고 했어요. 그래서 러쉬 필름을 더 이상 보지 않았죠.

베르나르도 베르톨루치 감독은 이를 못 믿더라고요. 그는 몽골에서 〈마지막 황제〉를 촬영할 때도 러쉬 필름을 확인했다고 했어요. "러쉬 필름을 못 보면 불안해서 죽을 거예요"라고 베르톨루치가 저에게 말했죠. 하지만 그가 촬영하는 방식은 저와 달랐어요. 그가 말했어요. "매일 아침 정오까지 저는 무엇을 촬영할지 결정하지 못하다가 12시쯤 되어서야 숏 하나를 건져요" 그래서 제가 말했죠. "음, 그건 당신 방식이네요" 그건 그가 일하는 방식이에요. 저에게 한 장면을 찍는 것은 14번의 카메라 셋업을 뜻해요.

영화 전반부에 있는 어느 한 장면이 기억나요. 예수가 수도원의 암자에 있는데, 자다가 깨어나서 두 마리의 뱀이 땅에 있는 구멍에서 나오는 소리를 들어요. 두 마리의 코브라 소리였어요. 마라케시의 코브라 조련사는 정말 대단했어요. 저는 뱀을 좋아하지 않아서 다른 방에 머물렀어요. 오히려 뱀을 무서워한다는 게 맞는 말 같아요. 그래서 작은 모니터를 보면서 지시 사항을 전달했죠.

뱀들이 구멍에서 나오면 윌럼이 그걸 쳐다봐요. 그러면 그가 보이스오버 내레이션으로 말해요. "그들이 나에게 무슨 말을 하려는 걸까?" 신이 주신 모든 것에는 두 가지 의미가 있어요. 하나는 물질적인 것이고, 또 다른 하나는 추상적인 것이에요. "저 뱀들은 무슨 뜻입니까? 저에게 무슨 말을 하려는 겁니까?" 그러나 뱀이 막달라 마리아의 목소리로 말해요. "예수, 당신을 용서해요" 제가 구상한 원래 스토리보드에는 카메라가 미디엄 숏으로 윌럼을 찍다가 달리*dolly*로 빠르게 이동해서 그의 손을 향해 가는 거였어요. 정말, 정말 빠르게 가는 거였죠. 줌이 아니라 달리여야만 했어요. 달리로 보여줄 때 관객들이 그 움직임을 제대로 느낄 수 있거든요. 그래서 우리는 〈특근〉을 찍을 때 줌 대신 달리 숏을 정말 많이 썼어요. 하지만 〈최후의 유혹〉을 찍을 땐 어려움을 겪었어요.

원작에서 나온 수도원은 정말 고대의 것이었어요. 존 부어맨 감독이 〈엑소시스트 2〉를 찍으면서 갔던 에티오피아의 수도원 같은 곳이었죠. 그건 카잔차키스가 갔던 곳과도 같았어요. 여성들이 허락되지 않았고, 심지어 암컷 동물도 허락받지 못했어요. 암탉은 없고 수탉만 있는 곳이었죠. 그래서 예수가 암컷 뱀이 나오는 것을 보는 장면은 매우 흥미로웠어요. 저는 예수의 시대에 존재했던 수도원들이 기본적으로 진흙 오두막이라고 생각했거든요. 그래서 우리는 나무로 오두막을 지은 뒤 진흙으로 나무 조각들을 덮었어요. 입구에는 동물 가죽을 걸어두었죠. 진흙 오두막은 그리 넓지 않은 곳이에요. 예수는 바닥에 거적 하나를 깔고 희미한 불빛만 있는 곳에 앉아 있어요. 하지만 거기서는 달리 트랙을 깔 수 없었죠.

저는 고대 궁전의 옛터에 오두막 내부 세트를 지었어요. 그곳에는 카메라 트랙을 깔 수 있는 공간이 아주 조금 남아 있었죠. 우리는 작은 카메라 크레인을 빌렸지만, 촬영 현장에 바로 가져오지는 못했어요. 크레인은 스페인에서 탕헤르로 가는 바지선을 타고 운송되었는데 탕헤르에서 촬영 현장까지도 차로 이동해야 했죠. 하지만 차가 계속 어딘가에 빠졌어요. "가고 있어요. 크레인이 가고 있어요" 하지만 크레인은 보이지 않았죠. 그래서 우리는 거의 이동할 수 없는 지브에 카메라를 달았어요. 마이클이 저를 보고 말했어요. "그냥 카메라 달린 지브를 빠르게 움직인 뒤 줌을 사용하죠" 그래서 결국 줌을 썼어요. 저는 여전히 달리 트랙을 깔아서 전진한 후 카메라를 바로 내리면 더 좋았을 거라고 생각해요. 하지만 어쨌든 효과가 있었죠. 괜찮았어요. 그 숏의 의도는 손을 보여주고 다음 장면으로 넘어가려는 거였어요. 그게 목적이었어요. 숏 하나를 건지기 위해 세트를 다시 지을 건 아니니까요.

우리는 비상사태 속에서 일했어요. 이 영화의 예산 자체가 비상이었죠. 저는 〈그리스도 최후의 유혹〉을 찍으면서 최소한의 규모를 꾸리는 법을 배웠어요. 장면마다 3천 명의 사람이 다 있을 필요가 없다는 걸 배웠죠. 저는 나사로의 누이인 마리아가 나오는 부분을 한꺼번에 찍어야 했어요. 여배우 랜디 댄슨*Randy Danson*이 끔찍한 치통 때문에 촬영장을 떠나야 했거든요. 그곳에 있는 유일한 치과 의사는 큰 이빨 그림 간판이 걸려 있는 상점 바깥에서 수술했죠.

우리는 크리스마스가 오기 전에 촬영을 끝내야 했어요. 그런데 크리스마스가 다가오자 스태프 중 일부가 떠나기 시작하더라고요. 고개를 들어보니 이탈리아 스태프들이 저에게 손을 흔들고 있더라고요. "차오Ciao, 잘 있어요. 사랑해요. 안녕"

조 리디: 〈최후의 유혹〉을 찍으면서 마티에겐 시간이 부족했어요. 마이클 볼하우스와 제가 마티가 말한 숏들을 준비했죠. 배우들이 촬영장에 오면, 마티는 그들과 이야기할 시간이 필요했어요. 처음에는 20분을 원했지만, 우리가 그 시간을 줄여야 했어요. 결국 그에게는 단 5분의 귀중한 시간이 주어졌어요. 그때는 망치질하는 목수도 없고, 움직이는 스태프도 없어요. 전부 동작을 멈춰야 했죠. 마티는 할당된 시간과 돈, 햇빛이 우리에게 허락한 광량 속에서 영화를 완성하기 위해 자신을 포함한 모두가 신속하게 움직여야 한다는 사실을 받아들였어요. 우리는 수평선을 넘어가는 태양과 수시로 싸워야 했죠.

영화를 완성해야 했기에 힘들었지만 모두가 함께 일했어요. 우리는 아침에 일찍 일어나고 늦게 잠자리에 들면서 긴 시간 동안 함께 일했어요. 하지만 그것을 넘어서 모로코에서의 촬영 자체가 도전이었어요. 뉴욕에서라면 그저 보도를 걸어 다녔을 텐데, 그곳에서는 언덕을 오르락내리락하고, 마른 강바닥, 그리고 때로는 진흙으로 달려들어야 했으니까요. 장비를 운반해야 했기에 육체적으로도 정말 피로했어요. 힘든 육체노동이었죠. 스태프들이 겪은 일들을 배우들도 똑같이 겪어야 했어요. 오래 걷고, 열악한 촬영 환경을 버텨야 했죠. 배우들은 샌들을 신은 채로 얇은 옷만 걸치고 있었어요. 그래서 날이 덥고 화창한 날에는 태양에 곧바로 노출됐죠. 그리고 촬영이 계속되면서 그들은 한밤의 추운 날씨에도 시달려야 했어요.

영화 전반부는 마라케시 근처의 한 마을에서 촬영되었어요. 그곳은 나사렛으로 설정되어 예수가 사명을 수행하는 초기 시절을 보여주는 장소였어요. 그리고 모로코 북부에 있는 메크네스는 우리의 예루살렘이 되었죠. 그곳은 정말 추웠지만, 초목이 무성했어요. 그곳의 시장은 천 년 전의 시장과 흡사해 보였어요. 트랜지스터라디오를 팔 것 같은 곳이면서도 여전히 사막의 대상隊商들이 오가는 곳이기도 했어요.

영화 촬영과는 별개로 우리는 무시무시한 신의 뜻을 겪어야 했어요. 하나는 마라케시 외곽의 오움나스*Oumnass* 마을에서 촬영할 때 폭우가 쏟아져 홍수가 난 일이었어요. 길이 끊겨서 마라케시로 돌아갈 수 없었죠. 연락을 취할 방법도 없었어요. 어떻게 하면 도시로 다시 들어갈 수 있는지 방법을 찾지 못했어요. 하지만 우리는 다음날에도 촬영을 하러 가야 했기에 돌아가야만 했어요. 정말 무서웠어요. 저와 마티, 바바라 드 피나, 윌럼 더포와 함께 랜드로버 차 안에서 쏟아지는 강물을 뚫고 지나간 일이 기억나요. 그때 모로코 스태프 중 강인한 사람 몇몇이 우리가 강을 건널 수 있게 도와줬어요. 잊히지 않는 기억이에요. 하지만 매일매일 우리는 모로코의 아름다움을 보았고, 색다르고 흥미로운 것을 시도할 수 있는 기회도 얻었어요.

어느 날 우리는 북쪽의 날씨가 나빠지고 있다는 소식을 들었어요. 이미 남쪽 마라케시 외곽 아틀라스산맥에서 눈이 내리는 것을 볼 수 있었죠. 우리는 십자가 처형 장면을 위해 메크네스에 있는 어느 한 장소를 골라 놓았는데, 그곳이 이전보다 더 질퍽해져서 움직이기가 힘들어졌어요. 그래서 마이클 볼하우스와 제가 쉬는 날이면 나가서 장소를 물색해야 했어요. 하루 종일 돌아다니다 보니 거의 두손 두발 다 들기 직전에 이르렀다가 겨우 괜찮은 촬영지를 발견했어요. 정말 멋진 곳이었죠. 그때 해가 지고 있어서 우리가 발견한 촬영지의 사진이 제대로 된 빛 노출을 받지 못했지만, 우리는 우리에게 딱 맞는 장소를 발견했다는 것을 알았어요.

마이클 볼하우스: 정말 전쟁 같았어요. 우리는 모든 숏에 대한 계획을 세워

야 했어요. 숏의 길이까지 계산해야 했죠. 마티는 경이로운 능력을 보여주었지만 이 프로젝트를 수년간 머릿속에 담아온 탓에 모든 것을 예민하게 받아들였어요. 우리는 그런 상황에서도 서둘러야 했어요. 그는 찍은 숏이 100% 마음에 들지 않더라도 OK라고 말해야 했어요. 뭐든 빠르게 결정해야 했고 그가 얻을 수 있는 것에 최대한 가깝다면 받아들여야 했죠. 그렇게 우리는 앞으로 나아가고 다음 숏을 찍는 거예요. 하지만 이건 엄청난 에너지와 집중력을 발휘해야 하는 하는 일이었죠.

바바라 허시 : B급 영화 촬영장에서도 누릴 수 있는 사치를 우리는 누리지 못했어요. 분장 담당 스태프들은 정말 훌륭했어요. 하지만 너무 많은 사람을 매일 분장해야 했죠. 가짜 수염, 가짜 코, 가짜 머리, 가짜로 된 이것저것을 해야 했어요. 그래서 완전 과부하 상태에 놓여 있었어요. 저는 그들이 제 문신을 만질 여력이 되지 않는다는 걸 알았어요. 제 이마의 불꽃과 얼굴의 다른 문신만 겨우 감당할 수 있었어요. 다른 것들은 그냥 제가 다 알아서 했어요. 목욕할 때마다 계속 문신이 씻겨 내려가는 바람에 지워지지 않는 잉크를 찾으러 다녀야 했죠. 저는 심지어 제 촬영 분량이 없는 날엔 영국으로 가서 분장 부서와 특수효과 부서를 찾아가기도 했어요. 온갖 종류의 잉크, 물감, 염색약, 검정 매니큐어 등, 제가 생각할 수 있는 모든 것을 시도했어요.

이건 저항하지 말라는 교훈 같았어요. 결국 한 달 후에는 문신을 끊임없이 다시 그려야 한다는 사실을 받아들였고, 그렇게 했어요. 매일 문신하는 데 2시간이 걸렸고 목욕할 때마다 지워지는 걸 다시 그려야 했죠. 심지어 잠들기 전인 한밤중에 제 발 문신을 하곤 했어요. 마티는 제가 촬영장에 앉아 제 손에 그림을 그리고 있는 것을 보고 놀랐어요. 하지만 그렇게 하길 정말 잘했죠. 마치 뜨개질 같았어요.

명상과도 같은 일이 되었죠. 촬영이 끝나니 그 문신이 그리워졌어요. 거기에 너무 익숙해졌고 정말 예쁘다고 생각했던 터라 그것들이 없어진 게 가장 아쉽죠.

마티와 함께 일하면서 진짜 무언가가 시작되는 순간은 "좋아요, 좋은데 다른 걸 한번 시도해 봐요"라고 그가 말할 때예요. 하지만 그 당시에는 그럴 시간이 없었어요. 우리는 준비가 다 된 상태에서 테이크 하나를 가야 했어요. 장면을 찍다가 잠깐이라도 쉬게 되면 저는 분장을 준비해야 했죠. 돌팔매 장면을 위해 제가 아주 격렬한 감정 상태에 있어야 했던 게 기억나요. 저는 분장하면서 그 장면을 준비했는데, 분장 스태프가 "이런, 울고 계시네요"라고 말하더라고요. 제가 뭘 하려고 하는지 이해하지 못했던 거죠.

하비 카이텔: 유다를 연기하려는 제 욕망의 중심에는 편견에 대한 혐오감과 증오심이 있었어요. 어떤 남자, 여자, 혹은 아이의 특성이 그들의 뼈 생김새에 따라 판별된다는 게 저를 역겹게 하고 분노로 가득 채워요. 그래서 제가 전형적인 유대인의 이미지로 분장하려고 했던 거예요. 매부리코에 곱슬머리인 사람이요. 유다의 생김새는 누군가의 놀림거리였을지도 몰라요. "저 매부리코를 봐, 저 튀어나온 턱을 봐, 저 뼈 구조를 봐. 천박한 유대인이 분명하네"

그것이 유다를 성격화하는 하나의 요소였어요. 또 다른 요소는 그가 그 시대의 부당함에 격분하는 사람이었다는 거예요. 경제적 불평등, 종교적 자유 억압, 그의 민족이 유린당한 일에 격분하는 사람이었죠. 그리고 그는 그러한 것에 반항하고 기꺼이 목숨을 바치려는 사람이었어요.

우리 영화 대부분을 촬영했던 오움나스 마을에서 저는 촬영 전이면 그곳의 아이들을 둘러보곤 했어요. 그 아이들이 유대인의 아이들일 수 있는 거니까요. 누군가가 불태우거나, 굶기거나, 발길질하려는 아이들일 수 있는 거예요. 유다라는 역할을 만들어 내는 데 있어서 아이들의 이미지가 저에겐 중요했어요.

마티와 저는 종교와 신학에 대해 토론하면서 몇 날 며칠을 함께 보내곤 했어요. 단순히 대사를 어떻게 해야 하는지 혹은 유다의 역사적 배경에 대한 논의가 아니었어요. 우리가 믿었던 것들, 알지 못하지만 느꼈던 것들에 대해 논의했죠. 우리의 피가 거기로 흘렀어요. 우리는 우리가 전적으로 헌신해야 한다고 느꼈어요. 왜냐하면 우리 이전의 사람들이, 수천년 전의 사람들부터 지금에 이르기까지, 그러한 믿음을 위해 피를 바쳤기 때문이에요.

버나 블룸 : 마티는 마리아가 어머니라고 했어요. 그중에서도 유대인의 어머니죠. 저는 어머니이자 유대인이에요. 그 역을 맡으면서 제가 아들 샘을 얼마나 사랑하고 보호하고 싶은지 생각했어요. 사실, 십자가 처형 장면을 찍으면서 제가 예수의 시신을 확인하는 장면은 생각하기 힘들 정도로 고통스러웠어요.

〈최후의 유혹〉에 참여하고, 성모 마리아를 연기하고, 그 사람들과 함께 작업하는 일은 저에게 엄청난 행운이자 경험이었어요. 매 숏마다 준비할 시간이 부족해서 우리는 미리 모든 것을 준비하고 있어야 했고, 연기를 비롯해 모든 것을 갖춘 상태에 있어야 했어요. 그럴 때 의상의 도움을 받았죠. 옷감이 제 몸에 맞게 흘러내리는 걸 느끼면, 제가 연기하는 그 캐릭터가 그 옷을 입었을지도 모른다는 생각을 해요. 의상 디자이너 장 피에르 델라이퍼*Jean-Pierre Delifer*는 중동에서 온 사람인데, 어떤 것이 적합한지 판단하는 좋은 감각을 지니고 있었어요. 사실 그는 제가 의상 안에 브래지어를 입는 것까지 완강히 반대하기도 했어요. 진짜 같지 않다면서요.

제 분량을 촬영하는 첫날 아침, 저는 많이 아팠어요. 모로코 버전의 투리스타*turista*(여행자 배탈)에 걸려버렸죠. 아플 시간조차 없다는 걸 알았지만 촬영장으로 가는 차 안에서 앉아 있기도 힘들었어요. 하지만 마티에게 그 사실을 말하지 않았어요. 마침 현장에는 아주 대단한 모로코 여자가 있었어요. 그녀는 베일로 가린 신비스러운 모습으로 제 트레일러 안으로 들어왔어요. 그리고 저에게 허브차를 끓여주었고 신기한 기름을 꺼내서 제 몸에 발라 마사지를 해주었어요. 시간이 좀 지나니 훨씬 좋아지더라고요. 다시 촬영장으로 갔더니 마티가 "정말 연약해 보여요. 좋아요! 장면과 잘 맞을 거예요"라고 말했어요. 마티는 아파하는 저를 안타깝게 생각하면서도 핼쑥한 모습이 제 연기와 잘 맞는다고 생각했어요.

그 장면에서 엑스트라 배우들은 윌럼에게 돌을 던져야 했어요. 저는 한 남자가 다른 사람에게 묻는 걸 들었어요. "우리가 누구에게 돌을 던지는 거야?" "예수님" 다른 사람이 대답했어요. 그러자 처음에 질문을 했던 그 사람이 소리 지르며 군중들에게 달려들었어요. 신의 선지자를 능멸하길 멈추라고 고함쳤죠. 그때쯤 저는 군중을 헤치고 예수에게 가야 했어요. 한 노인이 저를 보고 도와주기 위해 다가와서 "이 사람이 지나갈 수 있게 길을 터줘요"라고 다른 사람들에게 말했어요. 물론 그 말은 시나리오에 없었어요. 하지만 그 노인은 저의 보호자가 되었고, 심지어 촬영 준비 중에도 제 곁을 지켜줬죠.

페기 고믈리 : 초반 신들을 촬영할 때, 마티는 제가 자연스럽게 연기하길 바랐어요. 영화 속의 현실 세계를 보여주는 장면이었거든요. 하지만 유혹 시퀀스에서 예수가 십자가에서 내려와 저와 제 동생 마리아와 함께 살 때, 마티는 그 장면을 일종의 회화처럼 만들어 달라고 말했어요. 그래서 우리는 종교화가 살아 숨 쉬는 것처럼 절제되고 고요한 방식

〈그리스도 최후의 유혹〉의 돌팔매 장면을 찍으면서
윌럼 더포(예수 역)의 발 밑에 엎드린 바바라 허시(막달라 마리아 역).

으로 연기해야 했어요. 저는 원래 그 장면에 많은 감정을 담고 싶었어요. 특히 예수가 저보다 제 여동생을 더 좋아하는 것처럼 보일 때 더 그러고 싶었죠. 마음속으로 어떻게 연기할지 전부 계획해 두었지만, 마티가 반대했어요. 그 장면이 회화처럼 보이길 원했거든요.

*

스코세이지는 사도를 묘사하기 위해 의도적으로 자신의 초기 작품에서 자연스러운 뉴욕 스타일 연기에 편안함을 준 배우들을 선택했다. 어쨌든 예수가 불러내는 사람들은 노동 계층의 사람들인 어부, 노동자, 목자였으니까. 처음에 이 배우들은 지난 2000년 동안 존경 받아온 성인을 연기하는 자신을 보곤 슬쩍 정신이 멍한 상태였다. 그런 그들이 나의 아파트에서 와서 시나리오 연구 회의를 시작했다. 처음엔 주저하던 그들도 토론의 열기가 오르자 망설임을 벗어 던졌다. 너무 열정적이었던 나머지 가구 조립을 위해 온 배달원 두 명이 기록적인 시간 안에 일을 끝내고 떠날 정도였다. 10분 후 그들의 상사에게서 전화가 왔다. 배달원들이 사이비 종교 집단과 마주쳤다고 했다는 것이다.

사도들은 촬영장에서도 토론을 이어나갔다. 그들은 하나의 형제 집단이 되었고, 오랜 촬영의 어려움과 기쁨을 함께 겪으며 서로에게 의지했다.

*

폴 허먼: 우리 사도들은 진정으로 하나가 되었어요. 우리는 호텔에서 음악을 연주하며 자유로운 시간을 보냈어요. 대부분 음악가였거든요. 어느 날 밤 우리가 누군가의 방에서 '보드워크 아래에서*Under the Boardwalk*'를 연주했던 것이 기억나요. 해리 딘 스탠턴이 우리와 함께 노래를 불렀고, 데이비드 보위가 반주를 깔아 주었죠. 우리는 조화롭고 감명 깊

은 그 순간을 즐기면서 계속 연주했어요. 그러자 문을 두드리는 소리가 들렸어요. 마티가 목욕 가운을 입고 문 앞에 서 있었죠. "음악이 점점 좋아지네요, 여러분. 정말 그래요. 할 때마다 좋아져요. 그런데 제가 아침 5시에 일어나서 영화를 찍어야 하거든요. 이제 그만하고 주무시면 좋겠어요"

헬러윈이었던 날은 올리브 숲에서 야간 촬영을 진행했어요. 몹시 추운 날이었죠. 마티는 하비와 윌럼을 화면 전경에다 두고 촬영하고 있었어요. 나머지 사도들은 그 숲에서 자고 있어야 했어요. 그 장면에서 우리는 덩어리로만 보여요. 모두 카메라의 초점 밖에 있었거든요. 건초 더미가 우리를 대신할 수 있을 정도였죠! 저는 워크맨을 귀에 꽂고 땅바닥에 누워 덜덜 떨면서 필사적으로 월드 시리즈 야구 경기에 주파수를 맞췄어요. 뉴욕의 핼러윈은 제가 좋아하는 휴일 중 하나에요. 문득 의문이 들었죠. "내가 여기서 뭐 하고 있는 거지?"

빅터 아고 : 〈최후의 유혹〉의 베드로를 연기하면서 저는 베드로와 사도들에 대한 여러 책을 읽고 생각했어요. 사도들이 예수를 어떻게 생각하는지 알아보았죠. 우리는 촬영하는 동안 둘러 앉아 이 주제를 놓고 많은 이야기를 나눴어요. 마이클 빈*Michael Been*은 사도 중 하나였는데, 그의 아내가 신학교 학생이었어요. 그래서 마티가 바쁘거나 물어볼 사람이 없을 때, 우리는 마이클을 찾아가곤 했죠. 마이클이 그곳에서 전문가 노릇을 했어요.

놀랍게도 그때의 경험은 여전히 우리를 함께하게 해요. 우리는 함께 음악을 하죠. 실제로 마이클 빈은 더 콜*The Call*이라는 음악 그룹의 멤버이기도 해요. 해리 딘 스탠턴이 그들과 함께 투어를 돌기도 했죠.

저는 뉴욕에 사는 푸에르토리코 사람이고 어머니가 가톨릭 신자예요. 첫영성체를 치르기는 했지만, 저는 종교에는 전혀 관심이 없었어요. 그래서 제가 다른 사도와는 다른 방식으로 생각했나 봐요. 그런데도 우리가 서로를 좋아했다는 점이 인상적이었던 것 같아요.

〈그리스도 최후의 유혹〉에서 열두 사도들에 둘러싸인 예수를 연기하는 윌럼 더포.

마이클 빈: 저는 〈최후의 유혹〉이 기획될 초기부터 캐스팅되어서 제 역할과 이야기 자체에 대해 많이 생각할 수 있었어요. 모로코의 촬영장에서 배우들이 저에게 와서 묻곤 했어요. "이게 성경에 나왔나요? 이런 일이 정말 일어났어요?" 제가 아니라고 하면, "그럼 무슨 일이 일어났죠?" 혹은 "성경에서는 어떻게 말해요?"라고 자주 물었어요. 그들은 성경보다는 카잔차키스의 책을 더 좋아했어요. 그 책이 훨씬 더 실질적인 접근법을 보여주거든요. 성경이 요구하는 믿음의 신비로운 도약 같은 게 없어요. 저는 다른 사도들이 살면서 처음으로 이런 문제에 대해 묻고 있다는 느낌을 받았어요. 어떤 토론은 새벽까지 이어지기도 했죠.

영화를 찍기 전, 그들에게 종교는 엄격한 정통을 따라야 하는 일이자, 수많은 규칙과 규정을 지켜야 하는 의례와 같았어요. 그래서 어린 시절 대부분 종교에 대한 흥미를 잃어버린 채 신학 자체의 '살코기'를 전혀 맛보지 못하게 되는 거예요. 그러니 이 영화는 그들이 성경 이야기를 세부적으로 알게 되는 첫 경험과 같았고, 그들은 그런 점을 재밌어 했어요. 예술가인 만큼 그들은 자신들이 연기하는 캐릭터의 이야기를 듣는 것처럼 성경 이야기를 들었어요.

저는 《그리스도 최후의 유혹》이라는 책을 20대에 처음 읽었는데, 그때 제가 '메시아 콤플렉스'를 가지고 있었다는 걸 깨달았어요. 제가 미친 게 분명하다고 생각했죠. 성경을 읽을 때는 제 경험과 예수의 경험을 혼동한 적이 없었어요. 그래서 성경을 더 깊이 읽을 수 없었죠. 저는 제가 속박된 것들 너머에 그리스도가 있다고 성경을 해석했어요. 내가 그와 동등한 차원에 있다고 생각하는 것이 경멸스럽다는 느낌을 받았어요. 저는 믿을 수 없을 정도로 세속에 얽매여 있었거든요. 그런데 카잔차키스의 그리스도도 저처럼 세속에 얽매여 있었어요. 그래서 저에게 《그리스도 최후의 유혹》은 구름을 뚫고 광휘에 휩싸여 번쩍이며 나타나는 존재가 아니라, 인간의 모습으로 땅에 내려온 신에 대한 이야기가 되었어요. 그는 우리처럼 몸부림쳐야 했어요. 제 영적 삶의 각성이 그렇게 시작되었죠.

저는 오클라호마에서 자랐고, 6살 때부터 로큰롤을 했어요. 그리고 항상 스코세이지가 영화를 만드는 방식으로 음악을 만들고 싶었죠. 인간의 어두운 면, 무한한 존재를 향한 몸부림을 탐구하고 싶었어요. 제 음악 그룹 더 콜은 1980년에 시작되었어요. 더 밴드의 가스 허드슨이 우리와 함께 3년 동안 공연했죠. 스코세이지와 이어지는 또 다른 인연이었던 거예요.

첫 오디션에서 저는 마티와의 만남을 기다리며 그에게 무슨 말을 하면 좋을지 생각했어요. 그러다 약 5초 후, 마티가 뛰어나오듯 저에게 다가오더니 자신이 더 콜을 얼마나 좋아하는지 마구 쏟아내기 시작했어요. 그는 몇 년 동안 우리 음악을 들었고 앨범도 가지고 있었어요. 가사도 알고 있었죠. 저희 음악을 좋아하고 있던 거예요!

우리는《최후의 유혹》과 신학, 그리고 우리의 성장 배경에 대한 멋진 대화를 나눴어요. 고난에 빠진 남부 기독교인으로서 제가 어떻게 자랐는지, 죄의식에 시달리는 가톨릭으로서 그가 어떻게 자랐는지 이야기를 나누었죠. 마치 같은 인생 경험, 같은 예술적 의지를 가진 서로가 자신을 닮은 사람을 갑자기 만난 것만 같았어요. 저는 사도 요한의 대사를 연기했어요. 그 전에 연기를 해본 적은 없었어요. 하지만 마티가 원했던 것은 그저 대사가 아니었어요. 그는 사람으로서 우리가 어떤 존재인지 보고 싶어 했어요. 저는 배역을 맡지 못할 거라고 생각하며 그곳을 떠났는데, 배역을 맡게 되었다는 연락을 받았을 땐 정말 너무 기뻤어요.

저는 이 캐릭터에 진심으로 빠져들기 위해 노력했어요. 저는 온갖 종류의 책을 읽었는데, 마티가 그런 저를 헷갈리게 하더라고요. 저는 막달라 마리아가 돌팔매를 맞는 장면에 처음 등장했어요. 마티가 모든 사람에게 일러 주었어요. "좋아요, 우리는 막달라 마리아에게 돌팔매질을 할 거예요. 모두 이 고무 돌을 집어 들고 그녀에게 던지세요" 모두 양동이 쪽으로 가서 돌을 집었어요. 하지만 저는 돌을 받지 않았죠. "마이클, 돌 하나 줄까요?"라고 마티가 물었어요. 저는 "아니요, 저는 이렇게 온화한 요한이 누군가에게 돌을 던진다는 것을 상상할 수 없어요"라고 답했어요. "헛소리하지 말고 돌이나 집어요!" 마티는 제가 사도 중에서 가장 온화하고 가장 예민한 사람이기를 바라지만, 그들이 살았던 시대가 어떤 곳이었는지 한번 생각하기를 바란다고 설명해 주었어요. 그들은 터프가이들이었어요! 그 당시의 예민한 사람을 우리 시대의 예민한 사람과는 비교할 수 없을 거예요. 바로 그때 제 캐릭터가 영화에 들어갈 준비를 마쳤어요.

완전히 즉흥적으로 만들어진 장면이 하나 있는데, 마티가 그걸 살려서 영화에 넣었더라고요. 사도들이 야밤에 야영을 하는데, 예수와 유다가 대단한 대화를 나누게 돼요. 우리는 모두 모닥불 옆에서 잠자리에 들 준비를 하고 있는데, 빅터 아고가 연기하는 베드로가 춥다고 말하며 제 옆으로 와서 눕고 싶어 해요. 그래서 제가 "어이, 빌립보 옆에 가서 누워요. 우리 다 추워요"라고 말하죠. 그러자 베드로가 "닥쳐요"라고 말해요. 우리 사이에 그렇게 오가는 농담들은 완전히 즉흥적으로 나온 것이었는데, 영화에 그대로 들어갔더라고요.

앨런 로젠버그 : 저는 1972년 예일대학교 대학원에 재학 중일 때《그리스도 최후의 유혹》을 바탕으로 한 연극에 참여했어요. 그때 예수를 연기했죠. 그 연극은 당시 극작가였던 크리스토퍼 듀랑*Christopher Durang*이 각색한 작품이었어요. 각색하긴 했지만 결국 책에 있는 대화를 거의 그대로 사용했어요. 권투 경기장이 연극 세트가 되었죠. 모든 유혹이 각기 다른 시합으로 나왔어요. 정말 멋진 발상이었고, 아주 강렬했어요. 신학교 사람들이 우리 연극을 보러 와서 좋아했던 것이 기억나요. 우리는 그 이야기로 많은 토론을 했어요. 꽤 진보적인 대학 환경이어서 가능했던 거였죠. 그 소설이 격렬한 논쟁을 불러일으켰다는 사실은 전혀 모르고 있었거든요. 우리 연극도 논란이 될 수 있을 법했어요. 어떤 장면에서는 제가 빨간 비키니 속옷을 입고 등장하거든요.

마티와의 첫 면접에서 저는 이 이야기가 저에게 얼마나 중요한지 말했어요. 만약 세상 사람들이 예수가 이르고자 했던 곳에 다다르기까지 어떤 고통을 겪었는지 자문하고, 사랑과 정의라는 그의 전언을 마음에 새긴다면, 이런 영화는 변화를 만들 수 있어요. 이 영화는 제

예수를 연기하는 윌럼 더포가 눈먼 이를 치유하는 모습을
존 루리(야고보 역)와 하비 카이텔(유다 역)이 지켜보고 있다.

최근 기억에 있는 그 어떤 것보다도 그리스도와 그의 전언에 대해 사람들이 관심을 갖고 이야기를 하게 만들었어요.

우리가 교회 장면을 촬영할 때였어요. 예수의 손바닥에서 피가 나는 장면이었죠. 그때 갑자기 하늘에 먹구름이 끼더라고요. 장면이 시작할 때는 하늘에 구름 한 점 없었거든요. 그리고 예수가 손을 벌리자, 천둥과 번개가 치더니 거대한 우박이 떨어졌어요. 믿을 수 없는 순간이었어요. 정말 경이로웠죠!

사도를 연기하는 배우 중 대사가 없는 모로코인 네 명이 있었어요. 레오 버미스터와 저는 특히 그중 하나인 아흐마드와 친한 친구가 되었죠. 아흐마드는 배움에 굶주려 있었어요. 처음에 그는 영어를 거의 못했는데, 매일 우리에게 와서 단어를 물었어요. 간절히 지식을 얻고자 했죠. 어느 날 우리는 최후의 만찬 장면에서 서로의 옆자리에 앉게 됐어요. 제가 그에게 결혼했냐고 물었어요. 그가 제 말을 이해하지 못해 제가 약지를 가리키며 말했어요. "결혼했어요?" 그는 제가 그의 반지를 좋아한다고 생각했는지 자기 할아버지에게 받은 반지를 빼서 저에게 주더라고요. 제가 "아니요, 아니요"라면서 거절했지만, 반지를 돌려받지 않았어요. 그게 그들의 방식이에요. 만약 당신이 그들의 집에 가서 그림을 가리키며 감탄하면, 그들은 당신에게 그 그림을 줄 거예요. 그들은 제가 살면서 만난 사람 중 가장 잘 베푸는 사람들이었어요. 모로코는 정말 영적인 곳이에요. 촬영장에 가려고 새벽 4시 30분에 일어나면 사막 저편에서 기도 소리가 들려요. 아마 하루에 다섯 번 정도는 무릎을 꿇고 기도할 거예요.

우리가 그들에게 영향을 받은 만큼, 영화 촬영은 모로코인 배우들의 삶도 함께 변화시켰어요. 예컨대, 스퍼드라고 불리는 것을 좋아한 한 남자가 있었어요. 스퍼드는 시장에서 넥타이를 파는 일을 해요. 그런 그가 갑자기 예수 그리스도의 이야기를 담은 마틴 스코세이지의 영화를 만들고, 당나귀를 타고 예수를 성전으로 데려와요! 당나귀 탄 사도라는 게 참 재밌었어요. 대부분의 장면에서 사도들은 후경에 서 있어요. 하지만 몇몇은 카메라 앞에서 자기 얼굴이 잘 보이도록 하는 걸 다른 사람보다 더 잘했죠. 폴리 허먼Pauley Herman이 그중 최고였어요. 카메라에 얼굴이 찍히고 싶으면 폴리 옆에 서라는 농담이 있을 정도였죠. 그런데 나중에 그 농담은 스퍼드 옆에 서라는 것으로 바뀌었어요. 왜냐하면 스퍼드가 카메라에 담기는 그만의 기술을 개발했기 때문이었죠!

고향 사람들은 이 영화에 참여한 경험이 어땠는지 자주 물었어요. 저는 그것이 제 인생에서 가장 강렬한 영적 경험이었다고 말해요. 이 영화에 참여한 많은 사람이 똑같이 느꼈어요. 저는 항상 불가지론자였어요. 그런 제가 사도 토마스를 연기하게 됐죠. 의혹을 품은 사람인 사도 토마스를 말이에요. 제 생각에 그가 의혹을 품었던 것은 두려웠기 때문이었어요.

레오 버미스터 : 〈그리스도 최후의 유혹〉의 오디션에서는 배역을 따내지 못했어요. 그 영화가 엎어졌다는 소식을 들었을 땐 왠지 저에게 또 다른 기회가 찾아올지도 모른다고 생각했죠. 그러던 어느 날, 제가 센트럴 파크 쉽스 메도우*Sheep's Meadow*에서 잠들었을 때였어요. 그때 저는 〈레 미제라블〉의 테나르디에를 연기하고 있었어요. 낮 공연과 저녁 공연 사이 쉬는 시간에 센트럴 파크에 가서 쉬곤 했어요. 집에 전화를 했더니 제 아내가 저에게 오디션이 잡혀 있다고 알려주더라고요. 곧장 거기로 가서 대사를 읊고 배역을 따냈죠. 사도 나다니엘 역할이었어요.

마틴 스코세이지와 함께 일하는 것은 특권이에요. 그 영화에 참여한 대단한 사람들과 함께 일할 수 있다는 것도 환상적이었어요. 사도들은 언제나 '사도들'일 거예요. 지금도 저는 아내에게 "사도들과 함께 모일 거야"라고 말해요. 우리는 지금도 서로 연락을 주고받아요. 〈최후의 유혹〉은 우리 모두에게 엄청난 영향을 주었죠. 저에게 기독교에 대한 새로운 관점을 주기도 했어요.

우리는 마라케시에 있는 호텔에서 다 같이 머물렀어요. 밤이 되면 즉흥 재즈 연주를 하고 맥주를 마시다가 예수에 대한 이야기로 넘어가곤 했어요. 우리는 수영장 주위에 앉아서 윌럼을 보며 이야기해요. 제가 그에게 말했죠. "당신이 윌럼이란 건 알아요. 하지만 당신을 보면 예수를 보는 것 같아요" 사람들은 윌럼에게 묻곤 했어요. "어떻게 그리스도를 연기하시는 건가요?" 그러면 윌럼이 말해요. "그리스도를 연기하는 게 아니에요. 저는 그런 상황에 부닥친 저 자신을 연기하려고 해요"

촬영하는 동안 정말 이상하고 신비로운 순간과 마주쳤어요. 아마 촬영 후반기에 찍은 장면에 대해 누군가 분명 말했을 거예요. 윌럼이 손을 뻗자 하늘에서 엄청난 천둥이 울렸어요. 정말 어마어마한 일이었죠. 그 장면의 모든 것, 하늘이 어두워지고 천둥이 치는 모든 순간이 진짜였어요! 우리는 특별한 일이 일어나고 있다는 걸 깨달았죠. 깊은 의미와 영적인 것을 감지했어요. 우리는 그저 영화 한 편을 만드는 것 이상의 일을 하고 있었어요.

어느 날 저녁 마이클 빈이 우리 모두를 보며 물었어요. "우리는 무엇을 위해 여기 있죠? 무엇이 우리를 여기로 데려온 거죠?" 제가 말했어요. "우리는 사랑을 위해 여기 있는 것 같아요" 그때 마이클이 '사랑을 위하여*For Love*'라는 곡을 쓰기 시작했어요. 우리가 그날 밤 호텔에서 함께 곡을 쓰기 시작한 거예요. 마이클은 웅얼거리며 '사랑을 위하여'를 노래하다가 다시 조금 더 웅얼거려요. 노랫말이 그에게 다가가는 거예요. 질문과 대답들이 오가죠. 우리가 왜 여기에 있지? 사랑을 위하여. 정말 좋은 노래예요. 영화를 만드는 일에 대한 노래이기도 해요.

〈최후의 유혹〉을 처음 봤을 땐 제 연기가 계속 신경 쓰여서 제대로 영화에 집중할 수가 없었어요. 하지만 두 번째 보았을 땐 깊은 감동이 밀려왔죠. 동시에 마음이 어지럽기도 했어요. 저는 독일 가톨릭 신자이고, 카잔차키스의 모든 생각에 꼭 동의하는 것은 아니거든요. 어떤 리뷰에서는 카잔차키스의 '습한 세계'와 육체와 정신의 다툼에 대해 이야기했어요. 사람들은 때로 유혹을 죄악과 혼동해요. 하지만 죄를 저지르려는 어떤 유혹이 있을 뿐이에요. 〈최후의 유혹〉에는 다른 부분들도 있어요. 그리스도의 연약함과 인간적인 모습처럼 제가 정말 사랑했던 것이죠.

마이클 빈 : 예수가 나사렛에 있고, 제사장들이 회당에서 나오는 장면을 찍

고 있을 때, 예수가 "형제들이여, 내가 너희에게 먼저 이르기 위해 왔다. 너희가 기다리던 사람이 바로 나다"라고 말해요. 정말 사막 한가운데 푹푹 찌는 날이었어요. 윌럼은 그 장면에 완전히 몰입해 있었어요. 정말 대단했죠. 마티가 소리쳤어요. "컷!" 하지만 아무도 입을 열지 않았어요. 여전히 그 장면에 빠져 있었던 거예요. 그런데 갑자기 하얀 비둘기 한 마리가 건물 꼭대기를 넘어 윌럼을 향해 날아오는 게 아니겠어요? 윌럼은 거기에 놀라 몸을 웅크리며 피했고, 비둘기는 사라졌어요. 하늘에는 새 한 마리 보이지 않았죠.

우린 지금도 서로 연락하며 지내요. 우리에게는 각자 무언가를 하는 것보다 다 같이 무언가를 하는 것이 더 중요했어요. 그게 느껴져요. 우리가 느낀 그 동지애와 친밀감은 정말 대단했고, 이전에는 한 번도 느껴본 적 없는 감정이었어요. 다른 사람도 그런 걸 이전에 느껴본 적 없었대요. 이 영화에 참여했던 사람들이라면 그 누구도 예전과 같지 않았어요.

여러 다른 힘들이 저를 이 영화로 이끈 것 같아요. 무언가가 이 세계에서 매우 중요하게 생각된다면, 그걸 망가뜨리려는 시도도 있게 마련이에요. 무언가가 진실에, 그 골수에 가까이 다가갈 때, 우리 세계에는 그 무언가를 없애 버리려는 힘이 생기죠. 〈최후의 유혹〉은 아마도 우리 전부가 알던 것보다 더 깊이 다가간 듯해요.

토마스 아라나 : 해리 딘 스탠턴과 저는 우리가 찍을 장면을 연구하기 시작했어요. 사도 바오로를 연기하는 그가 저를 죽이기 위해 다가와요. 그때 예수가 저를 죽음에서 구하고 사람들은 그 모습을 보고 그를 믿게 되죠. 하지만 바오로는 예수에게 대항해요. 원래는 바오로가 칼을 들고 저에게 뛰어드는 거였는데 다른 걸로 바꿨어요. 바오로가 "너의 손을 주거라"라고 말한 다음 제 손을 잡고 죽이는 거예요. 뭔지 알 것

같았어요. "어서 끝내자, 악감정은 없어"라고 말하는 것 같았어요. 저희는 마티가 싫어할까 봐 걱정했어요. 어쩌면 너무 나간 것인지도 모른다고 생각했죠. 하지만 그는 그걸 보자마자 좋다고 말해주었어요. 그는 우리에게 엄청난 자유로움과 자신감을 줘요. 배우에겐 정말 중요하죠. 비록 작은 역할을 맡더라도 정말 중요한 부분이에요.

게리 바사라바 : 마티는 사도들이 처음에는 그저 건달패에 불과하다고 말했어요. 자기들도 완전히 믿지 못하는 선지자를 따르는 건달패인 거죠. 각각 나중에 터져 나올 불꽃을 안고 있긴 했지만, 처음에는 그저 모든 일을 내팽개쳐 놓고 "밥은 언제 먹어요?"라고 묻는 평범한 사내들이었어요.

촬영 초기에 사과 과수원 장면을 찍었어요. 거기서 예수와 유다가 화면 전경에서 이야기를 나누고, 우리는 뒤에서 잠을 자요. 의상을 완전히 갖춰 입은 건 그때가 처음이었는데, 정말 그 당시의 것과 같은 속옷을 받았어요. 그냥 허리끈 안에 넣어 묶어야 하는 천 쪼가리에 불과했어요. 도저히 입을 수가 없더라고요. 우리는 포대기에 감싸인 아기들 같은 모양새가 되어버렸어요. 결국 우리 대부분은 그걸 트레일러 밑에 던져 놓고 원래 입던 자기 속옷을 입었어요. 긴 로브 안에 있는데 누가 알겠어요? 하지만 처음엔 그조차도 아주 진지하게 받아들이는 '배우들'이었어요. 그래서 저는 땅바닥에 누워 제 의상과 까슬까슬한 속옷에 익숙해지기 위해 노력하면서도 우리가 하는 짓에 어안이 벙벙했죠. 마티는 저 멀리서 우리를 감독하려 했어요. 그러다 결국 마티가 격분하면서 소리쳤어요. "왼쪽에 있는 세 번째 더미! 좀 움직여요!" 그게 바로 저였어요. 그날 촬영 내내 저는 '더미'가 되었죠.

우리는 서너 개의 역할을 오갔어요. 처음에는 우리가 맡은 캐릭터들, 그다음에는 이국적 촬영지에 놓인 배우들, 그다음엔 당연하게도

요한(마이클 빈)과 여인들이 십자가 아래를 지켜본다.
(왼쪽에서 오른쪽 순으로) 페기 고들리(나사로의 누이 마르다 역), 버나 블룸(예수의 어머니, 성모 마리아 역), 랜디 댄슨(나사로의 누이 마리아 역), 바바라 허시(막달라 마리아 역).

낯선 타지에서 갈팡질팡하는 관광객이 되었죠. 저는 캐나다의 브리티시 컬럼비아 출신이고 프랑스어를 공부했는데, 그게 모로코 생활에서 제법 도움이 되더라고요. 모로코는 우리에겐 미스터리한 곳이었어요. 우리는 거대한 하나의 부대가 되었고, 어슴푸레한 새벽녘에 호텔을 행진하듯 빠져나와 이국적인 시장을 지나쳐 걸었어요. 그런 뒤 버스에 올라타 촬영장으로 향했죠. 마치 네브래스카 같았어요. 아무것도 없는 평원이 끝없이 펼쳐져 있었죠. 우리는 버스에서 '우리는 극복하리라*We Shall Overcome*'와 같이 노동조합원이 부르던 노래를 함께 불렀어요.

물론 지루하고 좀이 쑤시기도 했어요. 우리는 이익만 추구하고 하찮은 일로 티격태격하는 집단에 불과했는데, 마티가 그런 걸 원했어요. 예수는 기적을 행하려 하고, 우리는 종알거려요. "이게 눈먼 이를 치료하는 법인가요? 우리가 이미 본 거 아닙니까? 다음은 뭡니까?" 처음에는 너무 유명한 성경 속 장면들을 구현하는 일이 무척 어려웠어요. 어떤 종교든 사람들은 모두 미술 작품에서 묘사된 그 장면을 본 적이 있잖아요. 그래서 마치 막달라 마리아가 돌팔매질을 당하는 장면처럼, 우리는 그 모습을 시각적으로 마치 봤던 것처럼 떠올릴 수 있어요. 예수가 "너희 중에 죄가 없는 사람만 돌을 던져라"라고 말하는 그 장면 말이에요. 하지만 마티는 우리에게 자연스러움을 원했어요. 진짜 같은 걸 원했죠. 그가 우리에게 말했어요. "당신들은 화가 났어요. 정말 화가 난 거예요!" 그건 매우 도전적인 일이었어요. 하지만 우리는 그것이 마티에게 얼마나 중요한지 알았고, 그래서 우리는 매 순간의 진실을 발견하기 위해 노력했어요. 하지만 사도의 관점에서 보면, 우리는 우리가 위대한 예술을 만드는 것인지, 아니면 그저 우리 자신을 바보로 만드는 것인지 알지 못했어요. 마티조차도 자신이 무엇을 이루고 있는지 몰랐던 것 같아요.

그 경험은 우리 모두의 자기 성찰을 자극했어요. 예수가 빚쟁이들을 성전 밖으로 쫓아내는 장면을 찍을 때 저에게 가장 극적인 순간이 찾아왔어요. 우리는 메크네스에 있는 오래된 마구간 단지에서 촬영하고 있었어요. 장면 끝자락에 윌럼이 두 손을 벌리고 성흔을 드러내는 장면이에요. 촬영장에는 이탈리아에서 온 특수효과 팀원이 있었는데, 입에 담배를 물고 다니는 아주 심드렁한 사람이었죠. 그는 카메라에서 보이지 않는 곳으로 가서 가짜 피가 든 주사기를 들고 윌럼의 팔과 연결된 튜브에 피를 주입할 준비를 했어요. 그렇게 장면을 찍었죠. 신호를 주면 그 팀원이 주사기를 누르는 거예요.

그런데 문제가 생겼어요. 피가 너무 찔끔 흘러나오는 거예요. 그래서 그 장면을 다시 찍었어요. 손을 깨끗이 닦고, 모든 것을 다시 준비해야 했죠. 그리고 다음 테이크에서 윌럼이 손을 들고 펼치니 이번엔 피가 지나치게 많이 쏟아져 나왔어요. 바로 그 순간 무시무시한 천둥소리와 함께 거대한 우박이 떨어졌어요. 우리는 마구간으로 달려가서 진흙 아치 밑으로 서둘러 피했어요. 밀짚 냄새가 물씬 풍겼어요. 마티가 거기 있었고, 윌럼도 거기 있었죠. 우리는 서로를 바라보기만 했어요. 농담이 슬쩍 오가긴 했지만, 우리가 진심으로 생각한 것은 "이게 무슨 뜻이지?"라는 물음이었어요.

마틴 스코세이지 : 〈최후의 유혹〉의 최후의 만찬에는 여성들이 자리해요. 예수처럼 위대한 분이 최후의 만찬에 온 여성들에게 "부엌에서 기다리라"고 말하는 장면은 도저히 만들 수 없었죠. 그래서 제가 "어떻게 예수가 이 여자들에게 부엌에서 기다리라고 말할 수 있겠어요?"라고 말했던 게 기억나요. 분명 예수는 규칙을 어긴 분이었으니까요. 그는 유대인의 규칙을 어겼고, 다른 모든 규칙도 어겼어요. 그러니 분명 여성들이 그곳에 있게 했을 거예요. 그들을 첫 미사에 참여시켰을 거예요. 저는 그가 남자와 여자를 구분했다고 생각하지 않아요. 그럴 이유가 없잖아요. 오직 남자만 신에게 알려져 있나요? 여자는 신을 온전히 알 수 없나요? 신은 여자를 온전히 알지 못하나요? 도대체 이게 뭐죠? 제가 여자에 대해서 잘 아는 것은 아니지만, 그들도 사람이

잖아요?

저는 혼자 읊조렸어요. “이 여자들은 영화 내내 그와 함께 있고, 그에게 붙어 있어. 그들은 십자가 아래에 남은 유일한 사람들이야” 예수가 부활하는 순간에 자리를 지킨 이들도 오직 여성들이었어요. 어떤 복음서에는 요한도 거기 있다고 하지만 말이에요. 하지만 예수는 여자들 앞에 먼저 나타나요. 그가 우리에게 뭔가를 말하는 거예요. 그래서 저는 여자들이 최후의 만찬에 참여해야 한다고 말했어요. 그래야만 했어요.

바바라 허시 : 〈최후의 유혹〉의 시나리오에서 제가 처음 등장하는 장면은 그리스도가 막달라에 있는 저를 찾아오는 장면이어었어요. 제가 마티에게 말했죠. “문제가 있는 것 같아요. 책에서는 그들이 서로에게 어떤 의미를 가지고 있는지 세세하게 나와 있잖아요. 두 사람의 관계가 어땠는지에 대한 암시를 영화 안에 드러내지 않는다면 이 장면이 의미가 있을까 싶어요” 제가 그다음 말을 입 밖으로 꺼내기 전에 마티가 말했어요. “만약, 첫 번째 십자가 장면에서, 그녀가 다가와서 그에게 침을 뱉는다면요?” 멋지고 더할 나위 없는 발상이었죠. 그들 사이에 무슨 일이 있었다는 걸 누구나 알 수 있어요. 그녀는 여자고, 그는 남자잖아요. 누군가에게 침을 뱉을 만큼 화가 났다는 건, 분명 둘 사이에 뭔가가 있다는 거예요.

시나리오에서 막달라 마리아는 자신이 죽는 모습에 공포심을 느껴요. 제가 마티에게 물었어요. “신을 만나는 거잖아요. 그녀가 그를 보면 행복하지 않을까요?” 그가 “맞아요!”라고 답했어요. 그래서 전 “제가 공포에 사로잡힌 연기를 했으면 좋겠어요?”라고 물었더니 “아뇨!”라고 대답하더라고요. 마티는 순식간에 장면의 전체 구상을 바꿨어요. 그는 그녀가 황홀감을 느낄 것이란 발상을 마음에 들어 했어요. 그녀의 죽음을 슬퍼하는 것은 그리스도지, 그녀가 아닌 거예요.

제가 막달라의 매춘부를 연기하는 장면은 저에게 제일 중요했고, 제일 어려운 부분이었어요. 여러 남자와 몸을 섞는 막달라 마리아를 보여주어야 했거든요. 마티의 영화에는 성적인 부분이 많이 나오긴 하지만 나체는 나오지 않아요. 마티는 저에게 대역을 원하는지 물었어요. 그래서 처음에는 당연히 필요하다고 했어요. 제 온몸이 대역을 원했죠. 하지만 대역이 정말 막달라 마리아가 될 거라고 생각하진 않았어요. 그녀는 제가 움직이는 것처럼 움직일 것 같지 않았죠. 제가 그 장면을 연기한다면 잔짜 저 자신이 매춘부처럼 느껴질 것이란 걸 알고 있었어요.

마티가 대역을 구해왔고, 저는 그녀가 잘못된 선택이란 걸 즉시 깨달았죠. 그래서 그녀를 빼달라고 말했어요. 저와 연기하는 엑스트라 남자 배우들은 비전문 배우들이었어요. 그래서 그들이 그 장면이 어떨 것이라고 생각했는지는 모르겠어요. 하지만 현실은 악몽 같았죠. 첫 번째 남자는 잔뜩 움츠려 있었고 당황해서 어쩔 줄 몰랐어요. 우리는 엄청난 압박을 느껴야 했죠. 시간은 가고 있었고, 우리는 이 중요한 장면을 해내야만 했으니까요. 시간이 없었는데, 남자 배우가 너무 긴장하는 거예요. 오히려 제가 그를 안심시켜야 했죠. 그게 저의 긴장감을 완화하는 데 도움이 되긴 했어요.

저는 사람들 앞에서 성관계 신을 찍어야 했어요. 윌럼과 최소한의 스태프가 지켜보는 가운데서 말이에요. 우리는 촬영장에 다른 사람은 들어오지 못하게 했어요. 그 장면은 정말 어려웠죠. 그리고 막달라 마리아는 몽환적일 만큼 매력적이어야 했어요. 세계 곳곳에서 남자들이 그녀를 보러 온다는 사실을 신빙성 있게 드러내기 위해서 말이에요. 마침내 우리는 첫 번째 남자와의 촬영을 끝냈고, 그가 떠났어요. 그리고 두 번째 남자가 왔는데, 더 끔찍했어요. 그는 저를 거칠게 다루기 시작했는데, 마이클 볼하우스와 마티가 소리 질렀죠. "그만! 멈춰! 멈춰!" 저는 마티에게 고개를 돌렸고, 그의 눈에서 공포와 공황을 발견했어요. 그는 공포에 질리면서도 당황하고 있었어요. 시간이 없었기 때문이에요. 그래서 제가 그를 돌아보았죠. 그건 우리 사이에서 일어난 엄청난 순간이었어요. 제가 그를 보며 말했어요. "지금 이게 영화에 표현됐으면 좋겠어요?" 그가 대답했어요. "그렇고 말고요" 그는 카메라를 돌렸고, 저는 이 남자가 저를 유린하는 것이 어떤 느낌인지 표현했어요. 저는 깊은 고통에 빠져들었어요.

그래서 그 장면이 그런 고통스러운 정조를 갖게 된 거예요. 저는 생각했어요. "그리스도에게 지켜보기 더 힘든 일이 뭘까? 그녀의 쾌락, 아니면 그녀의 고통?" 그녀의 고통을 지켜보는 일은 그를 죽음에 이르게 해요. 그녀가 거기 있는 것에 그가 책임감을 느끼니까요.

그 장면의 두 번째 부분에서, 마리아는 고개를 들고 그곳에 있는 예수를 봐요. 마티는 그 모습을 아주 슬쩍 느려지는 슬로우 모션으로 찍었어요. 관객은 눈치채기 힘들어요. 뚜렷하게 보이지 않거든요. 하지만 막달라 마리아가 고개를 들어 예수를 보는 그 순간, 시간이 느려져요. 비상시에 우리가 느끼는 그런 시간의 연장처럼요.

예수가 막달라에 있는 제 거처에 방문하는 장면을 찍기 위해 마티는 특별한 장치를 설치했어요. 카메라가 윌럼을 지나 저에게 오게 하는 장치였죠. 역숏이 있는지조차 눈치채기 힘든 숏을 찍었어요. 저는 엎드려 있긴 했지만 카메라를 따라 시선을 움직여요. 그는 그 숏을 위해 그 장치들을 설치하고 계획했어요. 우리는 러쉬 필름을 받아볼 수 없는 상황이었고, 마티는 사실상 눈을 가린 상태로 영화를 찍는 것이나 다름없었어요.

정말 간단한 숏 하나가 있었어요. 한 인도 남성이 저의 성관계를 지켜보는 숏이었어요. 거기서 그리스도는 렌즈의 초점이 맞지 않은 상태로 후경에 앉아 있어요. 카메라가 그 인도 남자의 얼굴을 향해 슬며시 올라가요. 그러면 당신은 화면 왼쪽 전경에 있는 남자의 모습과 함께, 초점이 나간 채로 후경에 있는 그리스도를 봐요. 그리고 카메라가 서서히 전진하며 움직여요. 그러면 당신은 카메라가 그리스도에게 향할 것으로 생각하지만, 카메라는 인도 남성의 눈을 클로즈업해요. 그리고 그 눈에 초점을 맞추었다가 후경에 있는 그리스도에게 초점을 맞춰요. 그 장면을 보고 마티에게 말했어요. "어떻게 이런 생각을 한 거예요?" 그는 "4년 전에 생각해 두었어요. 한밤중에 그 아이디어와 함께 벌떡 일어났어요"라고 대답했어요. 저는 그가 평생 이 영화를 준비해 왔다는 걸 깨달았어요. 그는 어렸을 때 그리스도를 주제로 한 영화의 스토리보드를 그리기도 했다고 말했어요. 재능이 뭔지 누가 알겠어요? 분명한 재능이 있는 사람보다, 그 재능을 표현하는 것과 거절을 감당할 힘을 지닌 사람이 더 드물어요. 마티는 어쩔 수 없었던 것 같아요. 그는 영화를 해야만 했던 사람이에요.

마틴 스코세이지 : 카잔차키스의 책에서 뱀은 성행위를 의미해요. 그것은 우리의 욕구, 특히 신체적인 욕구를 대변하죠. 어쩌면 제가 그 목소리를 바꿔야 했을지도 몰라요. 막달라 마리아의 목소리를 뱀의 목소리로 사용하지 말았어야 했을지도 몰라요. 하지만 이 영화의 주인공은 막달라 마리아, 유다, 예수인 것 같았어요. 그래서 그들을 함께 두어야 하죠. 제2차 바티칸 공의회 이전의 가톨릭 교육을 받은 저에게 성행위는 가장 사악한 죄악으로 묘사되었어요. 지금에야 균형을 이루게 되었지만, 그 당시엔 어쩔 수가 없었죠. 그게 제 마음속에 있어요. 성적인 것이 사악하다는 생각이 저에게서 떨어지지 않았어요.

뱀은 온갖 표현 방식 속에서 섹슈얼리티를 의미해요. 심지어 우리의 생각 속에서도 그래요. 두 마리의 뱀이 사렸던 몸을 풀 때, 그 이미지는 정말 외설적으로 보여요. 성욕을 자극하는 느낌을 주죠. 그래서 온갖 예술 형식에서 뱀이 성행위로 나타나는 거예요. 그저 수컷-암컷이 아니라요. 신이 주신 가장 큰 선물이 여전히 우리를 죄악으로 이끄는 듯해요. 완전히 잘못된 것 같아요. 우리는 그것 때문에 온전하지 못하게 되죠.

카잔차키스의 책은 사실을 이야기하는 게 아니에요. 복음서도 아니죠. 그 책은 그냥 허구예요. 일종의 상상이자, 토론을 촉발하기 위해 만들어진 한 권의 책이요. 반드시 논란거리가 될 필요까진 없지만, 예수를 진지하게 받아들일 수 있게 만들어진 책인 거예요. 만약 우리가 그를 진지하게 받아들인다면, 그의 사상까지 진지하게 받아들이게 되겠죠. 바로 사랑에 대한 사상, 신을 사랑하고 이웃을 나 자신처럼 사랑한다는 사상을 진지하게 받아들이게 되는 거예요. 저는 그것들이 가장 중요하면서도 힘든 일이라고 생각했어요.

바로 그게 제가 느낀 관점이었고, 영화의 소재와 제가 맺은 개인적 관계였어요. 영화를 만들려면 저는 그 주제가 되는 소재로부터 무언가를 느껴야만 해요. 예수를 진심으로 받아들이고 싶었어요. 우디 앨런의 〈한나와 그 자매들〉에서 우디 앨런이 기독교인이 되기로 결심했을 때, 그는 3D 예수가 그에게 윙크 날리는 걸 보고 당황해요. 그런 예수를 어떻게 진지하게 받아들이겠어요? 자동차 계기판 위에 올려둔 예수나, 벨벳 천 위에 서 있는 예수를 어떻게 진지하게 받아들이겠어요? 그 영화는 그렇게 예상치 못한 방법으로 우리에게 충격을 줘요. 하지만 우리는 그런 충격을 받아 마땅하죠. 우리는 그런 이미지들이 우리를 장악하도록 내버려 둬요. 물론 사람들이 그 이미지를 숭배하는 것은 아니에요. 하지만 사람들은 그 이미지들이 대변하는 신을 숭배하죠.

카잔차키스는 예수에 대한 제 감각을 열면서 그러한 이미지들을 넘어서도록 했어요. 그리고 제가 더 많은 위험을 감수하기로 결심하는 것에 도움을 주었죠. 이 영화는 대사, 배우들의 억양, 의상, 촬영 장소 등 모든 것에서 위험을 감수해요. 저는 위험할수록 좋다고 생각했어요. 이 영화는 대체로 그리스도의 수난에 초점을 맞춰요. 저는 그 점에 매료되었어요. 저는 그리스도 수난극을 좋아했어요. 그러한 사건을 극화하는 것을 좋아했죠.

조 리디: 마티는 십자가 처형 장면을 아주 중요하게 생각했어요. 그는 나무를 깎아서 선반 모양으로 만든, 정말 그 시대의 물건 같은 엉덩이 받침대가 십자가에 있기를 바랐어요. 라틴어로 '세딜레*sedile*[35]'라고 불릴 거예요. 그 받침대는 십자가에 못 박힌 사람의 고통을 더 악화시키기 위한 것이었어요. 우리는 십자가에 있는 그 받침대가 장면의 사실성에 부합하는지 확인하기 위해 촬영을 중단해야 할 때도 있었어요. 마티가 강경하게 주장했거든요. 그 받침대는 화면에 잠깐 비춰질 예정이었지만 마티가 그것을 중요하게 생각해서 영화에 제대로 나오도록 찍었어요.

마이클 볼하우스: 십자가 처형 장면에서는 예수가 십자가에 못 박혀 있을 때 그의 이미지가 점점 기울어지는 숏이 있어요. 그 놀라운 순간은 소위 말하는 화면 구성 법칙을 모두 깨뜨리죠. 하지만 사람들은 그 모습을 받아들여요. 장면의 정서와 맞기만 하다면 그게 잘못되었다고 느끼지 않거든요.

35 '앉는 자리'라는 뜻이다.

우리는 십자가 처형 장면을 위해 하루 동안 서른 번이나 카메라 셋업을 했어요. 윌럼이 뜨거운 태양 아래에서 몇 시간 동안 십자가에 매달려 있는 모습이 상상되나요? 그는 불평 한마디 하지 않았어요. 촬영 시간이 되면 그는 거기 있었죠. 정말 엄청난 체력이 필요한 장면이었어요. 윌럼은 그 영화를 위해 살고 있었죠. 그는 새벽 4시에 일어나서 서너 시간 동안 분장을 했고, 때때로 10시간이나 12시간 이상 촬영을 했어요. 이따금 그는 6시간 이상 자지 못한 상태로 연기했는데, 정말 그가 존경스러웠어요.

페기 고믈리 : 우리 모두 윌럼을 존경했어요. 그는 정말 경이롭고 윤리적인 사람이었죠. 십자가 처형 장면을 찍으면서 윌럼은 육체적으로 많은 것을 견뎌야 했는데, 그게 얼마나 힘든 일인지 옆에서 지켜보는 것 만으로도 느껴졌어요. 십자가에 못 박히는 장면은 심금을 울리면서도 매우 끔찍한 장면이었고, 또한 무척 경이로웠어요.

윌럼 더포 : 십자가 처형 장면이 마지막 촬영은 아니었지만 정서적으로는 모든 것이 종결되는 장면이었어요. 이후 모든 촬영이 끝났을 때 비로소 저도 완수했다는 기분을 강하게 느꼈죠. 다행히 촬영은 끝났다고 했을 때 정말로 마무리되었어요. 다른 영화들은 나중에 가서 "이틀 더 촬영해야 해요"라고 말하기도 하는데, 이 영화는 완전히 끝이 난 느낌이었죠. 하지만 제가 맡았던 역할은 저에게서 한치도 떠나지 않았어요.

하비 카이텔 : 영화 마지막 장면에서, 제가 노인 유다로 돌아왔을 때, 저는 마티에게 카메라가 저를 잡고 있을 때 그가 예수를 연기할 수 있는지 물어보았어요. 그 장면에서 예수는 바닥에 깔린 거적 위에 몸을 늘

어뜨린 채 죽어 있거든요. 마티는 제 요청을 예민하게 받아들였어요. 그는 촬영 전날 밤 저에게 전화를 걸어 "잠깐 이야기 좀 할까"라고 말하더니 제 방에 와서 "정확히 내일 내가 뭘 하기를 바라는 거야?" 라고 물었죠. 제가 "그냥 거적 위에 누워서 예수가 되면 돼"라고 말하자 그가 물었어요. "그런 다음 넌 어쩌게?" 저는 "그냥 거기 서 있을 거야!"라고 말했어요. "아, 그냥 거기 서 있을 거야?"라고 그가 말했어요. "난 꿈쩍도 안 할 거야"라고 제가 말했죠. 그러더니 그가 알았다고 말하더라고요. 그는 긴장하면서 다음 날 저를 위해 죽은 듯이 예수를 연기하며 누워 있었죠. 제가 영화에서 예수에게 말을 걸 때, 그건 제가 마티에게 말을 하는 거였어요. 거적 위에 누워있는 마티에게 말이에요.

마틴 스코세이지 : 편집하면서 우리는 여러 어려움에 부닥쳤어요. 예수가 정신 착란 상태의 사람들을 치유하는 모습에 이어서 맹인을 치료하는 장면이 나왔어요. 예수가 그 남자를 치료할 때, 저는 예수의 머리를 중심에 두고 카메라를 트래킹하려고 생각했어요. 예수가 그 남자를 보고 있는 와중에 카메라가 눈먼 이를 비추다가 예수의 어깨 너머까지 뒤로 빠지는 거예요. 그런 다음 예수의 손을 향해 카메라가 고개를 숙여요. 예수가 약초와 나뭇가지를 손에 문지르고 남자의 눈에 가져다 대요. 그런 뒤 카메라가 트랙을 따라 돌고, 예수가 손을 떼면 남자의 눈이 치료되죠.

이 장면의 요점이 치료일 필요는 없었어요. 오히려 여기서 중요한 건 예수의 표정이에요. 왜냐하면 이 이야기의 모든 기적과 그가 행하는 모든 것이 그를 목적지에 더 가깝게 데려가고, 그를 죽음과 더 가깝게 십자가에 못 박히는 곳으로 이끌기 때문이에요. 그리고 그건 그가 원하지 않는 것이죠.

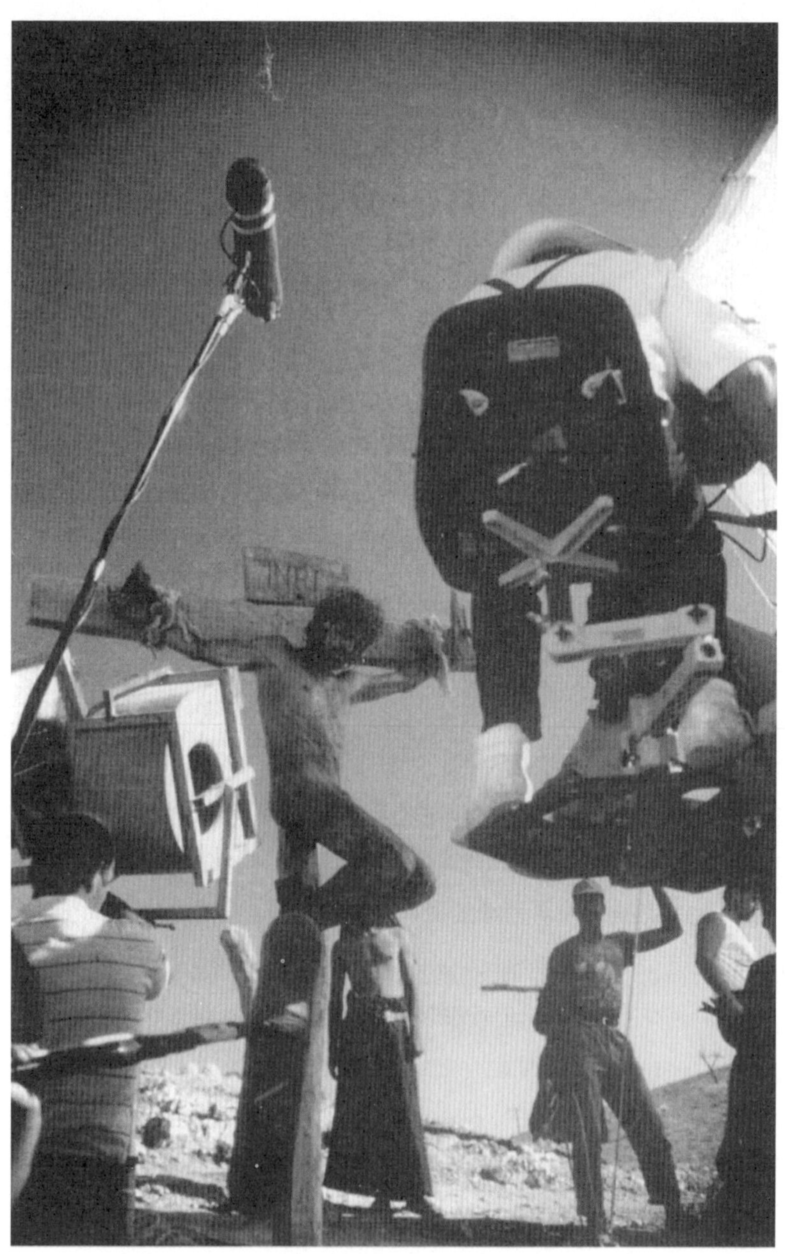

〈그리스도 최후의 유혹〉을 위해 예수의 십자가 처형 장면을 찍는 모습이다.

우리는 그 치료 장면에서 가나의 결혼식 장면으로 넘어가요. 그런데 예수가 눈먼 이를 치료하는 장면에서 어떻게 넘어가야 할까요? 눈먼 이를 치료하는 장면에서 관객이 보는 마지막 숏이 무엇이어야 할까요? 가나의 결혼식 장면에서 관객이 가장 처음 보는 숏은 무엇이어야 할까요?

저는 결혼식 만찬을 위해 양을 도축하는 장면으로 시작하고 싶었어요. 거기는 모로코였기 때문에 양이 있었죠. 당신은 푸주한이 양을 죽이고 매다는 모습을 보게 돼요. 가나의 결혼식이 그렇거든요. 저는 예수의 얼굴 클로즈업에서, 즉 눈먼 이를 치료하는 그의 표정 숏에서 양의 숏으로 넘어가고 싶었어요. 바로 그게 예수에게 일어날 일이니까요. 그는 곧 도살될 어린 양이에요. 하지만 양이 도축되는 이미지가 너무 충격적이어서 당신은 그런 생각을 할 겨를이 없는 거죠. 나중에야 그 조각들을 맞추게 돼요. 하지만 그 순간에는 그걸 생각하지 못하죠.

결혼식 장면을 위해 조사를 많이 했어요. 결국 유대인과 베두인의 풍습을 합치게 됐죠. 우리는 모로코에서 열리는 결혼식도 봤어요. 그러다 모로코인, 베두인, 유대인의 풍습을 모두 결합하게 되더라고요. 그 장면에는 원래 4개의 컷이 있어요. 첫 번째 숏은 도살되는 양이에요. 그 숏에서 카메라는 푸주한이 양을 자르는 모습부터 틸트 다운하면서 접시를 보여줘요. 사람들이 걸어오면서 접시에 동전을 던져 푸주한에게 돈을 지불해요. 그게 풍습이었어요. 그리고 두 번째 컷에서 사람들이 신랑을 가마에 태우고 오는 모습이 보여요.

하지만 카메라가 고개를 내릴 때, 푸주한이 어린 양의 배를 가르는데, 그게 너무 오래 걸리는 거예요. 그의 도살 숏이 정말 길었죠. 저는 이 부분이 과하다고 생각했어요. 화면이 이미 제법 잔인한데 양을 그렇게까지… 저는 예수의 얼굴에서 커팅한 뒤 매달린 양 발굽으로 넘어갔다가 거기서 카메라를 틸트 다운하면서 푸주한이 칼을 다루기 시작하는 모습을 보여 주었어요. 하지만 보기에 별로였죠. 매달린 양이 정육점에 걸려 있는 것처럼 보였거든요. 너무 평범했어요.

그래서 다른 방법을 시도했어요. 우선 푸주한으로 숏을 시작하다가 예복을 입고 가마를 타고 오는 신랑의 숏으로 넘어가요. 신랑은 얼굴에 철가면을 쓰고 있고, 북소리가 들려요. 그런 뒤 다시 양의 컷으로, 또 신랑 컷으로 넘어가요. 그런 뒤 신부 컷으로 넘어가고, 다시 신랑 컷으로 넘어갔다가 춤추는 모습으로 컷이 넘어가는 거예요. 하지만 이렇게 하니 더 이상 몽타주가 아니게 되었어요.[36]

결혼식 장면을 다시 확인해 보면 잠깐의 소강상태가 있어요. 북소리가 잠잠해지는 순간이 있거든요. 그래서 우리는 막달라 마리아와 유다, 그리고 다른 사도 몇 명과 함께 결혼식장으로 들어오는 예수를 보여주는 숏으로 바로 넘어 갔어요. 하지만 결혼식 하객 중 한 명에 의해 저지당해요. 그가 막달라 마리아에게 "당신은 여기 있을 수 없어요"라고 말해요. 예수가 그에게 신의 나라는 결혼식과 같다고 말하죠. 신이 신랑이라면, 인간의 영혼은 신부인 거예요. 남자는 기분이 나쁜지 "이건 법에 위배돼요"라고 말해요. 그러자 예수가 "법이 제 마음을 거슬러요"라고 말하며 그 자리를 떠나죠. 그런 뒤 신부를 보여주는 컷으로 넘어가요. 우리는 편집하면서 그러한 결정들을 내리고 시행했어요.

셀마 슈메이커: 저는 러쉬 필름을 보다가 울고 말았어요. 엄청나게 압도되어

36 개봉 버전에서 푸주한과 관련된 숏들은 매달린 양의 다리 컷, 배를 가르는 푸주한의 컷, 매달린 양의 머리에서 카메라가 틸트 다운하여 접시를 보여주는 컷, 걸어가는 사람들 발에서 카메라 틸트 업하면 가마를 타고 가는 신랑을 보여주는 컷으로 구성되었다.

서 3일 동안 마티에게 말을 못 붙일 정도였죠! 〈분노의 주먹〉에서 드니로가 그의 동생을 껴안는 장면을 본 이래로 그런 일은 처음이었어요.

이 영화를 향한 감정은 뭔가 좀 감미로워요. 이 영화에 참여한 사람들이 이 영화를 대하는 감정에도 다정함이 느껴지죠. 모로코 촬영 스태프뿐만 아니라, 편집과 사운드 믹싱 스태프들의 감정도 그래요. 사람들은 여전히 엘리베이터 안에서 저를 붙잡고 "다시는 그런 영화 안 할 거예요"라고 말해요. 믿기 어려울 만큼 강렬한 감정이 남으니까요. 스태프들이 서로를 어떻게 느끼는지 들어보셨을 거예요. 그건 모든 사도 사이에 자리한 대단한 사랑이자, 윌렘을 향한 엄청난 사랑이에요. 그 사랑은 식지 않아요. 그들은 정말 가족 같았죠.

어떤 여자가 왜 그 영화를 좋아하지 않는지 설명했어요. 억양이 마음에 들지 않았다고 말하면서 이런저런 다른 이유도 대더라고요. 그러고 나서 뭐라 말했는지 아세요? "저는 영화 보는 내내 울었어요" 사람들이 그렇게 말하는 걸 정말 많이 들었어요. 그게 이 영화의 힘이었어요.

마티는 자신의 영화가 클리셰로 이탈하지 않도록 막는 것에 매우 능숙한 사람이에요. 그는 멋진 구도를 만드는 것이 아니라, 정확한 정서가 담긴 숏을 사수해요. 그는 어색한 순간이나 사람들을 불편하게 만드는 것을 두려워하지 않죠. 그의 영화는 당신을 불편하게 만들 거예요. 예를 들어, 피터 가브리엘은 "저는 그가 십자가에 못 박히지 않기를 원하지 않았어요. 저는 그가 죽길 원했어요"라고 말했어요. 그게 당신이 느끼게 되어 있는 감정이에요. 그건 당신이 벗어나려고 발버둥 치는 악몽 같아야만 해요. 하지만 바로 그게 예수에게 일어난 일이죠. 신이 그를 깨우려고 하고, 당신은 그걸 느껴야 해요. 마티는 당신이 예수를 인간으로 보지 않을 수 없도록 만들어요. 그래서 예수가 죽을 때, 당신은 한 인간이 다른 한 인간의 죽음에 반응하는 방식으로 그의 죽음에 반응하게 돼요. 그게 비극이에요. 당신은 압도당한 기분을 느끼죠.

피터 가브리엘 : 저에게 음악은 정서와 영성에 모두 직접적으로 연결되어 있어요. 대부분의 사회에서 사람들은 자신들의 더 깊은 욕구와 감정에 접촉하기 위해 음악을 사용해요. 그래서 음악은 사회적 변화를 위한 수단이 될 수 있죠. 저는 이 영화의 음악을 만들면서 만약 예수가 사회적 변화를 가져오려고 하는 거라면 음악도 그런 역할을 해야 한다고 생각했어요. 음악에는 무아지경에 젖게 하는 순간이 있는 것 같아요. 좀 과한 표현일 수도 있지만 종교적인 틀로 그렇게 받아들일 수 있어요. 음악이 절묘하게 어우러지면 정말 마법같이 느껴지거든요. 마치 종교적인 경험과 비슷해요. 우리가 〈최후의 유혹〉 음악 작업을 할 때 정말 그런 일이 일어났어요.

이 영화를 함께 작업한 음악가 중에는 아프리카 사람도 있고, 중동 사람도 있고, 파키스탄 사람도 있었어요. 다양한 영향과 원천을 주고받았죠. 저는 런던에 있는 국립 음향 기록 보관소*National Sound Archive*에서 많은 시간을 보냈어요. 루시 듀란*Lucy Duran*이 거기서 연구자로 활동했어요. 그녀는 우리에게 다양한 음악을 들려주었고, 저는 마티에게 들려줄 몇 개의 곡을 골라서 연주했어요. 그중 두세 곡이 영화에 사용됐죠. 예를 들어, 수도사들이 있는 수도원 장면에서 노래 부르는 사람들은 실제로 바레인의 식당 종업원들이에요. 시장에서 흘러나오는 이집트 음악은 루시 듀란이 발견한 것을 우리가 조금 다른 리듬으로 바꾼 뒤 플루트 소리도 추가하여 확장한 것이었어요. 오프닝 음악은 아르메니아 전통 선율이죠.

저는 마티가 음악으로 물리적 현실성을 만들어 주기를 바란다고 생각했어요. 그가 시각적으로 그렇게 하는 것처럼 말이에요. 그래서 십자가를 짊어지고 가는 시퀀스가 저에게 정말 중요했어요. 그 장면은 극부감으로 찍혀 있는데, 연출이 정말 놀라웠어요. 저는 테이프에 녹음할 준비를 하고, 마이크를 모두 설치한 뒤 그 시퀀스를 틀어 놓고 녹음 버튼을 눌렀어요. 우리는 연주가 그 화면과 같은 흐름과 느낌을 유지할 수 있게 애썼어요. 그 장면에서 우리는 파키스탄 카우왈리 가수 누스라트 파테 알리 칸*Nusrat Fateh Ali Kahn*의 노래를 사용했어요. 세네갈 가수인 바바 말*Baaba Maal*이 무슬림의 전통 기도 주문을 외웠는데 그건 최후의 만찬 장면에서 사용됐죠.

지금 저희 부모님은 교회에 정기적으로 나가시지만, 제가 어렸을 때는 그렇지 않았어요. 학교에서 채플은 꽤 중요한 부분이었죠. 찬송가는 저에게 영감을 주었고, 지금도 그래요. 백인 남자로서 저에게 종교 음악은 흑인들의 소울 음악과 다름없어요. 그래서 말하자면 그게 제 안에 각인된 거죠. 제 어머니 쪽과 아버지 쪽 친지들 모두 클래식 음악에 심취했고, 그 음악 중 일부는 종교적인 성향을 띠었어요. 그래서 어릴 때부터 많은 음악을 들었죠. 저는 10살 무렵에 처음 다녔던 학교에서 합창단 활동을 했어요. 하지만 10대 시절 두 번째 학교에서는 일부러 합창단을 피했죠. 그걸 하면 다른 일을 할 시간이 없었거든요. 비록 영적인 것에 끌리긴 했지만, 저는 과거에도 그랬고 어쩌면 지금도 착실한 기독교인은 아니에요.

저는 제 영혼이 위험하다고 느꼈던 여러 순간에 기도를 올렸어요. 한때 제가 딸을 잃을지도 모른다 생각했을 때, 그 정도로 위험하고 스트레스가 심할 때, 죽음에 가깝다는 느낌이 들 때, 다시금 종교적 믿음에 기대게 돼요. 저는 제 믿음이 기독교, 불교, 도교가 이리저리 뒤섞인 것이라고 생각해요. 60년대에 10대 시절을 보냈던 사람이라면 전형적으로 보이는 모습일 거예요. 바로 그런 점이 제 음악에 녹아 있어요. 다양한 영향에 열려 있는 것 말이에요.

나사로의 누이들이 나오는 장면에서 우리가 신시사이저로 만든 음악이 있어요. 우리는 소년 합창단과 함께 그 곡을 만들었죠. 우리는 그 음악을 천사로 가장한 악마가 예수를 십자가에서 떼어내는 장면에 사용하려고 했어요. 그게 영화 전체를 통틀어 유일한 전통 기독교 음악이었거든요. 저는 그 음악과 사랑에 빠질 정도로 좋아했어요. 하지만 마티가 그 음악을 원치 않아서 낙담해야 했죠. 우리가 전통적인 교회 음악을 사용할 유일한 기회였는데 말이에요. 악마를 표현하는 그 음악을 들어보면, 정말 기독교 음악이라고 느껴질 거예요. 그런 역설이 영화에 묻어날 수 있었어요.

〈최후의 유혹〉을 둘러싼 소동은 참 터무니없어요. 영화에 의해 파괴될 만큼 사람들의 믿음이 약하다면, 애초에 별것도 아닌 거예요. 영화를 보고 나서 사람들은 자기 삶뿐만 아니라 종교에 대한 자신의 관점까지 되돌아볼 기회를 얻을지도 몰라요. 그런 영화에 참여하게 되어 저 자신이 매우 자랑스러워요.

마틴 스코세이지 : 웨스트 코스트에서 시위가 시작되었을 때, 우리는 뉴욕에서 편집을 하고 있었어요. 제작사가 시위대를 상대하고 있었죠. 첫 시위는 7월 14일인가 15일쯤이었어요. 우리는 유니버설 영화사의 영화 개봉을 막으려는 종교 단체들을 7월 12일 시사회에 초대했죠. 하지만 그들은 오지 않았어요. 상영은 오전 10시에 시작이었지만 그곳에는 제 스태프들과 잭 발렌티*Jack Valenti*, 폴 뉴먼, 타임지에서 온 기자 한 명뿐이었죠. 오후 2시에는 다른 종교인들이 그 영화를 보기로 되어 있었어요. 어떤 이들은 적대적이었지만, 대체로 좋아했어요. 우리는 그날 밤 그들과 함께 저녁을 먹었어요.

나중에 캘리포니아에서 시위가 벌어졌을 때, 시위대는 주로 제작사 경영진들을 노리면서 그들이 유대인이란 사실에 초점을 맞췄어

〈그리스도 최후의 유혹〉에서 예루살렘 여성들이
예수와 함께 십자가의 길(Via Dolorosa)을 걷는다.

요. 시위자들은 MCA의 대표인 루 와서먼*Lew Wasserman*의 코를 삐뚤어지게 그린 캐리커처를 들고 시위했어요. 베벌리힐스에 있는 그의 집 앞에서 벌어진 시위였죠. 제가 알기로 루 와서먼은 영화를 보지도 않았어요. 시위대는 상당히 거칠었죠. 그들은 스튜디오 밖에서 피켓 시위를 벌였어요. 불나게 전화해 유니버설의 전화통을 먹통으로 만들었고, 그 당시에는 우리가 알지 못했던 온갖 추잡한 일들을 저질렀어요. 영화가 개봉하기 하루 전인 목요일 오후 3시에 주차장에서 분신자살을 할 거라는 한 남자의 협박이 있기도 했어요.

폴 뉴먼 : 〈그리스도 최후의 유혹〉을 보고 나서 저는 잠시나마 종교에 정식으로 몸담고 싶다는 생각을 하게 됐어요. 제 아버지는 유대인이고 어머니는 가톨릭 신자이고, 저는 크리스천 사이언스 신자로 자랐어요. 그래서 제가 정확히 어디에 소속되어 있는지 잘 모르겠더라고요. 하지만 그 영화는 지난 몇 년간의 그 무엇보다 신에 대해 생각하게 했어요. 정말 강력하고 독실한 영화예요. 어떻게 그 영화가 신성모독으로 간주되는지 이해할 수 없었어요. 성경에 대한 그 정도의 검토 작업도 기독교가 견디지 못한다는 게 믿기지 않았어요.

폴 슈레이더 : 실제로 〈그리스도 최후의 유혹〉에 대한 대부분의 항의는 사회적, 정치적 기독교의 반지성주의적 진영에서 온 것이었어요. 기독교 그 자체와는 크게 관련 없었죠. 그들은 여러 가지 이유로 토론을 차단했어요. 영화를 보고 안 보고는 그들에게 중요하지 않았어요. 영화에 어떤 내용이 담겨 있는지도 상관없었죠. 그들은 정작 토론은 피하면서 할리우드가 자신들의 주님을 모욕하려 한다고 말하고, 자신들이야말로 주님을 보호하고 있다 말하면서, 돈을 부쳐달라, 우리가 싸울 수 있게 해달라고 말했어요. 그들이 그런 식으로 말을 할 때, 주류

기독교는 그냥 근본주의와 연합해 버려요. 할리우드와 손잡지 않는 거예요.

톰 폴락: 그 시위는 팀 펜랜드Tim Penland와 관련된 문제가 불거지자마자 일어났어요. 팀 펜랜드는 우리에게 조언을 해줄 컨설턴트로 유니버설에 고용된 사람이었죠. 펜랜드의 회사는 크리스천 마케팅이라고 불리는데, 펜랜드는 이전에 〈불의 전차〉와 〈미션〉으로 워너브러더스의 일을 봐주었어요. 그들은 근본주의 개신교 공동체와 매우 끈끈한 관계를 맺고 있었어요. 우리는 이 영화를 근본주의 공동체에 보여주면 그들이 영화가 하는 말을 승인하지 않더라도 영화를 통해 말하고자 하는 이들의 명백한 진심을 공격하지는 않을 거라고 생각했어요. 하지만 우리는 그렇게까지 하지는 않았죠. 공격을 받는 건 영화가 아니었기 때문이에요. 근본주의 공동체는 폴 슈레이더의 옛 시나리오를 유포했어요. 그 안에는 영화에는 나오지 않는 장면들이 있었죠. 폴이 쓴 첫 번째 초고였어요. 심지어 마티는 자기도 그 시나리오를 가지고 있지 않다고 했어요. 그들이 그걸 어떻게 입수했는지는 알 수 없는 노릇이었지만, 어쨌든 그걸 손에 넣었죠. 그들은 그 시나리오를 인용하면서 그 내용이 영화 속에 들어 있다고 주장했어요. 저는 유니버설에 항의하러 온 2만 5천 명의 대표들과 이야기하기 위해 걸어 나갔는데, 그때 제가 "당신들 왜 여기 있는 건가요?"라고 물었어요. 그들은 "당신들이 예수를 동성애자로 묘사하잖아요"라고 답했어요. 그건 폴 슈레이더의 초안에만 있는 부분이었어요.

대부분 선한 사람들이 현혹되고 말아요. (아야톨라의 파트와[37]에 시달린) 살만 루슈디의 사건은 요즘 이 모든 일들에 또 다른 의미를 부여해요. 펜랜드는 우리를 떠나 시위대에 합류했어요. 그는 중간에 끼어 있는 사람 같았어요. 하지만 그는 실제 시나리오를 읽어보았고, 시위대가 주장하는 내용이 거짓이라는 것도 알았을 거예요. 그래도 저는 악의를 품지 않아요. 영화 〈최후의 유혹〉이 보여주는 정신으로, 저는 그를 용서해요.

제이 콕스 : 저는 일심전력으로 마티와 함께 시나리오 작업에 매달렸어요. 크레딧에 오르지 않기가 어려울 만큼 열심히 했어요. 영화의 초기 포스터에는 폴 슈레이더와 제가 모두 각본가로 이름을 올렸어요. 하지만 폴이 이의를 제기했고, 이런 일들을 중재하는 작가 조합은 폴이 단독으로 크레딧에 이름을 올려야 한다는 결정을 내렸어요. 원작을 각색한 프로젝트의 경우, 시나리오 초안이 우선권을 갖는다는 사실을 그때 알게 되었죠. 하지만 제가 했던 일, 마티와 함께 한 작업에 대한 저의 자부심은 누구도 뺏을 수 없어요. 제 이름을 지울 수 있을지는 몰라도, 제 작업을 지울 수는 없거든요.

슈레이더는 좋은 작가예요. 그는 외골수인데다 분명한 초점을 가지고 글쓰기에 접근해요. 자기 자신에게 엄격한 사람이죠. 그는 엄청난 추진력으로 일을 시작하고 그 힘을 계속 유지해요. 〈최후의 유혹〉에서도 그랬어요. 그 추진력이야말로 밀도 높은 소설을 각색하는 데

37 살만 루슈디는 1988년에 소설 〈악마의 시〉를 출간한 뒤 이슬람 국가들로부터 자기들 종교를 모독했다는 혐의를 받았다. 이에 신성모독을 이유로 종교 지도자 아야톨라가 파트와를 선포하였다. 파트와는 종교 지도자가 내리는 포고령으로서, 정교분리가 되어 있지 않는 사회에서는 국가의 법률보다 더 큰 힘을 발휘한다. 아야톨라 호메이니는 1989년 2월에 파트와를 선포하면서 루슈디를 공개 처형하라는 명령을 내렸다.

필요한 기량이었어요. 그는 영화로 만들 만한 구조를 가지고 왔고, 마티와 제가 시나리오에 특별한 색과 뉘앙스를 가미했다고 생각해요. 우리는 수도원 시퀀스를 새로 넣었는데, 다들 빼라고 했지만 그걸 남겨두어서 다행이에요.

〈최후의 유혹〉과 관련된 모든 사람은 일종의 번개를 맞았던 것 같아요. 하지만 누구보다 마티가 가장 큰 타격을 받았죠. 모든 사람이 영화의 분량과 대사에 불평했어요. 사도들이 하역 인부들처럼 말한다고 불평했죠. 하지만 누구도 불평하지 않은 것이 하나 있어요. 못 알아 먹은 사람이 아무도 없었던 거예요.

우리가 예수를 진짜처럼 만드는 데 성공한 뒤 머지않아, 검은 벨벳 위의 예수[38]라고 불릴 법한 편향된 관심을 두는 사람들이 분명 화를 낼 거라고 생각했어요. 그들에겐 위협적이었을 테니까요. 원작은 예수를 인간으로 만들었어요. 자신의 의심 때문에 그는 인간이 돼요. 그러한 예수의 의심과, 그가 인간이 되고 싶어 한다는 사실이 사람들을 뒤흔들었어요. 저는 이것이 존 레넌과 비슷하다고 생각했죠. 거리에 쓰러져 곧 죽는 순간, 당신이 원하는 것은 모두가 당연하게 여기는 그것밖에 없어요. 바로 삶을 원하게 되는거죠. 영화 속 예수가 원했던 것은 그게 다인 거예요.

바바라 허시 : 참 아이러니하게도, 그 최후의 유혹, 유혹 중에서도 가장 거대

38 벨벳 회화(Velvet painting)는 벨벳을 바탕으로 그 위에 그림을 그리는 방식으로서, 주로 검은 벨벳이 쓰인다. 검은 벨벳은 다른 재료들보다 더 어두운 검은 색을 제공하여 다른 색을 눈에 띄게 만든다. 초기 검은 벨벳 회화는 인도와 파키스탄 국경 지역인 카슈미르에서 시작되었으며, 주로 종교적인 내용이 담겼다. 그러한 검은 벨벳 회화는 근대 시기에 이르러 미국의 농촌 지역에서 널리 퍼졌고, 주로 키치(kitsch)적인 주제를 담고 있다. 엘비스 프레슬리나 존 웨인, 데일 언하르트와 같이 대중들에게 잘 알려진 사람들의 이미지를 비롯하여, 예수도 그려졌다. 예수와 엘비스 프레슬리가 나란히 있는 그림도 있다.

한 유혹은, 기적의 가장 평범한 형태라는 점이에요. 바로 우리의 삶, 우리의 일상적 삶, 우리가 먹고 마시며 사랑하고 아기를 낳고 병들고 늙어 죽을 수 있다는 그 사실 말이에요. 우리가 그냥 살아간다는 사실이 우리에게 주어진 가장 큰 선물이에요. 우리는 그렇게 생각하지 못하지만요.

톰 폴락: 이 영화가 나오기 전까지는, 지난 10년 동안 영화계 임원들이 그리스도의 본성에 대해 이야기하느라 그렇게 많은 시간을 쓰게 될 줄 전혀 생각지 못했을 거예요. 그들은 수익이나 아널드 슈워제너거의 연기에 대해 이야기하지만, 절대 그리스도의 본성에 대해서는 대화를 나누지 않았죠. 〈그리스도 최후의 유혹〉이 나오면서, 그리스도의 본성은 모든 이의 쟁점이 되었어요. 누구나 자신의 의견 하나쯤 피력할 수 있어야 했죠. 표현의 자유라는 쟁점뿐만 아니라, 예수의 인간성이라는 쟁점에 대해 이야기해야 했어요. 20년간 교회학교에 가지 않은 사람이라도 그것에 대해 고민해야 했어요. 사무실과 복도, 점심 식사 자리에서 나눌 수 있는 흔한 대화 주제가 된 거죠. 심지어 저는 신학책도 읽기 시작했어요.

이 영화에 대한 시위는 근본주의적 개신교와 연루되어 있었는데, 저는 그들의 뻣뻣한 태도가 성 바오르*Saint Paul*와 성 아우구스티누스*Saint Augustin*에게로 거슬러 올라간다는 연구를 읽었어요. 근본주의자들은 예수가 인간이라는 생각을 불편하게 여겨요. 만약 예수가 인간이라면, 모든 인간이 사악하므로 예수도 사악한 존재가 되니까요. 그래서 그들은 예수가 오직 신이길 원해요. 니케아 공회의*the Council of Nicaea*는 예수가 충분히 인간이자 충분히 신이었다고 말하고, 모든 사람이 공회의의 결정을 받아들인다고 말하지만, 실제로 그들은 수용하지 않아요. 만약 예수가 인간의 모습을 한 신이라면, 예수는 죄가 없을 뿐만 아니라, 유혹에도 빠지지 않고, 인간의 결점도 가지고 있지 않을 테니까요. 하지만 영화의 발상은 예수가 인간이며 인간으로 남아 있고 싶은 유혹에 빠지고, 그리하여 더 큰 희생을 치른다는 것이에요. 그는 인간을 위해 자신을 희생하는데 그것이 훨씬 더 의미 있는 희생이 되는 거죠.

유럽 국가에서 그 영화는 거의 문제가 없었어요. 아일랜드는 아무런 저항 없이 그 영화를 틀었어요. 오직 유럽의 두 나라에서만 문제가 있었는데 하나는 프랑스고, 다른 하나는 그리스였죠.

저는 프랑스가 특별한 경우였다고 생각해요. 그 당시 르페브르 대주교*Bishop LeFebvre*가 가톨릭교회로부터 파문당했고, 우파 대통령 후보와 결탁했죠. 미국처럼 정치 자금을 모으기 위해 영화를 선거에 활용했던 거예요. 그들은 가톨릭교회가 영화에 반대하는 입장을 취하도록 하기 위해 영화를 정치적으로 쟁점화했어요. 프랑스에서 일어난 시위는 반유대주의적 성향이 짙었고, 폭력 사태도 많이 일으켰어요. 다른 나라에서도 시위가 있기는 했지만, 유독 프랑스에서만 미국과 같은 반유대주의적 기색이 보였죠.

그리스에서는 그리스 정교회가 20년 전 카잔차키스를 비난하면서 했던 일을 반복하게 됐죠. 당연하게도 영화는 성대하게 개봉했지만, 2주가 지나자 그리스 정교회에 의해 규탄받으면서 극장에서 내려갔어요. 당시 그리스 정교회는 멜리나 메르쿠리*Melina Mercouri*가 문화부 장관으로 있는 진보적 파판드레우 정부를 무력화하려 했어요. 영화 간판이 내려온 뒤에는 다시 걸리지 못했죠. 카잔차키스가 다시 한번 수치스러운 죽음을 맞이했던 거예요.

엘레니 카잔차키스 : 책이 출간되었을 때 많은 사람이 걸작이라고 말했어요. 그리스도를 주제로 쓰인 것 중 최고의 소설이라고 했죠. 하지만 그

책을 신성모독이라고 말하는 사람들은 그 책을 읽지 않았어요. 영화를 비난하는 사람들도 마찬가지에요.

저는 윌럼 더포를 좋아했어요. 아주 많이요. 시나리오를 읽은 후 마틴 스코세이지에게 편지를 썼어요. "저는 정교회 신자예요. 하지만 절대 광적인 신자는 아니에요. 사람들은 그리스도가 꿈속에서만 결혼했다는 걸 명확하게 파악하지 못해 충격을 받는 것 같아요. 그는 최후의 유혹을 받았다는 꿈을 꿔요. 최후의 유혹은 꿈이에요. 그의 길은 우리의 길과 교차하지만 그건 가능하지 않아요" 하지만 스코세이지는 악몽 장면을 너무 자연스럽게 만들었어요. 그리스도가 자신의 자녀와 함께 등장할 때, 그건 정말 행복한 꿈처럼 느껴져야 하거든요. 그리스도가 십자가에 못 박혀 있고, 그 모든 것이 상상이라는 걸 사람들이 이해해야 하죠. 그리고 저는 그 부분이 너무 길다고 생각했어요. 니코스도 똑같았죠. 저는 원고를 타이핑하면서 최후의 유혹 부분이 너무 길다고 남편에게 말했어요. 보통 악몽을 꾸는 시간은 그저 1분, 혹은 1초 동안에 불과하지만 우리는 그것을 밤새 일어난 일이라고 생각하잖아요. 하지만 니코스는 제 말을 듣지 않았어요. 그러니 스코세이지의 잘못도 아닌 거예요.

*

뉴욕에서는 지그펠드 극장 앞에서 영화 반대 시위가 벌어졌다. 하지만 위협적인 폭력은 일어나지 않았다. 영화가 개봉한 8월 12일 오후, 표를 구하기 위해 나와 함께 줄을 선 사람들은 시위대의 비아냥에 잠자코 있지 않았다. 오히려 사람들은 시위대가 영화를 볼 수 있도록 초대했다. 〈후레치 2〉를 찍다가 쉬는 날을 틈타 영화를 보러온 마이클 리치*Michael Ritchie* 감독이 우연히 내 근처에, 그것도 줄 앞쪽에 서 있었다. 그는 시위대 중에서도 특히 떠들썩한 한 남자에게 입장료를 지불하겠다고 제안했다. "들어와서 봐요. 시위하고 싶다면 좋아요. 전 당신의 권리를 존중해요. 하지만 비난하는 동시에 어떤 영화인지도 보세요" 하지만 그 남자는 그 제안을 거절했다.

웨스트체스터 카운티에서 온 한 단체가 황금 사자가 양각된 커다란 붉은 깃발을 들고 서 있었다. 나는 그중 하나와 영화에 대해 토론하려고 말을 걸었다. 그는 대답하기를 거부하면서 그 단체의 대변인에게 나를 안내했다. 대변인은 그들이 미국 전통 가족 재산 보호 협회로 불린다고 설명해 주었다. 그 단체는 "가톨릭계의 좌파 진보 세력 침투를 규탄하기 위해" 브라질에서 설립되었으며, 이전에는 키신저와 미국 가족계획연맹에 반대하는 것뿐만 아니라 모든 형태의 사회주의에 반대하는 시위를 벌였다.

1988년 〈그리스도 최후의 유혹〉이 개봉한 날 뉴욕의 지그펠드 극장 바깥 시위대들.

그중 대략 스무 명의 멤버가 버스를 타고 지그펠드 극장으로 왔다. 그들은 TV 카메라가 떠나자 자리를 떴다. 하지만 뉴스 제작진들은 저녁 방송에 쓸만한 다른 것을 포착했다. 처음으로 일반 관객들이 그 영화에 대한 반응을 보여준 것이다. 영화관을 나서면서 인터뷰에 응한 관객들은 "무척 감격했다", "아름다운 영화다"라고 말했다. 한 신부가 자기 신자들에게 그 영화를 추천할 것이라고 말하기도 했다. 노숙자들을 위한 한 쉼터의 책임자는 마침내 빼앗긴 자들이 사랑할 수 있는 예수를 보았다고 말했다.

그전, 로스앤젤레스에서는 근본주의 기독교 교회 목사인 H. L. 하이머스가 시위를 주도한 적이 있었는데, 거기서 한 배우가 루 와서먼을 연기하면서 예수의 손을 뚫고 나무 십자가에 대못을 박는 시늉을 했다. 하이머스는 와서먼의 집과 유대교 회당에서 이런 장면을 연출했다. 그런 극단적인 행동으로부터 거리를 두려고 했던 온건한 단체들도 닥쳐올 일들의 전조가 되는 예술적 표현에 대해 광적으로 반대했다. 그들은 래리 폴란드와 로버트 홈즈가 쓴 《할리우드 최후의 유혹》이라는 책에서 자신들의 이야기를 전한다.

이 영화를 "역대급 논쟁적인 영화"로 부른지 한 달이 지나니, 언론은 참 뻔하게도 전혀 다른 방법으로 사태를 바라봤다. "왜 이렇게 야단법석인가"라는 태도로 돌변한 것이다. 어떤 평론가는 이 영화를 전형적인 성경 서사시라고 일축했다. 영화 자체의 장점만으로 이 영화를 판단하는 일은 거의 불가능해진 것이다. 그렇게 〈최후의 유혹〉에 담긴 해학적인 측면이 논쟁 속에서 사라져 버렸다.

*

마틴 스코세이지 : 유다는 어떤 면에서 정말 웃겨요. 저와 비슷하죠. 그는 예수가 속상해하면 혼란스러워해요. 예수가 "내가 죽어야 해"라고 말하면 유다가 짜증 내며 말하는 거예요. "당신은 매일 새로운 계획을

세웠어요. 지난주에는 치료였고, 지금은 죽는 거죠" 이렇게 영화에는 유머가 많은데, 어떤 사람들은 전혀 이해하지 못하더라고요. 돈을 지불한 관객들은 이해해요. 돈을 지불한 미국 관객은 웃어요. 성경 영화라고 해서 웃지 말란 법이 있나요? 사도와 예수는 인간이었어요. 분명 예수는 "빵을 건네다오"나 "피곤하구나"라고 한 번쯤은 말했을 거예요.

어떤 의미에서 우리가 예수를 따르려고 하는 삶은 예수의 삶에 있었던 것과 같은 몸부림과 의심과 불안을 가지고 있어요. 하지만 신명 나는 것이기도 해요. 영화에서 예수는 "내가 농부인가, 농부가 나인가?"라고 물어요. 그는 아주 행복하고, 그의 열정은 주변 사람들의 웃음을 끌어내죠. 조롱하는 웃음이 아니라, 정말 유쾌한 웃음 말이에요. 그는 갑자기 즐거워하면서 깨달음을 얻어요. 예수가 말하길, "나는 신께서도 화가 나셨다고 생각하곤 했다. 그러자 신께서 차가운 한 줄기 바람처럼 내 위로 불어와 '일어나라' 하셨고, 그렇게 내가 여기 있도다." 그 말에 사람들이 웃어요. 그는 아직 자기 앞에 있는 사람들과 소통하지 않아요. 그건 여전히 그와 신 사이의 대화예요. 예수는 말해요. "알겠어요, 당신이 무슨 말씀을 하시는지 알겠어요. 참 기쁘군요" 그런 뒤에야 그는 사람들과 소통을 시작해요. 사람들이 "이건 애들 이야기에 불과해"라고 말하면 그는 "무엇을 원하나요? 정의를 원하나요? 존경을 원하세요?"라고 말해요. 그렇게 소통을 시작하는 거예요. 그는 과부에게 "당신은 애통해하고 있군요"라고 말하면서 그녀를 껴안아줘요. 그 시점에 이르기까지 그는 진정으로 소통하지는 않았어요. 모든 것이 그 자신 안에 있었죠. 그는 그 모든 것이 자기 심장 박동 소리 안에 있다고 생각했어요. 그러면서 점차 그 박동의 언어와 리듬을 익혀요. 감미롭고 친절한 방식이라서 좀 웃기기도 하죠. 이건 한 남자가 정신을 가다듬는 모습을 지켜보는 일이에요. 위대한 일이죠. 깨달음을 얻을 때, 그는 아주 좋은 기분을 느껴요. 그리고 말해요. "내가 여기 있도다"

예수는 유다와의 토론에서 로마인들을 없애는 것만으로는 충분하지 않다고 말해요. 사람들의 생각과 정신이 달라져야 해요. 정신을 변화시키는 것은 사람들이 중요하다고 생각하는 것을 변화시키는 일이에요. 탐욕을 관대함으로, 증오를 사랑으로 바꾸는 거죠. 삶이 탐욕에 기반하지 않는다면, 다른 사람들을 예속시키거나 권력을 휘두르기 위한 권력에 기반하지 않는다면, 누가 지배력을 가졌는지는 중요하지 않을 거예요. 저는 그것이 그리스도의 전언이라고 생각했어요.

저는 '좋은' 가톨릭 신자는 아니지만 독실한 신자이긴 해요. 종교활동을 활발히 하는 가톨릭 신자는 아니지만 믿고 기도하죠. 영화 사운드 믹싱 작업을 하면서 우리는 성경에서 읽을 만한 그날의 구절을 골랐어요. 근본주의자들에게 너무 많은 공격을 받는 바람에 우리 입장을 뒷받침할 것들을 성경에서 찾고자 했거든요. 믹싱 기사였던 톰 프레이쉬먼*Tom Fleischman*이 기독교인이어서 하루에 두세 구절 정도를 찾아서 우리에게 읽어줬어요.

이제 예수와 더 가까워진 것 같은 기분이에요. 저는 더 가깝게 느끼는데, 사람들은 그것을 두고 제가 예수에게서 저를 보는 것이라고 말해요. 반대로 저는 신에게서 나를 찾을 수 있다면 무엇이 문제일까 생각해요. 왜냐하면 그건 신을 받아들이려는 자신의 시도니까요. 어딘가 시작점은 있어야 하잖아요. 시작할 수 있는 어떤 단계가 있어야 해요. 그래서 우리는 가장 낮은 단계인 우리 자신에게서 시작해서 가장 높은 단계인 신에게 도달하려 노력하는 거예요. 거기까지 가는 방법이 분명히 있을 거예요.

마이클 파월 : 저는 캔터베리 대성당 학교에서 자란 아주 소박한 기독교인이

에요. 제 종교는 단순하게 성경과 찬송가 책을 바탕으로 하고 있죠. 영화 〈최후의 유혹〉은 많은 공격을 받은 탓에 자기 자리를 찾는 데 시간이 걸릴 거예요. 하지만 삶을 바꿀 수 있는 영화 중 하나죠. 저는 마티의 영화를 보면서 마치 누군가가 "저녁 식사에 친구 하나 데려올게"라고 말하는 것 같다고 생각했어요. 그렇게 그가 그리스도를 데려온 거예요.

바바라 드 피나: 제가 어릴 때 봤던 기독교인은 그리스도를 믿고 그처럼 되고 싶어 하는 사람이었어요. 모두가 기독교인일 뿐, '거듭난' 기독교인이라는 건 없었어요. 누군가가 "당신은 기독교인이군요"라거나, "제가 믿는 대로 믿지 않는 걸 보니 당신은 기독교인이 아니군요"라고 말할 수 있다는 게 믿기지 않아요.

미세스 스코세이지: 사람들이 이 영화를 이해하지 못해서 속상해요. 그들은 여전히 이해하지 못하고 앞으로도 그럴 거예요. 마티가 저에게 뭐라고 말했는지 아세요? "상관없어요. 저는 해냈고, 훌훌 털어냈어요. 행복해요. 평생 이 영화를 만들고 싶었는데, 해냈어요. 만족해요"

미스터 스코세이지: 아들을 이해해요. 왜 그 영화를 만들었는지 알아요. 그는 가슴으로 그 영화를 만들었어요.

프린시페 신부: 마티의 영화에는 부활이 있어요. 〈택시 드라이버〉에서 구원된 젊은 매춘부가 집으로 돌아가는 장면이 기억나요. 사람들은 그걸 까먹어요. 〈최후의 유혹〉에 나오는 최후의 만찬 장면에서, 마티는 그리스도의 실재에 대한 감각을 육체적으로, 또 실재적으로 전달했어요. 포도주가 정말로 피가 되었을 때, 그것은 당신이 상상하는 만

큼 마티가 성체성사에 대해 이해하고 있다는 뜻이에요. 예수의 수난과 십자가에 못 박히는 장면에서, 마티는 예수가 광신자나 정치 운동가여서가 아니라, 죄악의 공포 때문에 죽는다는 것을 보여주죠. 예수는 죽음과 파괴를 초래하는, 특히 의인의 죽음을 야기하는 인간의 비뚤어진 결함을 봐요. 하지만 영화에는 부활이 있어요. 저에게 마티는 그리스도의 전언을 들려주는 사람이에요. 그의 영화는 그 자체로 하나의 소명이자 성직이죠.

마틴 스코세이지 : 저는 부활을 믿어요. 초월적이라는 것 말고는 그것이 정확히 무슨 뜻인지 말할 수 없지만요. 그래도 저는 믿기로 했죠. 예수가 신성하다고 믿어요. 하지만 예수가 마지막 순간에 유혹을 느낀 것은 너무도 인간적이에요. 우리는 모두 고통받고 싶지 않은 인간적 면모를 가지고 있어요. 평화를 원하고, 평온을 원하죠. 행복을 보장받고 싶어 해요. 인생의 극적인 일들은 가족 안에서 벌어지는 것으로 족해요. 전쟁 같은 것이 아니라요. 예수가 받은 유혹이 그런 거예요. 그의 삶에는 극적인 사건이 충분히 많았어요. 충분한 희생과 고난을 겪었죠. 그런 그가 마침내 쉴 수 있고, 기분 좋은 죽음을 맞이할 수 있게 된다면 좋은 일이죠. 왜 아니겠어요? 우리는 우리가 살아가는 이 땅을 '눈물의 계곡'이라 불러요. 만약 당신이 더 이상 고통받지 않으며, 아내와 아이들이 있고, 그들과 함께하는 시간을 누리고, 게다가 행복한 죽음을 맞이한다고 확신할 수 있다면… 그건 엄청난 유혹이잖아요.

하지만 그는 그 유혹에 저항해요. 신성을 지닌 존재라는 자신의 본성을 받아들이기 때문이에요. 그는 우리에게 희망을 주기 위해 죽어야 했어요. 신이 우리를 사랑한다는 희망을 주기 위해서 말이에요. 그는 우리의 죄를 위해 죽음으로써 우리 같은 사람이 되어야 했어요. 그것이 바로 내려놓고 죄를 씻는 것에 대한 표상이에요. 자기 피조물이 어떤 일을 겪고 있는지 신이 정확히 이해하고 있다는 것을 표상하는 거예요. 신은 우리에게 공감하고 우리를 동정해요. 그게 우리의 죄를 짊어지고 죽는다는 의미인 것 같아요. 몇 년 전에 현대미술관에서 프린시페 신부님을 우연히 만났어요. 그때 저는 조르주 루오의 '조롱받는 그리스도'를 보고 있었죠. 〈최후의 유혹〉이 개봉하고 얼마 지나지 않아 신부님께서 그림엽서를 하나 보냈는데 거기에 파스칼의 문구가 인용되어 있었어요. "마음은 이성이 이해할 수 없는 이유를 지니고 있다"

9장
갱스터와 성직자

〈뉴욕 스토리 : 인생 수업〉(1989)

그의 다음 영화 〈인생 수업〉에서 마틴 스코세이지는 자기 내면으로 눈을 돌린다. NYU 시절의 초기 영화 이래 처음으로 예술가를 주인공으로 내세웠다. 그의 〈인생 수업〉은 〈뉴욕 스토리〉의 일부다. 〈뉴욕 스토리〉는 뉴욕 최고 감독들의 단편영화로 구성된 3부작 시리즈로, 나머지 두 편은 우디 앨런과 프랜시스 코폴라가 감독했다.

스코세이지의 영화는 도스토옙스키의 《노름꾼》에서 착상한 작품이다. 《노름꾼》은 도스토옙스키가 젊은 보헤미안인 폴리나 수슬로바에게 빠져 있었던 일화를 기반으로 쓰인 소설이다. 〈인생 수업〉에서는 라이오넬 도비가 도스토옙스키와 같은 인물로 나온다. 도심지에 사는 성공한 화가인 도비를 닉 놀테가 연기한다. 이 영화는 도비가 그림을 그릴 수 없는 상태에서 시작한다. 그는 그림을 그려보려고 하지만 아무것도 할 수 없다. 3주 뒤에 큰 전시회를 열어야 하는데 아직 그의 캔버스는 백지상태다.

이 영화의 첫 장면은 트라이베카의 로프트에서 촬영되었다. 거기서 도비의 대리인(패트릭 오닐)이 낡고 허름한 화물 엘리베이터를 타고 올라간다. 카메라는 극부감으로 도비가 대리인을 기다리는 모습을 지켜본다. 엘리베이터 창살에 눌린 듯한 놀테의 얼굴은 마치 동물원 우리에 갇혀 있는 한 마리의 동물 같다. 우아하고 세련된 옷을 입은 대리인은 지저분하고 무너질 듯한 그의 작업실로 들어간다. 그는 낙서 같은 붓질이 마구 칠해진 커다란 캔버스 앞에서 발을 멈춘다. 그는 경험 많은 경영인으로서, 망나니 같은 애송이를 훈육하기 위해 이곳에 온 사람이다. 대리인에게는 오직 하나의 규칙만이 존재한다. 바로 상품을 배달하는 것. 지금 천재들이 줄을 서서 기다리고 있다. 그러니 도비는 일을 해야 한다. 그것도 아주 빨리.

하지만 도비에게 절실한 영감을 주는 조수 폴레트('그냥 폴레트')는 그를 떠난 상태다. 도비는 돌아오라고 그녀를 설득한다. 폴레트는 한 가지 조건을 제시한다. 섹스 금지. 그녀는 도비와 함께 사는 로프트의 한쪽에 머물 것이지만, 오로지 자신의 그림에만 집중할 것이다. 그는 그녀의 조건을 받아들인다. 폴레트가 있든 없든, 도비의 좌절감은 그녀에 대한 집착을 부채질한다. 이제 그는 미친 듯한 집중력을 발휘해 작업을 시작한다. 그의 붓에 묻은 물감이 그의 옷, 그의 팔, 그의 5,000달러짜리 롤렉스 시계에 튄다. 그는 무아지경이다. 순수한 재능이 자기 파괴를 밀어내고 다시 한번 앞으로 돌진한다.

도비의 구원은 그의 예술로부터 온다. 그의 예술은 그가 배신하지 않을 유일한 것이다. 그러다 폴레트가 자신이 그린 그림을 봐달라고 그에게 물어 오면서 중대한 순간을 맞이한다. '내가 훌륭한 화가가 될 수 있다고 말해줘요, 그러면 연인으로서 당신과 함께 있을게요'라는 무언의 메시지인 것이다. 도비는 그녀를 간절하게 원했지만 그녀의 작품이 좋다고 말할 수 없었다. 그녀는 그저 길거리에 깔린 흔해 빠진 재능을 가지고 있을 뿐이다. 폴레트는 어설픈 거짓말이라도 환영했겠지만, 그는 차마 거짓말을 할 수 없었다. 예술은 그의 인생에서 유일한 도덕이므로 만약 그것을 잃는다면 그는 자신을 잃게 되는 것이나 마찬가지다. 그래도 폴레트는 그가 목표를 이루도록 도와주었다. 그림은 무사히 완성되었고, 폴레트는 떠난다. 전시회가 열리고, 갤러리에서 음료를 서빙하는 한 젊은 여성이 '인생 수업'이라는 도비의 제안을 받아들인다. 그의 새로운 조수로 일하게 되는 것이다. 같은 일이 또다시 시작된다.

〈인생 수업〉의 라이오넬 도비도 그렇고, 〈분노의 주먹〉의 제이크 라모타도 그렇듯이, 스코세이지는 그의 캐릭터를 판단하거나 정당화하지 않는다. 그저 그 사람을 거기에 있게 할 뿐이다. 제이크와 함께 링 위에 있을 때처럼, 우리는 캔버스를 가로질러 물감이 그어진 로프트로 향한다. 휴대용 카세트 플레이어에서는 '창백함의 더 하얀 그림자*A Whiter Shade of Pale*'라는 노래가 소란스럽게 흘러나온다. 물감이 한 겹씩 쌓일 때마다 스코세이지가 이미지 위에 이미지를 얹는다. 붓질하는 손, 붓놀림, 폴레트의 발목, 새벽 4시에 라이오넬이 작업실에서 농구공을 튀기며 농구 골대에 공을 슬며시 올려놓는 모습, 도비는 자기 안에서 요동치는 감정을 시각적으로 나타내기 위해 몸부림친다. 하지만 그의 발악은 공간과 재료만을 필요로 할 뿐이다. 하지만 스코세이지에게는 백여 명의 엑스트라를 포함해 스태프와 배우가 필요하다.

조 리디가 이번에도 제1조감독으로 부임했다. 네스토르 알멘드로스*Nestor Almendros*가 촬영감독을 맡았다. 알멘드로스가 프랑수아 트뤼포와 함께 한 작품이 스코세이지에게 영감을 주었다. 스코세이지는 시내 클럽 장면을 이전과 다른 방법으로 만들어 보기 위해 뭉게뭉게 피어오르는 연기구름을 사용했다. 그것은 영화에 예술가적 방종의 분위기를 더했지만, 그의 호흡을 방해하기도 했다. 스코세이지는 테이크 사이사이 투명한 플라스틱 마스크를 통해 산소를 들이마셔야 했다.

*

제이 콕스 : 〈뉴욕 이야기 : 인생 수업〉은 마티가 어떤 사람이고 무엇을 중요하게 생각하는지 말해줘요. 그가 자신의 강박을 다루는 능력, 그것에 집중하면서도 초월하는 능력에 대해 알려주죠. 정말 감동적이에요. 그는 강박 관념에 시달리는 예술가를 용서해야 해요. 그렇지 않으면 그는 스스로 목을 매는 시늉이라도 할 거예요. 그 영화는 마티의 자기 정당화 행위예요. 아주 솔직하죠. 예술가들은 어떤 면에서는 사람

들을 고갈시켜요. 그래서 마티는 이 작품을 통해 그것과 관련된 아이러니를 작동시켰어요 도비는 그 여자를 고갈시키죠. 하지만 그에게는 그럴만한 이유가 있는 것 같아요. 그는 그녀에게 거짓말을 할 수 없고, 그의 도덕적 삶은 그의 예술 안에 있어요. 그래서 저는 〈인생 수업〉이 창조 과정에 대한 은유라고 생각했어요.

마티의 강점은 자기 재능과 기량의 지속되는 힘을 근본적으로 믿는 것에서 비롯해요. 〈뉴욕, 뉴욕〉을 만든 이후, 그는 자신이 언젠가 사라질지 모르는 궁지에 빠졌어요. 그 피할 수 없는 운명이 눈앞에서 껌벅이는데, 그런 어려움을 잘 모면하는 사람은 많지 않아요.

마틴 스코세이지 : 그 3부작은 우디 앨런의 아이디어였어요. 그는 50년대 후반과 60년대 초반의 옛 이탈리아와 프랑스 영화 같은 작품을 모아서 만들어보자 했어요. 우디와 프랜시스 코폴라가 두 편의 코미디를 만들었고, 제가 무거운 내용을 맡았어요. 제 영화가 상영되는 동안 사람들은 주의를 기울이지 못하고 산만해질지도 몰라요. 어릴 적 극장에서 권투 시합 영상이 나오면 제가 그랬던 것처럼 말이에요. 제 영화 〈인생 수업〉은 자신의 애인에 대한 화가의 집착을 들여다봐요. 이미 죽었거나 죽어가고 있는 것을 우리가 살펴보는 거예요. 그 영화는 제 내면에 있는 무언가를 고찰하게 만들기도 했어요.

캐스팅할 때 한 배우가 저에게 말했어요. "그 남자는 나쁜 남자로 시작해서 나쁜 남자로 끝나네요" 그 배우는 그걸 부정적으로 보고 있었지만 저는 그걸 긍정적으로 봤어요. 이해하려고 노력해 보자고요. 이해해 보면, 거기에는 당신이 살아가면서 하는 일에 대한 일종의 퇴마의식 같은 게 있을 거예요. 제 친한 친구 몇몇은 이렇게 말해요. "그런데 또 침울한 영화네. 그냥 침울한 영화만 계속하고 있네" 그러면 제가 말해요. "맞아, 하지만 그게 내가 보는 현실이야" 이 영화는 사람을 꼭 기분 좋게 만든다고는 할 수 없어요. '기운을 북돋아 주는 작품'이라고 평가받는 종류의 영화도 아니죠. 오히려 저는 그런 영화들을 보면 항상 초조해져요.

리처드 프라이스: 마티는 폴리나 수슬로바의 일기를 바탕으로 무언가를 하고 싶어 했어요. 그는 《노름꾼》이란 책을 가지고 있었는데, 그 책에는 부록이 하나 달려 있었어요. 수슬로바의 일기를 발췌해서 실어 놓았던 거예요. 수슬로바는 스물한 살, 혹은 스물두 살이었는데, 도스토옙스키의 연인이었어요. 그녀는 아르헨티나에서 온 의대생과 만나기 위해 그를 버렸고, 나중에 그녀도 그 의대생에게 버림받아요. 그녀는 도스토옙스키에게 자신이 당한 모든 거절과 굴욕을 털어놓았는데, 그는 그녀와 함께하기 위해서라면 무엇이든 할 작정이었어요. 그때 도스토옙스키는 이미 유명한 작가였지만, 수슬로바는 미숙하고 얄팍하며 자유분방한 삶을 바라는 재능 없는 사람이었어요. 마티는 도스토옙스키가 그녀를 얻기 위해 자기 자신을 격하시키는 것에 호기심을 느꼈어요. 도스토옙스키가 끝내 그녀를 떠났을 때, 그는 《노름꾼》을 집필하게 됐죠. 거기서 수슬로바가 중심적인 역할을 했어요. 그러고 나서 그는 속기사인 안나에게 《노름꾼》을 구술했어요.

도스토옙스키는 자기가 무엇을 하고 있는지 알았던 것 같아요. 그에게는 글을 쓰기 위한 열정이 필요했어요. 저는 글을 쓰게 하는 그 감정이 뭔지 공감해요. 당신은 사랑받기를 원하죠. 당신은 사람들을 감탄하게 하고 놀라게 해서 그들이 당신을 사랑하게 만들고 싶어요. 하지만 그러려면 마음속에 어떤 대상이 있어야 해요. "사람들이 나를 정말 사랑할 거야"라고 말할 수 없으니 "이 여자가 나를 사랑하지 않아. 나는 그 여자가 나를 사랑하기를 원해"라고 말하게 되는 거죠.

그렇게 해서 제가 《원더러스》를 쓰게 된 거예요. 저는 당시 어떤 여자와 사귀고 있었는데 그녀가 절 차버렸어요. 추수감사절 주말에 그녀의 집에 찾아 갔는데, 그녀는 옛 남자친구를 보기 위해 절 버리고 떠나버렸죠. 저는 그녀가 무엇을 놓쳤는지 보여주기 위해 《원더러스》를 쓰기 시작했어요. 저는 제 경험과 유사한 일을 겪는 한 작가의 이야기를 만들었어요. 자기 예술을 인정받은 거장이지만 글쓰기를 위한 디딤돌이 필요했던 한 작가의 이야기였어요. 자신만의 폴리나 수슬로바가 필요한 사람인 거예요.

마티는 "뉴욕 이야기로 만들어야만 해요"라고 말했어요. 글을 쓰는 모습은 시각적으로 흥미롭지 않아요. 그건 프레드 맥머레이*Fred MacMurray* 같은 사람이 담배 파이프를 입에 물고 타자를 치면서 "곧 갈게, 자기야. 나 소설 마무리하고 있어"라고 말하는 모습에 불과할 거예요. 그러니 만약 영화가 뉴욕 이야기라면, 주인공은 화가여야 한다고 생각했어요. 그림을 그리는 것은 눈으로 봐도 힘들고 도전적으로 보이니까요. 뉴욕은 극장 세계를 쥐락펴락하는 것처럼 미술 세계도 좌지우지하고 있죠. 마치 파리든 토피카든 뉴욕 바깥에는 아무것도 없는 것처럼요. 그래서 저는 남자를 데려다 놓고, 그에게 그만의 폴리나 수슬로바를 주기로 했어요. 그는 곧 전시회를 앞두고 있지만 작업에 몰두할 수가 없죠. 그녀가 그를 떠나고 싶어 하니까요. 그녀는 그와 함께 살고 있지만, 같이 잠자리하지는 않아요. 남자가 50살, 여자가 22살인 탓에 두 사람에게는 공통점이라곤 없지만, 그래도 그는 그녀를 갈망해요.

그는 그녀에게서 무엇을 볼까요? 도스토옙스키는 폴리나 수슬로바에게서 무엇을 보았을까요? 그는 그녀와 잠자리 갖는 걸 허락받지 못했어요. 그림을 그리기 위해서는 성적 흥분 상태에 있어야 하는데, 해소할 길이 없으니 흥분이 가라앉지 않죠. 그래서 닉은 밤새 그림을 그릴 수 있는 거예요. 그리고 그가 그림을 완성하는 순간, 그녀는 떠

〈뉴욕 스토리〉의 닉 놀테(라이오넬 도비 역)과 로재나 아켓(폴레트 역).

나요. 그리고 전시회가 열린 첫날 그는 다음 전시를 위한 새로운 뮤즈를 발견하죠. 바로 그것이 그가 움직이는 방식이에요. 그는 자신만의 지옥 속에 살면서 절대 바뀌지 않으며, 결코 누구와도 깊은 관계를 맺지 않아요. 그는 자기 예술의 노예인 셈이죠. 하지만 더 심하게는 자신만의 영예에 속박된 자이기도 해요. 찬양받고자 하는 욕구의 노예인 거예요. 바로 그 욕구를 향해 모든 것을 바쳐요. 여자는 그에게 이렇게 말하기도 해요. "내가 당신만큼 훌륭한 화가였다면, 어쩌면 나도 개새끼가 되었을지도 몰라요"

로재나 아켓 : 〈인생 수업〉에서 제가 했던 대사 중에는 "인간 제물이 된 것만 같아요"라는 게 있어요. 저에게는 그 대사 한 줄이 그 캐릭터의 모든 것을 말해줘요. 그녀는 젊고, 예술가가 되기 위해 애쓰고 있으며, 아

주 유명한 화가와 함께 살고 있어요. 그녀는 거기 있으면서 그의 예술에 연료를 공급하고, 모든 면에서 그를 자극해요. 하지만 남자가 그녀를 예술가로 받아들이지 않는 탓에 미치고 말죠. 그녀는 강인한 여자예요. 그 관계가 자신을 죽일 거라는 걸 이해하고 있어요. 그래서 그녀는 그곳을 빠져나와요. 그녀가 괜찮을지, 아니면 망가질지는 아무도 몰라요. 하지만 그녀는 똑똑한 사람이고 겨우 스물두 살에 불과하죠. "스물두 살이 되어야 해요"라고 마티가 말했어요. 그 영화에서 저는 스물두 살의 감정 폭을 가지고 있었죠.

저는 제가 맡은 모든 캐릭터의 역사에 대해 써 봐요. 그녀가 어디에서 왔는지, 좋아하는 색은 무엇이고 별자리는 무엇인지 쓰죠. 폴레트란 이 여자는 필라델피아에서 살았어요. 그녀의 부모는 중산층이에요. 그녀는 예술가였고, 대학에 다닐 때는 상을 휩쓸었어요. 졸업 후 뉴욕에 도착한 그녀는 현실의 삶, 현실의 예술가, 현실 세계로 들어오게 됐죠. 그런데 생각했던 것과는 엄청 달랐어요. 그녀는 사람들이 다들 그녀에게 말했던 것만큼 자신이 대단하지 않다는 것을 깨닫게 되죠.

닉 놀테: 이 영화의 이야기는 도스토옙스키 같으면서 리처드 프라이스 같기도 해요. 마틴 스코세이지도 조금 끼얹은 것 같죠. 시나리오를 읽었을 때 저는 거기에 담긴 과잉성과 창의성 사이의 균형을 알아차렸어요. 창조적인 상태를 넘나들면서도 계속 관계를 유지하는 방식에 대한 것이었죠. 그래서 저는 도비와 폴레트의 관계에 담긴 정서적인 측면을 검토해야만 했어요.

첫 회의 때 마티가 저에게 그 이야기를 설명했어요. 저는 그냥 거기에 앉아서 듣기만 했죠. 한 시간쯤 지난 뒤 마티가 말해요. "음, 여기 앉아서 시나리오 전체를 이야기해 드릴 수는 있지만, 그래도 화가들의 로프트로 가보세요. 로프트를 보고 그들이 어떻게 사는지 알게 되면, 우리가 앞으로 할 이야기를 정확하게 이해할 수 있을 거예요" 그래서 그곳으로 찾아갔고, 화가들의 삶 전체가 그 로프트에 있다는 걸 이해했죠. 그들의 그림, 그들이 사는 모습, 그들의 모든 존재가 거기 있었어요. 그들이 어떻게 그 위에서 길을 잃게 되는지 상상할 수 있어요. 그들은 이미지와 이미지를 오가며 몸부림쳐요.

또 우리는 도비가 역사적으로 어느 시대에 맞는 사람일지 이야기했어요. 특히 뉴욕이란 장소와 관련되어서 어디에 있는지요. 그래서 우리는 비트 세대와 히피 세대 사이에 그를 두었어요.[39] 도비는 비트 세대에 대해 알고 있지만 히피들보다는 조금 더 나이가 많은 사람이었어요. 그 두 세대 사이에 끼어 있었죠. 영화에 딱 알맞은 위치였어요. 그래서 그가 전쟁에 대해 이야기할 때, 그가 가리키는 건 베트남전이 아니라 한국 전쟁이에요.

저는 마티와 리처드 프라이스가 이 작품의 주인공을 소설가로 구상했다고 생각해요. 그런데 생각해 보니 글쓰기 과정은 너무 내적인 작업이라 영화에서 시각적으로 보여줄 만한 게 없다는 게 분명해진 거예요. 그 캐릭터를 화가로 바꾸는 건 아주 좋은 생각이었어요. 이 작품은 그의 자아와 명성을 다뤄요. 아주 극소수의 화가만이 사람들에게 알려지고, 대부분은 죽은 뒤에야 알려지죠. 마티는 살아 있는 와중에 명성을 얻었고, 그의 명성은 동시대적이에요. 화가의 경우에는 그런 사례를 보기 힘든 게 사실이죠.

원래 시나리오에 따르면, 우리는 실제로 완성된 그림은 볼 수 없고 붓질된 것만 보는 거였어요. 그러다 시나리오를 읽으면서 또 다른 캐

39 비트 세대는 전후 1950년대의 미국 청년 세대를 가리키며, 히피 세대는 60년대 중후반의 청년 세대를 가리킨다.

릭터를 집어넣을 기회를 엿보게 되었죠. 바로 그림 그 자체가 캐릭터가 될 수 있었던 거예요. 제가 마티에게 말했어요. "시나리오를 읽어보면 사람 간의 관계와 혼돈이 보이긴 하지만 야수가 보이질 않아요" 그 야수란 바로 창조적인 사물이었어요. 궁극의 야수는 바로 그 그림인 거죠. 그래서 마티는 진짜 화가의 작품을 보기로 했어요. 하지만 어떤 화가가 자신의 세계에 이런 식으로 난입하도록 허락할까요? 몇몇 화가는 흔쾌히 승낙했지만, 그들의 중개인들이 시나리오를 읽고는 "끔찍해요. 화가들은 이렇지 않아요"라고 말하더라고요. 그러다 결국 마티가 척 코널리*Chuck Connelly*를 찾았어요. 저는 척과 함께 작업했죠. 우리는 함께 그림을 그렸어요. 작업실 로프트에서 척과 제가 함께 머물며 직접 그린 거예요.

척은 처음에 영화 제작 과정을 이해하기 힘들어했어요. 제작진이 촬영을 준비하고 우리가 그 옆에서 그림을 그리고 있을 때 그는 이렇게 소리치곤 했죠. "제발, 이거 좀 찍어요. 지금 그리고 있는 모습. 당신 붓질이 엄청나요. 당신이 그린 것 좀 봐요!"

네스토르 알멘드로스: 〈인생 수업〉 시나리오를 처음 읽었을 때 저에게 그 영화는 연인 사이의 배신과 몰이해를 담은 평범한 이야기처럼 보였어요. 그래서 딱히 화면을 꾸미지 않고 소규모 연극처럼 단순하게 만들 수도 있다고 생각했죠. 하지만 당연하게도 우리는 그렇게 하지 않았어요. 요즘 TV 프로그램은 화면을 전부 단정하게 만들어요. 모든 게 다 훤히 보이고, 뭐가 뭔지 식별되고 이해하기 쉽죠. 모든 게 다 똑같아 보여요. 그게 아주 자연스러워 보이니까요. 그냥 죄다 인간의 시각을 복제할 뿐이에요. 마틴은 그것을 넘어서서 영화를 양식화해요. 우리는 공간을 재구성해서 최대한 최고의 화면을 만들었죠. 실제 공간처럼 보일 필요는 없어요.

다른 감독들은 인간의 정신이 논리적이라고 생각하는 장소에 카메라를 놓아요. 하지만 마티와 함께 작업하면 카메라가 마치 신처럼 느껴져요. 가장 이상하게 보이는 곳에 있을 수도 있거든요. 어디에나 있을 수 있어요. 그런 카메라 구도 때문에 사람들이 공간 감각을 잃게 되는 것 같기도 해요. 카메라는 어디에든 다 있어요. 조명도 뭐든지 다 가능하죠. 구도가 너무 표현주의적이고 파격적으로 보이기도 하지만, 어떤 점에서는 그렇기 때문에 영화 만들기가 더 수월해져요. 보통 작업하는 것보다 사실적이지 않게 조명을 만들어서 아주 극명한 대비를 만들어 낼 수도 있죠. 흥미를 더하기 위해서요.

마티의 영화는 표현주의적이에요. 그 영화들은 무성영화 시절의 독일 표현주의 영화를 떠올리게 하죠. 아주 강렬한 운동을 보여줘요. 그리고 소비에트 영화와 오슨 웰스의 영화도 함께 떠올리게 해요. 마티의 카메라는 기이한 구도를 취하면서 익스트림 클로즈업 다음에 익스트림 롱 숏을 보여줘요. 모든 게 다 틀에 박히지 않고 기묘한 느낌을 주죠. 그런데도 어울려요. 촬영할 때만 해도 맞지 않을 것 같은데 사운드트랙이 깔리면 모든 컷이 다 붙어 있어요. 그렇게 대담한 감독은 많지 않아요. 마티는 두려워하지 않아도 된다는 걸 알아요. 이야기를 계속 따라가는 한, 카메라가 어디에 있는지는 중요하지 않은 거예요.

닉 놀테: 그 영화에서 카메라는 아주 무모한 시도를 많이 해요. 배우에게는 정말 좋은 일이죠. 때로는 카메라가 배우만큼 감정을 전달할 수 있으니까요! 우리는 먼저 리허설을 하고, 그다음 상의했어요. 마티는 우리에게 스스로 생각해 보라고 말해요. 그러고 나서 그는 이리저리 어슬렁거려요. 제가 방법을 스스로 찾도록 하는 것 같아요. 모든 샷이 카메라 기사와 배우들, 기술 스태프에게 도전적이었죠. 마티는 몽상가이

고, 그런 몽상을 지닌 사람과 함께 하는 일은 무척 즐거워요.

마틴 스코세이지 : 저는 연극 무대 조명을 사용하고 싶었어요. 예컨대, 여자의 발에만 조명을 비춰서 발을 제외한 주변부는 온통 캄캄하게 만드는 거죠. 아니면 남자가 혼자 로프트에 있고 그에게 스포트라이트를 비춰요. 연극에서 쓰이는 스포트라이트 말이에요. 그가 엘리베이터로 향하면 그를 둘러싼 주위의 모든 불빛이 켜지고 우리는 로프트와 창문을 보는 거죠. 하지만 어떻게 로프트가 온통 밝은 상황에서 그 남자만 빼고 주변을 어둡게 만들 수 있겠어요? 그래서 우리는 아이리스 숏을 사용해서 스포트라이트 효과를 낸 거죠.

〈인생 수업〉을 정말 좋아했던 한 여성은 페미니스트로서 여자의 관점이 영화에 더 들어가야 했다고 말했어요. 참 좋은 생각인 것 같아요. 그러려면 하나의 큰 장편영화가 되어야 했을 거예요. 남자의 관점으로도 보여주고 여자의 관점으로도 보여주는 거죠. 하지만 모든 걸 다 담을 순 없었기에, 저는 가능한 한 솔직하게 접근할 수밖에 없었어요. 저는 리처드 프라이스에게 그의 관점에서 그렇게 해달라고 요청했어요. 최대한 폴레트에게 공감하면서 그녀를 다루어 달라고 말했죠. 화가 도비는 그녀를 사랑해요. 하지만 그 사랑은 그녀에게 맞지 않는 것 같아요. 그녀는 좀 더 다른 게 필요했거든요. 만약 1에서 10까지 점수를 매길 수 있다면, 도비는 4.5밖에 줄 수 없었을 거예요. 그녀는 착하고 평범한 사람이기에 7에서 8 혹은 9 정도가 필요하죠. 그녀는 그에게 강박적인 대상이 되어 버려요. 도비가 작업하는 데 필요한 물신이 되는 거죠.

저는 5,000달러짜리 롤렉스 시계에 물감이 튄다는 발상이 좋았어요. 그리고 '창백함의 더 하얀 그림자'라는 노래도 정말 좋아하죠. 음악과 함께 보이는 그 장면의 움직임과 흔들림이 마음에 들었어요. 저에게는 정말 움직임이 필요했거든요. 정적인 사건을 찍는 게 지루할 수도 있어요. 당신이 그림을 그리거나 글을 쓰거나 영화를 만들 때 당신 머릿속에는 온갖 것들이 요동치잖아요. 저는 그것들까지 모두 카메라에 담고 싶었어요.

네스토르 알멘드로스 : 영화가 취해야 할 시각적 스타일은 촬영 장소나 시대 배경에 의해 결정돼요. 그 외에도 영화의 시각 스타일이 어떠해야 한다고 알려주는 것들은 많죠. 마티는 〈뉴욕 스토리〉의 자기 작품에 표현주의적 시각 스타일을 부여하기로 했어요. 표현주의적 스타일은 코미디보다는 비극에 더 가깝죠. 마티의 그런 선택은 이 영화가 코미디이면서도 동시에 비극이 될 수 있다는 걸 보여줘요.

이런 프로젝트를 하면서 중요하게 생각한 것은 서로를 모방하거나 흉내 내지 않는 거예요. 세 개의 단편은 가능한 한 다르게 보여야 하니까요. 세 가지 다른 스타일, 세 가지 다른 이야기를 가지고 있죠. 우리는 다른 이야기들은 전혀 보지 않았어요. 어떤 내용을 다루는지도 몰랐죠. 제가 아는 거라곤 이야기 배경이 되는 동네뿐이었어요. 무슨 이야기인지는 전혀 몰랐어요. 코폴라의 작품은 부자에 대한 이야기이고, 우디 앨런의 작품은 북서쪽에 사는 중산층 지식인에 관한 내용이었죠. 우리 작품은 예술가들과 소호의 보헤미안들에 관한 이야기였고요. 제가 아는 건 그게 다였어요.

1년 전에 저는 마틴과 함께 조르지오 아르마니가 제작한 흑백 패션 영화를 작업했어요. 그건 〈뉴욕 이야기 : 인생 수업〉이 어떤 모습일지 보여주는 작은 예고편이었어요. 수많은 카메라의 움직임과 수많은 컷, 엄청난 편집이 필요했거든요. 〈인생 수업〉은 〈코미디의 왕〉과도 조금 닮았어요. 유명한 사람이 하나 있고, 유명하지 않은 사람이 하나 있죠. 이건 일가를 이룬 사람과 그러지 못한 사람 사이의 관계에 대한 이야기이기도 해요. 당연하게도 그 상황이 저에게는 개인적인 관심사였어요. 왜냐하면 저는 이 업계에서 일가를 이루어 인정받은 축에 속하니까요. 젊은 사람들이 당신에게 다가와 당신의 이름을 들어봤다고 말하며 대단하다고 추켜세워요. 하지만 당신은 누구에게든 이용당하는 것이 두렵죠. 〈코미디의 왕〉처럼 당신을 둘러싼 사람들이 당신을 벗겨 먹을까 두려워요. 당신은 사람들이 진심인지 아니면 그냥 무언가를 얻으려고 할 뿐인지 확실하게 알 수 없어요. 바로 그런 주제가 저의 구미를 당겼죠.

리처드 프라이스 : 로재나 아켓이 닉 놀테를 떠날 때, 닉 놀테는 자신을 변화시키는 유일한 것의 심연, 즉 그의 나이라는 깊은 구렁을 들여다봐요. 그는 언제나 유명한 예술가일 거예요. 그리고 그는 언제나 혼자겠죠. 사람들이 그의 부정을 알아채는 순간, 모두 그의 곁을 떠나요. 하지만 그는 계속 같은 곳에 머물러요. 사람들은 계속해서 그의 삶을 스쳐 지나가요. 그는 사람들을 물어뜯고 뱉어내지만, 사람들은 계속 자신의 삶을 살죠. 그는 수렁에 갇힌 상황에서도 항상 새로운 피와 순진한 얼굴이 필요해요. 그는 언젠가는 죽어야 할 운명이라는 공포와 끔찍함에 맞서죠. 바로 그것이 유명한 화가가 되기 위해 그가 지불해야 하는 대가였어요. 마티 자신도 어떤 식으로든 이런 감정을 느낄 거예요. 그게 그가 자신이 하고 있는 일에 지불하는 대가이니까요. 저 또한 제가 하는 일을 하기 위해 희생하고 있어요. 왜냐하면 저에게 가장 중요한 것은 예술가로서 존경받고 사랑받는 것이니까요. 하지만 그러기 위해 저 역시 대가를 치러야 하죠.

〈분노의 주먹〉에서 마티는 제이크를 변명하거나 설명하려고 애쓰지 않아요. "무엇이 사람을 그런 진드기처럼 만드나?"라는 질문은 결코 답을 들을 수 없죠. 제이크는 보잘것없는 인간이고 나쁜 사람이지만 우리는 모두 탕아를 성원하는 거예요. 그들과 함께 바닥으로 내려가려고 하는 거죠. 영화 마지막에는 그런 장면이 나와요. 바로 전환의 순간이요. 예전만큼 오르지 못할 수 있지만 그걸로 충분해요. 마치 끔찍하게 얻어맞은 뒤에 "난 바닥에 눕지 않을 거야, 레이"라고 제이크가 말하는 순간과 같아요. 마티는 바로 그런 캐릭터를 만들고 만들고 또 만들어요. 바로 나쁜 남자 말이에요. 우리는 그를 따라 내려가서 그가 바닥을 스쳐 지나가는 것을 보고, 어떤 종류의 구원으로 향하는 궤적의 시작점을 봐요.

닉 놀테의 캐릭터는 사람들에게 사랑받고 싶은 욕망을 충족하고자 자기 작품을 창조해요. 그는 "나 자신과 다른 사람들이 어떤 대가를 치르게 되더라도, 나는 유명해질 거야"라고 말하죠. 그 대가는 가혹해요. 그는 기어코 그 심연을 엿보고 자신이 했던 행동의 대가를 알게 되지만, 그것을 덮어두고 계속 이전과 같이 살아가요. 우리는 그가 악마와 무시무시한 거래를 맺었다는 걸 깨닫죠. 마티가 그 또래 다른 감독들과 확연히 구별되는 부분은 그의 이야기 중심부에는 불타는 심장이 있다는 거예요. 그건 〈최후의 유혹〉에서 예수가 자기 심장을 꺼내는 순간과 같아요. 저는 항상 그의 작품의 핵심에는 도덕이 자리한다고 생각해요.

바바라 드 피나 : 참 말하기 어려운 이야기고, 연기하기 어려운 캐릭터였어요. 도비는 쉰 살이고, 여러 아내와 애인을 겪었으니까요. 그는 자신의 관계에서 발생하는 문제들을 그림 작업에 이용하는 무정하고 지저분한 인간으로 보일 수 있는 캐릭터예요. 하지만 닉의 뛰어난 연기 덕분에 그가 단편적으로만 보이지 않게 되죠. 당신은 그를 싫어하기보다 그에게 많은 관심을 가지게 돼요. 이해하는 거예요. 닉은 아주 사랑스러운 사람이에요.

닉 놀테 : 마티는 항상 배우들을 챙기고, 우리가 어떤 상태인지 확인하고, 우리를 계속 채워줘요. 저는 그가 질서 잡힌 작업을 하는 게 좋고, 섬세하게 일하는 게 좋아요. 그러면서도 그는 우리가 실험하고 탐험하고 탐구할 수 있도록 해줘요.

로재나 아켓 : 누드 장면을 찍을 때 마티는 저를 위해 촬영장을 통제해 주었어요. 사람들이 지켜보는 건 불편했거든요. 하지만 화면에서는 다른 게 보이지 않고 배, 입술, 눈, 손만 보여요. 그건 제 인생에서 가장 에로틱한 정사 장면 중 하나였어요. 아무것도 보여주지 않았는데도 정말 야하게 느껴졌죠.

마티와 저는 연기에 대해 별로 이야기하지 않았어요. 그가 누군가를 고용할 때는 그 사람이 자신이 원하는 바를 줄 것이라고 믿는 거예요. 전에도 말한 것처럼 그게 사실이고요. 마치 씨앗을 뿌리는 것과 같아요. 그는 저를 위해 씨앗을 뿌리고, 물을 줘요. 그러면 그게 자라나죠. 그의 촬영장에서 저는 최고의 시간을 보냈어요. 저는 그와 일하기를 기대했어요. 그렇다고 제가 다른 영화를 하고 싶지 않다는 것은 아니에요. 하지만 마티는 자신이 무엇을 하고 있는지 알기 때문에 저를 편안하게 해줬어요. 그는 어떠한 수정이나 제안도 다 열린 마음으로 대해요. 그의 머릿속에는 언제나 숏들이 들어 있어요. 어떻게 편집될지도 알고 있죠. 자기 작품에 대해 진정으로 아는 거예요.

마티와 함께 일하는 것은 이번이 두 번째예요. 여러 감독과 일해봤지만 마티와 저 사이에는 무언의 말과 같은 활기가 있어요. 입 밖으로 낼 필요가 없는 거죠. 그가 말하지 않아도 저는 그가 무엇을 원하는지 정확히 알고 있어요.

네스토르 알멘드로스 : 이곳의 배우들은 힘든 상황을 잘 견디고 더 고되게 일해요. 리처드 기어처럼요. 그는 캐나다의 얼음물에 10번이고 11번이고 빠져야 한대도 저항하지 않고 몇 번이고 반복할 거예요. 미국 배우들은 새벽 4시까지도 일하면서 한 테이크 한 테이크 찍어나가요. 전혀 불평하지 않아요. 미국인들에게는 일 중독자 같은 성격이 있잖아요. 그리고 미국 배우들은 신체를 잘 쓰기도 하죠. 그들은 산을 오르고 몸으로 싸워요. 〈인생 수업〉에서 닉 놀테가 실내에서 농구하는 장면이 나오는데 정말 환상적이었죠! 쏘는 슛마다 다 들어갔어요. 반면 유럽의 배우들은 조금 더 머리로 일해요. 하지만 그들은 미국 배우들처럼 하려면 어떻게 해야 하는지 모르죠. 드니로처럼 복싱 연기는 할 줄 몰라요. 미국 배우들은 힘든 일을 겪는 걸 겁내지 않죠. 윌럼 더포처럼 몇 시간이고 십자가에 매달리거나, 〈분노의 주먹〉의 드니로처럼 엄청나게 살을 찌우기도 해요. 유럽 배우들에게는 그런 걸 바라기 힘들어요.

닉 놀테: 저는 항상 영화가 감독의 매체라고 생각했어요. 하지만 배우들이 그저 영화의 재료로만 있는 건 좋아하지 않죠. 그러면 아주 좁은 시야에 갇힌 채 끝나 버리거든요. 저는 〈뉴욕 스토리〉를 만드는 세 감독의 발상이 마음에 들었어요. 그들에게는 각자 자신만의 구상이 있었어요. 저는 질질 끄는 영화 대신 짧게 치고 빠지는 영화가 좋아요. 우리는 그 영화를 찍으면서 즐거웠어요. 우리 이야기는 정말 견고하고, 각본도 훌륭했죠. 세심하게 구성되어 있었고 하고 싶은 이야기도 좋았어요.

마티는 함께 일하기에 정말 편안한 사람이었어요. 그는 우리가 역할을 준비할 수 있도록 도와주었고, 우리가 제대로 준비했다면 준비한 대로 연기하게 해줬어요. 그는 우리에게 귀띔하기도 했어요. 우리가 가야 할 방향으로 안내해줬죠. 그리고 우리가 살짝 길을 잃기라도

하면 다시 바로 잡아줘요. 그는 캐릭터에 접근하는 물리적인 방법을 제시하고, 읽어야 할 책을 알려주면서 우리를 지휘해요. 우리가 캐릭터에 힘을 쏟을 수 있도록 하죠.

바바라 드 피나: 저는 촬영 현장과 사전 제작 단계를 좋아하고, 마티는 편집을 좋아해요. 그게 더 통제하기 쉬우니까요. 일과 관련된 우리의 관계는 그가 더 많은 통제력을 가지는 법, 더 절제하는 법을 배우게 했던 것 같아요. 제작사는 그에게 전화하지도 않아요. 이제 그들은 예술적인 문제와 관련해서는 마티를 신뢰하거든요. 그들은 마티가 예산을 함부로 쓰지 않을 것을 알고 있어요. 그래서 그가 하는 대로 내버려두죠. 마티는 절제를 통해 자신이 더 많은 통제력을 가질 수 있다는 걸 배운 것 같아요.

마티는 꽤 합리적인 사람이에요. 그래서 우리는 같은 주파수에 맞춰져 있는 것 같아요. 마티가 그걸 아는 한, 프로듀서인 제가 제작사 사람들처럼 행동할 필요는 없는 거죠. "그가 미쳐가요. 엑스트라 3천 명을 요구해요"라고 전화해서 일러바칠 일도 없고요. 서로의 주파수를 맞춤으로써 일을 하는 게 더 쉬워지고 개인적인 삶도 더 쉽게 챙기게 되는 것 같아요. 밤새워 일하고 하루 종일 자는 방식은 마티가 인간으로서나 영화인으로서나 자신을 잘 챙기지 못했던 방식이었어요. 하지만 나이가 들면서 방법을 깨달은 것 같았죠. 마티는 영화를 사랑해서 하루 종일 영화를 볼 수 있는 사람이지만, 저에게 영화는 일이라서 그저 휴식이라고만 받아들이기는 힘들어요. 저와 달리 마티에게 영화는 해야 할 일을 상기시키는 것 이상이에요. 왜냐하면 그는 영화를 연구하고 항상 새로운 것을 찾기 때문이죠. 영화는 그의 삶이에요.

제프리 캐천버그: 마틴 스코세이지와 함께 일하면 많은 영감을 얻어요. 그는 매우 지적이고, 자기 일에 완벽하게 몰두하는 사람이에요. 그는 어떤 주제든 흥미롭게 만들어요. 저는 이미지를 구성하고, 이야기를 전하고, 새로운 영역을 개척하는 그의 능력에 항상 감탄했어요.

마티와 함께 일하면 즐거워요. 마티는 일을 재밌게 만들죠. 〈최후의 유혹〉을 하면서 그의 열정을 보았어요. 그래서 그에게 〈인생 수업〉을 맡긴 거예요. 바로 그 열정 덕분에요.

마이클 아이스너: 〈인생 수업〉은 스코세이지의 정수를 보여줘요. 그 영화는 그가 음악, 연기, 작품의 정서를 자신만의 효율적인 스타일로 사용하는 방식을 보여줘요. 닉 놀테는 거기서 최고의 연기를 펼쳤어요. 저는 스코세이지가 위대한 감독 중 하나라고 생각해요.

네스토르 알멘드로스: 저에게 마티는 이상하게도 프랑수아 트뤼포를 떠올리게 해요. 여러 이유에서 말이죠. 그는 트뤼포처럼 영화광이고, 옛 영화들을 많이 참고하면서 영화를 만들어요. 또 트뤼포처럼 항상 웃고 깔깔대죠. 그는 촬영장에서 굳이 공포감을 조성하지 않아요. 스태프들에게 항상 친절한 사람이죠. 더구나 작은 키 덕분에 트뤼포를 더 생각나게 해요. 가끔은 트뤼포가 부활한 것만 같아 기이한 느낌까지 든다니까요.

전 정말 운이 좋았어요. 항상 친절한 사람들과 일했거든요. 저는 폭군들과 일해본 적이 없어요. 물론 심술궂은 감독들도 위대한 영화를 많이 만들었죠. 프리츠 라이너Fritz Reiner 같은 사람도 분명 폭군이었고, 참기 힘든 사람이었어요. 히치콕도 마찬가지예요. 하지만 저는 그렇게 참기 힘든 사람과는 일하고 싶지 않아요. 그런 도발 같은 건 필요 없어요. 재능 있지만 친절한 사람들도 얼마든지 많아요.

트뤼포는 촬영장 밖에서보다 촬영장 안에서 더 명랑했어요. 촬영장 밖에서는 좀 침울한 사람이었죠. 정말로 침울했다기보다는 조용하고 말 없는 사람이었고, 항상 아팠어요. 그런데 영화를 만들 때마다 신기하게도 아픈 게 다 낫더라고요. 감기도 걸리지 않고 배탈도 나지 않았죠.

감독에게 가장 중요한 것은 스타일이에요. 저는 자신만의 고유성이 있는 감독과 일하는 게 좋아요. 마틴은 미국 감독 중에서도 자신만의 고유성을 가진 몇 안 되는 사람이에요. 만약 당신이 누가 만든 영화인지도 모른 채 영화 중간부터 보게 되어도, 그의 작품이라는 걸 알아차릴 수 있을 거예요. 우디 앨런도 그래요. 요즘 영화는 대부분 컴퓨터나 기계가 만든 것처럼 보이잖아요. 다 똑같고, 다들 균질하게 매끈한 작품이죠. 하지만 스코세이지는 자신만의 스타일을 가진 사람이에요. 트뤼포는 언젠가 제가 자신만의 스타일이 있는 감독과 함께 미국에서 일하기를 기대한다고 말했어요. 만약 트뤼포가 살아 있었다면 저와 마틴의 작업을 무척 기뻐했을 거예요.

*

〈좋은 친구들〉(1990)

브로드웨이와 49번가의 교차 지점에 초라한 테마 나이트클럽 하와이카이가 있다. 그곳은 뉴욕 거리의 숨 막히는 인파에 드리워진 습기를 피할 수 있는 반가운 휴식처를 제공한다. 〈택시 드라이버〉와 〈코미디의 왕〉에서처럼 더운 여름이었다. 스코세이지는 다시 한번 뉴욕 거리에 카메라를 비췄다.

〈좋은 친구들〉에서 스코세이지는 항상 그를 매료시켰던 피사체, 즉 법을 벗어난 삶을 사는 '똑똑이들*wiseguys*'[40]에게로 돌아왔다. 그들의 세계는 졸개들*soldiers*과 살인자들의 세계다. 감옥에서 스파게티를 만들고, 감옥 면회실에서 자식들이 자라는 모습을 보게 되는 세계인 것이다. 여기서 '좋은 친구*goodfella*'란 대쪽 같은 사내, 절대 경찰에게 아무것도 발설하지 않는 사내를 뜻한다. 하지만 이 마피아의 이야기에서 헨리 힐(레이 리오타)은 대쪽 같지 않다. 그는 의리를 지키지도 않는다. 범죄 소굴에서 살던 내내 자신을 보호해 준 사부, 폴 시서로(폴 소르비노)를 밀고한다.

이 영화는 조직 범죄를 낭만화하는 전형적인 갱스터 영화가 아니다. 극적인 총격전도 없고, 정밀하게 계획된 은행 강도도 없다. 이 영화 속 현재 장면에서, 갱단원들*wiseguys*은 술 상자(커티 삭), 모피 코트, 소고기 덩이, 심지어 식탁보와 린넨까지 트럭에서 내린 뒤 낡은 식당인 밤부 라운지로 배달한다. 갱단원들은 밤부 라운지의 주인에게 그들과 협력 관계를 맺도록 강요한다. 모든 물건은 식당 이름으로 구입된 뒤 현관문으로 들어와 뒷문을 통해 팔려 나갈 것이다. 촬영장에서는 스태프들도 마피아 용어를 사용했다. 각 숏을 찍을 때마다 "장물 획득!"이라고 소리쳤던 것이다.

토미(조 페시)는 앞뒤 없이 덤비고 통제하기 어려운 사람이지만, 그와 파트너를 이룬 헨리 힐은 조금 더 제정신인 사람이다. 하지만 레스토랑 장면에서는 토미가 아주 중요한 역할을 한다. 두 사람은 레스토랑 주인을 뜯어먹을 수 있을 만큼 뜯어먹은 뒤, 보험금을 타내기 위해 식당에 불을 지를 계획이다. 그 장면이 시작되면 조 페시와 레이 리오타는 위치를 잡았다. 그들은 화장지를 둘둘 말아 가연성 액체 안에 끼워 넣는다. 그것들은 불을 붙이기 위한 심지가 될 것이다. 레이 리오타는 조심스럽게 손을 뻗어 대나무 잎사귀 사이에 자신

40 와이즈가이(wiseguy)는 갱단의 단원을 뜻하는 은어이지만, 이 책에서는 맥락에 따라 다양한 의미로 쓰이고, 마피아가 언어를 전유하는 방식이란 점이 반복적으로 암시되기도 한다. 2장의 〈너뿐만이 아니야, 머레이!〉 이야기에서도 그 언어 전유 방식이 언급되었다.

의 방화 장치를 놓았다. 페시가 그걸 보고 넌더리를 냈다. "크리스마스트리 장식하는 것처럼 보여" 배우들과 스태프들이 모두 박장대소를 터뜨렸다. "나쁘지 않아, 조. 나쁘지 않아. 그렇게 갑시다"라고 스코세이지가 말했다. 그렇게 그 대사가 장면에 그대로 들어갔다.

조 페시가 좀 더 말을 덧붙였다. "대체 어떤 놈이 크리스마스트리를 장식하는 것처럼 식당에 불을 지르냐?" 레이 리오타는 자신보다 키가 작은 페시를 내려다보며 물었다. "여기에 손이 닿기나 하니?" 토미와 헨리 힐의 관계가 발전하는 장면인 만큼 페시와 리오타의 합은 정말 찰떡같았다. 그 동기가 무엇이든, 잘 먹혔다.

스코세이지와 로버트 드니로는 7년 동안 각자의 길을 걷다가 〈좋은 친구들〉에서 다시 의기투합했다. 드니로는 '신사' 지미 콘웨이를 연기했다. 지미는 아일랜드 사람으로 6백만 달러 규모의 루프트한자 강도 사건을 주도적으로 기획하고 모든 공범을 살해한 자였다.

스코세이지의 다른 영화에서 주인공은 구원의 순간을 경험하지만 〈좋은 친구들〉의 헨리 힐은 끝끝내 구원받지 못한다. 그는 FBI의 증인 보호 프로그램에 의해 세상을 등지고 은둔하며 살아간다. 태평양 연안 북서부의 교외 주택단지에 있는 그의 모습으로 영화는 막을 내린다. 춥다. 비가 온다. 지루하다. 지옥이다.

*

마틴 스코세이지 : 〈좋은 친구들〉은 〈비열한 거리〉와 같은 시대인 60년대로 돌아가요. 제가 성장했던 세계로 돌아가는 거예요. 하지만 〈비열한 거리〉와는 조금 다른 관점으로 돌아가는 것이었어요.

시나리오는 닉 필레기의 《와이즈 가이 Wise Guy》에 바탕을 두고 있어요. 닉의 책이긴 하지만 각색 과정에서 시각적인 스타일을 새롭게 다시 만들어야 했어요. 그래서 우리는 크레딧에 우리 둘 모두의 이름을 올리기로 했죠. 〈비열한 거리〉 이후로 각본 크레딧에 제 이름을 올린 것은 처음이었어요. 〈좋은 친구들〉의 시나리오를 직접 작업한 까닭에 저는 벌써 영화를 찍고 있는 것만 같았죠. 〈분노의 주먹〉이나 〈최후의 유혹〉에서 제가 가졌던 통제력과 같은 것을 누리는 느낌이었어요. 하지만 그 영화들의 정서적 깊이는 각기 달라요. 저는 〈분노의 주먹〉이 좀 더 감정적인 영화라고 생각해요. 블랙 유머가 가득한 탐험에 더 가까워요.

책의 구조가 정말 흥미로웠죠. 그 모든 단계를 다 확인할 수 있었어요. 책의 부제가 '마피아 가족의 삶'이에요. 그런 다큐멘터리 영화와 같은 접근법이 제 구미를 당겼어요. 책은 과장된 이야기에 초점을 맞추지 않아요. 대부분의 갱스터 영화는 대규모 총격전에 초점을 맞추지만 책 《와이즈 가이》는 우리에게 일상적인 삶을 감지하게 해요. 그 지루한 일상을 느끼게 하죠. 갱단이 어떻게 일하는지, 특정 나이트클럽을 어떻게 접수하는지, 어떤 이유로 그러는지 느끼게 하는 거예요. 그 책은 갱단의 일이 어떻게 이루어지는지 보여주고, 정념의 소용돌이에 휘말린 채 일하는 사람들의 감정을 보여줘요.

니컬러스 필레기 : 《와이즈 가이》는 〈뉴욕〉이라는 잡지의 기사로 시작했어요. 저는 헨리 힐을 제 주제로 골랐죠. 그가 가장 흥미로워서가 아니라, 자진해서 이야기를 꺼내는 사람은 그가 유일했거든요. 책은 베스트셀러가 되었어요. 어느 날 전화를 받았는데, 어떤 남자가 "저는 마틴 스코세이지이고, 영화감독입니다"라고 말했어요. 누군지 안다고 대답하니, 그는 지금 영화 한 편을 마무리 중이라고 말했어요. 무슨 영화인지 알려주지는 않더라고요. 그는 말했어요. "당신 책 《와이즈 가이》를 읽었어요. 저는 몇 년 동안 그런 스토리를 찾고 있었어요. 그

책을 영화로 만들고 싶어요" 그래서 제가 말했어요. "사실, 저는 평생이 전화를 기다려 왔어요. 하고 싶으면 하세요" 하지만 그는 자기 손발이 묶인 상황이라고 말했죠. 그래서 제가 말했어요. "걱정하지 마세요. 제가 그 책을 소유하고 있으니, 제가 하고 싶은 대로 할 수 있어요. 지금 하는 영화를 끝내면 만나서 앉아서 이야기하죠. 어쨌든 이 책으로 영화를 만들고 싶다면, 가져가세요"

다음 날 아침 저는 대리인에게 전화를 걸어 스코세이지에게 그 책을 맡겼다고 말했어요. 그들이 펄쩍 뛰었죠. 그들은 그 책을 가지고 이곳저곳에서 더 많은 돈을 벌어들이려고 했거든요. 하지만 알고 보니 파리에 있던 어윈 윙클러가 전화를 걸어 이미 그 책에 대해 문의했던 모양이더라고요. 다행히 윙클러는 제가 마티를 감독으로 원한다는 것, 마티가 저에게 각색을 맡기고 같이 작업하고 싶어 한다는 것을 알게 되었어요. 윙클러는 마티의 좋은 친구인 만큼 그 이야기를 듣더니 이렇게 외쳤어요. "할렐루야!"

<u>어윈 윙클러</u> : 제가 파리에서 〈라운드 미드나잇〉을 작업하고 있을 때 잡지 〈뉴욕〉을 뒤적거리다가 우연히 닉 필레기의 책 《와이즈 가이》의 발췌문을 발견했어요. 읽어보니 마음에 들었죠. 그런 뒤 당시에 원작 판권을 담당했던 마이클 오비츠에게 이야기했고, 마틴 스코세이지도 그 책에 흥미를 느끼고 있다고 하더군요. 그때 저는 그 책의 영화화 판권을 구매하기 위해 협상하고 제안을 넣었어요. 당시 마티는 시카고에서 〈컬러 오브 머니〉를 찍고 있었죠. 저는 그에게 전화를 걸어 "같이 합시다"라고 말했고, 그렇게 계약을 맺게 되었어요. 그때 그는 닉 필레기와 함께 직접 시나리오를 쓰고 싶다고 말했고, 저는 그 모든 협의 과정을 정리했죠.

저는 《와이즈 가이》가 현대 미국식 성공담의 완숙한 버전이라고 생각했어요. 그 영화는 전혀 낭만적이지 않은 방식으로 성공이 우리에게 무엇을 제시하는지 들여다봐요. 바로 갱스터의 성공을 말이에요!

니컬러스 필레기 : 저는 그 책을 영화에 적합하다고 생각했던 장면들로 나누었어요. 그것들을 써서 마티에게 사본을 보냈죠. 마티는 그 사본 곳곳에 엄청나게 많은 양의 메모를 남겼어요. 우리는 대화를 녹음하면서 장면별로 검토를 시작했죠. 저는 그의 의견들을 통합했고, 수정을 거쳤어요. 우리는 그렇게 몇 번이고 만났어요. 대략 11개에서 12개의 버전을 만들었죠. 우리가 원하는 시나리오처럼 보일 때까지 계속했어요. 그 12개 초안들도 모두 재밌었어요. 처음부터 편안한 기분으로 마티와 함께 작업할 수 있었죠.

저는 브루클린에서 태어났고, 마티처럼 이탈리아계 미국인 동네에서 자랐어요. 우리의 성장 환경이 정말 비슷하더라고요. 제 부모님은 의류 공장을 운영 중이셨고, 코트와 정장을 만들었죠. 그래서 종종 마티와 대화를 나누면 뉴욕에서 이탈리아계 미국인 자녀로 자라는 것이 어떤지 하는 이야기가 되어버렸어요. 그런 환경에서 자란다고 해서 반드시 터프가이가 되는 것은 아니거든요. 저는 터프가이가 아니었고, 마티도 아니었죠. 마티에게는 천식이라는 문제도 혹처럼 달려 있었어요.

마티의 영화 〈이탈리아나메리칸〉은 이런 것들을 엄청나게 포착해요. 그 모든 살벌한 성인들과, 피비린내 나는 남부 이탈리아 가톨릭교에 마티가 속해 있던 거죠. 이탈리아계 미국인들의 집에는 예수가 가슴을 열고 피투성이 심장을 드러내는 그림이 걸려 있어요.

교회는 우리 가족의 삶에서 그렇게 중요한 역할은 하지 않았어요. 언젠가 우리 아버지는 50번가에 있는 세인트 패트릭 대성당의 자정 미사에 가셨죠. 거기서 입구에 있는 회전문을 보고서 "교회 입구에

회전문을 설치해 놓았어. 난 절대 그 교회에 가지 않을 거야"라고 말했어요. 그리고 그 뒤 진짜 한 번도 가지 않으셨죠. 이탈리아 사람들은 앙갚음에 예민한 사람들이에요. 뭔가 하나 잘못되면, 다시는 당신에게 말을 걸지 않을 거예요. 그런 사람들이죠. 게다가 미국의 로마가톨릭교회는, 특히 그 당시 뉴욕에 있던 교회는, 아일랜드 사람들이 가던 곳이었어요. 아일랜드 사람들은 이탈리아 사람들이 그곳에 있는 것조차 원하지 않았어요. 이탈리아 사람들은 아일랜드 사람들이 들어본 적도 없는 성자에게도 기도하고 있었거든요. 기본적으로 이교도에서 넘어온 성자들이었죠. 그중에는 치통을 담당하는 성자도 있었어요. 이탈리아 사람들의 종교는 아일랜드 사람들에겐 죄다 너무 이교도적으로 보였어요. 그래서 이탈리아 사람들은 멀버리 스트리트의 세인트 패트릭 대성당의 지하에서 미사를 올렸죠.

제가 조직폭력배들에게 매료된 것은 내가 누구이고 내 뿌리가 어디인지 알고자 하는 것과 비슷해요. 우리에게는 남부 이탈리아인들에 대해 쓰였다고 여겨지는 이탈리아 문학이 없어요. 하지만 아일랜드 사람들에게는 진짜 문학이 있죠. 그들은 평생 아일랜드 문학만 읽어도 겹치지 않을 만큼 많은 문학 작품이 있어요. 하지만 이탈리아 사람들에게는 그런 작품이 없죠. 그들의 이야기는 대부분 구전으로 내려오는 것 뿐이에요. 그래서 이탈리아계 미국인이 자신의 출신 성분에 대한 단서나, 부모님이 온 세계에 대한 단서를 찾는다면, 조직범죄의 전반적인 역사가 흥미로운 원천인 거예요.

모든 사람은 자기 민족 집단이 가지고 있는 특성에 마음을 뺏겨요. 왜냐하면 그것이 정체성의 열쇠이기 때문이죠. 거기에서 본인 스스로에 대해 알려주는 여러 가지를 발견해요. 이탈리아 오페라, 이탈리아 조직폭력배, 이탈리아 장인, 이탈리아계 이민자들의 경험, 그 가족 구성, 그 모든 것에서 나 자신과 내 가족에 대한 단서를 찾게 되는 거예요.

저는 우리 모두가 갱단에게 양가적 감정을 느끼는 것 같아요. 이탈리아 공동체에서 자란 모든 사람은 자기들이 어떤 식으로든 갱단에 의해 희생되었다고 생각해요. 제 아버지는 작은 코트 공장을 가지고 있었는데, 사무실에서 아무 일도 하지 않는 사람들을 급여자 명단에 넣어야 했어요. 노동 쟁의가 일어나지 않도록 미리 손을 쓰는 방식이었죠. 제 아버지 사무실 아래에 있는 사내들은 일하지 않고 클럽에서 놀았어요. 아버지는 자신이 그들을 안다고 생각했어요. 모두 이탈리아의 같은 지역 출신이었고, 아버지는 그들을 친근하게 느꼈죠. 그런데 어느 주말, 그들이 아버지 사무실을 몽땅 털어갔어요. 그들은 사전에 아버지의 사무실로 옷감 두루마리 여럿이 배달되는 것을 보았고, 그 안을 깨끗이 쓸어간 거예요. 아버지가 할 수 있는 일은 없었어요. 경찰에 신고하는 거요? 경찰은 이미 그들로부터 돈을 받고 있었어요. 경찰은 꿈쩍도 안 할 거예요.

제 아버지가 어릴 적 이탈리아에서 미국으로 막 건너왔을 때, 아버지는 남부 브루클린에 있는 4번 대로와 유니언 스트리트에서 살았어요. 모두 사촌인 다섯 남자들이 한 집에 머물렀죠. 하지만 그들에게 집세 낼 돈은 없었어요. 제 아버지는 당시 캐피톨 극장에서 트롬본을 연주했는데 영화가 상영되는 막간에 연주하는 일이었어요. 다른 사촌들도 이곳저곳에서 일을 하고 있었어요. 그들은 일이 끝나면 집으로 돌아와 오일을 두른 스파게티를 함께 만들어 먹었어요. 그것으로 아침, 점심, 저녁을 해결했죠. 긁어모을 수 있는 돈은 죄다 모아 집세로 썼어요. 당시 규모가 큰 갱단에 있던 사람 하나가 저희 아버지와 사촌들을 알게 되었고, 어느 날 찾아와서 이렇게 말했어요. "잘 들어. 걱정하지 마. 계속 일해. 그럼 괜찮아. 다음에 집주인이 집세를 받으러 오면, 꼭 영수증을 받아둬" 아버지와 사촌들은 항상 영수증을 받아둔다고 말했죠. 남자는 "영수증 꼭 받아"라고 다시 한번 강조했어요. 나중에 집주인이 집세를 받으러 왔을 때 아버지가 집세를 내주었어요. 그리고 집주인이 떠난 뒤, 갱단 사내들이 아버지 앞에 불쑥 나타났죠. 갱단 사내들은 다음 달 집세를 내라며 아버지에게 집주인에게 냈던 돈을 돌려주었어요. 그들은 매달 그 짓을 반복했어요. 그래서 집주인에게 주었던 70달러인가 80달러가 계속 돌고 돌았죠.

당신이라면 이런 문제를 어떻게 다루겠어요? 그 사람들은 아버지 가게를 털었던 놈들과 같은 부류였어요! 이탈리아 공동체 사람들은 대체로 절도 행각과 관련된 뻐꾸기 이야기[41]들을 하나쯤 가지고 있어요. 갱단원들이 당신 집세를 내는 일처럼 사소한 범행만 벌이는 걸 수도 있어요. 하지만 중요한 것은, 결국 그들은 나쁜 사람이고, 나중에 당신을 벗겨 먹을 거라는 거예요. 그들은 당신을 강탈하게 되어 있어요. 고질적 풍토병이죠. 어쩌면 아버지는 돈을 받지 말았어야 했을지 몰라요. 만약 아버지가 장로교 신자였다면 절대 그러지 않았을 거예요. 그는 이렇게 말했을 거예요. "고맙지만, 죄송해요. 저는 이 돈을 받을 수 없어요. 저는 제 집세를 냈고, 고생해서 다음 달 집세도 낼 거예요" 그러니 우리 아버지도 조금 잘못한 것 같아요. 이탈리아 사람들은 그런 걸로 피해를 보면서도 또 할 수 있다면 그걸 만끽하거든요. 천 년 동안 계속된 이탈리아 사람들만의 드라마인 거죠.

마틴 스코세이지 : 사람들은 갱들이 사람을 죽인다고 생각해요. 네, 물론 그렇기는 해요. 하지만 갱단의 주된 목적은, 특히 〈좋은 친구들〉에서 나오는 갱단의 목적은, 돈을 버는 일이에요. 그래서 〈좋은 친구들〉의 토미가 살해되는 거예요. 얼마간 그는 돈을 벌기보다 소란을 더 많이

41 뻐꾸기는 자기보다 힘이 약한 새가 지은 둥지에 알을 낳아 그 새에게 자기 새끼를 대신 기르게 한다.

일으켰어요. 그는 아무 이유 없이 사람을 죽였거든요. 그래서 갱단이 그를 제거한 거예요. 그가 모든 계획을 망치니까요!

미세스 스코세이지 : 제 남편 찰리는 갱단 중 한 명인 비니를 연기했어요. 그가 집에 들어오면 제가 "그래서 찰리, 오늘은 뭐 했어?"라고 묻곤 했어요. 그러면 그가 "음, 오늘 걔들이 사람들을 죽이더군"이라고 말해요. 다음 날 그가 집에 돌아오면 또 제가 물어요. "오늘은 또 뭐 했어?" 그러면 그가 "음, 걔들이 오늘은 시체들을 버렸어"라고 말해요. 매일매일 그랬어요. 그래서 제가 말했죠. "마티, 무슨 일이야? 이 영화는 대체 뭐야? 살인밖에 안 해?" 그러면 마티가 말해요. "엄마, 책에 있는 거예요. 있는 그대로예요" 저는 톰의 엄마를 연기했는데, 토미도 항상 살인을 했어요.

조 페시 : 우리는 먼저 이름을 바꿔야 했어요. 현실의 토미는 키가 180cm 정도였는데 저는 키가 크지 않았거든요. 지난번에 마티와 저는 그것 때문에 웃기도 했어요. 누군가가 우리에게 그 사람들에 대해 말할 때마다 그들의 키를 점점 더 높여 말했거든요. 거의 카림 압둘 자바[42]가 될 정도였어요. 하지만 연기는 그런 현실과는 상관없었죠. 사람들은 저에게 토미 드시모네*Tommy DeSimone*에 대해 알고 싶냐고 물어요. 저는 그에 대해 많은 것을 알고 있고, 자료를 읽거나 여러 사람과 직접 이야기를 나누기도 했어요. 하지만 저는 그런 것들을 영화에 적용하지는 않아요. 밥 드니로라면 자신의 캐릭터에 대한 모든 것을 알아낼 것이고, 그 특징과 사소한 것들을 녹여낼 거예요. 하지만 제가 하는

42 키가 218cm인 전 NBA 농구 선수.

방식은 잘 알고 있는 사람 중에 제 캐릭터와 비슷한 사람을 생각하면서 그 사람을 연기하는 거예요. 저만의 토미 드시모네가 되는 거죠. 마치 내가 진짜 그 살인자인 것처럼, 그 정신 나가고 웃기며 말발 좋은 사람인 것처럼 연기하는 거예요.

마티는 살인, 죄책감, 종교에 대한 자기만의 생각을 가지고 있어요. 저도 종교에 대한 저만의 생각이 있죠. 하지만 저는 똑똑이들*wiseguy*이 베트남이나 한국, 독일로 가는 병사들*soldier*처럼 그들이 하는 일을 정당화한다고 생각해요. 그들은 모르는 사람과 싸우는 거예요. 어떻게 그걸 정당화할 수 있을까요? 잘 알지도 못하는 사람을 죽이는 짓을 어떻게 정당화할까요? 정부에서 그래도 괜찮다고 하기 때문일까요? 그들은 당신에게 총을 쥐여주고 총 쏘는 법을 알려줘요. 만약 브루클린이나 브롱크스에 사는 누군가가 당신 가족을 먹여 살리고 옷을 입혀 준다면, 그런데 그 사람이 도박업자 같은 사람이라면, 그들이 동네 저쪽의 쓰레기 같은 놈들이 제 것 아닌 것을 가져가려 한다고 말한다면… 그들은 자신과 같은 범죄자인 사람을 죽여요. 길에 지나다니는 아무나 죽이지는 않죠. 그런데 제가 연기한 토미는 좀 과해요. 사이코패스 살인범이죠. 그냥 아무나 죽이니까요.

하지만 토미와 달리 갱단은 그저 죽이기 위해 죽이지 않아요. 그들에게는 나름의 이유가 있어요. 죽어도 싸다고 여기는 어떤 것이 있어요. 갱단의 것을 훔치거나, 갱단 중 누군가의 아내와 불륜을 저지르거나, 자기들이 소중하게 생각하는 것과 관련된 일들에 움직이죠. 그런 일을 저지른 사람은 그들의 가족을 건드리는 셈이 되는 거예요. 그래서 죽이죠. 제가 그런 짓들을 용납한다는 것은 아니에요. 하지만 갱단은 그런 사람의 엉덩이쯤은 걷어찰 만하다고 생각해요. 독일의 낯선 사람이나 베트남 마을의 꼬마가 아니라요.

폴 소르비노 : 〈좋은 친구들〉에서 제가 맡은 역할은 그 동네 두목인 폴 시서로예요. 다들 그를 마피아 우두머리라고 말하죠. 엄청난 권력을 휘두르니까요. 하지만 그에게도 취약한 부분이 있어요. 그는 헨리를 아들처럼 대하죠. 그 사랑이야말로 그의 몰락이에요. 그는 그가 헨리에게 해준 일들 때문에 감옥에 갇히고 말거든요.

이런 캐릭터들은 호기심을 자극하며 매혹적인 이분법을 보여줘요. 그들은 극단적인 악과 극단적인 친절함을 가지고 있거든요. 그들의 가족에게는 극단적으로 친절하고, 그들의 적이나 적대적 경쟁 업체에게는 극단적으로 사악하죠. 인간의 정신세계 안에서 그런 것들이 가능하다는 게 참 기이해요. 그러니까 마을을 쓸어 버린 군인들이 집으로 돌아가면 아무렇지 않게 자기 아이를 무릎 위에 앉히는 자상한 아버지가 될 수 있는 거죠. 아무도 그걸 설명할 수 없을 거예요. 우리에게는 족쇄가 풀리면 미쳐 날뛰게 되는 부분이 있나 봐요. 인간으로서 우리는 기이하게도 완전히 극단적인 성격을 가질 수 있는 것 같아요. 저는 평생 사람들이 이른바 도덕적인 삶을 지키며 살아가는 이유와, 그 삶에서 벗어나는 이유가 무엇인지 고민하면서 살았어요.

어느 민족 집단도 독점권을 가지고 있지 않아요. 미라이[43]를 휩쓴 장교는 이탈리아계 미국인이 아니었어요. 이탈리아계 미국인들에게 범죄 특허권이 있어서 그들만 범죄를 저지르는 건 아니라는 말이에요. 각기 다른 인종, 각기 다른 민족, 서로 다른 사회 각계각층 사람들이 범죄에 연루돼요. 저는 배스 비치에서 자랐어요. '리틀 이탈리아'에 속하지 않는 곳이죠. 그래서 저는 조직적인 범죄와 직접적으로 맞닥뜨린 적은 한 번도 없어요. 물론 거기 있다는 건 알아요. 하지만 그

43 1968년 미군에 의해 학살당한 베트남 남부 마을.

런 범죄를 경험하려면 그 삶의 일부가 되어야 해요. 저는 그렇지 않았죠. 조직범죄를 거리에서 마주쳤던 적은 없어요. 하지만 우리가 오다가다 만난 사람이 조직폭력배 소속이라는 걸 알게 되었을 때, 그들을 피해 다니긴 했죠.

저는 도덕적인 결정을 내리는 갱단원이 있다고 생각했어요. 그런 직업을 가졌다고 해서 다 같은 사람은 아닐 테니까요. 우리가 그걸 직업이라고 부를 수 있을지 모르겠지만요. 그건 지옥으로 내려가는 일에 더 가까울 거예요.

크리스 세로네: 성장기의 어린 헨리에게는 롤모델이 있었어요. 저의 롤모델은 미키 맨틀*Mickey Mantle*[44]이었죠. 하지만 헨리는 동네 건달들을 우러러봤어요. 그들을 거물로 생각했죠. 그 건달들은 헨리의 동네 브라운즈빌을 접수했어요. 그래서 헨리는 그 폭력배들을 사랑했어요. 그는 그들과 함께 생활하며 먹고 마시고 잤어요. 저는 헨리가 그 생활을 옳고 그름의 문제로 보지 않았다고 생각해요. 그저 자기가 하고 싶은 일로만 본 거였어요.

마틴이 저를 선택한 이유는 아주 활기차고 재빠른 아이가 영화에 필요했기 때문이라고 생각해요. 그는 실제로 그쪽 삶이 그렇듯이 시키는 일을 즉각 해낼 수 있는 사람이 필요했어요. 마피아 카드 게임만 생각해 봐도 거기에는 사람들을 계속 기분 좋게 해줄 사람이 필요하거든요. 머리가 잘 돌아가고 눈치 빠른 사람이요.

영화에서는 투디 시서로*Tuddy Cicero*가 제 롤모델이에요. 그가 조직 생활하는 요령을 저에게 가르치거든요. 마이클 잭슨의 매니저를 했

44 뉴욕 양키스 야구선수.

〈좋은 친구들〉의 크리스 세로네(어린 헨리 힐 역),
폴 소르비노(폴 시서로 역), 로버트 드니로(지미 콘웨이 역).

었던 프랭크 디레오*Frank DiLeo*가 투디를 연기했죠. 그는 매우 건장한 사람이에요. 줄담배를 피워대는 사람이죠. 영화에서 저는 에스프레소를 마셔야 했는데, 실제로는 커피를 별로 좋아하지 않아요. 그래서 프랭크가 저를 도와줬죠. 그가 가르쳐준 대로 홀짝 마셨어요. 테이크 하나로 끝내 버렸죠. 우리는 제가 숫자 맞히기 도박 게임을 전달하며 언덕을 뛰어 내려가는 장면을 몇 개 더 찍었어요.

나중에 저는 차를 운전하게 되었어요. 건달들의 차였고, 1955년형 캐딜락이었죠. 파란색의 아주 예쁜 차였어요. 건달들이 저에게 열쇠를 주면 저는 그걸 주차장에 주차해요. 그건 마치 졸업과도 같은 일이죠. 마피아의 일원으로 승진한 거예요. 저는 로버트 드니로와도 한 장면을 찍었어요. 열세 살에 가짜 신용카드를 써서 체포된 저를 감옥에서 빼주는 장면이죠.

어느 날 밤에는 저녁 11시 30분까지 촬영을 진행했어요. 저는 가만히 서 있는 역할이었죠. 카메라가 제 눈을 찍는 숏이었거든요. 그때 저는 영화 속 제 집에 있었고, 그곳은 택시 승강장 바로 건너편에 있었어요. 저는 밖을 내다보면서 건달들이 하는 일을 지켜봐요. 그러면 카메라가 제 눈 바로 위까지 와서 제 모습을 찍어요. 저는 꼼짝 말고 서 있어야 했어요. 한 시간 정도 그렇게 있었나 봐요. 마티가 저에게 와서 격려해 주었어요. 소다를 주면서 "잘하고 있어"라고 말했죠. 저는 연기하는 게 정말 좋아요. 하지만 잘 풀리지 않으면 소아과 의사 아니면 뉴욕 메츠의 중견수가 되고 싶어요.

프랭크 디레오 : 우리는 마티가 마이클 잭슨의 노래 '배드'의 뮤직비디오를 연출할 때 처음 만났어요. 그 당시 저는 마이클 잭슨의 매니저로 일하고 있었죠. '배드'는 길거리에 어울릴 것 같은 노래였고, 저는 항상 우리가 언젠가 거리로 나가 뮤직비디오를 찍어야 한다고 생각했어요. 마틴 스코세이지보다 거리 위를 잘 아는 감독이 또 있나요? 퀸시 존스가 저에게 마티 이야기를 했을 때 저는 놀라서 의자에 떨어질 뻔했어요.

마이클과 마티가 처음 만났을 때는 분위기가 좀 이상했어요. 마이클이 마티를 잘 이해하지 못했거든요. 저는 마이클에게 〈분노의 주먹〉을 보여주었어요. 〈비열한 거리〉도 보여주고 〈코미디의 왕〉도 보여주었죠. 마이클은 그 영화들을 좋아했고, 마티와 함께하길 원했어요. 하지만 마티처럼 마이클도 통제광이에요. 둘 다 통제 지향적인 사람들이죠. 언젠가 마티와 마이클이 있는 곳에 간 적이 있는데, 뭔가 문제가 있었는지 약간의 긴장감이 흐르더군요. 그래서 저는 마티에게 마이클이 어떤 사람인지 설명해야 했고, 마이클에게 마티가 어떤 사람인지 설명해야 했어요. 그러고 나서 두 사람은 서로가 비슷하다는 걸 알게 되었고 문제는 잘 해결됐죠. 그 이후로는 그런 일이 없었어요. 서로 선을 넘지 않았고 걱정하지도 않았어요.

마이클은 그 뮤직비디오 촬영을 좋아했어요. 하지만 우리가 정말 희한한 요구를 많이 하는 바람에 마티가 정말 힘들었을 거예요. 마이클은 특히 춤을 출 때 많은 시간을 들여요. 그는 여러 구도로 촬영해야 한다고 믿었어요. 정말 그게 필요하든 필요하지 않든 말이에요. 프레드 아스테어와 진 켈리로부터 그래야 한다고 들었거든요. 어느 날 저는 우리가 촬영하고 있던 지하철역으로 걸어가고 있었는데, 마티와 촬영감독 마이크 채프먼이 저를 보며 이야기하고 있었어요.

"뭘 보고 있어요? 제 바지 지퍼라도 내려갔어요? 문제가 뭐예요?" 라고 제가 물었죠. 그래서 마티가 "아무것도 아니에요. 영화 하나를 하려고 하는데, 하게 되면 당신에게 맡길 역할이 하나 있을 것 같아서요. 그 캐릭터와 똑 닮았거든요"라고 말했어요. 저는 너무 좋다고 답했어요. 그리고 혼자 생각했어요. "하지만 이 뮤직비디오가 끝나면 연락이 없을 거야" 그래도 저는 "불러주세요. 바쁘지 않으면 제가 할게요"라면서 호기롭게 이야기했어요. 저는 배우가 될 생각이 추호도 없었거든요. 그런데 3년 뒤 마티가 진짜로 저에게 연락을 해왔어요. 그렇게 〈좋은 친구들〉에 참여하게 되었죠. 저는 투디 역을 맡았어요. 연기를 해본 적이 한 번도 없었기 때문에 제가 하기 딱 좋은 역할이었어요.

원작에서 투디는 폴의 동생이에요. 그는 어린 시절 헨리를 발견했고 택시 주차장과 갱단에서 그를 키웠어요. 투디는 마피아의 부두목이었어요. 그는 뭐든지 다 해요. 주변 젊은이들과 장난치는 걸 좋아하는 사람이지만 한편으로 매우 진지한 사람이기도 하죠. 영화 막바지에는 제가 토미를 처형해요. 조 페시가 투디의 가장 친한 친구인 토미를 연기하죠. 투디는 토미를 죽이고 싶지 않았지만 그에게 떨어진 조직의 지시라 해내야 했어요. 저는 마피아 단원들이 살인을 엄연한 업무로 생각한다고 믿어요. IBM 같은 곳에서 해고되는 것과 다를 바 없어요. 유일한 문제라면 마피아가 그 일원을 해고할 수 없다는 거예요. 해고된 뒤에는 해서는 안 될 이야기를 하게 되니까요. 마피아 단원이 받을 수 있는 유일한 해고 통지서는 사망 진단서뿐이죠. 누구를 해치기 위해 죽인다기보다는 조직의 일은 조직에 묻어두는 방법을 선택하는 거죠. 그게 그들의 방식이에요.

제가 〈좋은 친구들〉을 다 찍은 뒤에야 마티가 이 이야기를 듣게 되어 다행이에요. 케케묵은 이야기를 꺼내고 싶지는 않거든요. 하지만 만약 그가 제게 출연료 없이 그 영화에 출연해달라고 부탁했더라도 저는 어쨌든 했을 거예요.

이 영화에 참여한 덕분에 연출과 연기에 대해 정말 많이 배웠어요. UCLA에서는 배울 수 없었던 거예요. 마티가 감독한 영화는 모두 봤어요. 저는 피츠버그에서 〈비열한 거리〉를 영화관에서 본 극소수 중 한 사람이에요. 거기서는 오래 상영되지 않았거든요. 개봉 첫 주에 그 영화를 봤던 기억이 나요.

저는 중산층 동네에서 자랐어요. 하지만 거친 이탈리아인 지역에서 빈둥거리며 시간을 보냈죠. 깨어 있는 시간에는 항상 그곳에 있었어요. 집에서는 잠만 잤고요. 그래서 그런지 〈비열한 거리〉가 정말 마음에 들었어요. 저는 특히 하비의 캐릭터에 공감했어요. 저도 가톨릭으로 자랐거든요. 가톨릭 학교에서 쭉 공부했고, 기독교 형제로 소속될 예정이었어요. 저는 여전히 가톨릭이고, 지금도 여전히 주일이면 교회에 나가요.

앞으로 10년 동안 이 나라 사람들은 마틴 스코세이지가 어떤 사람인지 이해하게 될 거예요. 그들은 이제 막 감을 잡기 시작했고, 마티의 첫 작품부터 다시 보기 시작하겠죠. 〈좋은 친구들〉은 분명 고전 걸작이 될 거예요.

니컬러스 필레기 : 〈대부〉가 갱단원들을 품위 있는 사람으로 보여주는 바람에 그 영화를 사랑하긴 하지만, 그들이 가장 좋아하는 마피아 영화는 마티의 〈비열한 거리〉예요. 헨리 힐이랑 다른 놈들이 그 영화를 정말 좋아해서 폴 시서로가 연기한 캐릭터의 실제 인물인 폴 바리오를 붙잡고 영화를 보게 하기도 했죠. 바리오는 TV도 없고 영화를 보러 가지도 않았어요. 그들은 바리오를 길거리에서 발견하자마자 〈비열한 거리〉를 볼 수 있게 극장으로 끌고 갔어요. 그때 바리오는 갱단의 두목이었어요. 〈비열한 거리〉는 그들에게 홈 비디오처럼 느껴졌을 거예요. 그 영화의 종교적인 부분은 아닐 수 있지만, 갱단의 하찮음은 정말 똑같거든요. 갱단이 수백만 달러를 쥐락펴락하는 건 전부 과장된 헛소리예요. 사람들은 그들이 돈방석에 앉아 있다고 생각하지만, 실제로는 전혀 그렇지 않아요. 물론 어떤 두목은 그렇기도 하겠지만 어떤 조직의 두목은 1년에 고작 2만, 3만, 4만 달러를 벌기도 해요. 도박에서 지기라도 하면 도박업자에게 지불할 100달러가 없을 때도 있어요. 경찰은 그들이 뒷방에서 지내는 모습을 비디오로 찍기도 해요. 그들 집 앞에 빚을 받으러 온 도박업자가 진을 치고 있으니 한 발짝도 움직이려고 하지 않거든요. 그들에게 돈을 지불하지 않고는 지나갈 수 없죠. 그들은 도박업자가 떠나기만을 기다렸다가 움직여요. 그들도 그냥 인간이죠.

그런 이야기를 《와이즈 가이》에 넣고 싶었어요. 갱단이 움직이는 진짜 방식을요. 저는 그들을 둘러싼 환상보다 이게 더 흥미롭다고 생각했어요. 저는 그중 여러 사람과 알고 지내기도 했어요. 그들이 다들 가지고 있는 특성 중 하나는 정말 믿을 수 없을 정도로 높은 신진대사율이에요. 그들 대부분은 매우 광적이고, 엄청난 정력을 자랑하며, 어마어마한 활력을 지니고 있어요. 학교에서는 통제가 안 되는 부류의 아이들 있잖아요. 완전 '슈피커스*shpilkes*'에요. 이디시어로 '바지 속 개미들'이란 뜻이죠. 그들은 딱 그런 사람들이에요.

제 친구 대니 잭 파리시*Danny Jack Parisi*가 했던 말은 정말 역대급으로 가관이었어요. 그는 1년 반 전에 94세의 나이로 세상을 떠났는데, 살인주식회사*Murder Incorporated*[45]의 살인자 중 하나였죠. 그가 얼마나 많은 사람을 죽였는지 상상도 못 하실 거예요. 그런데도 매번 성찬식에 참여했어요! 일 년에 한 번은 특별 순례를 하기도 했죠. 그는 맨발로 브루클린에서 다리를 건넌 뒤 116번가와 플레즌트대로 쪽 길로 올라가 카르멜 성모 성당*Our Lady of Mount Carmel Church*까지 갔어요. 두 명의 경호원을 함께 대동한 채로 말이에요. 제 친구가 그에게 물었어요. "그런데요, 잭, 이럴 수 있는 거예요? 매주 교회에 다니면서 그렇게 사람들을 죽이는 게 말이 돼요?" 잭이 대답했어요. "나는 매일 교회에 가서 신께 기도를 드리며 다시 한번 강도질할 힘을 달라고 하는 거야." 당신은 바로 그런 사람을 상대하는 거예요.

레이 리오타 : 저는 뉴어크에서 태어나서 뉴저지 유니온 타운십에서 자랐어요. 제가 살던 동네에도 터프가이들이 있긴 했지만, 〈좋은 친구들〉에 나오는 사내들에 견줄 만한 수준이 아니었어요. 저는 마이애미 대학교에서 연기를 시작했고, 1977년에 학교를 졸업한 후 뉴욕으로 왔어요. 처음에는 광고를 찍다가 6개월 이후 TV 연속극에도 출연했죠. 거기서 3년 반 정도 연기 생활을 했어요.

저는 영화를 하고 싶었고, 드니로와 스코세이지의 영향을 많이 받

45 1929년에서 41년 사이에 활동한 조직범죄 집단. 주로 이탈리아계와 유대계로 이루어진 조직이다.

았어요. 그러다 상황이 잘 풀리기 시작하더니 그들과 함께 영화를 찍게 되었어요. 두 사람은 정말 대단해요. 저는 그들의 헌신과 열정이 좋아요. 재미있는 점은 그들과 함께 일할 때면 자유롭고 편안한 느낌이 든다는 거예요. 아마도 저는 그들의 삶이 제대로 궤도에 올랐을 때 그들과 만난 것 같아요. 그들의 나이, 성숙함, 이미 손에 넣은 성공을 생각하면 말이에요. 그런데도 그들은 놀랍고 자신감 넘치는 편안함을 가지고 있어요.

저는 이 영화를 정말 하고 싶었어요. 1988년에 저는 베니스 영화제에 갈 계획이었는데, 마티도 그럴 예정이었죠. 우리는 〈최후의 유혹〉에 대해 이야기를 나누었어요. 한창 시위가 일어날 즈음이었는데, 그 모든 일에도 불구하고 위축되지 않고 저를 배우로서 대해주며 말을 걸어 주었죠. 조나단 드미 감독의 〈썸씽 와일드〉를 스코세이지가 봤다는 걸 알 수 있었어요. 정말 놀랐어요. 그런 대단한 사람이 제가 나온 영화를 보고 좋아했다니요!

그는 저에게 제 포트폴리오 비디오를 보내 달라고 했어요. 그리고 베니스에서 돌아오면 보자고 말했죠. 그날 밤 저는 집에 가서 매우 솔직한 편지 한 통을 썼어요. 그를 만나서 반가웠으며, 요청한 비디오테이프를 함께 보내니 시간 날 때 봐달라고 말이죠. 한 달 반 정도의 시간이 흘렀어요. 그때 우리 둘 다 베니스에 있었는데, 제가 호텔 로비를 걸어가는 그를 발견했죠. 일곱 명이나 되는 경호원이 그의 곁에 있었어요. 〈최후의 유혹〉을 두고 벌어진 논란은 미국보다 유럽이 세 배는 더 컸거든요. 제가 마티를 발견했을 때 저는 그에게 "행운을 빌어요. 절대 저 사람들 때문에 움츠러들지 말아요"라고 말하고 싶었어요. 그러는데 경호원 중 하나가 제 팔을 붙잡았죠. 하지만 마티가 저를 보고는 "레이, 어떻게 지내요? 테이프는 받았는데, 아직 볼 여력이 없었어요"라고 말해주었어요. 전 세계의 눈초리를 견디고 있는 사람이 나를 기억해 주다니! 우리는 마치 이틀 전에 이야기를 나눈 것만 같았어요.

폴 소르비노: 마티는 특별한 감수성과 진실성을 가지고 있는 사람이에요. 저는 과거의 위대한 감독만큼 그가 재능 있는 감독이라고 생각해요. 엘리아 카잔의 타고난 후계자죠.

저는 그가 만든 촬영장 분위기를 보며 좋은 인상을 받았어요. 그의 촬영장은 배우들을 중심으로 움직여요. 스태프들도 나쁘지 않은 대우를 받고 있지만, 모두 마티의 통찰력과 배우들의 연기를 돕기 위해 그곳에 있다는 것을 알고 있어요. 마티는 배우들을 정말로 좋아하고 그들의 창의성을 존중해요. 배우들에게 영감을 주고, 그들을 고무하고 발전시키죠. 그는 "좋아요, 그런데 이것도 시도해 봅시다"라고 말해요. 장황하게 말하거나, 의미 없는 사실이나 정보를 늘어놓지도 않아요. 한 번에 하나씩 말하죠. 좋은 배우에게는 그거 하나로도 충분하니까요.

어느 장면을 찍을 때 그가 저에게 말했어요. "만약 상대 배우가 당신을 설득하지 못하면, 그에게 질문하세요" 그 문장에는 두 개의 동사가 있어요. 거의 모든 감독은 명사와 결과로만 말하잖아요. 다른 감독들은 "당신은 여기서 행복해요"라거나 "당신은 이것 때문에 기뻐요"라거나 "당신은 그 사람에게 정말로 화가 났어요"라고 말하는데, 마티는 그런 식으로 말하지 않아요. 그는 동사로 말하죠. 샌퍼드 마이즈너*Sanford Meisner*가 지적했듯이, '연기는 행동'이에요. 콘스탄틴 스타니슬랍스키는 "연기란 그저 과업을 완수하는 것"이라 믿었죠. 과업을 완수한다는 말은 동사에 대해 말하는 거예요. "그 사람이랑 잘 정리해. 간청하고, 질문하고, 설득해" 이게 제가 할 수 있는 일이에요. 만약 제가 "행복하라"는 말을 듣는다면, 어떻게 해야 할까요? 미소를 지으면 될까요? 하지만 제가 "그에게 굽실대고 알랑거려요"라는 말을 들으면 그냥 그렇게 하면 되는 거잖아요.

저는 마티의 작품이 오페라 같은 스타일이라고 생각해요. 오페라는 생기 넘치는 삶에 대한 은유예요. 그의 아이디어는 매우 강력한 아이디어, 또렷한 아이디어로 나타나죠. 그러면서도 아주 미묘한 성격을 지니고 있어요. 마티는 몇몇 현대 예술가들이 하는 것처럼 거창한 색깔을 흩뿌리지 않아요. 그는 자신이 가지고 있는 팔레트에서 가장 강력한 색을 사용해서 가장 가볍고 예민한 붓질로 그것을 다뤄요.

그의 이탈리아식 성장 배경이 크게 기여하는 것 같아요. 이탈리아 사람들이 정서를 잘 다루거든요. 감정을 폭발시키고 밖으로 표출하는 게 괜찮긴 하지만, 마티의 영화는 별로 표현하지 않는 듯하면서도 깊이 표현하는 주연 배우를 필요로 한 것 같아요. 알 파치노나 바비 드니로처럼 말이에요.

조 페시 : 제가 연기하는 캐릭터는 말도 안 되는 이유로 당신을 죽일 거예요. 저는 제 끔찍한 성질머리를 이용할 수 있어요. 제 아버지의 성격도 끔찍했고, 제 형도 그랬고, 저도 그래요. 저는 저 자신을 진정시켜야 해요. 저는 나이가 들면서 이 성질을 통제하거나, 사람들에게서 멀어지거나, 제가 좋아하지 않는 누군가를 피하거나 하는 방법을 배웠어요. 그렇지 않으면 열이 뻗쳐서 그들의 목을 조르거나 곤죽이 되도록 패버리고 싶거든요. 그래서 토미로서의 저는 그런 살인 충동을 이용해요. 그런 건 시간이 지나면 아무런 일도 아니거든요. 저는 아무 일도 아닌 것처럼 살인을 저질렀어요.

일레인 케이건 : 제가 헨리를 학교에 보내는 장면이 있어요. 이 장면을 두고 마티는 "당신 아이가 학교에 갈 때 어떻게 하세요? 무슨 말을 하시겠

어요? 뭘 느껴요?"라고 말했어요. 저는 "길 조심해! 우유 마셔!"라고 말할 거라고 했어요. 현실적인 것은 언제나 잘 통하죠. 그것이 마티의 영화를 더 특별하게 만들어요.

몇몇 사람은 그런 걸 두려워하는 것 같아요. 저는 존 카사베츠와 수년간 함께 일했기 때문에 즉흥 연기가 편해요. 촬영 직전에 "오, 이건 어때요?"라고 말하는 그런 즉흥성이 불편하지 않아요. 그런 걸 할 수 있는 자유는 배우에게 중요하거든요. 존과 함께 일할 때면, 그는 시나리오 초안을 받아쓰게 했어요. 그런 다음 우리는 모든 역할을 연기하면서 그것을 다시 읽어보죠. 주변에 있는 사람들이 다 참여해서 모두 대사를 읽으면서 연기했어요. 그런 다음 그걸 기록해 두고 시나리오를 바꾸죠.

존은 마티에게 열광했어요. 그는 〈위대한 면도〉를 보곤 포복절도 했어요. 마티의 초기 영화를 좋아했죠. 그는 마티가 무언가를 볼 수 있는 사람이라고 생각했어요. 심지어 20년 전에 말이에요. 마티는 존처럼 모든 것을 봐요. 존은 항상 관찰해요. 누구라도 우리를 거리에 멈춰 세우고 말을 걸면, 우리는 대화를 시작했어요. 존은 항상 사람들이 무슨 이야기를 하는지, 어떻게 이야기하는지 관심을 기울였어요. 마티도 그런 사람이에요. 그는 누구에게나 시간을 내어 그들의 말을 들어요. 그게 그의 작품에 그대로 나타나죠. 그게 그의 영화를 진짜처럼 만들어요. 마티는 실제 사람들이 어떻게 행동하는지 보여주거든요.

저는 헨리가 결혼하는 장면을 가장 좋아해요. 그 장면은 신부 부모님 집에서 진행되는데, 신부의 가족이 모두 한쪽에 모여 있으면, 신랑의 가족은 다른 쪽에 모여 있어요. 신부 부모는 딸이 이탈리아 남자랑 결혼하는 걸 탐탁지 않아해요. 우리도 아들이 유대인 여자랑 결혼하는 게 탐탁지 않죠. 참 재밌어요. 왜냐하면 저는 유대인인데 시칠리아 출신 어머니 역할을 하고 있잖아요. 로렌 브라코*Lorraine Bracco*는 이탈리아 출신인데 유대인 여자를 연기하고 있어요. 그래서 제가 마티에게 말했어요. "다 지중해 출신이긴 하죠!"

미세스 스코세이지 : 저는 찰리가 나오는 장면을 위해 60개의 미트볼을 만들었어요. 제가 나오는 장면에서는 토미가 친구들을 데리고 오는데, 그의 엄마가 그들에게 요리를 해줘요. 저는 엄마 역을 맡았어요. 그래서 마티에게 말했죠. "걔들에게 뭘 만들어 주면 되니?" 그리고 마티가 말했어요. "저한테 해주셨던 것처럼 파스타나 콩 요리를 만들어 주세요. 스크램블드에그도 괜찮아요" 마티가 데이트를 하거나 NYU에 있다가 늦게 들어오면 저는 일어나서 먹을 걸 만들어 준 뒤 다시 잠을 자곤 했어요. 한밤중에는 스크램블드에그나 파스타, 콩 요리 정도만 해주었죠. 마티는 "제가 만족했다면, 그들도 만족할 거예요"라고 말했어요.

폴 소르비노 : 마티는 이탈리아식 시각적 감각을 가지고 있어요. 창백하지 않고 풍부하죠. 그건 땅에서 비롯해요. 토스카나와 시칠리아 같은 곳이요. 이탈리아의 지리와 지형에는 아름다움에 민감하게 만드는 것들이 녹아 있어요. 만약 당신이 나폴리만에 앉아서 물을 바라본다면, 그 물에 비치는 하얀 도시와 왼쪽의 베수비오산을 본다면, 그런데 그걸 보고도 울지 않는다면, 당신 안에는 영혼이 없는 것과 마찬가지일 거예요. 이런 아름다움이 특별한 사람을 만들어 내는 거죠.

그의 가톨릭 신앙도 그의 시각적 감각에 영향을 줘요. 우리는 모두 어마어마한 창문과 조각상이 있는 교회에서 자랐고, 매주 엄청난 생각들이 주어졌어요. 선과 악의 문제는 가톨릭 신자들에겐 정말 진지한 문제이고, 그건 아름다움의 문제와 관련되어 있거든요. 교회의 역사는 곧 예술의 역사죠. 마티가 의지할 수 있는 것들이 많아요.

마티는 자신이 하는 일에 대해 솔직해요. 그는 영화를 만들면서 거짓말을 하지 않아요. 자신이 보는 것들을 말하죠. 제가 그림을 좀 그려본 적이 있는데, 저는 고만고만하게 인정받고 싶어서 일반적인 것을 하고 싶은 유혹에 자주 빠져요. 저는 계속해서 저 자신에게 말하죠. "보이는 것을 그려. 네가 본다고 생각하는 것을 그리지 말고" 저와 달리 마티는 자신이 보는 것만을 그려요.

마이클 볼하우스: 거친 영화예요. 우선, 정확해야 해요. 마티는 그 주제에 대해 잘 알고 있어서 모든 것이 절대적으로 틀림없기를 원해요. 그래서 우리는 제대로 만들기 위해 시간을 더 쏟았어요. 의상도 그렇고, 그들이 저지르는 범죄도 그렇고, 그 방법도 그렇죠. 모두 정확해야 했어요. 하지만 우리가 그런 조직에서 일하는 전문가들은 아니잖아요. 그래서 우리보다 더 잘 아는 사람의 도움이 필요했어요. 이 모든 것이 시간을 엄청나게 잡아먹었죠. 우리는 우리에게 익숙지 않은 세계에 대한 영화를 만들고 있어요. 촬영 첫 주에만 5구의 시체가 나왔는데 저에게 익숙하지 않은 풍경이었죠.

결과는 훌륭했어요. 모든 것이 진짜 같고 정확해 보였죠. 그들이 일하는 방식, 그들이 움직이는 방법 모두 특별한 스타일을 가지고 있어요. 이 영화에서는 그런 점이 놀라워요. 전부 진짜처럼 보이거든요. 제가 지금까지 다른 영화에서 했던 것과는 완전히 달랐어요. 우리는 광각렌즈를 정말 많이 썼고, 초광각렌즈와 극부감도 사용해요. 그리고 망원렌즈도 정말 많이 썼죠. 중간이 없어요. 32㎜ 렌즈 같은 건 잘 안 써요. 거의 24㎜나 28㎜, 아니면 18㎜ 렌즈를 쓰다가, 55㎜나 85㎜를 써요. 조명도 부드럽지 않고, 반사광도 별로 없었죠. 우리는 좀 더 날카로운 직사광을 쓰면서 암부를 많이 만들었어요. 아주 풍부한 색이 나오죠. 풍부한 빨강과 풍부한 검정이요. 매끈하고 부드럽지는 않지만, 어둡고 어슴푸레한 직사광 조명이에요.

〈좋은 친구들〉의 레이 리오타(헨리 힐 역), 조 페시,
캐서린 스코세이지(토미의 엄마 역), 그리고 로버트 드니로.

어윈 윙클러 : 근래에 마티는 예산을 잘 쓰고 있어요. 우리가 계획을 잘 세웠죠. 그는 준비가 잘 되어 있고, 자신이 원하는 바를 정확히 알고 있어요. 그게 엄청나게 많은 시간을 절약해줬죠. 그는 자신이 원하는 것이 무엇인지 알고 있어요. 하지만 그러면서도 여전히 즉흥적으로 새로운 것을 시도하는 자유로움을 가지고 있죠. 배우가 조금 다르거나 특별한 것을 하려는 순간을 어떻게 포착해야 하는지 알아요. 자신이 원하는 바를 아는 것이 그러한 즉흥적인 시도를 더 쉽게 하도록 만들거든요. 즉흥적인 것을 통제할 수 있는 최소한의 기준을 가지고 있기 때문이

에요. 마티는 마치 재즈 음악가 같아요. 자신이 치게 될 모든 음표를 다 아는 건 아니더라도 그가 사수해야 할 멜로디는 알고 있어요.

마틴 스코세이지 : 이 영화를 만드는 기본적인 발상은 구조를 가지고 놀면서 해체하는 거예요. 거의 다큐멘터리 같은 스타일의 영화를 만드는 거죠. 〈좋은 친구들〉은 다큐멘터리적인 스타일과 자유로움을 가지고 있어요. 어떤 일이든 일어날 수 있고, 많은 보이스오버 내레이션이 나와요. 영화는 3년 후의 일을 먼저 보여주었다가 다시 과거로 돌아가요. 영화에는 정말 많은 캐릭터가 나오고, 플롯은 혼란스러울 수 있지만 괜찮아요. 이 영화는 삶의 방식을 탐구하는 작품이니까요. 시시각각, 하루하루, 그런 종류의 삶을 살아간다는 것이 무엇을 의미하는지 탐구하려고 해요.

재밌게도 어렸을 때 우리는 일종의 관용을 배워요. 어른들은 말하죠. "그 사람이 아무개 선생님이야. 그러니 너는 그분에게 잘해야 해. 그분은 우리 삼촌이 어려울 때 돌봐 주었어. 그러니까, 우리 가족을 거느리고 계셔" 그러면 또 한 블록 아래에 또 다른 선생님이 나와요. 그는 또 다른 가족을 거느리죠. 그리고 두 가족에게 문제가 생겼을 때, 두 남자가 그 문제를 이야기하고 풀어요. 그렇게 하면, 사람들이 죽지 않는 거죠. 사랑이 들어갈 자리가 그렇게 해서 생기는 거예요.

하지만 제 아버지가 늘 지적하는 것처럼 다른 관점에서 보면, 그들은 기본적으로 흡혈귀들이었어요. 한 무리의 사내들이 그저 돈을 갈취하는 것 이상의 일을 해요. 달리 말하면, 보호하는 거고요. 사람들은 그들이 진짜 개자식들이라고 말하지만 모두 그렇지는 않아요. 어떤 의미에서, 당신은 다른 갱단을 멀리하기 위해 일종의 보호비를 지불하는 것과 같아요. 매우 복잡하죠. 마치 마을을 돌보는 공작에게 공물을 바치는 것과 비슷하다고 해야 할까요. 안전을 보장받는 거죠.

〈좋은 친구들〉의 찰스 스코세이지(비니 역), 조 페시(토미 드비토 역), 프랭크 디레오(투디 역).

하지만 이 남자들은 사람도 죽여요. 보통 그 살인은 개인적인 것이 아니라 업무예요. 제가 그런 것들을 다 파악하고 이해할 수 있을지는 모르겠어요.

이 사람들은 사실 그렇게 쉽게 돈을 벌지는 못해요. 그들은 9시부터 5시까지 일하는 보통 사람보다 더 많은 시간을 일하는데, 저는 그걸 제 영화에서 지적하고 싶었어요. 일전에 〈분노의 주먹〉의 배우 중 하나였던 조이 보노*Joe Bono*가 와서 그 사람들은 죽도록 일한다고 말하는 게 정말 웃겼어요. 어떤 경우에는 합법적으로 일하는 사람이 돈을 더 벌어요. 우리는 조이 보노의 이웃 친구에 대한 이야기를 나눴어요. 그 남자는 작은 커피숍을 운영하는데, 거기서 하루 12시간씩 일해요. 12시간씩 청소를 하면서 이리저리 몇 달러를 버는 거죠. 그에게는 다른 삶이 없고, 밤늦은 시각 집으로 돌아가죠. 그래서 한번은 조이가 물었어요. "왜 이렇게 하는 거야?" 그러자 그가 말했어요. "조이, 도시락을 싸다니는 것보다 이게 훨씬 나아. 내가 나의 두목이 될 수 있잖아, 맞지? 나는 다른 사람을 위해 돈을 벌지 않아"

촬영 시작 전에 열린 기자회견에서 〈좋은 친구들〉에 대해 이야기했어요. 저는 그 작품이 저에게 향수를 불러일으키는 작품이라고 말했죠. 제가 성장하던 시기인 50년대 후반, 60년대 초반에 대한 향수인 거예요. 저는 그 옛날 이탈리아계 미국인 갱스터나 협잡꾼에 대한 향수를 가지고 있었어요. 이제는 존재하지 않는 옛 마피아도 마찬가지였죠. 조 발라치*Joe Valachi*의 몰락[46]이 모든 것을 무너뜨렸어요. 이제는 그곳에 마약이 자리해요. 도둑놈들 사이의 명예는 완전히 사라졌죠. 애초에 그런 명예라는 게 있었는지는 모르겠지만요.

기자회견이 끝나고 저는 몇몇 친구들과 함께 저녁을 먹었어요. 우리는 뉴욕의 범죄에 대한 이야기를 나눴는데, 한 친구가 제 쪽으로 몸을 기대면서 이렇게 말했어요. "마티, 할 말이 있어. 오늘 기자회견에서 네가 이탈리아계 미국 갱단과 그 모든 노스탤지어에 대해 말한 건 정말 비난받아 마땅해!" 그는 자기 부모님이 가게를 하나 소유하셨는데 갱단에게 보호비를 지불했다고 말했어요. 제가 그에게 이렇게 말했죠. "있잖아, 내가 내 삼촌에 대한 사랑을 멈출 수 없는 게 내 감정이야. 난 그를 사랑할 수밖에 없어" 친구는 삼촌이 갱단이냐고 물었어요. 저는 대답했죠. "그렇다는 건 아니야. 단지 나이가 들어가면서 사람들과 관련된 것들을 배우고, 그들이 살면서 어떻게 행동하는지 배우게 된다는 거야" 그래서 친구가 저를 보면서 "아, 그렇군.

46 조 발라치는 마피아 제노베제(Genovese)파의 조직원이었으며, 종신형을 선고받은 뒤 형기를 줄이기 위해 정부 측 증인으로 나서면서 내부 고발자가 되었다.

가슴에서 나온 거구나"라고 말했어요. 제가 답했죠. "맞아!"

실제 헨리 힐의 자식들은 지미 버크를 삼촌으로 생각했어요. 아실지 모르겠지만 실제 이야기 속의 지미 버크(영화 속의 지미 콘웨이)는 결국 살인을 해야 하고, 많은 사람을 죽여요. 하지만 헨리의 자식들은 항상 그를 지미 삼촌으로 기억할 거예요. 저는 바로 그러한 이분법에 관심을 가졌어요.

〈좋은 친구들〉은 일종의 고발장이에요. 저는 사람들을 분노하게 만드는 방식으로 영화를 만들어야 했어요. 일이 돌아가는 상황과 조직범죄에 대해 알리고, 그것이 어떻게 작동하고 왜 작동하는지 알려서 사람들을 분노하게 만드는 거죠. 대체 그건 왜 작동하는 걸까요? 우리 사회의 무엇이 그것을 작동하게 하고 거창한 규모로 운영되게 하는 걸까요? 거대 갱단들은 보통 유죄 판결을 받지 않아요. 이유를 모르겠어요. 영화 속 경찰관의 대사처럼 "다 탐욕 때문"이에요. 갱단은 돈을 벌고, 다른 사람들도 그들 때문에 돈을 벌죠. "돈이나 바치고 잠자코 있어" 이런 태도가 그들을 존재하게 해요.

10장

다음 10년

〈케이프 피어〉(1991)

〈케이프 피어〉는 스코세이지의 첫 1990년대 작품이자, 그의 첫 리메이크작이다. 그는 J. 리 톰슨 감독의 버전을 아나모픽 파나비전[47]으로 만들었는데, 스코세이지도 아나모픽 파나비전을 처음 경험하는 것이었다. 원래 버전의 배우들인 그레고리 펙*Gregory Peck*과 로버트 미첨*Robert Mitchum*은 새로운 역할을 부여받아 스코세이지 영화에 다시 출연했다. 이전 버전에서 샘 보든을 연기하면서 전과자 맥스 케이디의 표적이 되었던 그레고리 펙은 새로운 샘 보든인 닉 놀테가 케이디를 잡아넣을 방법을 찾으려 할 때 케이디를 변호하는 변호사 역할을 맡았다. 이전 버전에서 케이디를 연기했던 로버트 미첨은 리메이크작에서 경찰관을 연기한다. 로버트 드니로가 새로운 케이디 역할을 하고 제시카 랭*Jessica Lange*이 샘 보든의 아내 리를 연기한다.

그레고리 펙이 제작을 맡았던 1962년 〈케이프 피어〉에서 보든 가족은 외부의 악과 맞서는 모범 가족이다. 하지만 스코세이지의 버전에서 샘 보든은 결혼 생활을 망칠 뻔한 불륜을 저지르는 사람이다. 원작 영화의 샘 보든은 맥스가 저지른 잔인한 강간에 대해 증언했을 뿐이지만 스코세이지 버전에서 샘은

47 아나모픽이라는 렌즈를 이용해 촬영하고 영사하는 방식. 촬영되는 이미지를 4:3으로 압축하였다가 나중에 2.35:1 화면비로 펼쳐서 상영한다.

피해자의 사적인 성생활에 대한 보고서를 의도적으로 공개하지 않는 국선 변호사를 연기한다. 배심원들이 "피해자를 비난"하고 맥스가 처벌을 면하는 것을 우려하여 보고서를 묻은 것이다. 스코세이지의 〈케이프 피어〉에서 맥스는 샘에 대한 자신의 복수를 종교적인 의미로 받아들인다. 그는 자신의 등에 정의의 저울을 문신으로 새기고, 자기 팔에는 신약성경 인용문을 새겼다. 그 영화도 결국 스코세이지에게서 멀리 벗어나지 않은 것이다.

스코세이지는 〈로스앤젤레스 타임즈〉의 데이비드 모건*David Morgan*에게 〈케이프 피어〉를 정말 너무 많이 봐서 "마치 가족끼리 오래 알고 지낸 사이 같아 그들과 함께 고향 집에 있는 기분을 느꼈다"라고 말했다. 하지만 그는 리메이크에서 이들을 다른 각도로 바라봤다. 흥미롭게도 1962년, 〈케이프 피어〉가 개봉된 그해는 아마도 완벽한 핵가족이라는 신화가 문제 없이 받아들여진 마지막 해였을 것이다. 케네디 대통령의 암살은 순수의 종말이라는 흔적을 분명하게 남겼으며, 그것은 누구도 의문을 품지 않았던 아메리칸드림의 종말을 의미했다. 스코세이지도 60년대 초, 아무렇지 않게 수용한 것들이 거센 저항에 부딪힌 그때, 〈누가 내 문을 두드리는가?〉와 〈비열한 거리〉를 만들며 '악'은 외부로부터 오는 것뿐만 아니라, 내부로부터 온다는 것을 보여주었다. 인종차별주의, 성차별주의, 군국주의와 같은 내부 병폐에서도 악이 발생하는 것이다. 그 당시 젊은 세대는 그러한 병폐를 폭로하고 뿌리 뽑으려 했다.

하지만 새로운 〈케이프 피어〉가 등장하는 때는 1991년이며, '악'은 더욱 복잡한 존재가 되었다. 미국적 가족의 삶을 묘사하기 위한 형용사로 '완벽한'보다 '고장 난'이 선택되는 시대다. 스코세이지는 원작에 사용된 버나드 허먼의 음악을 그대로 사용하여 원작 저류에 흐르던 어둠을 똑같이 암시한다. 우리는 스코세이지의 다른 모든 영화에서처럼 그 어둠을 암시가 아닌 실재로서 경험하게 된다.

〈케이프 피어〉를 만들기 위해 스코세이지는 그와 함께 했던 팀원들을 다시 소집했다. 바바라 드 피나가 프로듀서를 맡았다. 셀마 슈메이커가 영화를 편

〈케이프 피어〉의 제시카 랭(리 보든 역)과 닉 놀테(샘 보든 역)

집했다. 조 리디가 조감독으로 참여했다. 새로운 이름도 있다. 얼마 전 〈영광의 깃발*Glory*〉을 만들고 스코세이지의 예술적 스승 마이클 파월과도 함께 작업한 프레드 프랜시스*Freddie Francis*가 촬영감독을 맡았다. 이 영화는 스티븐 스필버그의 영화사 앰블린*Amblin*에서 제작되었다. 각색 시나리오는 웨슬리 스트릭*Wesley Strick*이 썼으며, 그는 대부분의 촬영 기간에 플로리다 촬영장에 함께 있었다.

*

웨슬리 스트릭 : 원작 영화는 그레고리 펙을 영웅으로 만들고 싶었던 것 같아요. 하지만 (〈케이프 피어〉가 기반을 둔 존 맥도널드의 《사형집행인*The Executioners*》) 소설은 그렇지 않았어요. 그 책은 어떻게 폭력이 모든 사람을, 모욕당한 모범 시민마저도, 잔인하게 만들고 타락시키는지

포트로더데일에 있는 영화사 사무실에서 〈케이프 피어〉에 관해 회의하고 있는 마틴 스코세이지.

주목했어요.

저는 시나리오를 쓰면서 의식적으로든 아니든 스티븐 스필버그의 감성에 맞추어 영화 스타일을 잡았어요. (스필버그의 영화사인 앰블린이 이 프로젝트에 착수했죠.) 거기에는 '영화 같은 영화적' 순간들이 많이 등장해요. 보든 가족이 나올 때는 미국식 삶을 드러내는 멋 부리기 흔적들도 보여요. 미국식 삶을 슬쩍 살균시킨 것들이었죠. 왜냐하면 저는 이것을 대중 영화라고만 생각했거든요. 매끄럽고 세련된, 큰 규모의 스릴러 작품으로만 생각했어요. 몇몇 주류 감독과 함께 작업하기를 바랐지만, 사업과 일정상의 이유로 그들과의 일이 잘 풀리지 않았어요.

스티븐 스필버그는 90년대 맥스 케이디를 연기할 이상적인 배우로 언제나 밥 드니로를 점찍었어요. 저도 같은 생각이었죠. 스티븐과 저는 드니로와 이 영화에 대한 이야기를 나누기 위해 뉴욕으로 갔어요. 드니로는 관심이 있는 듯했지만 완전히 발을 담그지는 않았죠. 그러다 그가 마티를 끌어들였어요. 제 생각에 스티븐과 드니로가 합심하여 반강제로 마티를 끌어들였던 것 같아요. 그래서 그들은 마티를 위해 뉴욕에서 시나리오 낭독을 진행했죠. 저도 참석했어요.

마티는 관심을 보였어요. 그러고 나서 우리는 4시간 동안 매우 강도 높은 회의를 이어나갔죠. 거기서 마티가 저를 데리고 한 페이지씩 시나리오를 넘겨 보면서 멋 부리기 위해 넣은 부분들은 먼저 빼달라고 부탁했어요. 그는 대단한 촉을 가지고 있었고, 제가 시나리오에 집어넣은 꼼수들을 죄다 간파했어요. 그리고 그런 것들이 없기를 바랐죠. 그리고 아주 협상에 능했어요. 정말 친절했죠. 참 웃겨요. 왜냐하면 턱수염을 기른 채 노출되곤 했던 그의 모습과 그의 영화를 생각하면 그를 만나기 전부터 덜컥 겁이 났었거든요. 그런데 그가 얼마나 부드럽게 말하고 재미있는 사람인지 알게 되면서 첫 만남부터 저는 그에게 무장해제 되었어요. 그는 조금도 저를 공격하듯 대하지 않았죠. 우리는 그저 시나리오를 한 페이지씩 넘겨 보았고, 그는 "이걸 뺐으면 하고요, 저걸 뺐으면 해요"라는 식으로 말을 했어요.

그렇게 삭제된 것 중 기억나는 것 한가지가 커피숍 장면이에요. 샘 보든이 고용한 사설탐정이 케이디를 미행하는 장면인데, 탐정은 케이디가 미행을 눈치챈 사실을 알지 못해요. 그래서 케이디가 탐정에게 큰 쟁반에 가득 담긴 음식을 보냄으로써 자신이 미행을 알아차렸다는 메시지를 보내죠. 비용도 자신이 지불해서요. 탐정이 음식을 받기 위해 고개를 들면 웨이트리스가 옥수수 요리와 스크램블드에그, 프렌치토스트, 팬케이크, 오렌지 주스, 커피가 가득 담긴 쟁반을 들고 서 있는 거예요. 이 장면을 읽고 마티가 말했어요. "쟁반에 음식이 너무 많아요. 저는 작은 그릇 하나면 돼요"

흥미로웠죠. 마티는 주로 남편과 아내 사이에서 벌어지는 가정사의 긴장 상태에 초점을 맞췄어요. 시나리오 안에는 남편과 아내가 서로에게 달려드는 두 개의 주요 장면이 등장해요. 아내 리 보든은 남편이 어떤 여자와 전화 통화하는 것을 발견하고, 바로 그 여자가 남편과 만나고 있는 사람이라 생각하죠. 그래서 리는 곧장 남편에게 달려들어요. 저는 제 딴에 꽤 큰 싸움이라고 생각하며 그 장면을 썼어요. 아마 두 페이지하고도 반 페이지를 더 썼을 거예요. 말다툼 장면치고 꽤 길었죠. 하지만 마티는 더 길었으면 했어요. 다른 장면에서 두 사람은 화해를 시도하지만, 결국 격한 말다툼으로 번지고 말아요. 마티는 그다음 몇 주 동안 몇 번이고 저에게 전화해서 그들 사이에 오가는 격렬하면서도 짤막짤막한 대사들에 대한 아이디어를 알려 주었어요. 그가 만들어 낸 대사는 대단했죠. 그는 남편과 아내가 어지럽게 서로의 말을 받아치는 순간을 설명했어요. 마티는 남편이 아내에게 너무 많은 것들을 빼앗기고 있다고 느꼈죠. 그는 샘이 "우리가 왜 이렇게까지 해야 돼? 관둬!"라는 대사 같은 걸로 응수하기를 원했어요. 마티는 그런 장면들을 장황하고 어마어마한 독백으로 정교하게 발전시켰죠. 대부분 거의 그대로 시나리오에 옮겨 적는데, 그때 그를 놀리듯 이렇게 말했어요. "마티, 두 사람이 이런 식으로 계속 싸운다면, 우리는 이 영화를 '케이프 피어, 케이프 피어'라고 불러야 할 거예요."

시나리오 첫 초안에서 저는 샘이 결혼 초기에 불륜을 저질렀다고 거론했어요. 저는 그 부분을 가볍게 처리했는데, 마티와 닉 놀테, 제시카 랭이 모두 그 부분에 꽂혀서 더 살리자고 했죠. 케이디가 가족들을 휘저어 놓을 때 그 과거 불륜 문제가 고개를 들고 일어나 더 난감한 문제를 만들 수 있다고 생각했던 거예요. 제시카는 아내 리를 성격화하는 것에 기여를 많이 했어요. 리는 그 불륜 때문에 계속해서 분노에 차 있는 상태였어요. 분명 몇 년 전에 일어난 일이지만 여전히 그녀의 가슴을 후벼파는 문제였던 거예요. 그래서 그녀는 사소한 핑계를 대고 그 이야기를 꺼내곤 했어요. 그녀는 남편을 봐줄 생각이 없죠. 사실 꽤 재밌었어요. 항상 마티는 남편을 위한 대사를 만들어 주곤 했거든요. 가령 샘이 이렇게 말하는 거죠. "난 이 실수를 만회하지 못할 거야. 화해할 수 없을 거야. 한 번의 실수가 나를 이렇게…"

그 장면의 데일리 필름을 보고 나서 인상에 남았던 것은 마티가 테이크를 가고 또 가고, 가고 또 가고 하는 방식이었어요. 두 배우는 모두 자신들을 더욱더 멀리, 더욱더 강하게 밀어붙여야 했죠. 특히 제시카가 이런 것과 잘 맞았던 것 같아요. 그건 마치 누군가가 마티의 영화에 대해 하는 말과 비슷했어요. 당신이 관음증자가 되어 다른 이의 집을 훔쳐보는 것만 같아 불편함을 느끼게 되는 거죠. 정말 생생하고 강렬한 상황, 그 감정과 분노들, 우리는 그것들을 쳐다보지 않을 수가 없는 거예요. 제시카는 강렬한 감정의 정점에 도달한 것 같았어요. 그녀는 울음을 터뜨리며 닉의 가슴에 주먹을 날려요. 절대 제가 접근할 수 없었던 것이었어요. 저는 그저 얌전한 유대인 시나리오 작가예요. 어떻게 이런 걸 알겠어요? 하지만 그걸 지켜보는 일이 정말 짜릿했죠.

작가로서 제가 크게 이바지할 수 있는 것은 맥스 케이디를 다시 만드는 일이라고 생각했어요. 원작에서 미첨의 연기는 자연스럽고 설득력 있어요. 하지만 그 영화와 책에서 맥스는 정말로 미치광이 사디스트로 등장하죠. 정말 무자비한 놈이에요. 저는 거기에 끌리지 않았어요. 저에게 가장 흥미로운 악당은 자신이 악당이라고 생각하지 않고, 사악하다고 믿지 않는 사람, 자기가 하는 일이 사실상 정당하다고 느끼는 부류예요. 그런 사람이 가장 마주치기 겁나는 쪽 아닌가요? 저는 바로 거기서 시작했어요.

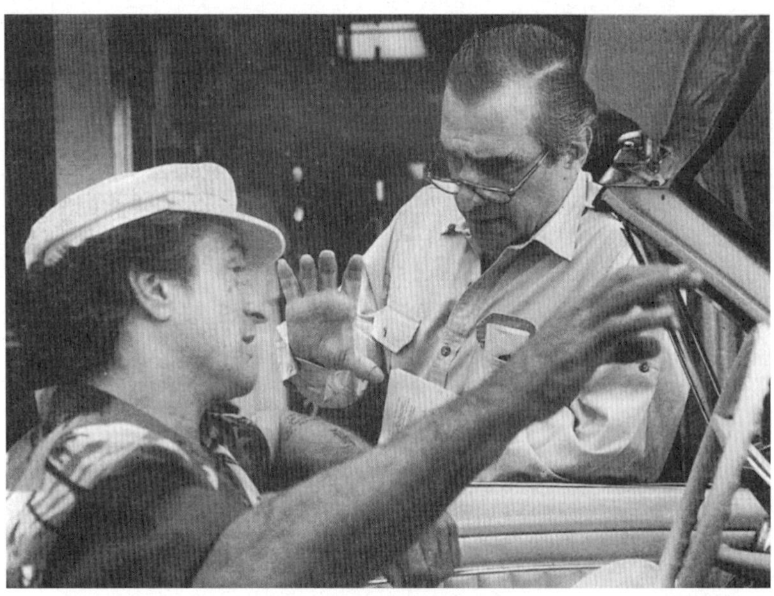

〈케이프 피어〉에서 마틴 스코세이지가 로버트 드니로(맥스 케이디 역)에게 연기 지도를 한다. 이번이 그들의 일곱 번째 협업이다.

저는 남부로 가서 조사를 했어요. 제가 주로 들여다본 것은 《남부 문화 백과사전*The Encyclopedia of Southern Culture*》이었는데, 채플힐에 있는 노스캐롤라이나대학교에서 출판한 책이었죠. 아주 근사한 책이에요. 저는 거기서 제 눈에 띈 것들을 케이디가 대사로 표현하게 했어요. 케이디는 고함을 지르며 말해요. "새로운 남부라는 게 대체 뭐야? 에어컨이 종교를 대신하는 옛날 남부 말고 또 있어?" 케이디는 14년 동안 감옥에 갇혀 있었어요. 그가 출소했을 때 목격한 것 중 그를 구역질 나게 한 건 새로운 남부란 것이 다른 곳과 다를 바 없게 되었다는 거였어요. 젠트리피케이션이 일어나고, 여피식 삶이 만연하며, 부와 안락한 삶에만 관심 있는 곳이 된 거죠. 그에게 보든 가족은 그러한 변화의 분명한 예시와도 같았어요. 멋진 마을과 멋진 집에서 딸과 함께 현실에 대한 안주와 만족감 속에서 사는 삶을 예증하죠.

맥스는 자기의 앙갚음을 종교적인 의미에서 바라봐요. 그는 샘에게 "나는 당신에게 일어난 일 중에 가장 최고의 일이야"라는 식으로 말해요. 부자가 천국에 들어가는 것보다 낙타가 바늘구멍에 들어가는 일이 더 쉽다는 성경 구절을 함께 인용하면서요. 샘에게 보내는 그의 전언은 이런 거예요. "맞아. 나는 당신을 죽일 거야. 당신은 죽은 목숨이야. 하지만 그 과정에서 나는 당신이 천국에 들어가지 못하도록 방해했던 것들을 당신에게서 제거해 버릴 거야. 그러니 나는 당신의 구세주인 셈이지. 나는 당신의 모든 것을 뺏을 거고, 당신은 이 모든 일이 끝났을 즈음 천국의 문을 통과하게 될지도 몰라" 일부분은 그저 냉소에 불과하지만, 그는 어느 정도는 진짜 그것을 믿었어요. 그는 자신이 정의로운 복수자가 되었다는 느낌에 활활 불타오르죠. 물론 그의 동기가 얼마나 순수한지는 언제나 논쟁거리겠지만요.

밥 드니로는 이러한 발상을 확실히 받아들였어요. 그는 부단하게 성경 구절로 대사를 꾸미려고 했어요. 그 기본적인 발상에는 맥스가

14년 동안 감방 생활을 하기 전에 기본적인 교육을 전혀 받지 못한 문맹이었다는 배경이 깔려 있어요. 그는 감옥에서 독학으로 책을 읽었어요. 이 영화는 그가 자신의 감방에 쌓아둔 책들을 천천히 패닝하는 숏으로 시작하기도 해요. 맥스는 감옥의 변호사 같은 사람이 되었어요. 그는 자기 사건을 자신이 변호할 수 있도록 해달라고 법원에 청원하기도 해요. 그는 사건 문서를 검토하면서 샘이 자신을 배반했다는 것을, 중요한 증언을 포함시키지 않았다는 것을 알게 되죠. 강간범을 변호하는 변호사는 피해자의 배경을 조사해달라고 형사에게 요청할 수 있거든요. 그리고 만약 그녀가, 이를테면 문란한 사람이거나, 일정 기간 내에 여러 연인과 관계했다는 점이 확실하다면, 그 사실은 강간범의 무죄를 입증하는 데 사용할 수 있는 거죠. 피해자가 스스로 저지른 일이라고 말할 수 있는 거예요. 무엇을 저질렀든 간에 말이에요. 샘은 피해자가 문란하다는 보고서를 받았지만 그 사실을 묻어버려요.

그것은 몇 가지 흥미로운 윤리적 문제를 제기해요. 제 관점에서 샘이 한 일은 옳았어요. 그는 케이디를 괴물로 보았고, 자신이 그 무죄 입증에 관여하는 사람이 될 수 없다고 느꼈어요. 그는 이 사건 이후 자신이 하는 일을 도저히 받아들일 수 없어서 국선 변호사 사무실을 그만두었다고 말해요. 그런 것들이 다시 의문을 제기하죠. 비윤리적 행위와 비도덕적 행위는 분명 다른 것이니까요.

하지만 케이디는 자신이 부당한 대우를 받았다고 생각해요. 그러니 여기서 우리는 그저 비이성적인 미치광이를 다루고 있는 게 아닌 거예요. 케이디의 생각도 일리가 있어요. 그의 변호사가 자신을 판단하는 바람에 그는 14년이라는 삶을 잃었거든요. 샘의 판단은 어떤 점에서는 확실히 잘못됐지만, 더 높은 차원에서 보면 샘이 옳은 일을 했다고 말할 수 있지 않을까요? 그런데 사실 이 영화에서 일어나는 모든 끔찍한 일들은 샘이 어떤 의미에서 '좋은 일'을 하려고 노력한 결과였어요.

이 영화에서 그레고리 펙은 샘에게 한 방 먹이는 달변의 남부 변호사를 연기해요. 영화 내내 샘은 케이디가 자신과 가족에게서 멀리 떨어지도록 하는 접근 금지 명령을 받기 위해 애써요. 하지만 법원의 명령이 떨어지기 전에 그는 먼저 손을 써서 폭력배 두 명을 고용해 케이디를 두들겨 패도록 하죠. 케이디는 그 증거를 법정으로 가져가요. 그리고 결국 법원이 접근 금지 명령을 내리는데, 케이디가 아니라 샘에게 그 명령을 내려요. 샘이 법원의 명령에 따라 케이디로부터 500m 떨어진 곳에 있어야 하는 거예요. 거기서 그레고리 펙은 소름끼치도록 고상하고 가식적이며 판사 앞에서 거만하게 행동하는 남부 변호사를 연기해요.

제 원래 시나리오에서 맥스는 초기 형태의 종파 속에서 자랐고, 성경 구절을 직접 언급하기도 해요. 밥 드니로가 그것을 캐릭터 구현 방법으로 본 것 같아요. 그는 계속 성경 구절을 찾았어요. 저는 성경 어구 색인을 하나 얻어서 시나리오를 수정하는 내내 그걸 끼고 살았죠. 밥이 나오는 장면을 찍을 때마다 밥은 저에게 전화를 걸어 "맥스가 복수를 다짐하는 장면에서 쓸 수 있는 성경 구절이 있을까요?"라고 묻곤 했어요. 그래서 저는 의무감을 느끼며 제 성경 어구집을 들여다보면서 복수에 대한 스물아홉 개의 인용구를 훑어보고 가장 좋은 것들을 찾아냈죠.

맥스는 도덕적으로 우월한 입장을 취해요. 샘이 중산층과 관련된 그 모든 품위와 합법적인 것을 대표하고, 맥스가 유죄 판결을 받은 강간범이라는 점을 비춰보면, 이건 상당히 난감한 일이죠. 하지만 맥스의 마음속에서 자신은 샘의 위선을 폭로하고 있는 거예요. 그는 샘이 계속해서 다른 여자와 바람피우는 것을 훤히 들추어내요. 그래서

새로운 〈케이프 피어〉에서 그레고리 펙이 원작 영화에서 자신을 괴롭혔던 맥스 케이디를 변호한다. 스코세이지와 놀테가 펙의 연기를 지켜본다.

우리는 케이디가 그 가족의 모든 역학관계와 가족들을 둘러싼 모든 고장 난 것들을 간파하고 있다고 믿지 않을 수 없어요. 케이디가 그들 사이를 몽땅 틀어지게 하는 거예요.

줄리엣 루이스가 샘의 딸을 연기하는데, 정말 흥미로운 배우예요. 15살 캐릭터를 연기했지만 실제 나이는 17살이었어요. 그래서 그녀의 캐릭터는 소녀 같은 모습이 있는 동시에 성적으로 눈을 뜬 것처럼 느껴지기도 해요. 그녀가 내적으로 소녀와 여자 사이를 오가는 것 같아 아주 재밌는 긴장감이 감돌거든요. 그러니 도착적인 강간범인 케이디가 그녀를 성적 대상으로 보는 건 어렵지 않게 상상할 수 있죠. 게다가 그녀는 허무주의적이고 반항적인 아이였기 때문에 위험해 보이는 것에 슬쩍 끌렸어요. 거기에 더해 세계를 바라보는 다소 순진한 관점을 가지고 있었고, 악이 존재한다는 것을 받아들이지 않으려고 했죠. 그녀의 부모는 그녀를 도저히 설득할 수 없어 보여요. 그녀도 그들의 말을 듣고 싶어 하지 않죠. 그녀는 케이디의 술수에 넘어가 그에 대한 안 좋은 이야기를 부인해요. 그리고 그녀가 케이디를 만날 때, 케이디는 자신만의 매력과 함께 성적 권위를 발산하기도 해요.

샘의 딸이 다니는 중학교에서 매우 길지만 흥미롭게 전개되는 장면이 하나 나와요. 거기서 맥스는 그녀와 단둘이 만나기 위해 수를 쓴 상태였죠. 그 장면은 처음 시나리오와 완전히 달라졌어요. 원래 그 장면은 관습적이고 진부했죠. 맥스는 샘의 딸을 속여서 학교 지하실로 내려오게 하고, 그녀는 '곤경에 처한 소녀*damsel in distress*'처럼 보일 예정이었죠. 그러다 그녀가 진부한 방식으로 그곳을 벗어나는 장면이었어요. 하지만 최종 버전에서 두 사람은 학교 강당에 함께 앉아 마리화나를 피우며 문학에 대해 떠들어 대요. 그날은 여름학교 첫날인데, 맥스는 그녀가 처음 보는 여름학교 연극선생인 척하는 계략을 꾸며요. 그는 세속적이면서도 퇴폐적인 학자를 연기해요. 그런데 맥스가 책의 구절을 잘못 인용하는 거죠. 샘의 딸이 《천사여 고향을 보라*Look Homeward, Angel*》를 읽고 있었는데, 맥스가 "아, 그 '로망 아 클레프*roman à clef*' 말이군"[48]이라고 말해요. 'f'를 발음한 거예요. 그런데도 그녀는 그의 지적인 교양에 완전히 매료된 것처럼 고개를 끄덕이죠.

마티는 두 배우의 연기에 즉흥성을 담기 위해 두 대의 카메라를 사용했어요. 그 장면을 찍고 나서 마티가 했던 말이 기억나요. 그 장면이 너무 좋아서 화면을 반으로 쪼개 두 사람의 연기를 전부 보여줄까

48 원래는 프랑스어로 '열쇠가 있는 소설'을 뜻하며, '실화 소설'로 불린다. 실제 인물을 허구로 위장하여 묘사하는 방식으로 영어권에서는 '로만 아 클레이'로 발음된다.

고려할 정도였는데 다 보여주지 못해 안타까웠다고 하더라고요.

그 장면이 어떻게 끝날지 당신은 알 수 없어요. 그는 분명 그녀를 유혹하고 있죠. 그런데 지적인 방식으로 하고 있어요. 감질나고 성욕을 자극하는 상상을 불러일으키면서 말이에요. 거기서 헨리 밀러를 인용한 것은 밥의 생각이었어요. 맥스가 말해요. "밀러의 3부작인 《섹서스*Sexus*》, 《넥서스*Nexus*》, 《플렉서스*Plexus*》를 읽어 봤니?" 그런데 밥이 '섹서스'를 마지막에 말한 것 같아요. 그 말에 여운을 남긴 거예요. 그런 뒤 그가 계속 말해요. "어떤 건지 기억은 안 나는데 그 책 중에서 밀러는 남성의 발기를 날개 달린 연필심 조각으로 묘사해" 그러면 그녀의 얼굴이 새빨개지는 거죠. 그녀의 인생에서 가장 굴욕적이면서도 가장 자극적인 순간이었을 거예요.

*

〈로스앤젤레스 타임스〉와의 인터뷰에서 스코세이지는 이 영화에 대해 다음과 같이 말한다. "이 영화는 엄청난 두려움에 대해 이야기해요. 두려움과 불안, 초조함을 다루죠. 영화 후반부에 가족은 언제든 갈가리 찢길 위기에 처해요. 모든 문이 닫히고 선택의 여지가 전혀 없는 순간, 다른 선택 사항들이 죄다 가로막히는 모습을 지켜보면 재밌어요. 마치 뒤틀린 도덕 게임이 진행되고 있는 것만 같아요"

스코세이지는 뉴욕으로 돌아왔다. 하지만 이번에는 뉴욕의 전혀 다른 면모를 탐색했다. 그가 만든 영화는 이디스 워튼*Edith Wharton*의 《순수의 시대》를 각색한 작품이었다. 제이 콕스가 시나리오를 썼고, 다니엘 데이 루이스가 뉴랜드 아처*Newland Archer*를 연기했다. 뉴랜드 아처는 1870년대와 1880년대 뉴욕 사교계의 왕자였다. 영화 배경이 되는 장소는 워싱턴 스퀘어였지만, 이야기는 스코세이지가 NYU를 다니기 100년 전에 일어난다. 워튼의 말에 따르면, 뉴랜드 아처는 사회의 속박에서 벗어나 "비밀스러운 생각과 갈망"의 안식처를 만든 사람으로 여겨진다. "그 안식처 바깥에서, 그의 실제 삶이 벌어지는 그곳에서, 비현실적이고 박약한 느낌에 점점 더 시달린다. 마치 얼이 빠진 사람이 방에 놓인 가구에 마구 부닥치는 것처럼, 그는 익숙한 편견과 전통적인 관점에 걸려 넘어질 위기에 봉착했다" 스코세이지 영화에는 "익숙한 편견과 전통적인 관점"이 전복되어 자리한다. 그곳의 인물이 얼마나 많이 부닥치고 있는지 상관없이.

*

마이클 채프먼: W.H. 오든의 시 하나가 기억났어요. "지그문트 프로이트를 기억하며"라는 시인데, 프로이트의 사망 추도문이었죠. 저는 그 시구절이 마티를 이야기하는 것 같아요. 오든이 이렇게 써요. "그는 그저 기억하려 했다 / 노인들처럼 그리고 아이들처럼 솔직하게" 오든은 이어서 말해요. "그는 전혀 교묘하지 않았다. 그는 단지 불행한 현재에게 과거를 암송하라고 말했을 뿐이다 / 마치 시 창작 수업처럼 더 빨리 / 혹은 더 늦게 어느 경계선에서 더듬거리듯 / 오래전 혐의가 제기된 그곳에서" 오든의 시 뒷부분은 마티보다는 프로이트의 이야기예요. 하지만 "그는 그저 기억하려 했다. 노인들처럼, 그리고 아이들처럼 솔직하게"라는 말은 마티가 하는 일을 정확하게 이야기하는 것처럼 느껴져요. 경의를 표하듯 말하자면, "그는 전혀 교묘하지 않았다"라는 말도 마티에게 해당하죠. 그는 그저 자신의 본능에 초점을 맞추고, 자신이 느끼는 것이 곧 자신의 정서라는 것에 집중하며, 영화가 할 수 있는 일의 기계적 한계 안에서 어떤 일이 일어나야 하는지 그 감정이 지시하도록 해요.

제가 만든 작품 중에서 마티와 함께한 작품이 최고였던 건 분명한

어윈 윙클러(사진 중앙)와 스코세이지(조 레서 역), 로버트 드니로(데이비드 메릴 역). 〈비공개(Guilty by Suspicion)〉는 윙클러의 감독 데뷔작으로, 두 사람은 50년대 할리우드의 블랙리스트 사태를 마주한 감독들로 출연했다. 스코세이지는 이 배역을 위해 수염을 밀었다.

사실이에요. 저는 다른 영화에서 교묘한 짓들을 많이 했지만, 마티와 함께 했을 때 성취감이 더 컸어요. 마티와 달리 저는 교묘한 사람이에요. 온갖 화려한 것들을 할 수 있고, 영화의 화면을 예쁘게 만들 수도 있죠. 하지만 아무리 예쁜 화면도 영화 전체를 위해 쓰이지 않으면 그건 텅 빈 것일 뿐이에요.

마이클 파월 : 그 누구도 감독이 되기로 선택하지 않아요. 그저 그렇게 태어나는 거예요. 마티가 그런 것처럼요.

마이클 오비츠 : 마티는 뉴욕의 제 아파트 위에 살고 있는데, 저는 저녁을 먹으러 가기 전이나 집에 가는 길이면 마티의 집에 들러요. 그때마다 그는 항상 영화를 보고 있죠. 새벽 1시에 그에게 전화하면 찰칵거리는 소리가 들려요. 그가 16㎜ 필름으로 옛날 영화를 보고 있는 거예

요. 그는 모든 장면을 기억할 뿐만 아니라, 대사를 인용할 수도 있어요. 그의 모든 삶이 영화와 함께 하고 있죠.

마틴 스코세이지 : 그런 순간이 있어요. 제가 받은 축복처럼 재능 있는 배우들과 함께 일하는 순간, 어떤 장면이 편집 과정에서 그냥 하나처럼 다가오는 그런 순간이요. 음악이 울리고, 카메라가 딱 맞게 움직이고, 배우가 거기에 있는 그 순간, 편집하면서 그것들이 하나가 되는 그 순간, 바로 그때가 제 일을 가치 있게 만들어요.

*

성직자와 갱스터가 한데 빚어내는 역설 속에서 성장한 소년은 여전히 "영혼과 육체의 끊임없는 무자비한 투쟁"을 탐구하며, 모든 모순을 융해시키고, 그 어떤 구분 없이 오직 실재적 현존만이 자리한 순간을 발견한다.

11장

미래 세대

마틴 스코세이지는 언제나 영화를 예술이라고 생각해 왔다. 하지만 영화의 역사 대부분의 시간 동안 할리우드 제작사는 영화를 상업적 상품으로만 간주했다. 영화는 대중오락으로 만들어졌고 상품으로 사용되고 버려졌다. 마틴 스코세이지는 1950년 이전에 만들어진 미국 영화의 50%와 1929년 이전에 만들어진 영화의 90%가 영원히 사라졌다는 것을 깨달았을 때, 행동에 나서기로 결심했다. 아주 시급한 문제였다.

“영화의 언어는 보편적입니다” 스코세이지는 이렇게 말했다. “엄청난 분열, 갈등, 급변의 시대에, 우리의 문화유산을 보존하고 공유하며, 이 보편적인 언어가 미래 세대에게 말할 수 있도록 보장하는 일은 정말 중대한 문제입니다”

1990년, 그는 영화라는 유산을 보존하고 복원하기 위한 캠페인에 동참해달라고 여러 감독에게 손 내밀었고, 그 끝에 필름 파운데이션*The Film Foundation*을 설립했다. 필름 파운데이션과 그곳의 월드시네마 프로젝트는 파트너들과 협력을 통해 1,000편의 영화를 복원하고 영화를 대하는 방식을 변형시킬 영화 교육 프로그램을 만들었다.

마틴 스코세이지는 1950년 이전에 만들어진 영화의 50%가 더는 어떤 형태로도 존재하지 않는 상황에서 미국이 ‘문화적 자살’을 저지르는 것을 막기 위한 방법으로 필름 파운데이션을 시작했다고 밝혔다. 그는 영화의 손실을 자기 문제로 받아들였다. 그 영화들이 어린 시절의 그를 만들고 키웠기 때문이다.

"우리의 미국 예술 유산은 우리 모두에 의해 보존되고 공유되어야 합니다" 그는 필름 파운데이션의 웹사이트에서 이렇게 말한다. "우리가 시인과 작가들, 재즈와 블루스에 자부심을 느끼도록 배웠듯이, 우리는 우리의 위대한 미국 예술 형식인 시네마에 대해서도 자부심을 가져야 합니다"

필름 파운데이션은 미국감독조합과 아카데미 필름 아카이브와 같은 영화업계의 지원을 받아 고전 미국 영화를 되찾고 복원했으며, 교사들에게 시네마 리터러시 교육을 위한 커리큘럼을 제공했다. 스코세이지는 시각 언어를 민족과 문화의 장벽을 뛰어넘는 국제적인 언어로 생각했다. 월드시네마 프로젝트를 통해 전 세계의 홀대받은 영화를 복원하고 배급하기 위해 구슬땀을 흘리고 있다. 이러한 노력은 광범위한 결과를 가져왔다.

칼턴대학교 영화연구학 부교수 아부바카르 사노고*Aboubakar Sanogo*는 서던캘리포니아대학교*USC* 영화 예술 학교에서 박사학위를 받았으며, 아프리카 문화 정체성을 확고히 하는 데 영화가 할 수 있는 역할을 강조하기 위해 학계 안팎을 오가며 활동하고 있다. 사노고 박사와 마틴 스코세이지의 인연은 아프리카 영화 유산 프로젝트*African Film Heritage Project*라는 결과로 이어졌고, 이 프로젝트는 유네스코와 범아프리카 영화인 연맹*Fédération Panafricane des Cinéastes*이 함께하는 공동 프로젝트로서 〈오, 태양*Soleil Ô*〉과 같은 고전 아프리카 영화를 복원하고 보존하려 한다.

CBC 라디오의 '오타와 모닝*Ottawa Morning*'과의 인터뷰에서 사노고 교수는 이렇게 말한다. "'우리는 누구인가?', '우리는 어디에서 왔는가?', '우리는 어디로 가는가?', '우리의 꿈은 무엇이고, 우리의 열망은 무엇이며, 우리의 두려움은 무엇인가?', 이러한 근본적 질문을 아프리카인들이 어떻게 받아들여 왔는지 우리는 충분히 알지 못합니다" 영화는 이러한 보편적인 질문에 답하기 위해 노력했고, 우리는 그 노력을 보존해야 한다. "이 세계에는 마틴 스코세이지 같은 사람이 더 필요합니다"라면서 사노고 교수가 말을 마쳤다.

마틴 스코세이지 : 보세요, 문제는 이 업계의 예술 대 상업이라는 대립구조예요. 필름 프린트가 극장에서 상영되면 긁히고 꼬이기 시작해요. 그러면 필름을 보관하는 게 무슨 의미가 있나요? 어차피 수명이 6년밖에 안 될 거예요. 그 후엔 필름 전부가 긁히고 닳고 말죠. 그러면 사람들은 "결국 꼬이고 긁히는데 아름다운 색깔을 가진 필름을 가지고 있는 게 무슨 의미가 있나?" 하고 생각하게 돼요. 제 말은 필름이 닳더라도, 그것이 원래의 색깔을 가지고 있어 사람들의 얼굴을 볼 수 있고 표정을 볼 수 있을 때가 더 낫다는 거예요. 필름이 분홍색이 된 상태에서 보고 난 뒤 더는 우리가 볼 수 없을 정도로 변하는 것보다 훨씬 보기 좋다는 거예요. 그렇기 때문에 손상된 프린트라도 찾는 것이 중요하죠.

스코세이지는 말했다. "지금으로부터 50년 혹은 500년, 혹은 5000년 후, 사람들은 20세기를 되돌아볼 겁니다. 새로운 매체가 탄생하면서 가장 창조적인 시기였던 그 첫 100년을 돌아볼 거예요. 그리고 그들은 손가락질하며 말하겠죠. '왜 그들은 그 많은 것들이 상실되도록 내버려 두었을까?' 우리가 바로 그 물음에 응답해야 할 그들입니다. 시간이 촉박합니다. 만약 우리가 빨리 조치를 취하지 않는다면, 너무 늦어버리고 말 거예요"

미국영화연구소의 국립영화영상보존센터*The National Center for Film and Video Preservation*는 광범위한 아카이브 커뮤니티와 협력하는 역할을 수행했으며, 필름 파운데이션은 여러 프로젝트를 구축했다. 첫 프로젝트는 "영화제작사와 아카이브가 공동으로 수행할 복원 프로젝트를 위해 최소 3천만 달러의 영화촬영소보존기금을 조성하도록 장려하는" 일이었다. 스코세이지가 그 일에 대해 알려주었다. "스티븐 스필버그와 저는 오디세우스의 여정처럼 제작사를 오갔어요. 영화를 보존하는 일은 이제 모두에게 관심받는 쟁점처럼 보이지만, 각 제작사의 맥락은 조금 달라요. 어떤 촬영소는 엄청난 양의 질산 필름을 가지고 있지만 다른 곳은 그렇지 않아요. 다른 곳의 소장품들은 또 조금씩 규모가 다르죠. 이미 아카이브에 그들의 소유물이 있는지 없는지도 확실치 않아요"

필름 파운데이션의 자료표는 이렇게 이야기한다. "1950년대 초까지, 영화는 질산 섬유소 필름으로 제작되었다. 이 필름은 인화성이 높고 점차 마멸되어 가루로 변한다. 미국 주요 아카이브는 보존이 필요한 상태의 질산 필름 30만㎞ 이상을 보유하고 있다" 이런 경우, 보존은 질산 필름이나 퇴색되는 컬러 필름처럼 취약한 물질을 좀 더 영구적인 매체로 옮기는 것을 의미한다.

하지만 필름 파운데이션은 보존을 넘어 창작자들의 원래 버전 작품을 실질적으로 복원하는 것을 추구했다. 스코세이지와 스필버그는 데이비드 린 감독의 〈아라비아의 로렌스〉를 복원하기 위해 함께 노력했다. 프랜시스 코폴라는 아벨 강스의 〈나폴레옹〉을 복원하는 일에 후원금을 냈다. 스탠리 큐브릭은 2년이나 쏟아부은 끝에 그의 1954년 영화 〈닥터 스트레인지러브〉의 원본 네거티브 필름이 더는 존재하지 않는다는 것을 깨달았고, 니콘 카메라로 자신이 소유한 프린트의 모든 프레임을 촬영해 직접 복원하기 시작했다. 마틴 스코세이지는 언론을 향해 호소했다. "영화사들은 그들이 무엇을 가지고 있는지 깨닫지 못했어요"

*

마틴 스코세이지 : 많은 옛날 영화가 보존되고 있어요. 테드 터너의 유료 TV 네트워크 TCM*Turner Classic Movies*에서 방영을 위해 완전히 새로운 비디오 마스터를 만들고 있거든요. 오래된 네거티브 필름들이 다시 원래 모양새를 잡아가고 있어요. 저는 그들이 색이 다 바랜 네거티브로 비디오 마스터를 만들지 않기를 희망해요. 시네마스코프 네거티브 필름의 상태가 괜찮아서 완전한 모습을 갖추고 있기를 바라고 있어요.

박물관들은 모든 영화에 대해 걱정하고 있지만, 무엇보다 질산 필름을 지키는 것에 많은 시간을 들여요. 저는 그런 건 이해할 수 있어요. 꼭 해야 하는 필요한 일일 테니까요. 제가 직접 하려는 것은 1950년대와 60년대 영화들도 보존하는 일이에요. 많은 사람이 50년대와 60년대가 미국 영화사에서 매우 빈약한 시기였다고 생각하지만 절대 그렇지 않거든요! 저는 강력하게 부인해요. 저는 미국 영화사에서 약한 시기가 있었다고조차 생각하지 않아요. 50년대는 어마어마했어요. 포드와 비더는 정말 불세출이었고, 웰스, 레이, 풀러, 미넬리도 모두 비범했어요. 그리고 60년대도 정말 정말 중요하고, 70년대도 그래요. 네거티브 필름이 불안정했던 30년간의 시기예요. 저는 바로 그 네거티브 필름들을 걱정하고 있어요.

저는 우선 제가 좋아하는 영화들을 수집하려고 해요. 어떤 영화들은 새로운 필름 프린트를 만들어 보존하려 하고 있어요. 그렇게 하면 적어도 필름 프린트, 영화의 포지티브 필름 복제본이라도 남길 수 있으니까요. 저는 찾는 사람이 거의 없는 영화들을 가지고 있어요. 주로 B급 영화들이나, 주류 감독이 만든 비주류 영화 같은 것들이죠. 대개 사람들은 포드의 〈미스터 로버츠〉나 〈수색자〉의 새로운 프린트를 만들려고 할 거예요. 〈도노반의 산호초〉 같은 작품은 하지 않죠. 분명 그 영화에는 엉성한 것들과 바보 같은 것들이 담겨 있지만, 즐길 만해요. 포드는 역시 포드니까요.

정말 말도 안 되는 싸움이에요. 제가 살리고 싶은 모든 영화를 살릴 방법은 없잖아요. 너무 많아요. 그래서 오히려 저는 고르지 않고 그것들을 다 살릴 생각이에요. 심지어 지금은 아무에게도 의미 없는, 제가 너무 어릴 때 봐서 기억도 가물가물한 그런 영화들도 살리려고 해요. 제가 그 영화들의 프린트를 찾아서 살리고 박물관에 가져다줄 거예요. 그게 제가 할 일이에요.

이 영화들은 제게 의미가 있어요. 저는 그것들을 보면서 정서적인 경험을 했고, 그중의 여러 작품을 통해 성장했고 또 많은 것을 배웠어요. 어떤 영화는 감상적으로 끌리기도 해요. 향수 같은 것이죠. 그냥 좋아한 다른 작품들도 있어요. 그리고 감상적인 가치를 지니고 있든 그렇지 않든, 다른 영화들도 그냥 다 중요하다고 생각해요. 미래 세대를 위해 모두 구원받아야 해요.

*

영화에 대한 마틴 스코세이지의 존경심은 그 자신의 영화에까지 다다른다. 영화를 만들 초기부터 그는 영화 만드는 과정을 기록하기 시작했다. 스토리보드, 시나리오, 서신들을 남긴 것이다. 그 소장 목록이 늘어남에 따라, 그는 시켈리아 프로덕션*Sikelia Productions* 내부에 연구자-기록보관자라는 자리를 만들었다. 마리앤 바우어*Marianne Bower*가 20년 넘게 그 자리에서 스코세이지와 함께 일했다.

*

마리앤 바우어 : 마틴 스코세이지의 오랜 편집자인 셀마 슈메이커는 최근 사망한 그녀의 남편이자 전설적인 영화감독인 마이클 파월이 그녀에게 남긴 자료들을 정리하는 데 도움이 필요했어요. 저는 크라이테리온의 프로듀서인 카렌 스테틀러*Karen Stetler*로부터 셀마를 소개받았죠. 카렌과 저는 PBS의 〈댄스 인 아메리카〉를 만들면서 만났어요. 그곳에서 저는 촬영된 무용 공연 사이에 들어가는 다큐멘터리를 다루게 되었고, 다큐멘터리를 위한 연구를 어떻게 해야 하는지도 배웠죠.

마이클 파월의 시나리오를 정리하는 일은 원래 2주의 짧은 프로젝트였는데 손을 댔다가 안 댔다가 하다 보니 몇 년이 되어 버렸어요.

저는 오벌린 컬리지Oberlin College에서 연극과 영문학을 공부했지만 영화 관련 수업 한두 개를 들어본 게 전부였어요. 그래서 마이클 파월의 문서에 파묻힌 그때가 제가 영화제작에 처음 진짜로 발을 디딘 기간이자, 교육받은 기간이었죠.

그러는 와중에 마틴 스코세이지와 셀마가 다큐멘터리 〈나의 이탈리아 여행기〉를 작업하고 있을 때, 셀마가 저에게 사진 자료 정리 작업을 도와줄 수 있는지 물었어요. 몇 주간으로 예정되었던 일이 또 한 번 몇 달로 바뀌었죠. 그래도 저는 마티의 시각을 통해 이탈리아 영화에 대한 최고 수준의 교육을 받을 수 있는 특권과 행운을 얻었어요. 영화와 영화감독들에 대한 그의 열정과 엄청난 열의는 영향력이 크고 전염성도 강했죠.

1999년 여름, 오랫동안 준비하던 〈갱스 오브 뉴욕〉에 드디어 파란불이 켜졌고 제작에 들어갔어요. 수년간의 정보를 축적하면서 대부분의 역사 연구가 이루어졌죠. 하지만 제작진은 현장에서 나오는 질문들에 바로바로 답해줄 사람이 필요했어요. 예를 들어, 다니엘 데이 루이스는 그가 금니나 의치를 씌울 수 있는지 알고 싶어 했죠. 시대와 맞는지 알고 싶었던 거예요. 저는 치의학 역사학자들에게 전화를 걸었고 치의학에 대한 책을 읽으면서 치의학 역사에 관한 연구보고서까지 작성할 뻔했어요. 그러던 어느 날 조감독인 조 리디가 뭐가 그렇게 오래 걸리는지 궁금해하면서 저에게 "답이 뭔가요?"라고 물었죠. 저는 연구보고서까지는 필요하지 않다는 걸 이해하면서 말해주었어요. "네, 금니, 의치 다 괜찮아요" 하지만 여전히 저는 치아를 고정하는 그 소름 끼치는 방법들에 대한 에세이를 그들에게 줬어야 한다고 생각해요! 또 다른 질문은 빌 더 부처의 유리 눈에 있는 독수리가 어떻게 생겼을까 하는 것이었어요.

시켈리아에서 제가 하는 일은 기록 보관과 연구 활동을 겸하는 거예요. 그래서 그 '유리 눈'은 지금 제가 일하고 있는 보관실의 한 항아리에서 저를 바라보고 있어요. 저는 영화가 제작되지 않을 때는 아카이브를 관리해요. 이곳은 마티의 영화 제작에 사용했던 자료들을 보관하는 저장소에요. 마티는 미래의 학생들이 자신의 영화가 어떻게 만들어졌는지 볼 수 있도록 가능한 한 많은 자료를 보관해 왔어요. 그곳은 문서 아카이브이면서, 비디오 아카이브이고, 임시 아카이브예요. 우리는 마티의 시나리오, 스토리보드, 숏 리스트, 서신, 사진, 포스터, 비디오를 저장하고 있어요. 예를 들어, 영화에서 어떤 음악을 사용해야 하는지에 적어둔 마티의 초기 메모나, 〈에비에이터〉를 준비하기 위해 본 하워드 휴즈 관련 뉴스 영화가 있죠.

마티의 영화들은 수년에 걸친 준비를 통해 만들어졌고, 흥미로운 정보가 켜켜이 쌓여 축적되었어요. 〈그리스도 최후의 유혹〉의 사례와 관련하여 우리는 1983년 영화 제작 시도와 1988년 제작 완료에 대한 문서들을 가지고 있어요. 미래의 영화 학도들이 영화를 제작할 때 마주하게 되는 악전고투와 도전을 고찰함으로써 무언가를 배울 수 있기를 바라요.

아카이브에는 영화 보존 캠페인에서 마티가 맡은 능동적인 역할에 대한 자료도 있어요. 1980년대에, 그는 필름 색이 바래는 문제를 이야기하기 시작했어요. 그가 코닥에게 보낸 편지와 그를 지지하는 다른 영화감독들의 편지가 함께 보관되어 있죠.

1992년에 의회에서 마티가 증언한 비디오테이프를 가지고 있는데, 거기서 그는 영화감독이 프레이밍, 색, 속도와 같은 무수히 많은 선택을 하고, 텔레비전 방송을 위해 영화 형태를 바꾸는 것(속도 올리기, 장면 들어내기, '패닝과 스캐닝')이나 고전 영화 필름에 색을 입히는 것들이 예술가의 권리를 침해한다고 설명해요. 마티는 영화가 보존되고 존중되어야 하는 예술 형태라는 사실을 좀 더 폭넓게 인정받기 위해 노력했어요. 영화에 레터박스를 씌워 방송하게 된 걸 지금은 당연하게 여기지만 마티가 여기에 매우 중대한 기여를 했던 거죠.

우리는 또 1,000개가 넘는 VHS 테이프를 보유하고 있었는데, 이 테이프들은 텔레비전에서 방영한 영화와 다큐멘터리를 담은 것으로, 1970년대부터 마티가 녹화해 둔 것이었어요. 여전히 그의 자료로 활용되고 있죠. 많은 사람이 증언하듯, 마티는 백과사전 같은 머리를 가지고 있어서 30년 전 어떤 영화에서 본 특정 순간을 바로바로 떠올릴 수 있어요. 그는 그것을 자신이 현재 진행하는 프로젝트의 참고자료로 사용하기도 해요. 대부분의 경우 이러한 영화나 다큐멘터리들은 DVD로 업그레이드되지 못해서, 우리는 해당 영화를 찾기 위해 VHS 소장품을 뒤지러 가요.

VHS로 녹화하면, 광고와 방송국 로고 등을 포함하여 방송된 모든 것이 다 들어가요. 그래서 오랜 세월이 지난 지금 우리는 그 비디오들이 그 시대의 시각 문화를 보존하고 있다는 것을 알 수 있어요. 최근에 마티는 VHS 소장품 상당수를 볼더의 콜로라도 대학교에 기부했어요. 그들은 녹화된 영화뿐만 아니라, 프로그램 사이에 나갔던 자료들의 역사적, 문화적 관련성도 중요하게 생각하고 있어요.

몇 해 전, 베를린의 독일 시네마테크*Deutsche Kinemathek*의 큐레이터들이 여기 아카이브를 살펴본 뒤 그 시점까지 마티의 경력을 전반적으로 다룬 전시회를 열었어요. 정말 보람찬 일이었어요. 우리의 목표는 아카이브를 살아 숨 쉬게 하려는 것이었으니까요. 아카이브가 미래 세대에게 영감을 주고 좋은 정보를 제공하기를 바라요.

*

마리앤 바우어는 〈나의 이탈리아 여행기〉와 〈더 울프 오브 월스트리트〉에 협력 프로듀서로서 이름을 올렸으며, 〈사일런스〉, 〈아이리시맨〉, 〈플라워 킬링 문〉에서는 공동 프로듀서를 맡았다.

후기

켄트 존스 | Kent Jones

시네마라는 예술은 아주, 아주 젊고, 겨우 한 세기 조금 넘은 나이를 먹었다. 하지만 시작부터 그 역사는 영화 산업의 역사와 긴밀하게 연관되었다. 전 세계 영상 엔터테인먼트는 쉬지 않고 억압적 사업을 전개했으며, 그 억압적 사업은 영화 산업에 시시각각 어두운 그림자를 드리웠다. 그에 따라 시네마는 취약하고 불안정한 위치에 놓였지만, 그럼에도 불구하고 지속되고 있다. 위대한 개별 작품과 진정한 거장의 활약은 비록 소수에 불과하지만, 그 작품과 거장은 항상 우리를 인도하는 빛이 될 것이다. 바로 그런 거장 중에 마틴 스코세이지가 있다. 그의 예술성은 마땅히 세계적으로 예찬받는다. 스코세이지란 이름은 '시네마'라는 단어의 동의어와 마찬가지다.

스코세이지의 위대함을 알려주는 것 중 가장 일반적으로 언급되는 부분은 스타일이다. 그 스타일은 기술적인 것이기도 하며(《비열한 거리》의 혼란스러운 '고무 비스킷'[49] 장면, 〈좋은 친구들〉에서 코파카바나 나이트클럽을 가로지르는 그 유명한 카메라 움직임, 〈분노의 주먹〉, 〈순수의 시대〉, 〈쿤둔〉, 〈카지노〉, 〈더 울프 오브 월스트리트〉와 같은 영화 전반에 걸쳐 보여준 기교), 행위

49 주인공 찰리가 정신없이 몸을 비틀거리는 순간, 더 칩스(The Chips)가 부른 '고무 비스킷(Rubber Biscuit)' 노래가 나오는 장면.

적인 것이기도 하다(《택시 드라이버》의 로버트 드니로가 거울 앞에서 펼치는 강렬한 즉흥 연기, 〈더 울프 오브 월스트리트〉에서 전화 통화를 하는 레오나르도 디카프리오와 조나 힐이 최면제 때문에 모든 것이 느려진 채 벌이는 몸부림, 〈좋은 친구들〉에서 조 페시와 레이 리오타의 긴장감 가득한 마주침). 나와 스코세이지는 2000년대 초에 함께 대중 앞에서 대화를 나눌 기회가 있었는데, 그때 그가 했던 말이 생각난다. "영화 만드는 방법을 아는 사람들이 있는가 하면 아예 모르는 사람들도 있어요" 위의 예시들과 수많은 다른 예가 증명하듯 스코세이지는 정말로 영화를 만들 줄 아는 사람이다. 영화라는 매체를 다루는 그의 능력은, 그가 항상 고단하고 공공연하게 경의를 표하는 스승들의 능력만큼이나, 엄정하고 표현적이다.

영화를 만드는 방법을 아는가 모르는가 하는 문제도 있지만, 왜 영화를 만들고 싶은가에 대한 문제도 있다. 위대한 영화를 만들어 본 적은 없지만 능숙하고 좋은 감독들이 많다. 그들은 이 또 하나의 중요하고 어려운 문제 앞에 "먹고 살기 위해 하는 거지" 혹은 "한번 해 볼까 생각했어"라는 식의 말로 암묵적인 대답을 꺼낸다. 하지만 마이클 파월, 알프레드 히치콕, 페데리코 펠리니, 혹은 스코세이지와 같은 예술가들에게, 그 질문의 조건은 실존적이고 영적으로 더 거대한 긴급성을 가정하는 것이다. 마이클 파월, 에머릭 프레스버거가 만들고 스코세이지가 중요하게 여기는 작품인 〈분홍신〉에서 안톤 월브룩*Anton Walbrook*과 모이라 시어러*Moira Shearer*가 나누었던 유명한 대화가 어떤 점에서 그 모든 것을 말해준다.

"너는 왜 춤을 추고 싶어?"

"넌 왜 살고 싶어?"

춤을 추고, 글을 쓰고, 작곡을 하고, 연기를 하고, 그림을 그리고, 영화를 만드는 것은, 어떤 사람들에게는 영적인 천직이고 소명이다. 그들은 그것을 선택하지 않는다. 그것이 그들을 선택한다. 스코세이지는 자신 이전의 파월과 마찬가지로, 종종 그것을 강박이나 중독으로 비유해 왔다. 그는 자신의 다큐멘터리 〈마틴 스코세이지와의 영화 여행*A Personal Journey with Martin Scorsese Through American Movies*〉에서 이렇게 말한다. "영화에 대한 유일한 해독제는 더 많은 영화입니다" 어쩌면 그 말은 또 다른 질문을 남긴다. 당신은 뭘 찍고 싶나? 좀 더 정확히 말하면, 이미지를 통해 표현하지 않으면 도저히 편안하게 쉴 수 없을 것만 같은 그것이 대체 무엇인가?

그 유명한 코파카바나 시퀀스를 예로 들어보자. 이 장면은 종종 기술적인 성취로만 이야기된다. 물론 카메라의 유연한 움직임과 카메라가 오가는 활동량을 고려해 보면 전혀 놀라운 일이 아니다. 그래서 그 장면을 유튜브로 보면 정말 빼어나서 눈이 즐거워진다. 그러나 우리가 이 시퀀스에서 이야기해야 할 것은 기술적인 측면뿐만이 아니다. 〈분노의 주먹〉에서 제이크를 탈의실부터 챔피언 결정전 링까지 데려가는 숏은 코파카바나 시퀀스만큼 언급되진 않지만 충분히 주목할 만하다. 그 장면에 생기를 불어넣는 것은 이동 과정에서 포착되는 특별한 인간적 세부 요소들이다. 코파카바나 시퀀스에서도 마찬가지다.

헨리와 캐런이 지나갈 때 그를 피하는 웨이터와 주방 직원들의 몸짓의 언어, 시시덕거리는 커플에 대한 헨리의 익숙한 농담, 무대로 나아가는 입구, 테이블과 램프를 제자리에 놓는 매니저와 웨이터들의 능숙한 움직임, 샴페인 한 병을 건네주는 마피아 일원의 굼뜬 경례, 로렌 브라코의 얼굴에 나타난 놀라움, 무대 위에 선 진짜 헤니 영맨*Henny Youngman*의 모습까지가 한 숏에서 이어진다.

그러한 것들 이상으로, 전체 영화의 맥락 안에서 그러한 장면을 이런 식으로 무대화하는 순서와 선택은 대체 무엇을 표현하는가? 〈좋은 친구들〉은 더 많은 물질적 부와 세속적 권력을 긁어모으는 황홀함, 그 대단한 사업의 공허함으로 가는 문을 여는 것, 그 결과로 나타나는 편집증, 신체와 영혼이 계속해서 소멸하는 것에 대해 이야기한다. 모든 것을 가지고 있지만 더, 더, 더 많은 것을 원하는 황홀함은 코파카바나 시퀀스에서 절대적 정점에 도달하는데, 그것은 절대 충족되지 않는 것에 대한 피로감과 다를 바 없다. 이 영화는 상승과 추락에 대한 이야기다. 하지만 상승은 망상이다. 추락은 어린 헨리 힐이 블라인드를 통해 길 건너편 갱단을 내려다보는 순간부터 시작된다.

위와 같이 말하긴 했지만, 그렇다고 〈좋은 친구들〉이 영혼 없는 자본주의나 갱스터 사회의 부패 본성에 대한 내용이 '진술'로 착상되었음을 함의하는 것은 아니다. 그러한 함의는 〈분노의 주먹〉이 자기 비하에 대한 묵상으로 시작했다고 말하는 것과 다를 바 없다. 우리가 예술 작품을 논의하기 위해 사용하는 언어는 항상 그 작품 자체보다 앞서곤 한다. 작품은 추상적인 '관념'을 구상하고 그것을 실현하는 것으로 시작하지 않는다. 히치콕, 미조구치, 장 르누아르의 작품처럼, 스코세이지 작품의 출발점은 언제나 즉시적인 것이다. 어떨 때는 내적이고, 어떨 때는 외적이며, 대체로 둘 다인, 감각된 경험의 특정 영역을 전달하려는 뜨거운 욕구가 바로 그것이다. 시네마를 통해 그것을 전달하려 하는 것이다.

"저는 영화를 좋아합니다. 제가 느끼고 저를 자극하는 무언가가 그 안에 있을 때 영화를 보러 갈 것입니다" 스코세이지에게 어마어마한 영향을 끼친 엘리아 카잔은 1990년대 중반에 동시대 시네마를 두고 이렇게 밝혔다. "저는 제가 기억할 만한 무언가를 원하는데, 오늘날에는 보이지 않습니다. 하지만 마틴 스코세이지는 예외입니다. 그는 이탈리아의 자녀이며, 그의 가족에 대한 영화를 만들기 때문입니다" 스코세이지는 살아진 경험*lived experience*과 아주 가깝게 들러붙어 있으며, 그것은 자전적으로 영감을 받은 그의 영화에 많은 영향을 끼칠 정도로 확장된다. 사회로부터 명백하게 동떨어져 보이는 인물들을 포착하는 〈순수의 시대〉, 〈쿤둔〉, 〈사일런스〉에서도 마찬가지다. 이는 스코세이지의 놀라운 창의력에 연료를 공급하며, 배우들도 마찬가지다. 엘리아 카잔처럼 그는 아무리 작은 역할이라도 그의 프레임을 채우는 사람들과 조화를 이루고 동지애를 느낀다. 그러면서도 그는 일상적인 행동 안에서 영감을 받아 훨씬 더 위대한 단순함을 찾아낸다. (그의 돌아가신 부모님인 케이티와 찰리는 그의 가장 위대한 배우 중 두 명이었다.)

관념을 추상화하고 전달하는 것은 분명 스코세이지의 작품에 자리한다. 하지만 그의 영화는 항상 감지할 수 있는 것, 감각적인 것에서 그 삶을 시작한다. 그것이 몸짓이든, 행위이든, 리듬이든, 소리이든, 시각이든지 간에, 대수롭지 않은 세부 요소란 없다. 공통된 삶에 기반을 두는 것은 영화가 이중의 관점으로 전개될 수 있기 때문이다. 세부 요소를 이루는 친밀함은 인간성에 대한 더 넓고 확장된 관점으로 가는 길을 열어 준다. 이 땅에 살아 있는 것만으로도 느낄 수 있는 순전한 낯섦도 들여다보게 한다.

〈아이리시맨〉에서 러셀은 친구 지미 호파를 죽이기 위해 프랭크를 보내기 전, 그의 선글라스를 요구한다. 프랭크는 영화 마지막 순간에 오래된 사진을 훑어본다. 모두 방전되어 버린 화가 라이오넬은 〈인생 수업〉에서 의자에 털썩 주저앉고, 그의 몸은 물감으로 얼룩져 있다. 〈코미디의 왕〉에서 루퍼트 펍킨은 타임스퀘어 공중전화에 필사적으로 매달린다. 〈순수의 시대〉에서는 바람에 모자를 푹 눌러쓰는 남자들이 슬로우 모션으로 나타난다. 〈더 울프 오브 월 스트리트〉에서 조단 벨포트는 자신이 감옥에 갈 것이라고 조용히 혼자 생각한다. 〈택시 드라이버〉의 트래비스 비클은 뉴욕 군중 사이를 홀로 걸어간다. 이러한 순간들은 하나의 총체적 시각 속에서 세심하게 정제되어 나타난다. 제임스 조이스의 《피네건의 경야*Finnegans Wake*》에 대한 사무엘 베케트의 말을 바꿔서 말한다면, 그것들이 무언가에 대한 것이란 점은 부차적이다. 무엇보다 중요한 것은 그것들은 그것 자체로 무언가라는 점이다.

기질적으로, 모든 예술가의 작품은 다른 방향으로 가는 경향이 있다. 위대한 예술을 다룬다는 것은 낙관주의나 비관주의, 기쁨이나 절망, 초월이나 파멸의 문제가 아니다. 그 작품들은 인간 본성에 대한 훨씬 더 넓은 관점을 가지고 있다. 스코세이지의 경우, 그러한 경향은 우리가 스스로 만드는 지옥을 묘사하는 것으로 나아간다. "계몽은 그저 빛나는 형태와 통찰을 보는 일이 아니라, 어둠을 보이게 만드는 일이다" 칼 융은 이렇게 썼다. "후자의 과정이 더 어렵다. 그래서 인기가 없다" 스코세이지의 작품이 그토록 많은 오해와 많은 심판을 받았던 이유가 바로 거기에 있다. 그가 폭력과 갱스터, 총을 '미화'하고 있을까? 그가 이탈리아계 미국인에 대해 '부정적인 이미지'를 만들고 있을까? 그의 영화가 '남성 중심적'일까? 어떻게 끔찍한 사람들을 그렇게 '동정적으로' 묘사할 수 있을까? 뭐 그런 것들 말이다. 우리 주변에는 자신들이 원하지 않는 모든 복잡성이나 불편함을 피하기 위해 게으르게 사용되는 편리한 도덕적 진부함들이 가득하다. 스코세이지가 그의 영화에서 재창조하는 세계는 실제로 거칠고 폭력적이며 남성 중심적이고 아무 생각 없이 인종차별을 한다. 그것을 지지하거나 영속시키려고 꾀하는 것이 아니라, 그것을 정확하고 명료하게 묘사하고 있다. 그래서 어떤 어둠의 그림자가 눈에 더욱 잘 보이도록 만든다.

때때로 많은 어둠의 그림자들이 아주 정교하게 새겨지기도 한다. 너무 정확하게 대조되어 그것들이 하나의 섬뜩한 모자이크 안에서 서로 마주 보고 있을 때 우리는 그것들을 뚜렷하게 읽을 수 있게 된다. 〈비열한 거리〉나 〈택시 드라이버〉처럼 말이다. 대체로 어둠은 한 줄기 날카로운 빛으로 윤곽을 드러내기도 한다. 캐시 모리아티의 비키는 〈분노의 주먹〉에서 조용하고 주변화된 현존으로 거칠고 난폭하며 음란한 그 모든 말과 몸짓의 격돌이 민감한 그녀의 얼굴에 나타난다. 안나 파킨은 〈아이리시맨〉에서 단 한 줄의 대사밖에 없지만, 그녀의 모습은 그녀의 계모 세대가 묵묵히 묵인한 아내들이었던 것과 완전히 반대되며, 그것은 영화 전체를 결정하는 정신적 중심점이 된다.

당신이 이미 알고 있거나 이 책을 통해 알게 되었듯이, 스코세이지는 1940년대와 50년대에 맨해튼의 리틀 이탈리아에서 자랐다. 그 당시 그 지역은 여전히 민족 집단 주거지였다. 그 세계는 냉혹하면서도 아름다웠으며, 공포로 가득했지만 사랑으로 채워져 있어 서로 분리될 수 없었다. 하지만 그런 세계는 이제 사라진 지 오래다. "마티는 죄악의 현실에 대한 강한 감각을 가지고 있어요" 마티의 전 교구 신부이자 영적 조언자인 고故 프랭크 프린시페 신부는 1990년 PBS 다큐멘터리에서 이렇게 말했다. 그는 이어서 "마티가 그걸 알고 있는지는 모르겠어요"라고 덧붙인다. 하지만 스코세이지는 그것을 알고 있을 뿐만 아니라, 죄의 꾀임을 극화하고 시각화하기 위해 많은 노력을 기울이며,

그 죄의 꾀임 자체가 자명하게 드러나도록 만든다. 일상적인 잔혹함의 마력이 나타나고, 부정한 모욕의 아리아가 울려 퍼지며, 반짝이는 다이아몬드와 새롭게 주조된 캐딜락에 대한 욕망이 피어오른다. 평범한 집안일이나 사소한 문제에 대한 성급한 반응처럼 살인이 일어나는 것이다. 물론, 영혼을 죽이는 안일함이 울창하게 그림자를 드리우기도 한다. 그런 그림자는 〈컬러 오브 머니〉에서 폴 뉴먼이 연기한 에디 펠슨의 몸에 새겨져 있고, 〈카지노〉에서 드니로가 연기한 샘 로스테인, 〈더 울프 오브 월스트리트〉에서 레오나르도 디카프리오가 연기한 조단 벨포트에 체화되어 있으며, 무엇보다 가슴 아프게도, 〈아이리시맨〉에서 드니로가 연기하는 프랭크 쉬런의 몸에 배어 있다.

만약 스코세이지의 영화에 등장하는 인물들이 체념한 상태라면, 그들 중 상당수가 결국 패배하거나, 타락하거나, 굴욕감을 느끼거나, 치욕 당하거나, 몰락하거나, 말살된다면, 그 영화 자체는 다시 한번 또 다른 것이 된다. 그 영화는 가장 있음직하지 않은 궁지로부터 아름다움을 다시 되살리고 거둬들이며 평범치 않은 것들을 표현한다. 주위의 어둠이 아무리 깊다고 해도 언제나 빛을 향해 움직이는 영혼의 움직임을 표현하는 것이다. 구원에 대한 이와 같은 욕망은 〈아이리시맨〉의 마지막 순간에서 더욱 구체화된다. 한때 악명 높은 권력을 휘두르던 남자가 물질적인 부를 모두 빼앗긴 채 자신의 딸에게도 외면받는다. 그의 친구들과 적은 이미 오래전에 세상을 떠났다. 그런 남자가 낙후된 요양원에서 점차 쇠락하며 죽어간다. 정말로 우리 중에 가장 힘없는 자 중 하나가 되는 것이다. 우리는 그가 인내심 많은 젊은 신부에게 중얼거리고 망설이면서 용서를 구하는 모습을 지켜본다. 그리고 마지막 몇 초 동안, 우리는 그가 신부에게 나가는 길에 문을 조금 열어 두라고 요청하는 모습을 본다. 그렇게 〈아이리시맨〉은 숨 막히도록 조용하게 웅변하면서, 영화감독이 60세가 되면 에너지가 고갈될 것이라는 주변의 우려를 간단하게 없애버린다.

그런 영적 문제의 이면은 스코세이지의 다큐멘터리에서 발견된다. 그리고 시네마를 복원하고 보존하며 그의 지식과 영화에 대한 사랑을 공유하는, 시네마의 역사에 대한 그의 끊임없는 헌신에서도 찾을 수 있다. 다큐멘터리를 비롯한 시네마에 대한 공개적인 확언은 어둠에서 벗어나 빛과 예술적 창작의 자유를 지향한다. 나에게 〈롤링 선더 레뷰*Rolling Thunder Revue*〉에서 밥 딜런과 조니 미첼 및 다른 모든 사람이 투어 버스에서 함께 '러브 포션 No.9'을 부르는 순간이 바로 그런 것을 드러낸다. 그 순간은 지상의 낙원이며 자유로운 천국이다. 스코세이지의 영화 캐릭터들은 잘못된 곳에서 그런 것들을 찾느라 그런 순간을 허락받지 못했다. 그것은 스코세이지가 예술가로서 그리고 인간으로서, 결국엔 예술가이자 인간인 존재로서 발견한 자유다.

이제 나는 '스코세이지'라는 객관성을 떨구고 '마티'로 옮겨 가야 한다. 우리는 30년 넘게 서로를 알아가며 긴밀하게 협력해 왔다. 하지만 아주 현실적인 의미에서, 우리의 교차점은 1973년에 처음으로 찍혔다. 나는 13살이었을 때 어머니와 함께 〈비열한 거리〉를 보기 위해 버크셔에 있는 영화관에 갔다. 나는 그 영화에 완전히 푹 빠져버렸지만 플롯의 모든 뉘앙스를 이해하기에는 너무 어렸다. 그래도 그 덕분에 순수하게 감각적인 차원에서 영화를 받아들일 수 있었다.

나는 그 일이 마치 어제의 일처럼 생생하다. 불이 꺼지고, 워너브러더스의 로고가 나타났다가 사라졌다. 검은 화면이 나타났다. "넌 교회에서 죄를 씻지 못해. 너는 길거리에서 그래야 하고, 집에서 그래야 해. 나머지는 다 헛소리야. 너도 알잖아"

다음 컷에서 민소매 속옷을 입은 젊은 남자가 보인다. 그는 악몽 때문에 침대에 몸을 웅크리고 누워 있다가 경적과 경찰 사이렌 소리에 잠에서 깨어난다. 그가 침대에서 일어나면 핸드헬드 카메라가 그를 따라간다. 그는 거울을 찾아 헤매더니 다시 침대로 돌아온다. 그는 다시 누워 팔꿈치로 기댄 채 베개 위에 다시 엎드린다. 이때 두 번씩 반복되어 울리는 타악기 소리가 화면에 깔리면 남자의 행동이 슬로우 모션으로 전환된다. 그러다 다시 커팅되면 우리는 음악 비트에 맞춰 고개를 떨구는 그의 머리를 더욱더 가까이에서 지켜본다.

그가 다시 괴로운 잠으로 돌아가기 전까지, 우리는 그가 눈을 비비고, 이불을 걷어 올리고, 자기 가슴에서 심장이 뛰는 것을 느끼는 모든 모습을 본다. 그런 뒤 또 다른 시간의 또 다른 방의 어둠 속으로 커팅된다. 거기서 카메라가 8㎜ 영화 영사기 주위를 돈다. 영사기의 불빛이 우리를 향할 때까지 움직인다. 그런 뒤 화면이 커팅되면 우리는 영화 크레딧이 나타나는 동안 여러 홈 무비 영상을 확인한다. 야밤에 번쩍이는 경찰 불빛, 친구들과 소란 피우는 젊은 남자, 산 제나로 축제, 세례복을 입은 아기, 이웃 남자들, 세인트 패트릭 대성당 계단에서 우리가 곧 찰리라고 알게 될 남자와 신부가 악수하는 모습들이 이어진다. 그 모습들은 더 로네츠와 필 스펙터의 신나고 화려한 소리의 벽*wall of sound*[50]이 만들어 내는 사이렌 소리에 덮여 있다.

나는 그런 걸 본 적이 없었고, 그런 식으로 사용된 음악을 들어본 적이 없었다(이것은 마티의 가장 위대한 혁신 중 하나였다). 당시 나는 영화를 보면서 내 정신 기저에 깔려 있는 영적 중력 같은 것에 이끌렸는데, 그런 경험은 그때가 처음이었다. 마티는 그의 영화를 통해 나에게 직접 말을 걸었다. 우리는 시네마라는 땅에서 처음 마주했다. 그것이 그와 평생에 걸쳐 나눈 대화의 진정한 시작이었다.

50년은 긴 시간이지만, 메리 팻 켈리는 마티를 훨씬 더 오래 시간 알고 지냈다. 그녀는 마티의 첫 전기 작가였고, 여전히 최고의 작가다. 나는 그녀의 책을 새로이 갱신한 이 판본에 글을 써달라는 요청을 받고 마음 깊이 존경하는 예술가이자 보물 같은 친구인 마틴 스코세이지와 그의 작품에 대해 이렇게 이야기할 기회를 얻게 되어 정말 자랑스럽다.

켄트 존스는 영화감독이자 작가다. 그는 자신의 첫 픽션 영화 〈다이앤〉(2019)으로 〈버라이

50 음악 프로듀서 필 스펙터가 고안한 소리 합성 테크닉.

어티)에서 선정한 2019년 영화 감독 10인에 이름을 올렸으며, 그 영화로 트라이베카영화제 서사장편영화상, 촬영상, 각본상을 받았고 전미비평가협회 최우수여자배우상(메리 케이 플레스)을 함께 거머쥐었다. 존스는 다큐멘터리 〈히치콕 트뤼포〉(2015)와 〈발 루튼: 그림자 속 남자Val Lewton: The Man in the Shadows〉(2007)의 각본을 쓰고 연출했으며, 마틴 스코세이지와 협업하여 〈엘리아에게 보내는 편지A Letter to Elia〉(2010)와 〈나의 이탈리아 여행기〉(199) 같은 작품을 만들었다.

감사의 글

이 책에서 목소리를 들려준 모든 분들에게 감사의 마음을 전합니다. 특히 마틴 스코세이지에게 감사드립니다. 그는 "저에게 물어볼 건 다 물어보신 것 같아요. 그죠?"라고 마지막에 말해 주었습니다. 그리고 저는 과거와 현재에 그와 함께했던 모든 스태프에게 감사드립니다. 특히 데브라 쉰들러, 벳시 마리노, 라파엘레 도나토, 그리고 로버트 드니로의 매니저 로빈 챔버스가 주신 도움에 감사드립니다. 마틴 스코세이지의 매니저인 줄리아 저지의 도움이 없었다면 이 책은 세상에 나오지 못했을 것입니다. 정말 감사드립니다. 그리고 M/S 빌링스 홍보사의 매리언 빌링스와 다이앤 콜린스, 엘리자베스 프티에게도 감사의 마음을 전합니다.

저는 제 자매인 마거릿, 랜디, 수잔, 낸시, 그리고 형제인 마이클, 로베르타 소르비노와 엘리자베스에게 많은 응원과 지지를 받았습니다. 샘 레빈, 린 가라폴라, 디 이토, 캐롤 린즐러, 조이 해리스, 패트리샤 보스워스, 밥 호이트, 마거릿 오브라이언 스타인펠드도 지원해 주셨습니다. 저의 대리인인 로레타 배럿은 이 프로젝트에 귀중한 관심과 에너지를 쏟아 주었습니다. 그에 감사드립니다. 이 모든 것의 시작점에 있었던 마리 데니스 설리반 S. P. 수녀님께 특별한 감사를 전합니다.

인터뷰와 편집에 필요한 세부 계획 작업은 때때로 저를 주눅 들게 했습니다. 원고를 쓰고 준비하는 데 도움을 주신 분들에게 감사드리며, 특히 윌리아 오스비, 데드 팬켄, 실라 워드, 뎁 스폰하이머, 바바라 펠드와 프레드 펠드, 마거릿 캠피온, 로니 허드슨, 루시아 사이어사이에게 감사의 마음을 전합니다. 저는 그들이 이 프로젝트를 위해 얼마나 애써 주었는지 알고 있으며, 그 노력에 감사드립니다. 이 두 번째 판본이 가능하도록 도움주신 모두에게 감사드립니다. 시켈리아 프로덕션의 마리앤 바우어, 리사 프레셋, 에린 윌러스, 그리고 제 개인 비서인 메리 테레스 카낙에게도 고마움을 전합니다. 우리의 친구 로레타 배럿의 유산을 이어주고 버티칼 잉크 에이전시를 설립하여 이 프로젝트의 재탄생을 도와준 닉 멀렌도어에게 정말 큰 감사 인사를 전합니다.

이 책에 사진을 싣게 해준 제 남편 마틴 쉬린에게 감사합니다. 그가 저에게 베푸는 모든 것에 대한 감사는 말로 표현하기 힘듭니다.

메리 팻 켈리

필모그래피

마틴 스코세이지가 감독한 영화

〈너같이 멋진 여자가 이런 데서 뭐 하는 거야?〉 (1963)

(16㎜, 흑백, 9분, 미개봉)
감독/각본 : 마틴 스코세이지
제작 : 뉴욕대학교 영화학과 여름 영화 워크숍
편집 : 로버트 헌시커
출연 : 제프 미카엘리스(해리), 미미 스타크(아내), 사라 브레이브먼(분석가)

〈너뿐만이 아니야, 머레이!〉 (1964)

(16㎜, 35㎜ 블로우업, 흑백, 15분, 미개봉, 1966년 9월 13일 제4회 뉴욕영화제 프리미어)
감독 : 마틴 스코세이지
제작 : 뉴욕대학교 영화학과
각본 : 마틴 스코세이지, 마르딕 마틴
촬영 : 리차드 H. 콜
편집 : 일라이 F. 블라이히
출연 : 아이라 루빈(머레이), 안드레아 마틴(아내), 샘 드 파지오(조), 캐서린 스코세이지(엄마)

〈위대한 면도〉 (1967)

(16㎜, 아그파 컬러, 6분, 미개봉, 브뤼셀의 팔레 데 보자르로부터 지원받아 제작, 1968년 9월 28일 제6회 뉴욕영화제 미국 프리미어)
감독/각본/제작/편집 : 마틴 스코세이지
촬영 : 아레스 데메치스
출연 : 피터 베르누스 (젊은 남자)

〈누가 내 문을 두드리는가?〉 (1964-1969)

(35㎜, 흑백, 90분, 〈내가 먼저(I Call First)〉라는 제목으로 1967년 11월 시카고 영화제 프리미어 상영)
감독/각본 : 마틴 스코세이지
제작 : 조세프 웨일, 벳지 마누기언, 헤이그 마누기언
촬영 : 마이클 와들리, 리차드 H. 콜
편집 : 셀마 슈메이커
출연 : 하비 카이텔(J.R.), 지나 베순(여자), 레너드 쿠라스(조이), 마이클 스컬러(샐리 가가)

〈거리 현장〉 (1970)

(16㎜, 흑백, 컬러, 75분, 다큐멘터리, 미개봉, 1970년 9월 14일 제8회 뉴욕영화제 프리미어)
제작 책임자 및 후반작업 감독 : 마틴 스코세이지
제작/감독 : 뉴욕 시네트랙츠 콜렉티브
촬영 : 돈 렌저, 해리 볼스, 대니 슈나이더, 피터 레아, 밥 피츠, 빌 에트라, 타이거 그레이엄, 프레드 해들리, 에드 섬머, 냇 트랩
편집 : 피터 레아, 매기 코븐, 안젤라 커비, 래리 티스데일, 게리 팔러, 셀마 슈메이커
출연 : 윌리엄 쿤스틀러, 데이브 델린저, 앨런 W. 카터, 데이비드 Z. 로빈슨, 하비 카이텔, 버나 블룸, 제이 콕스, 마틴 스코세이지

〈바바라 허시의 공황시대〉 (1972)

(35㎜, 컬러, 88분)
감독 : 마틴 스코세이지
제작사 : 어메리칸 인터내셔널 픽처스
제작 : 로저 코먼
각본 : 조이스 H. 코링턴, 존 윌리엄 코링턴 (박스카 버사 톰슨의 구술을 토대로 벤 L. 라이트만이 쓴 《길의 자매들(Sister of the Road)》을 기반으로 함)
촬영 : 존 스티븐스
편집 : 버즈 파이츠한스
출연 : 바바라 허시(버사), 데이비드 캐러딘(빌 셸리), 배리 프리머스(레이크 브라운), 버니 케이시(본 모든), 존 캐러딘(H. 버크럼 사르토리스)

〈비열한 거리〉 (1973)

(35㎜, 컬러, 110분)
감독 : 마틴 스코세이지
제작사 : 워너브러더스
제작 총괄 : E. 리 페리
제작 : 조나단 T. 타플린
각본 : 마틴 스코세이지, 마르딕 마틴
촬영 : 켄트 웨이크포드
편집 : 시드 레빈
출연 : 하비 카이텔(찰리), 로버트 드니로(조니 보이), 데이비드 프로벌(토니), 에이미 로빈슨(테레사), 리처드 로마누스(마이클)

〈엘리스는 이제 여기 살지 않는다〉 (1974)

(35㎜, 컬러, 112분)
감독 : 마틴 스코세이지
제작사 : 워너브러더스
제작 : 데이빗 서스킨드, 오드리 마스
각본 : 로버트 겟첼
촬영 : 켄트 웨이크포드
편집 : 마샤 루카스
출연 : 엘런 버스틴(엘리스 하얏트), 크리스 크리스토퍼슨(데이비드), 알프레드 루터(토미), 다이앤 래드(플로), 빅 타이백(멜), 조디 포스터(오드리), 하비 카이텔(벤)

〈이탈리아나메리칸〉 (1974)

(35㎜, 컬러, 45분, 다큐멘터리, 미개봉, 국립인문재단의 지원을 받아 만들어진 '이방인들의 쇄도'라는 TV 시리즈의 일부, 1974년 10월 3일 제12회 뉴욕영화제 프리미어)
감독 : 마틴 스코세이지
제작사 : 국립 커뮤니케이션 재단
제작 : 사울 루빈, 일레인 아티어스
각본(트리트먼트) : 마틴 스코세이지, 마르딕 마틴, 래리 코헨
촬영 : 알렉스 허쉬펠드
편집 : 베르트람 로빗
출연 : 찰스 스코세이지, 캐서린 스코세이지, 마틴 스코세이지

〈택시 드라이버〉 (1976)

(35㎜, 컬러, 114분)
감독 : 마틴 스코세이지
제작사 : 콜럼비아 픽처스
제작 : 줄리아 필립스, 마이클 필립스
각본 : 폴 슈레이더
촬영 : 마이클 채프먼
편집 : 톰 롤프, 멜빈 샤피로, 마샤 루카스
출연 : 로버트 드니로(트래비스 비클), 조디 포스터(아이리스), 시빌 셰퍼드(벳시), 하비 카이텔(스포트), 피터 보일(위저드)

〈뉴욕, 뉴욕〉 (1977)

(35㎜, 컬러, 153분 (재개봉 버전 : 163분))
감독 : 마틴 스코세이지
제작사 : 유나이티드 아티스츠
제작 : 어윈 윙클러, 로버트 챠토프
각본 : 마르딕 마틴, 얼 맥 로치
촬영 : 라슬로 코바치
편집 : 버트 러빗, 데이비드 라미레즈, 톰 롤프
출연 : 로버트 드니로(지미 도일), 라이자 미넬리(프랜신 에반스), 라이오넬 스탠더(토니 하웰), 배리 프리머스(폴 윌슨)

〈라스트 왈츠〉 (1978)

(35㎜, 컬러, 117분, 다큐멘터리)
감독/인터뷰 : 마틴 스코세이지
제작사 : 유나이티드 아티스츠
제작 : 로비 로버트슨
촬영 : 마이클 채프먼, 라슬로 코바치, 빌모스 지그몬드, 데이비드 마이어스, 바비 번, 마이클 왓킨스, 히로 나리타, 프레드 슐러
편집 : 이유번, 잔 로블리
출연 : 더 밴드 (로비 로버트슨, 릭 단코, 레본 헬름, 가스 허드슨, 리차드 마누엘), 밥 딜런, 조니 미첼, 닐 다이아몬드, 닐 영, 반 모리슨, 로니 우드, 머디 워터스, 에릭 클랩튼, 더 스테이플스, 링고 스타, 닥터 존, 폴 버터필드, 로지 호킨스, 에밀루 해리스, 마이클 맥클루어, 로렌스 펠링게티

〈아메리칸 보이 : 스티븐 프린스의 프로필〉 (1978)

(35㎜, 컬러, 55분, 다큐멘터리, 미개봉)
감독 : 마틴 스코세이지
제작사 : 뉴 엠파이어 필름스/스코세이지 필름스
제작 총괄 : 켄 웻, 짐 웻
제작 : 베르트람 로빗

각본(트리트먼트) : 마르딕 마틴, 줄리아 카메론
촬영 : 마이클 채프먼
편집 : 에이미 존스, 베르트람 로빗
출연 : 스티븐 프린스, 마틴 스코세이지, 조지 메몰리, 마르딕 마틴, 줄리아 카메론, 캐시 맥기니스

〈분노의 주먹〉(1980)

(35㎜, 흑백, 컬러, 129분)
감독 : 마틴 스코세이지
제작사 : 유나이티드 아티스츠
제작 : 어윈 윙클러, 로버트 챠토프, 피터 새비지(협력 프로듀서)
각본 : 폴 슈레이더, 마르딕 마틴 (제이크 라보타와 조셉 카터, 피터 새비지의 《성난 황소》를 기반으로)
촬영 : 마이클 채프먼
편집 : 셀마 슈메이커
출연 : 로버트 드니로(제이크 라모타), 캐시 모리아티(비키 라모타), 조 페시(조이 라모타), 프랭크 빈센트(살비), 텔레사 살다나(레노르), 니컬러스 코라산토(토미 코모)

〈코미디의 왕〉(1983)

(35㎜, 컬러, 108분)
감독 : 마틴 스코세이지
제작사 : 20세기 폭스
제작 총괄 : 로버트 그린훗
제작 : 아논 밀천
각본 : 폴 짐머맨
촬영 : 프레드 슐러
편집 : 셀마 슈메이커
출연 : 로버트 드니로(루퍼트 펍킨), 제리 루이스(제리 랭포드), 다이안 애봇(리타), 샌드라 버나드(마샤)

〈특근〉(1985)

(35㎜, 컬러, 97분)
감독 : 마틴 스코세이지
제작사 : 워너브러더스, 더블 플레이/게펜
제작 : 에이미 로빈슨, 그리핀 던, 로버트 F. 콜로스베리
각본 : 조셉 미니온
촬영 : 마이클 볼하우스
편집 : 셀마 슈메이커
출연 : 그리핀 던(폴 해켓), 로재나 아켓(마시), 린다 피오렌티노(키키), 테리 가(줄리), 존 허드(바텐더 톰), 캐서린 오하라(가일)

〈컬러 오브 머니〉(1986)

(35㎜, 컬러, 119분)
감독 : 마틴 스코세이지
제작사 : 터치스톤, 부에나 비스타
제작 : 어빙 엑슬로드, 바바라 드 피나
각본 : 리차드 프라이스(월터 테비스의 소설을 기반으로)
촬영 : 마이클 볼하우스
편집 : 셀마 슈메이커
출연 : 폴 뉴먼(에디 펠슨), 톰 크루즈(빈센트 로리아), 메리 엘리자베스 마스트란토니오(카르멘), 헬레 셰이버(자넬), 포레스트 휘태커(에이모스)

〈그리스도 최후의 유혹〉(1988)

(35㎜, 컬러, 163분)
감독 : 마틴 스코세이지
제작사 : 유니버설 픽처스, 시네플렉스 오데온 필름스
제작 총괄 : 해리 우프랜드
제작 : 바바라 드 피나
각본 : 폴 슈레이더 (니코스 카잔차키스의 소설을 기반으로)
촬영 : 마이클 볼하우스
편집 : 셀마 슈메이커
출연 : 윌렘 더포(예수), 하비 카이텔(유다), 바바라 허시(막달라 마리아), 해리 딘 스탠턴(바오로/사울), 데이비드 보위(본디오 빌라도), 존 루리(사도 야고보), 게리 바사라바(사도 안드레), 빅터 아고(사도 베드로), 마이클 빈(사도 요한), 폴 허먼(사도 필립보), 알란 로젠버그(사도 토마스), 베르나 블룸(성모 마리아), 페기 고믈리(나사로의 누이 마르다), 토마스 아라나(나사로), 안드레 그레고리(세례 요한), 레오 버미스터(사도 나다니엘)

〈뉴욕 스토리 : 인생 수업〉(1989)

(35㎜, 컬러, 44분, 우디 앨런이 연출한 단편 '외디푸스 콤플렉스'와 프랜시스 포드 코폴라가 연출한 단편 '조가 없는 삶이란'과 함께 상영됨)
감독 : 마틴 스코세이지
제작사 : 터치스톤 픽처스
제작 : 바바라 드 피나, 로버트 그린훗

각본 : 리차드 프라이스
촬영 : 네스토르 알멘드로스
편집 : 셀마 슈메이커
출연 : 닉 놀테 (라이오넬 도비), 로재나 아켓(폴레트), 패트릭 오닐(필립 파울러), 피터 가브리엘(본인)

〈좋은 친구들〉 (1989)

(35㎜, 컬러, 146분)
감독 : 마틴 스코세이지
제작사 : 워너브러더스
총괄 제작 : 바바라 드 피나
제작 : 어윈 윙클러
각본 : 니컬러스 필레기, 마틴 스코세이지 (니컬러스 필레기의 《와이즈가이》를 기반으로
촬영 : 마이클 볼하우스
편집 : 셀마 슈메이커
출연 : 로버트 드니로(지미 콘웨이), 레이 리오타(헨리 힐), 조 페시(토미 드비토), 폴 소르비노(폴 시서로), 로렌 브라코(카렌 힐), 크리스토퍼 세론(어린 헨리 힐), 프랭크 디레오(투디)

〈케이프 피어〉 (1991)

(35㎜, 컬러, 128분)
감독 : 마틴 스코세이지
제작사 : 유니버설 스튜디오, 엠블린 엔터테인먼트
제작 : 바바라 드 피나
각본 : 웨슬리 스트릭
촬영 : 프레드 프랜시스
편집 : 셀마 슈메이커
출연 : 로버트 드니로(맥스 케이디), 닉 놀테(샘 보든), 제시카 랭(리 보든), 줄리엣 루이스(다니엘 보든), 조 돈 베이커(커젝), 로버트 미첨(엘가트 부서장), 그레고리 펙(리 헬러), 마틴 발삼(판사), 일레나 더글라스(로리 데이비스)

〈순수의 시대〉 (1993)

(35㎜, 컬러, 133분)
제작사 : 콜럼비아 픽처스
감독 : 마틴 스코세이지
제작 : 바바라 드 피나
각본 : 제이 콕스, 마틴 스코세이지(이디스 워튼의 소설을 기반으로)
촬영 : 마이클 볼하우스
편집 : 셀마 슈메이커
출연 : 다니엘 데이 루이스(뉴랜드 아처), 미셸 파이퍼(엘런 올렌스카 백작 부인), 위노나 라이더(메이 웰랜드), 알렉시스 스미스(루이사 반 데르 루이덴), 제랄딘 채플린(웰랜드 부인), 미리암 마고리스(밍고트 부인), 로버트 숀 레오나드(테드 아처)

〈카지노〉 (1995)

(35㎜, 컬러, 178분)
감독 : 마틴 스코세이지
제작사 : 유니버설 픽처스
제작 : 바바라 드 피나
각본 : 니컬러스 필레기, 마틴 스코세이지 (니컬러스 필레기의 책을 기반으로)
촬영 : 로버트 리차드슨
편집 : 셀마 슈메이커
출연 : 로버트 드니로(샘 '에이스' 로스테인), 샤론 스톤(진저), 조 페시(니키 산토로)

〈쿤둔〉 (1997)

(35㎜, 컬러, 134분)
감독 : 마틴 스코세이지
제작사 : 터치스톤 픽처스
각본 : 멜리사 매티슨
촬영 : 로저 디킨스
편집 : 셀마 슈메이커
출연 : 텐진 듀톱 차롱(성인 달라이 라마), 규메 테통(10살의 달라이 라마), 툴쿠 잠양 쿵가 텐진(5살의 달라이 라마), 텐진 예쉬 파이창(2살의 달라이 라마), 텐초 걀포(달라이 라마의 어머니), 체왕 미큐 캉사(달라이 라마의 아버지), 게쉬 예쉬 갸초(세라 사원의 라마), 소남 푼촉(레팅 린포체)

〈나의 이탈리아 여행기〉 (1999)

(35㎜, 컬러, 246분, 다큐멘터리)
감독 : 마틴 스코세이지
제작사 : 미라맥스, 미디어트레이드
각본 : 수소 체키 디아미코, 라파엘레 도나토, 켄트 존스, 마틴 스코세이지
촬영 : 필 에이브라함, 윌리엄 렉서
편집 : 셀마 슈메이커

〈비상근무〉(1999)

(35㎜, 컬러, 121분)
감독 : 마틴 스코세이지
제작사 : 파라마운트 픽처스, 터치스톤 픽처스
제작 : 바바라 드 피나, 스콧 루딘
각본 : 폴 슈레이더(조 코널리의 소설을 기반으로)
촬영 : 로버트 리차드슨
편집 : 셀마 슈메이커
출연 : 니컬러스 케이지(프랭크 피어스), 패트리샤 아퀘트(메리 버크), 존 굿맨(래리 버버), 빙 제임스(마커스), 톰 시즈모어(톰 월), 마크 앤서니(노엘), 메리 베스 허트(간호사 콘스턴스)

〈갱스 오브 뉴욕〉(2002)

(35㎜, 컬러, 167분)
감독 : 마틴 스코세이지
제작사 : 미라맥스 필름스, 이니티얼 엔터테인먼트 그룹
제작 : 알베르토 그리말디, 하비 와인스타인
각본 : 제이 콕스, 스티븐 자일리언, 켄 로너컨, (허버트 에즈버리의 책을 기반으로)
촬영 : 마이클 볼하우스
편집 : 셀마 슈메이커
출연 : 레오나르도 디카프리오(암스테르담 발롱), 다니엘 데이 루이스(윌리엄 '빌 더 부처' 커팅), 카메론 디아즈(제니 에버딘), 짐 브로드벤트(윌리엄 '보스' 트위드), 헨리 토마스(조니 시코코), 리암 니슨(신부 밸론, 암스테르담의 아버지), 브렌단 글리슨(워커 '수도승' 맥긴), 존 C. 라일리('해피' 잭 멀라니), 게리 루이스(맥그로인)

〈에비에이터〉(2004)

(컬러, 170분)
감독 : 마틴 스코세이지
제작사 : 워너브러더스 픽처스, 미라맥스 필름스
제작 : 마이클 만, 샌디 클라이먼, 그래햄 킹, 찰스 에반스 Jr.
각본 : 존 로간
촬영 : 로버트 리차드슨
편집 : 셀마 슈메이커
출연 : 레오나르도 디카프리오(하워드 휴즈), 케이트 블란쳇(캐서린 헵번), 케이트 베킨세일(에바 가드너), 존 C. 라일리(노아 디트리히), 알렉 볼드윈(후안 트립), 앨런 알다(오웬 브루스터), 주드 로(에롤 플린)

〈노 디렉션 홈 : 밥 딜런〉(2005)

(컬러, 207분, 다큐멘터리)
감독 : 마틴 스코세이지
제작사 : 애플, 파라마운트
제작 : 제프 로젠, 수잔 레이시, 나이겔 싱클레어, 안소니 월, 마틴 스코세이지
편집 : 데이비드 테데스키

〈디파티드〉(2006)

(컬러, 151분)
감독 : 마틴 스코세이지
제작사 : 워너브러더스
제작 : 브래드 피트, 브래드 그레이, 그래햄 킹
각본 : 윌리엄 모나한
촬영 : 마이클 볼하우스
편집 : 셀마 슈메이커
출연 : 레오나르도 디카프리오(빌리 코스티건), 맷 데이먼(콜린 설리반), 잭 니콜슨(프랭크 코스텔로), 마크 월버그(딕냄 경사), 마틴 쉰(퀴낸 서장), 레이 윈스턴(미스터 프렌치), 베라 파미가(마돌린), 앤소니 앤더슨(브라운), 알렉 볼드윈(엘러비 서장)

〈샤인 어 라이트〉(2008)

(컬러, 123분, 다큐멘터리)
감독 : 마틴 스코세이지
제작사 : 파라마운트 클래식, 콘서트 프로덕션 인터내셔널, 샹그리라 엔터테인먼트
제작 : 마이클 콜, 제인 와이너, 스티브 빙, 빅토리아 피어만
각본 : 웨슬리 스트릭
촬영 : 로버트 리차드슨
편집 : 데이비드 테데스키
출연 : 믹 재거, 키스 리차드, 찰리 워츠, 로니 우드

〈셔터 아일랜드〉(2010)

(컬러, 137분)
감독 : 마틴 스코세이지
제작사 : 파라마운트 픽처스
제작 : 마이크 메더보이, 아놀드 매서, 브래들리 J.피셔, 마틴 스코세이지
각본 : 리타 캘로그리디스(레니스 르헤인의 소설을 기반으로)
촬영 : 로버트 리차드슨

편집 : 셀마 슈메이커

출연 : 레오나르도 디카프리오(테디 다니엘스), 마크 러팔로(척 아울), 벤 킹슬리(존 코리 박사), 미셸 윌리엄스(돌로레스 차날), 에밀리 모티머(레이첼 솔란도 1), 패트리샤 클락슨(레이첼 솔란도 2), 막스 폰 시도우(제레미아 네이링 박사)

〈레터 투 엘리아〉 (2010)

(컬러, 60분, 다큐멘터리)

감독 : 마틴 스코세이지, 켄트 존스

제작사 : 파 힐스 픽처스, 시켈리아 프로덕션

제작 총괄 : 스톤 더글라스, 테일러 마테른

제작 : 마틴 스코세이지, 엠마 틸링거 코스코프

각본 : 켄트 존스, 마틴 스코세이지

촬영 : 마크 레이커

편집 : 레이첼 라이히만

내레이션 목소리 : 마틴 스코세이지

엘리아 카잔의 목소리 : 엘리어스 코티스

〈퍼블릭 스피킹〉 (2011)

(컬러, 84분, 다큐멘터리)

감독 : 마틴 스코세이지

제작사 : HBO 다큐멘터리 필름

제작 : 마가렛 보디, 그레이든 카터, 프랜 레보위츠, 마틴 스코세이지

각본 : 웨슬리 스트릭

촬영 : 엘런 쿠라스

편집 : 다미안 로드리게즈, 데이비드 테데스키

〈조지 해리슨〉 (2011)

(컬러, 208분)

감독 : 마틴 스코세이지

제작사 : 그로브 스트리트 픽처스

제작 : 올리비아 해리슨, 나이젤 싱클레어, 마틴 스코세이지

편집 : 데이비드 테데스키

〈휴고〉 (2011)

(컬러, 126분)

감독 : 마틴 스코세이지

제작사 : 파라마운트 픽처스, GK 필름스

제작 : 그레이엄 킹, 팀 헤딩턴, 마틴 스코세이지, 조니 뎁

각본 : 존 로간

촬영 : 로버트 리차드슨

편집 : 셀마 슈메이커

출연 : 벤 킹슬리(파파 조르주), 사챠 바론 코헨(역무원), 에이사 버터필드(휴고 카브레), 클로이 모레츠(이자벨)

〈더 울프 오브 월스트리트〉 (2013)

(컬러, 179분)

감독 : 마틴 스코세이지

제작사 : 파라마운트 픽처스, 레드 그라닛 픽처스

제작 : 마틴 스코세이지, 레오나르도 디카프리오, 리자 아지즈, 조이 맥파랜드, 엠마 탈링거 코스코프

각본 : 테렌스 윈터

촬영 : 로드리고 프리에토

편집 : 셀마 슈메이커

출연 : 레오나르도 디카프리오(조단 벨포트), 조나 힐(도니 아조프), 마고 로비(나오미 라파글리아)

〈50년간의 논쟁〉 (2014)

(컬러, 97분, 다큐멘터리)

감독 : 마틴 스코세이지, 데이비드 테데스키

제작사 : HBO 다큐멘터리 필름

제작 : 마가렛 보데, 마틴 스코세이지, 데이비드 테데스키

촬영 : 리사 린즐러

편집 : 폴 마찬드, 마이클 J.팔머

내레이터 : 마이클 스털버그

목소리 : 패트리시아 클락슨, 리차드 이스튼

〈사일런스〉 (2016)

(컬러, 161분)

감독 : 마틴 스코세이지

제작사 : 파라마운트 픽처스

제작 : 비토리오 체키 고리, 바바라 드 피나, 랜들 에멧, 마틴 스코세이지, 엠마 틸링거 코스코프, 어윈 윙클러

각본 : 제이 콕스, 마틴 스코세이지

촬영 : 로드리고 프리에토

편집 : 셀마 슈메이커

출연 : 아담 드라이버(가루페), 앤드루 가필드(로드리게스), 아사노 타다노(통역관), 리암 니슨(페레이라), 시아란 힌즈(발리냐노 신부)

〈롤링 선더 레뷰〉 (2019)

(컬러, 122분, 다큐멘터리)
감독 : 마틴 스코세이지
제작사 : 넷플릭스
제작 : 마가렛 보데, 제프 로젠
1975 롤링 선더 레뷰 촬영 : 데이비드 마이어스, 하워드 엘크, 폴 골드스미스, 마 이클 레빈
인터뷰 촬영 : 엘런 커라스
편집 : 데이비드 테데스키
공동 편집 : 다미안 로드리게즈

〈아이리시맨〉 (2019)

(컬러, 209분)
감독 : 마틴 스코세이지
제작사 : 넷플릭스
제작 : 트로이 알렌, 제럴드 차말레스, 로버트 드니로, 랜들 에멧, 가스톤 파블로비치, 제인 로젠탈, 마틴 스코세이지, 엠마 틸링거 코스코프, 어윈 윙클러
각본 : 스티븐 자일리언
촬영 : 로드리고 프리에토
편집 : 셀마 슈메이커
출연 : 로버트 드니로(프랭크 쉬런), 알 파치노(지미 호파), 조 페시(러셀 버팔리노), 하비 카이텔(안젤로 브루노)

〈도시인처럼〉 (2021)

(컬러, 203분, 다큐멘터리 시리즈)
감독 : 마틴 스코세이지
제작사 : 넷플릭스
총괄 제작 : 마틴 스코세이지, 프랜 레보위츠, 데이비드 테데스키, 테드 그리핀, 엠마 틸링거 코스코프, 조쉬 포터, 마가렛 보디
촬영 : 엘런 쿠라스
편집 : 다미안 로드리게즈. 데이비드 테데스키

스코세이지가 감독한 다른 프로젝트

〈거울, 거울〉 (1985)

(컬러, 24분, TV 시리즈 〈어메이징 스토리〉 에피소드)
감독 : 마틴 스코세이지
제작사 : 엠블린
제작 : 데이빗 E. 보겔
각본 : 조셉 미니온 (스티븐 스필버그의 이야기를 기반으로)
촬영 : 로버트 스티븐스
편집 : 조 앤 포글
출연 : 샘 워터스톤(조단), 헬렌 쉐이버 (카렌), 딕 카벳(본인), 팀 로빈스(조단의 유령)

아르마니 광고 (1) (1986)

(흑백, 30초)
감독/각본(트리트먼트) : 마틴 스코세이지
제작사 : 엠프리오 아르마니
제작 : 바바라 드 피나
촬영 : 네스토르 알멘드로스
출연 : 크리스토퍼 부케, 크리스티나 마실라치

〈배드〉 (1987)

(컬러, 흑백, 16분, 마이클 잭슨 뮤직비디오)
감독 : 마틴 스코세이지
제작사 : 옵티멈 프로덕션
제작 : 퀸시 존스, 바바라 드 피나
각본 : 리차드 프라이스
촬영 : 마이클 채프먼
편집 : 셀마 슈메이커
출연 : 마이클 잭슨 (다릴), 아담 나단 (팁), 페드로 산체스 (넬슨), 웨슬리 스나입스 (미니 맥스), 그렉 홀츠 Jr. (카우보이), 로베타 플랙(다릴의 어머니)

〈미친 강 아래 어딘가〉 (1988)

(컬러, 4분 30초, 로비 로버트슨의 노래 프로모션 영상)
감독/각본(트리트먼트) : 마틴 스코세이지
제작사 : 라임라이트
제작 : 아만다 피리, 팀 클로슨
촬영 : 마크 플러머
출연 : 로비 로버트슨, 새미 보딘, 마리아 맥키

아르마니 광고 (2) (1988)

(20초)
감독/각본(트리트먼트) : 마틴 스코세이지
제작사 : 엠프리오 아르마니
제작 : 바바라 드 피나
촬영 : 마이클 볼하우스

출연 : 옌스 페테르, 엘리자베사 라넬라

〈메이드 인 밀란〉 (1990)

(컬러, 20분)
감독 : 마틴 스코세이지
제작사 : 엠프리오 아르마니
제작 : 바바라 드 피나
각본 : 제이 콕스
촬영 : 네스토르 알멘드로스
편집 : 셀마 슈메이커

〈마틴 스코세이지의 영화이야기〉 (1995)

(컬러, 225분, 다큐멘터리)
감독 : 마틴 스코세이지
제작사 : 영국영화협회, 미라맥스 필름스
제작 : 플로렌스 다우만
각본 : 마틴 스코세이지, 마이클 헨리 윌슨
책임 편집 : 셀마 슈메이커
편집 : 케네스 I. 리바이스, 데이빗 린드블롬

〈이웃〉 (2001)

(컬러, 7분, 다큐멘터리)
감독 : 마틴 스코세이지
제작사 : 미라맥스, 더블 A 필름스
제작 : 낸시 레프코위츠
각본 : 마틴 스코세이지, 켄트 존스
촬영 : 안토니오 페라라
편집 : 지미 콰이

〈더 블루스 : 고향으로 가고싶다〉 (2003)

(컬러, 90분, 다큐멘터리)
감독 : 마틴 스코세이지
제작사 : 벌칸 프로덕션, 로드 무비 프로덕션
제작 : 샘 폴라드
각본 : 피터 구렐닉
촬영 : 아르튀르 자파
편집 : 데이비드 테데스키

〈바다 옆의 여인 : 자유의 여신상〉 (2004)

(컬러, 55분, 다큐멘터리)
감독 : 마틴 스코세이지, 켄트 존스
제작사 : 아메리칸 익스프레스
제작 : 마틴 스코세이지
각본 : 마틴 스코세이지, 켄트 존스
촬영 : 바비 셰퍼드
편집 : 레이첼 라이히만

〈리제르바로 가는 열쇠〉 (2007)

(컬러, 10분)
감독 : 마틴 스코세이지
제작사 : 프레시넷, 스페인 비디오
제작 : 줄스 댈리, 마지 에이브러햄스, 엠마 틸링거 코스코프
창작 고문 : 테드 그리핀
촬영 : 해리스 사비데스
편집 : 셀마 슈메이커
출연 : 사이먼 베이커, 켈리 오하라, 마이클 스털버그, 크리스토퍼 덴험, 리처드 이스튼

〈보드워크 엠파이어〉 (2010)

(컬러, 72분, TV 파일럿)
감독 : 마틴 스코세이지
제작사 : HBO
제작 : 릭 욘, 데이비드 코츠워스
각본 : 테렌스 윈터
촬영 : 스튜어트 드라이버그
편집 : 시드니 올린스키
출연 : 스티브 부세미 (너키 톰슨), 마이클 피트 (제임스 '지미' 다모디), 켈리 맥도널드 (마거릿 톰슨), 마이클 섀넌(넬슨 반 알덴 요원)

〈비닐〉 (2016)

(컬러, 60분, TV 파일럿)
감독 : 마틴 스코세이지
제작사 : HBO
제작 : 브래드 카펜터, 제시카 레빈, 마리조 윙클러 이오프레다
각본 : 테렌스 윈터, 조지 마스트라스
원안 : 릭 코헨, 믹 재거, 마틴 스코세이지, 테렌스 윈터
촬영 : 로드리고 프리에토
편집 : 데이비드 테데스키
출연 : 바비 카나베일 (리치 피네스트라), 레이 로마노(작얀코비치), 올리비아 와일드(데본 피네스트라), 주노 템플(제이미 바인), 폴 밴 빅터(마우리 골드), P. J. 번 (스코트 리빗), 맥스 카셀라 (줄리우스 '줄리' 실버), 엣토 에산도(레스터 그라임스), J.C. 멕켄지 (스킵 폰테인), 재임스 재거 (킵 스티븐스)

사진 제공

Martin Sheerin: 4, 39, 41, 74
Laurie Brockway: 57
Mrs. Scorsese: 66, 69, 80
Scorsese Archives: 77, 93, 121, 122, 248~249
American International Pictures/Scorsese Archives: 128
Roseanne Leto: 107
Copyright © Warner Bros. Inc.: 137, 140, 153
Copyright © 1978 Columbia Pictures Industry, Inc.: 169, 172, 174
Copyright © United Artists Corporation. All rights reserved: 188, 201, 228, 245, 258
Copyright © 1980 United Artists Corporation/Christine Loss. All rights reserved: 212
Copyright © United Artists Corporation/Brian Hamill: 232
Copyright © Steve Sands. All rights reserved: 266
Twentieth Century-Fox: 268
M/S Billings Publicity: 269
Geffen Company: 308
Copyright © 1989 Touchstone Pictures: 319
Copyright © Universal Pictures, a Division of Universal City Studios, Inc. Courtesy of MCA Publishing Rights, a Division of MCA Inc.: 340, 354, 357, 361, 367, 378, 385
Copyright © 1991 Universal Pictures, a Division of Universal City Studios, Inc. Courtesy of MCA Publishing Rights, a Division of MCA Inc.: 453, 454, 458, 462
Copyright © 1990 Warner Bros. Inc.: 433, 445, 447
Copyright © 1989 Touchstone Pictures/Brian Hamill: 407
Irwin Winkler: 466

마틴 스코세이지 영화 수업

위대한 감독의 명작과 예술

초판 발행일 | 2024년 10월 18일
발행처 | 현익출판
발행인 | 현호영
지은이 | 메리 팻 켈리
옮긴이 | 한창욱
편　집 | 송희영, 황현아
디자인 | 김혜진
주　소 | 서울특별시 마포구 월드컵북로58길 10, 팬엔터테인먼트 9층
팩　스 | 070.8224.4322

ISBN 979-11-93217-75-7

Martin Scorsese: A Journey

• 현익출판은 골드스미스의 일반 단행본 출판 브랜드입니다.
• 잘못 만든 책은 구입하신 서점에서 바꿔 드립니다.

좋은 아이디어와 제안이 있으시면 출판을 통해 가치를 나누시길 바랍니다.
✉ uxreviewkorea@gmail.com